Médias optiques
Cours berlinois 1999

Collection Esthétiques
dirigée par Jean-Louis Déotte

Série Esthétiques *allemandes*
dirigée par Audrey Rieber

Wo wir uns bilden, da ist unser Vaterland.
J. W. Goethe

Cette série a pour vocation de proposer au lecteur francophone des textes majeurs de l'esthétique d'expression allemande. Elle offre à son jugement des réflexions sur l'art issues de la philosophie, de l'histoire de l'art, de la critique d'art et des écrits d'artistes, de la *Kunstwissenschaft*, de la *Kulturwissenschaft*, de la *Bildkritik* ou de la *Medienwissenschaft*. Que le nom même de certaines de ces approches demeure difficilement traduisible montre la nécessité d'introduire de ce côté du Rhin les thèses, et plus encore les méthodes, représentatives des esthétiques allemandes. L'insistance sur leur pluralité tient du pari que l'esthétique philosophique gagne à se nourrir d'approches qui sortent de son strict champ disciplinaire.

Titres déjà parus dans la collection :

Alois Riegl, *Trois essais. 1900-1901*, trad. Audrey Rieber, 2015.

Friedrich Kittler

Médias optiques
Cours berlinois 1999

Traduit par Anaïs Carvalho, Tamara Eble,
Ève Vayssière et Slaven Waelti,
sous la direction d'Audrey Rieber

Avec une introduction de Peter Berz

L'Harmattan

Ouvrage publié avec le soutien

de la Maison des Sciences de l'Homme Paris Nord
du Goethe-Institut et du DAAD
du Centre Allemand d'Histoire de l'Art de Paris.

Maison des Sciences de l'Homme
Paris Nord

GOETHE INSTITUT

DAAD Deutscher Akademischer Austauschdienst
Office allemand d'échanges universitaires

DEUTSCHES FORUM FÜR KUNSTGESCHICHTE
CENTRE ALLEMAND D'HISTOIRE DE L'ART

Optische Medien
Berliner Vorlesung 1999

Traduction française sous la direction d'Audrey Rieber

5-7, rue de l'École-Polytechnique, 75005 Paris

http://www.harmattan.fr
diffusion.harmattan@wanadoo.fr
harmattan1@wanadoo.fr

ISBN : 978-2-343-07475-7
EAN : 9782343074757

INTRODUCTION

Peter Berz

0. « La science allemande des médias » n'est pas une école

Que sont les médias et que sont les sciences des médias ? Des bibliothèques entières ont été consacrées à cette question. Mais pour comprendre l'intuition fondamentale qui a conduit à leur éclosion, partons plutôt de trois anecdotes.

a) Le 13 juillet 1870, Otto von Bismarck annonça en deux courtes phrases à l'opinion française que la Prusse refusait de renoncer officiellement à soutenir les prétentions de la maison des Hohenzollern au trône d'Espagne. Sur ce, le roi Guillaume Ier de Prusse considéra comme superflue toute entrevue supplémentaire avec les envoyés français à Bad Ems. La célèbre « dépêche d'Ems » à l'origine de la guerre franco-prussienne de 1870 aurait ainsi constitué, du moins selon les livres d'histoire, une atteinte au code d'honneur diplomatique et aux règles élémentaires de la politesse.

À y regarder de plus près, la dépêche est tributaire de la logique d'un médium ou, plus précisément, elle masque une discrépance due aux médias. Tandis que la diplomatie française se fondait encore sur les médias classiques : audience et lettres, les Prussiens agissaient selon la logique d'un médium de communication qui, depuis le milieu du XIXe siècle, déterminait leur communication militaire et diplomatique : la télégraphie électrique, mais aussi les trains, les fusils à culasse et les cours de gymnastique pour les sous-officiers qui avaient fait une entrée fracassante sur la scène européenne lors de la guerre contre l'Autriche en 1866. Or, pour en revenir à la fameuse dépêche, chaque mot transmis électriquement devant être payé, les bons télégrammes sont avant tout des télégrammes courts. Le courrier envoyé d'Ems par le comte Benedetti fut donc radicalement raccourci par Bismarck en présence du chef de l'État major Moltke et du ministre de la guerre Roon, et le style diplomatique réécrit en « style télégraphique »[1]. Assorti de fautes

[1] Friedrich Kittler, « Im Telegrammstil » [En style télégraphique], in : Hans Ulrich Gumbrecht, Ludwig Pfeiffer (éd.), *Stil, Geschichten und Funktionen eines Kulturwissenschaftlichen Diskurselementes* [Style, histoires et fonctions d'un élément culturel du discours], Francfort-sur-le-Main, Suhrkamp, 1986.

de traductions tendancieuses, le télégramme provoqua la colère de l'opinion française et précipita le conflit franco-prussien de 1870.

b) La *Phénoménologie de l'esprit* de Hegel, ouvrage qui raconte une histoire de l'esprit tout en entreprenant de fonder toute science à venir, ne renvoie pratiquement à aucun nom, aucune date historique et ne fait pas la moindre référence à d'autres livres. Et depuis plus de deux cent ans, les philosophes interprètent cette œuvre.

Or le biographe et élève de Hegel, Karl Rosenkranz, rapporta que Hegel avait bel et bien entrepris des lectures approfondies d'ouvrages d'histoire, de philosophie et de sciences de la nature. Tout au long de sa vie, il alimenta un grand fichier dans lequel les références, noms et détails des documents qu'il étudiait étaient consignés avec soin. Qu'est-ce qui se trouve donc au fondement de la phénoménologie de l'esprit ? Une opération de médias : la purge et l'anonymisation de toutes les données, en un mot : la suppression-élévation (*Aufhebung*) du médium « fichier » dans le « concept ». L'opération inverse, la reconstitution des données à partir du concept, est pénible, mais produit des légions de philosophes-interprètes[1]. « Keep the professors busy. »[2] : telle était la réponse de Joyce à ceux qui lui demandaient de donner au public un plan détaillé de son roman *Ulysse*.

c) La linguistique et la philosophie du langage sont des sciences vénérables. Toutefois, c'est une petite innovation qui en permit le développement. Dans certains textes théologiques médiévaux, les mots sont parfois précédés ou succédés du *signum materialis* « ly »[3] qui ne signifie rien, mais indique que les termes qu'il met en exergue ne doivent pas être traités selon leur signification, mais en tant que mots. Le procédé est fastidieux et prête facilement à confusion : aussi longtemps que les mots et les lettres qui les composent s'écrivent sur le même plan que la réflexion sur les lettres, cette dernière restait limitée. La philosophie du langage n'est devenue possible qu'avec la petite innovation que sont les guillemets : un mot entre guillemets fut dès lors compris en tant que mot. Par l'introduction de cet « opérateur » simple, il devint donc possible de thématiser la langue en tant que telle[4]. Au cours de l'histoire, de nombreuses passes d'armes eurent du reste lieu à propos de l'introduction d'opérateurs, notamment mathématiques. Dans l'Angleterre du début du XIXe siècle, on s'affrontait par exemple sur la notation des dérivées de fonctions. Il s'agissait de choisir entre la notation de Newton, c'est-à-dire un point ou un tréma sur les lettres : $\dot{x}$ ou $\ddot{x}$ et celle de Leibniz : df ou dx. L'Analytical Society fut fondée dans le seul but d'introduire la notation leibnizienne. Son président était Charles Babbage à

---

[1] F. Kittler, *Die Nacht der Substanz* [La Nuit de la substance], Berne, Benteli Verlag, 1989.

[2] Cf. Richard Ellmann, *James Joyce*, New York, Oxford University Press, 1982, p. 521.

[3] *ly* ou *li* vient du langage de rue parisien.

[4] Cf. F. Kittler, « Vom Take Off der Operatoren » [Du *Take off* des opérateurs], in : *Draculas Vermächtnis. Technische Schriften* [Le Testament de Dracula. Écrits techniques], Leipzig, Reclam, 1993.

qui l'on doit notamment d'avoir construit et théorisé la machine à calculer la plus compliquée du XIXe siècle : l'*analytical engine* : la machine analytique.

Comment passe-t-on cependant de petites histoires à une théorie nouvelle ? Au début était un certain monsieur du nom de Friedrich Adolf Kittler[1].

1. Les années 1970 : un début (entre autres...)

Peu avant la construction du mur, les Kittler quittèrent la Saxe et l'Allemagne de l'Est, RDA, pour s'installer dans les environs de Fribourg-en-Brisgau. C'était une famille de pédagogues ; la mère et le père enseignaient, à l'école primaire et au lycée. Dans les années 1930, le père, Gustav-Adolf Kittler, était directeur du lycée de Rochlitz[2]. C'était un esprit aux intérêts très vastes, qui écrivit au cours des années 1920 et 1930 des articles sur l'histoire de l'école saxonne, la géographie de la Saxe, la météorologie et l'histoire de l'art. Il avait par exemple développé une théorie sur la signification des figures de la célèbre cathédrale de Naumbourg. Friedrich Kittler et son frère, Wolf Kittler[3], professeur de lettres renommé qui vit et enseigne à Santa Monica, eurent toujours un rapport particulier au savoir du père qui les emmenait des jours entiers en excursion. Ainsi naquit chez les fils le désir du savoir positif, et une insatiable curiosité – qui n'est pas le moindre des traits du caractère saxon.

Une fois à l'Ouest, la famille habita près de Fribourg, non loin de la localité de Lahr. Friedrich Kittler y fut scolarisé et, après son baccalauréat, il étudia de 1963 à 1972 la philosophie, la littérature française et la germanistique à l'Université de Fribourg. En 1969, il écrivit son mémoire d'État – un examen final pour enseigner au lycée – sur Friedrich Hebbel. Le travail fut écrit dans le plus parfait allemand de Hegel. Si Kittler était donc à plusieurs égards un étudiant typique des années 1968, il passa cependant – selon ses propres dires – bien moins de temps dans la rue que chez lui à écouter de la musique : Jimi Hendrix, The Doors, Pink Floyd, etc...

Alors qu'il étudiait la littérature française, il eut tout d'abord l'idée d'écrire une thèse sur *Salammbô* de Flaubert, sur les pierres, les ruines, les traditions. Pour diverses raisons, il s'orienta vers la germanistique et l'histoire de la littérature allemande. Sa thèse de doctorat, « Le Rêve et la parole. Une analyse de la situation de communication de Conrad Ferdinand

---

1 Norbert Bolz : « Ein Herr » [Un Monsieur], in : Peter Berz, Annette Bitsch, Bernhard Siegert (éd.), *FAKtisch. Festschrift für Friedrich Kittler zum 60. Geburtstag*, Munich, W. Fink, 2003, p. 343-353. Il s'agit d'un recueil d'écrits à l'occasion des 60 ans de F. Kittler]

2 Le père et ensuite le fils furent baptisés à la mémoire du roi de Suède, Gustav Adolf, demeuré célèbre en Saxe. Selon les historiens, c'est la bataille de Breitenfeld au Nord de Leipzig qui fit de la Suède une puissance militaire moderne.

3 Friedrich Kittler avait en outre un demi-frère bien plus âgé, que le père avait eu d'un lit précédent. Ce demi-frère travaillait dans les techniques de transmission d'informations.

Meyer », sera déposée en 1976[1]. On y trouvait déjà une approche qui dépasse Hegel pour s'ouvrir à la psychanalyse de Jacques Lacan.

De 1976 à 1986, Kittler fut assistant du célèbre germaniste fribourgeois Gerhard Kaiser qui, outre ses travaux sur Andreas Gryphius, Friedrich Schiller, Gottfried Keller, avait également travaillé sur la figure du germaniste. C'est pendant cette période d'assistanat que la pensée des médias kittlérienne prit forme. Au terme des ces années parut sa première grande œuvre : la thèse d'habilitation qui déclencha une querelle restée dans les annales : *Systèmes de notation 1800 · 1900*[2].

Cela signifie que s'il a bien étudié pendant les années 1968, c'est-à-dire à l'âge héroïque du rock, la phase de formation de sa pensée appartient néanmoins aux années 1970, de 1972 à 1985 en l'occurrence. La situation historique de ces années, marquées politiquement par le maoïsme, la Fraction armée rouge et l'Automne allemand de 1977, se distinguait sur le plan de la technique et des sciences naturelles par le chant du cygne de la métascience cybernétique[3]. À l'université en revanche, les concepts clés des sciences humaines étaient fournis, d'une part, par Marx et Adorno et, d'autre part, par la tradition herméneutique, profondément enracinée dans la philosophie et les études littéraires.

Or à côté de l'université, il existait un autre monde. Le 24 mars 1973 *Dark Side of The Moon* des Pink Floyd sortit dans les bacs. La culture pop ouvrait des possibilités et des horizons totalement nouveaux : les instruments électroniques et les amplificateurs produisaient des *sounds* jusque là inouïs et des formes musicales radicalement nouvelles. C'est à ce moment que naquit l'une des passions pérennes de Friedrich Kittler, dont on ne saurait exagérer l'importance pour la formation de sa pensée. Le jeune étudiant en littérature commença alors à bricoler des *sounds* électroniques et leurs machines. Du milieu des années 1970 jusqu'au début des années 1990, il conçut les circuits d'un synthétiseur électronique, dessina et souda des platines pendant des jours et des nuits[4]. Or cette passion a également un

---

[1] Cette thèse, récemment republiée, constitue le premier tome des œuvres complètes de Friedrich Kittler : *Der Traum und die Rede. Eine Analyse der Kommunikationssituation Conrad Ferdinand Meyers*, Martin Stingelin (éd.), Munich, W. Fink, 2015.

[2] F. Kitter, *Aufschreibesysteme*, Munich, W. Fink, 1985. L'ensemble des rapports d'experts – positifs et négatifs – rédigés à l'occasion de l'habilitation ont été republiés. Voir *Zeitschrift für Medienwissenschaft*, Claus Pias (éd.), n° 6, avril 2012.

[3] Au cours des années 1970, la pensée cybernétique réapparaît sous forme écologique, notamment avec les travaux de Jay Forrester et de Donella Meadows. En 1977, le président américain lance un programme de recherches sur la situation globale des ressources dont les conclusions paraissent en 1980 dans un ouvrage fondateur de la pensée écologique *Global 2000*. En France, l'un des ouvrages les plus célèbres est celui de Joël de Rosnay, *Le Macroscope. Vers une vision globale*, Paris, Seuil, 1975.

[4] Au printemps 2014, un colloque eut lieu à l'Université Leuphana de Lüneburg – haut-lieu de la science allemande des médias – sur les archives de Kittler portant sur le synthétiseur. Certains circuits font l'objet d'études à paraître dans les œuvres complètes.

contexte théorique. À la même époque, les philosophes français Gilles Deleuze et Félix Guattari écrivaient le deuxième volume de leur ouvrage sur le capitalisme et la schizophrénie, *Mille plateaux*, qui paraîtra en 1980. Dans le grand chapitre sur la musique, on lit : « La philosophie, non plus comme jugement synthétique, mais comme synthétiseur de pensées, pour faire voyager la pensée, la rendre mobile, en faire une force du Cosmos (de même on fait voyager le son) »[1]. Quant aux « jugements synthétiques *a priori* » kantiens, Kittler ne tarda pas à y déceler une stratégie visant à transformer le sujet en fonctionnaire dans la Prusse du début du XIXe siècle[2]. Or, si à nommer la philosophie un synthétiseur, on la transforme bel et bien en nomadologie ; à construire un synthétiseur, on fait naître en sous-main une théorie des médias. Dans les archives Kittler[3] se trouve un document attestant admirablement de la manière dont les deux domaines se croisent au cours de ces années : au verso des premières épreuves du livre *Gramophone Film Typewriter*, on voit les esquisses dessinées de circuits électroniques.

La genèse de la théorie des médias ne doit donc pas tout à la science. Elle vient également de la musique, de la danse, de l'émotion – elle vient de l'écoute intense et passionnée de *Brain Damage*, de l'instant où dans ce titre célèbre des Pink Floyd, ce n'est plus un simple écho qui résonne dans la tête en extase de l'auditeur, mais c'est bien le plan électrique du générateur d'écho qui *est* cette jouissance.

2. Traductions, transferts, traditions : France-Allemagne ; États-Unis, Canada-Allemagne

L'origine de la théorie germanophone des médias peut également être décrite de manière structurelle ou, pour le dire avec Deleuze et Guattari, comme un « agencement » de traductions, transferts, importations.

2.1. Au point de départ : la poésie allemande

Friedrich Kittler a étudié la littérature française et la philosophie avant finalement de se tourner vers la littérature allemande ou, plus précisément, vers la poésie allemande, puisqu'il distingue poésie et littérature. Dans son œuvre tardive, il soutiendra en effet que la poésie trouve son origine dans le

---

[1] Gilles Deleuze, Félix Guattari, *Mille plateaux*, Paris, Éditions de Minuit, 1980, p. 424.

[2] Cf. F. Kittler, « Das Subjekt als Beamte » [Le sujet fonctionnaire], in : Manfred Frank, Gérard Raulet, Willem van Reijen (éd.), *Die Frage nach dem Subjekt* [La Question du sujet], Francfort-sur-le-Main, Suhrkamp, 1980.

[3] Aux archives Kittler conservées au Deutsches Literaturachiv de Marbach se trouvent deux dossiers comportant de nombreux plans de circuits et d'esquisses de platines, de calculs mathématiques et de codes de l'époque du synthétiseur. Un tome des œuvres complètes, édité sous la direction de Jan Peter Sonntag et de Sebastian Döhring, sera exclusivement consacré au synthétiseur.

chant et la poésie grecs – en particuliers homérique – tandis que le système historique de la littérature (c'est-à-dire de la lettre ou, en latin, *littera*) remonte à Rome.

La poésie allemande est indubitablement liée à un « nom », au sens lacanien du terme : Goethe. Les avis en revanche divergent quant à savoir si la littérature romantique, c'est-à-dire l'œuvre d'E. T. A. Hoffmann ou de Bettina von Arnim par exemple, doit être vue comme extérieure au système goethéen ou si elle en fait intégralement partie. L'historien de la littérature qu'est aussi Kittler plaide pour la convergence du classicisme et du romantisme, et prend ainsi une position au sein de la germanistique qu'il n'est d'ailleurs pas le seul à défendre. Mais sa véritable innovation a été de considérer la poésie allemande comme un système défini et clos, en historicisant en quelque sorte Lacan par Foucault. Pour ce faire, il a commencé à considérer les institutions : la famille, l'école, l'internat, l'État, les fonctionnaires, le marché du livre, les auteurs (masculins) et leurs lectrices (féminines). Puis la psychanalyse lacanienne a servi d'instrument historique permettant de jeter un « regard éloigné » sur l'efficience culturelle de l'institution familiale, sur les positions possibles et réelles à l'intérieur d'une structure qui se situe au-delà du sujet, tout en étant également productrice des sujets[1]. Kittler considère la famille des années 1800 comme une instance d'alphabétisation, solidaire des réformes de l'école qui mirent un terme au XVIIIe siècle, notamment celles de l'école primaire par Pestalozzi. Les analyses sur la scolarité de Conrad Ferdinand Meyer ou de Friedrich Schiller trouveront ensuite leur pleine mesure dans *Systèmes de notation 1800 1900* où elles seront appliquées à Goethe, le « fondateur de discursivité »[2] de la poésie allemande.

2.2. Lacan et Foucault

Friedrich Kittler a donc lu « les Français » et, à partir d'eux, Goethe. Dans un texte autobiographique de 1991, intitulé « Brilliant Pebbles », il décrivit combien il était encore difficile et nouveau, à la fin des années 1970, d'introduire la théorie française dans les sciences humaines allemandes.

Importer la psychanalyse et les sciences humaines françaises, c'était déclarer la guerre aux approches fondées sur la compréhension. La

[1] C'est à l'initiative du jeune Kittler que l'article de Lacan de 1938 intitulé : « La Famille » a été intégré à l'édition allemande de ses *Écrits*, traduits par Kittler. À la limite entre psychanalyse et psychiatrie, l'article de Lacan ne se limite pas à étudier la position de la famille dans la psychanalyse, mais propose un panorama de l'institution de la famille, enrichi par l'histoire sociale, l'ethnologie et l'histoire des sciences. Voir Jacques Lacan, « La Famille », in : *Encyclopédie française*, t. VIII, *La Vie mentale*, Henri Wallon (éd.), Paris, Société de gestion de l'Encyclopédie française, 1935-1967.

[2] Cf. Michel Foucault, « Qu'est-ce qu'un auteur ? », in : *Dits et écrits. 1954-1988*, Daniel Defert, Francois Ewald (éd.), Paris, Gallimard, vol. 1, p. 835.

psychanalyse par exemple combat en effet la superstition selon laquelle il serait nécessaire de comprendre le patient pour le guérir. Lacan écrivit contre la compréhension, qui était alors essentiellement défendue par la psychiatrie de Karl Jaspers. Pour Kittler, l'enjeu historique était précisément de libérer la science de toute herméneutique, dispositif qui dominait la philosophie, les études littéraires et les sciences humaines depuis Schleiermacher et le XIXe siècle. *Systèmes de notation 1800 · 1900* et *Gramophone Film Typewriter*, le deuxième livre de Kittler (1986), libérèrent la pensée du poids du sens et les remplacèrent par l'analyse des institutions et des techniques institutionnelles qui dictent justement le sens et l'interprétation[1]. Le titre original, *Aufschreibesyteme*, était du reste emprunté à un auteur fort peu conventionnel, au plus célèbre des fous allemands, auquel Freud et Lacan consacrèrent de grandes études : le président du sénat de Saxe Daniel Paul Schreber. Dans ses *Mémoires d'un névropathe*, il décrivit comment des « rayons » émanés d'une puissance étrangère – que Kittler identifie à la science de son médecin – lui dictaient ses pensées par un système de notation sophistiqué[2]. Les techniques du XIXe siècle et leurs médias techniques apparentés à la physiologie expérimentale prirent donc en 1900 le relais des instances qui avaient présidé à l'ère goethéenne. Un système de machines à écrire et de secrétaires généra de nouvelles formes de littérature : poésie dadaïste du non-sens, expériences sur la mémoire et jeux avec les lettres de l'alphabet. On raconte qu'à l'entrée de l'Institut de germanistique de Bochum, où Kittler enseigna de 1987 à 1993, était accrochée une pancarte : « Attention ! Zone libre de sémantique ».

La présence de Foucault est moins explicite que celle de Lacan dans la théorie des médias de Kittler. Elle compte néanmoins parmi les nombreuses inspirations qui l'ont rendue possible, notamment de par l'idée d'une pensée par systèmes historiques et structures synchroniques. À l'instar de l'histoire foucaldienne, l'histoire des médias pense par coupes historiques (cf. *infra*). C'est précisément ce point de vue structurel qui permet le « regard éloigné » sur la culture propre et qui invite les sciences humaines à suivre Foucault en tenant radicalement compte de l'histoire factuelle. Kittler aurait du reste invariablement pris parti, contre son ami Jacques Derrida, pour Foucault et son histoire factuelle de la folie qu'il préférait à la « petite pédagogie » de « textualisation »[3] comme Foucault qualifiait la déconstruction. Dans la perspective philosophique et structurelle de Kittler, l'histoire factuelle ne va

[1] Cf. F. Kittler, « Vergessen » [Oublier], in : Ulrich Nassen (éd.) : *Texthermeneutik, Aktualität, Geschichte, Kritik* [Herméneutique du texte. Actualité, histoire, critique], Paderborn, Schöningh, 1979 ; Jens Schreiber, « Stop making sense », in : Norbert Bolz, Friedrich Kittler, Georg Christoph Tholen (éd.), *Computer als Medium* [Le Médium ordinateur], Munich, W. Fink, 1994.

[2] Paul Daniel Schreber, *Mémoires d'un névropathe* [1903], trad. de l'allemand par Paul Duquenne et Nicole Sels, Paris, Seuil, 1985, p. 157.

[3] M. Foucault, « Mon corps, ce papier, ce feu », in : *Dits et Écrits*, *op. cit.*, vol. 1, p. 1135.

pas sans un regard intuitif sur les constellations historiques et actuelles du pouvoir avec leurs concurrences et leurs asymétries. En ce sens, le compatriote de Kittler, Friedrich Nietzsche, n'était jamais un simple objet d'étude, mais toujours également un modèle de méthode : le regard sur l'instabilité compétitive des rapports de forces est l'un des points de départ de l'histoire des médias.

De telles traductions et transformations des théoriciens français débouchèrent finalement sur une théorie qui se donna pour nom « théorie des médias » (*Medientheorie*) et qui fut séminale pour le développement des sciences des médias (*Medienwissenschaften*). À son origine toutefois se trouve encore un second discours, importé cette fois du monde anglo-saxon.

2.3. Innis et McLuhan : les médias

Le mot médium, *medium* et, au pluriel, les médias a une histoire plus longue, plus riche et plus ancienne que l'histoire de la théorie des médias. Le philosophe viennois et traducteur de Foucault, Walter Seitter, a attiré l'attention sur l'usage que fait Aristote de la préposition substantivée *to metaxỳ* : « ce qui est entre »[1]. C'est uniquement parce qu'il y a *quelque chose* entre l'œil et l'objet, de l'air par exemple, que l'œil voit. La traduction latine, *medium*, joua ensuite un rôle central dans la théorie de la perception de Thomas d'Aquin. Kittler a du reste encouragé plus d'un doctorant à se pencher sur le concept de *medium* chez Thomas. Le XIXe siècle en revanche appella « voies de communications » ce que la théorie moderne des médias appelle justement « médias » : la poste, le télégraphe, le téléphone, les trains, les routes, etc. Au XIXe siècle, le mot « médium » désignait un état de choses, physique et biologique cette fois, à savoir l'environnement d'une chose, le milieu ou « l'élément » d'un être vivant[2]. Dans les années 1920, le mot médium fit son entrée dans la philosophie germanophone, notamment chez les tenants de la psychologie expérimentale autrichienne, Fritz Heider (*Chose et Médium*, 1927) et Helmuth Plessner (*Les Étapes de l'organisme et de l'homme*, 1928). Mais c'est seulement après la Deuxième Guerre mondiale, avec l'école historique canadienne, que le mot et le concept de médium acquirent une portée théorique de premier plan.

Le grand livre d'Adam Innis, *Empire et Communication* (1950), analyse la grandeur et décadence des États et des empires (égyptien par exemple) en

---

[1] Walter Seitter, *Physik der Medien. Materialien, Apparate, Präsentierungen* [Physique des médias. Matériaux, appareils, présentations], Weimar, Verlag und Datenbank für Geisteswissenschaft, 2002.

[2] Dans les sciences contemporaines, c'est en microbiologie que le terme est employé en ce sens, par exemple lorsqu'on parle de « milieu de culture » des unicellulaires (*Nährmedium* en allemand ; *growth medium* en anglais) dont dépend toute la biologie du XXe siècle. Cf. P. Berz, *Die fremde Wahrheit der Bakterien* [L'Étrange Vérité des bactéries], Berlin, Kadmos, 2016.

partant de leurs fondements, c'est-à-dire de leurs voies de communication, de leur écriture, de leurs techniques de transport. À partir de ces travaux, l'élève d'Innis à la Toronto School of History, Marshall McLuhan, développa la théorie des médias, qu'il commença à appliquer à l'imprimerie (*La Galaxie Gutenberg*, 1962). Les écrits de McLuhan, aux vues aussi larges que brillantes, étaient profondément marqués par la Beat Generation : *Pour comprendre les médias* (1963), *Le Médium est le message* (1967) ou *Guerre et paix dans le village global* (avec Quentin Fiore, 1968). La théorie germanophone des médias intégra au discours scientifique les concepts-clé – pour ne par dire les slogans – de McLuhan : « le médium et le message » ; « un médium est le contenu d'un autre médium » ; « il y a une concurrence des médias ». Mais la théorie kittlérienne des médias se forgea aussi en se distinguant explicitement de certaines des thèses fondamentales de McLuhan, particulièrement sur l'idée que les techniques seraient les prothèses des facultés humaines[1].

Voilà qui dépasse amplement le cadre des analyses de Foucault, même si la théorie kittlérienne des médias retranscrit McLuhan dans le discours foucaldien de l'« *a priori* historique »[2] sous forme d'« *a priori* médiatique » ou, plus précisément, d'« *a priori* média-technique ». C'est peut-être avec le panoptique que Foucault a été au plus près de ce type d'*a priori*[3].

2.4. Les ingénieurs : Turing, Shannon, von Neumann

Le trio constitué par la poésie allemande, les importations philosophiques françaises et la science de la technique canadienne est en dernier lieu complété par une quatrième influence qui seule parachève le dispositif de la « théorie historique des médias » selon Kittler. Il s'agit de l'introduction et de la traduction dans les sciences humaines d'un savoir qui lui était totalement étranger, celui des techniciens, ingénieurs et mathématiciens anglo-américains. La première édition et traduction en allemand des écrits du mathématicien anglais Alan Mattison Turing, tout comme la première édition et traduction d'écrits choisis de l'ingénieur américain en communication, Claude Elwood Shannon, furent l'initiative de Friedrich Kittler[4]. Comme ce dernier le rapporta plus tard dans une interview, un séjour de recherches à Santa Barbara le priva de fers à souder et de bibliothèques de

[1] Voir par exemple F. Kittler, *Médias optiques. Cours berlinois 1999*, *infra*, p. 55-56.

[2] Cf. M. Foucault, « L'*a priori* historique et l'archive », in : *L'Archéologie du savoir*, Paris, Gallimard, 1969.

[3] Cf. M. Foucault, *Surveiller et punir*, Paris, Gallimard, 1975.

[4] Alan Mattison Turing, *Intelligence Service*, F. Kittler, B. Dotzler (éd.), traduit de l'anglais par Bernhard Dotzler, Bernhard Siegert, Margit von Obernitz et Peter Gänssler, Berlin, Brinkmann & Bose, 1987 ; Claude Elwood Shannon, *Ein Aus. Ausgewählte Schriften zur Kommunikations- und Nachrichtentheorie*, F. Kittler, P. Berz, D. Hauptmann, A. Roch (éd.), trad. de l'anglais (États-Unis) par Helmut Dreßler *et al.*, Berlin, Brinkmann & Bose, 2000.

littérature à l'allemande. Comme les bibliothèques américaines classent les livres selon leur ordre d'entrée (*numerus currens*) et non pas systématiquement, le hasard fit que l'auteur de l'*Analyse de la situation de communication de Conrad Ferdinand Meyer* vit soudain, côte à côte, les œuvres de Goethe et la *Théorie mathématique de la communication* de Claude Shannon. (Depuis « Psychanalyse et cybernétique », le nom de Shannon était connu des lecteurs de Lacan). Sans attendre, il se mit à étudier, jour et nuit, à la maison et à la plage, les mathématiques poussées que contient la *Théorie mathématique*.

Alors que « l'enfant terrible » de Cambridge, Alan Turing, mathématicien, cryptographe de guerre, penseur axiomatique et pratique de l'ordinateur, avait certaines affinités avec l'histoire des idées (et pas seulement parce qu'il avait assisté aux séminaires de Ludwig Wittgenstsein), celle-ci était complètement étrangère aux ingénieurs informatiques américains. Si la théorie de Shannon ne fit l'objet d'une publication officielle qu'en 1948, les services de renseignements américains l'utilisèrent pour l'encodage et le décodage de messages dès la Deuxième Guerre mondiale. Quant aux études culturelles (*Kulturwissenschaften*) d'avant la théorie kittlérienne des médias, elles ignoraient souverainement et la « théorie de la communication et de l'information » de Shannon – toujours décisive à l'heure actuelle – et les travaux sur la bombe atomique du mathématicien hongrois émigré aux États-Unis, Janos von Neumann – il développa notamment le concept et l'architecture nommée d'après lui, qui est implémentée dans la plupart de nos ordinateurs. La linguistique et l'ethnologie structuralistes en revanche, de Roman Jakobson à Claude Lévi-Strauss, s'intéressèrent à Shannon autant qu'à la cybernétique. Il en alla de même bien sûr de Georges Théodule Guilbaud, un proche de Lacan, et du prix Nobel de biologie, François Jacob.

Le concept mathématique d'information est, pour employer l'expression d'Alan Turing, à la pointe de « l'âge de l'information » qui, en 1980, avait à peine commencé à se nommer de la sorte. La théorie des médias l'a utilisé à d'autres fins, pour en faire l'échafaudage d'un *système* des médias, d'une approche systématique de l'histoire des médias. Là où Hegel était, Shannon doit advenir – et inversement. C'est ce désir ou cette volonté de faire système qui distinguent peut-être le plus radicalement la théorie des médias d'origine kittlérienne de toutes les théories antérieures ou postérieures.

La proximité entre la théorie des médias kittlérienne et la technique anglo-américaine se prolonge souvent jusque dans la langue. Celle-ci est aussi américanisée que la technique du XXe siècle. Tandis que dans l'Allemagne des années 1980, même les informaticiens germanophones parlaient de *Rechenanlage* ou de « calculateurs automatiques » (pour ne rien dire des francophones et de l'« ordinateur »), Kittler rend à l'anglais ce qui appartient à l'anglais : les *features* du *computer* sont nommés dans la langue du programmeur[1]. Cet américanisme a aussi des effets dans le style de Kittler, qui confère à l'expression une brièveté, une économie et une dramaturgie qui étaient et demeurent entièrement neuves dans la langue universitaire allemande. Sans oublier le côté *cool* des paroles des chansons américaines, qui jouèrent également un rôle dans la formation de ce style.

Il faut garder ces éléments en tête pour pouvoir interpréter à leur juste mesure les réserves que Kittler formula à de nombreuses reprises, à partir de la fin des années 1990, envers les États-Unis. Les importations factuelles de la science américaine se prolongèrent en effet jusque dans la dernière phase – interrompue par sa mort – de la pensée de Kittler. L'idée que l'alphabet vocalique grec constituerait le médium fondamental de l'Occident peut être comprise comme le développement en termes de médias et d'histoire de la culture des travaux de Barry Powell, le spécialiste américain d'Homère et de l'histoire de l'écriture.

On pourrait donc résumer ainsi :

philosophie française + technique américaine,
appliquées à la poésie allemande

ou, plus concrètement :

poésie allemande
+ philosophie française
+ histoire canadienne
+ technique anglo-américaine
= un assemblage de transferts, importations, traductions, dans lequel la théorie des médias a pris naissance.

Mais celle-ci a également une origine géographico-épistémologique précise. Présentons-la dans le cadre de référence du XXe siècle : Friedrich Kittler aimait beaucoup une anecdote qui eut pour cadre Fribourg-en-Brisgau après la Deuxième Guerre mondiale, durant l'occupation française. La ville accueillait alors un officier français chargé de la culture qui faisait son service chez le philosophe Martin Heidegger, lequel avait perdu son titre d'enseignant lors de la dénazification. L'officier demanda à Heidegger de lui expliquer ce qu'il en était de cette technique allemande qui avait plongé le monde entier, et surtout la France, dans l'angoisse et la terreur durant plus de deux décennies. Heidegger ne se prononça pas directement, mais répondit à la question de l'officier dans la célèbre conférence sur « La question de la technique » (1953). Dans le même temps, de l'autre côté de l'océan, on fomentait la non moins célèbre Operation paperclip : au moment de la « décomposition fractale »[2] du IIIe Reich, les Américains (ainsi que les

[1] Les lignes de commande des ordinateurs d'IBM exportés en U.R.S.S. ont d'abord été traduites en russe pour masquer le fait que mêmes les ordinateurs soviétiques étaient fondés sur des systèmes américains. De telles anecdotes amusaient énormément Kittler.

[2] F. Kittler, « Unconditional surrender », in : *Die Wahrheit der technischen Welt* [La Vérité du monde technique], H. U. Gumbrecht (éd.), Berlin, Suhrkamp Taschenbuch Wissenschaft, 2013.

Britanniques et les Russes) exfiltrèrent la technique allemande et son intelligentsia, avec armes et bagages : les chercheurs Walter Dornberger, Werner von Braun ou encore les collaborateurs du tunnel aérodynamique supersonique. Les mythes américains – Apollo ou « breaking the sound barrier » (le légendaire pilote américain de la Deuxième Guerre mondiale, Chuck Yeager, a franchi le mur du son le 14 octobre 1947[1]) – trouvent ici l'une de leurs origines.

Corollaire : Thomas Pynchon

Plus généralement, l'influence du romancier américain Thomas Pynchon sur la constitution de la théorie des médias kittlérienne ne saurait être surestimée. L'esprit, le style, les positions historiques de son célèbre roman de la Guerre mondiale, *L'Arc-en-ciel de la gravité*[2], sont les *blueprints* (pour employer l'une des expressions préférées de Kittler) de nombreuses études d'histoire des médias. L'élève de Nabokov qu'était Pynchon pourrait être l'un des premiers à avoir vu la Deuxième Guerre mondiale comme un tout, sous une perspective qui transcende les fronts, dépasse systématiquement les frontières sur le plan économique, technologique, psychanalytique, ethnologique, et s'enracine de surcroît profondément dans la culture pop américaine. En outre, Pynchon a travaillé chez Boeing et eu par ce biais accès à des archives secrètes. Le développement de ce « regard éloigné » sur la Deuxième Guerre mondiale était quasiment révolutionnaire dans la pensée allemande des années 1970 et 1980 qui avait largement relégué la guerre dans l'ombre de l'holocauste. Dès 1982, alors qu'il était assistant à Fribourg, Kittler faisait cours sur le roman de Pynchon, et développait la conception de la littérature et de l'histoire de la technique propre au romancier en vue de fonder la théorie des médias.

3. Les années 1980 : un nouveau savoir et ses institutions

Mais poursuivons la chronologie de l'œuvre kittlérienne. Dans les années 1980, les deux ouvrages de Kittler les plus célèbres étaient : *Systèmes de notation 1800 ·1900*, publié en 1985, et *Gramophone Film Typewriter*, publié en 1986. Tandis que le premier s'adressait à la communauté scientifique, et tout d'abord aux spécialistes de littérature, le second visait un public beaucoup plus large. Dans les années 1980, on aurait eu peine à

---

[1] Cf. Tom Wolfe, *The Right Stuff*, New York, Black Dog & Leventhal, 2005 ; P. Berz, « Mach 1 », in : *Über Schall: Ernst Machs und Peter Salchers Geschossfotographien* [Du son. Les instantanés photographiques d'Ernst Mach et de Peter Salcher], Christoph Hoffmann, Peter Berz (éd.), Göttingen, Wallstein Verlag, 2001.

[2] *L'Arc-en-ciel de la gravité* est paru en 1973 et a été traduit en allemand en 1981 par les soins inspirés de la prix Nobel de littérature Elfriede Jelinek en collaboration avec le traducteur Thomas Piltz.

trouver une collocation d'étudiants sans son exemplaire de *Gramophone Film Typewriter*.

Dans ces mêmes années 1980 – et pas uniquement suite à ces deux publications – eut lieu une première institutionnalisation de la théorie des médias kittlérienne sous forme d'une science des médias. Le combat contre l'herméneutique, profondément enracinée dans les institutions universitaires de l'époque, était tout d'abord un courant anti-institutionnel jouissant d'une publicité certaine. Il y eut par ailleurs dès le début des années 1990 des chaires universitaires d'études culturelles et même d'« Esthétique et histoire des médias ». Pour autant, la théorie des médias n'a jamais perdu son côté anti-institutionnel, antiétatique et peut-être même anarchiste – dans un mouvement d'histoire du savoir que Foucault avait en son temps décrit comme « contre-histoire »[1]. La théorie des médias kittlérienne présente elle aussi des traits profondément polémiques, voire millénaristes. Ce ton se prolongea dans son œuvre jusqu'aux grandes études du début des années 2000 sur les Grecs et leurs prises de positions contre l'Empire romain[2]. Pour autant, la science des médias – pour le dire avec Claus Pias – ne s'est pas constituée en discipline : elle est plutôt une forme de stratégie du discours. Kittler, qui connaissait pratiquement tout de l'histoire de l'Université, a souvent souligné qu'il ne visait pas à fonder une « école ».

Ceci dit, depuis environ 1985, il existe dans l'espace germanophone une multitude d'activités, conférences et projets de recherche placés sous le signe de la théorie des médias. Pour n'en citer que trois :

a) Les deux grands colloques organisés par Hans-Ulrich Gumbrecht et Ludwig Pfeiffer à l'Inter-University Center de Dubrovnik en Ex-Yougoslavie (actuelle Croatie), consacrés aux « Matérialités de la communication » (printemps 1987) puis aux « Paradoxes, dissonances, effondrements »[3] (printemps 1989). Le second colloque eut lieu peu avant la chute du mur et l'effondrement des différents pays du bloc de l'Est. Une année plus tard, le bâtiment du Center fut d'ailleurs totalement détruit lors du conflit entre la Serbie et la Croatie. Lors de ces rencontres, c'est un nouveau savoir qui put pour la première fois monter sur scène. Les « matérialités » de la communication touchent le cœur du problème, car la théorie des médias est aussi une nouvelle forme de matérialisme. Pour comprendre l'effondrement de l'Empire romain, il faudrait ainsi étudier non pas ses écrivains, mais l'état

---

[1] M. Foucault, *Il faut défendre la société. Cours au Collège de France. 1975-1976*, François Ewald, Alessandro Fontana (éd.), Paris, Seuil/Gallimard, 1997.

[2] Cf. F. Kittler, *Musik und Mathematik*, t. II : *Roma aeterna*, Gerhard Scharbert (éd.), Munich, W. Fink, 2016. Édition à partir de fragments.

[3] H. U. Gumbrecht, L. Pfeiffer, *Materialitäten der Kommunikation* [Matérialités de la communication], Francfort-sur-le-Main, Suhrkamp, 1987 ; H. U. Gumbrecht, L. Pfeiffer, *Dissonanzen, Paradoxien, Zusammenbrüche* [Dissonances, paradoxes, effondrements], Francfort-sur-le-Main, Suhrkamp, 1989.

des relations postales et l'histoire universelle du cheval. C'est ce que fit par exemple Bernhard Siegert à partir d'une quantité prodigieuse de sources.

b) Le deuxième moment de cette institutionnalisation fut un programme de recherche soutenu par le DFG[1], de 1987 à 1997, et intitulé « Analyse littéraire et analyse des médias ». Il était dirigé par le théoricien de la culture et psychanalyste Christoph Tholen, affilié à l'Université de Cassel. Ce projet reflétait typiquement les réformes menées en Allemagne dans les années 1970. Quatre tomes virent le jour, dont les titres étaient à eux seuls tout un programme : *Les Arsenaux de l'âme* (1989), *Les Armatures des sens* (1990), *HardWar/SoftWar : guerre et médias de 1914 à 1945* (1991), *Le Médium ordinateur*[2] (1994). Plus de la moitié des articles commençaient par une analyse littéraire (Kafka, Musil, Kellermann ou encore Jünger et Carl Schmitt), l'autre moitié s'attaquait directement à des questions historiques : histoire des drogues, psychiatrie, névroses de guerre, télégraphie, téléphone, futurisme, télévision et finalement histoire de l'ordinateur.

c) Le troisième cadre institutionnel et factuel de la théorie des médias fut le développement de la *Kulturwissenschaft* allemande. Celle-ci se distingue des *Cultural Studies* américaines par son orientation plus philosophique et historique, et son moindre intérêt pour d'autres cultures[3]. En Allemagne se constituèrent non seulement des Instituts indépendants d'études culturelles comme le Zentrum für Kulturwissenschaft à Essen, mais encore des Instituts universitaires à Berlin, Bochum, Kiel, etc.

À cela s'ajoute ce fait très important que Friedrich Kittler lui-même détenait depuis 1987 une chaire de littérature allemande moderne à l'Université de Bochum. À partir du début de l'année 1987, le professeur fraîchement nommé acquit aux frais de l'Institut, pour lui-même et pour ses deux assistants, les premiers processeurs Intel 8088 ainsi qu'un ordinateur, une carte graphique simple et un système d'exploitation DOS. Ce travail était au départ conçu comme un prolongement du projet autour du synthétiseur, mais il eut des conséquences essentielles en terme de matérialité technique et de pratique des médias. Kittler se mit à programmer en langue C, avec les commandes en trois lettres du code Assembler constitué de trois termes par ligne (mof, dx, ax). Il découvrit immédiatement la possibilité de traduire des problèmes mathématiques dans le monde

[1] *Deutsche Forschungsgemeinschaft* : Communauté allemande pour la recherche.

[2] F. Kittler, G. Ch. Tholen (éd.), *Arsenale der Seele: Literatur- und Medienanalyse seit 1870*, Munich, W. Fink, 1989 ; Jochen Hörich, Michael Wetzel (éd.), *Armaturen der Sinne*, Munich, W. Fink, 1990 ; Martin Stingelin, Wolfgang Scherer (éd.), *HardWar/SoftWar: Krieg und Medien 1914 bis 1945*, Munich, W. Fink, 1991 ; N. Bolz, F. Kittler, G. Ch. Tholen (éd.), *Computer als Medium*, *op. cit.*

[3] La *Kulturwissenschaft* n'a pas vraiment d'existence institutionnelle en dehors de l'Allemagne. En Autriche par exemple, les sciences des médias et les études culturelles sont assimilées à la philosophie, à l'histoire des sciences, aux études théâtrales ou à la théorie de l'art. L'IFK à Vienne, centre de recherche international en études culturelles, demeuré longtemps indépendant, constitue une exception.

numérique : les suites de Fibonacci, les nombres d'Euler, les fonctions Zeta et autres problèmes brûlants de l'histoire des mathématiques, et bientôt aussi des problèmes graphiques (voir l'Appendice à la présente introduction). Tout cela eut lieu en 1987 à une époque où les revues d'informatique publiaient encore des pages entières de code et traitaient des questions mathématiques au lieu de gaver de simples utilisateurs-consommateurs –, une perte que Friedrich Kittler n'a jamais cessée de déplorer.

4. « Théorie des médias » : Coupes historiques et systématiques

Mais que cela signifie-t-il pour la théorie elle-même et ses implications systématiques ?

4.1. Coupes historiques 1800 · 1900

La première chose qui frappe dans les écrits de Kittler, c'est qu'une pensée profondément différentielle y est à l'œuvre, une pensée par coupes historiques et systématiques. Cette pensée par coupes est sans aucun doute un héritage français, celui d'Alexandre Koyré et de Michel Foucault. Koyré consacra sa vie et son œuvre à dégager les fondements de la « coupure galiléenne ». Les coupes foucaldiennes, depuis l'*Histoire de la folie à l'âge classique* (1961 ; 1972), sont connues : Renaissance, âge classique, XIXe siècle. Le passage au XXe siècle en revanche n'y est pas vraiment pensé. Selon Foucault, il s'institue en littérature avec Nietzsche, Roussel, Artaud et, dans les sciences, avec la linguistique et le structuralisme ou, plus généralement, avec un savoir formel qui se prolonge jusqu'à la musique sérielle de Boulez sur laquelle pourtant il n'a jamais écrit. Foucault ne développe pas de savoir positif sur l'histoire factuelle du XXe siècle et ce, même si sept des leçons tenues en 1979 au Collège de France traitent du néolibéralisme allemand et américain de l'après-guerre[1]. On peut l'expliquer par des raisons ayant trait aux conditions mêmes de la production du discours : le XXe siècle, époque du savoir formel et systémique, est justement celui de Foucault et de son savoir[2]. S'il constitue un point de départ, ce n'est pas en raison de l'histoire effective qui s'y est jouée, mais parce qu'il est le siècle du formalisme. Contre « l'homme du XIXe siècle »

[1] M. Foucault, *Naissance de la biopolitique. Histoire de la gouvernementalité. Leçons au Collège de France. 1978-1979*, Michel Senellart (éd.), Paris, Seuil, 2004, p. 104-294, soit les leçons 5 à 11 inclues.

[2] Comme il le dira en interview, telle est la raison pour laquelle il n'écrit pas sur Boulez qu'il écoute pourtant lorsqu'il rédige *L'Archéologie du savoir*. M. Foucault, « Pierre Boulez, l'écran traversé », in : M. Foucault, *Dits et écrits*, *op. cit.*, vol. 4, p. 219-222. Dans l'une de ses dernières interviews, Foucault déclare que si temps lui était donné, il se consacrerait à l'histoire du formalisme au XXe siècle.

qu'est encore Sartre, Foucault revendique « la passion du concept et de ce qu'[il] nommerai[t] le „système“ »[1].

Digression : le XXe siècle

La pensée de Kittler au contraire commence précisément *avec* le seuil du XXe siècle. Premièrement, ce n'est qu'à partir de l'analyse des techniques d'écriture et de lecture en 1900, c'est-à-dire d'un dispositif de médias techniques mobilisant la machine à écrire, le gramophone, le film et la radio, qu'il est possible de mettre au jour la littérature classique et romantique comme système institutionnel de lecture et d'écriture en 1800. Deuxièmement, la pensée de Kittler commence avec un savoir positif considérable, proprement gigantesque, sur l'histoire du XXe siècle. Dans le paysage intellectuel allemand de l'époque, il n'y eut certainement aucun historien non professionnel qui en sût autant que Kittler sur l'histoire des deux Guerres mondiales, ses batailles, ses techniques, ses acteurs. Personne si ce n'est peut-être l'écrivain Heiner Müller en RDA qui, lorsqu'il écrivait ses pièces dans les années 1980, téléphonait des heures durant à Kittler pour parler avec lui de la Deuxième Guerre mondiale, par liaison téléphonique directe, entre Berlin Est et Bochum. Le XXe siècle, ses innovations et ses Guerres mondiales, forment l'objet et l'horizon de la théorie des médias de Kittler. Et quant à savoir si le XXe siècle a été aussi grand que le grand XIXe siècle de Heidegger, voilà qui ne peut encore pas du tout être tranché en 2015[2].

4.2. Coupes systématiques : Lacan et le RSI

La coupe, opération épistémologique fondamentale de la théorie des médias, a pour effet de créer non seulement une simple succession, mais aussi un système de différences. Le recours à la coupe ne s'inspire toutefois pas de Foucault, mais de Jacques Lacan, dont la triade bien connue du RSI : *le réel, l'imaginaire* et *le symbolique* fait partie des fondements de la théorie des médias.

Le *réel* en allemand sonne différemment qu'en français, puisqu'on y distingue les nombres « réels » [*reel*] d'une part et « le réel » [*real*] de

---

[1] M. Foucault, « Entretien avec Madeleine Chapsal » (1966), in : M. Foucault, *Dits et écrits*, *op. cit.*, vol. 1, p. 513 -518 ; p. 514 pour la citation. L'activité politique de Foucault au sein du groupe G.I.P., Groupe Information Prison est thématisée dans les déclarations de la personne publique mais n'est pas présentée comme une issue dans les travaux de l'historien.

[2] Voir F. Kittler, *Médias optiques*, *infra*, p. 48. Où Kittler a trouvé chez Heidegger l'expression « Das große 19. Jahrhundert » (expression empruntée à *L'Histoire du XIXe siècle* de Heinrich von Treitschke : *Deutsche Geschichte des 19. Jahrhunderts*, Berlin, Volksverband d. Bücherfreunde, Wegweiser-Verlag o. J., 1879, vol. 1, chapitre 8) est un point qui n'a pas encore pu être éclairci.

l'autre. Tandis qu'en allemand « le réel » au second sens vise la réalité « au-delà du principe de réalité »[1], « le réel » au premier sens ouvre un nouvel espace aux médias et au savoir. Les nombres irrationnels (qui composent avec les rationnels et les naturels l'ensemble des nombres réels) existent seulement, d'après Richard Dedekind, dans l'imbrication infinie des intervalles de valeurs intermédiaires[2]. Aucune valeur numérique fixe ne les définit. Les nombres réels sont le continu de l'espace des nombres. Il n'existe que des règles d'approximation telles les fractions continues (dont la plus simple, ne comportant que des 1, donne le nombre Phi, le nombre d'or). Les continus physiques, comme par exemple l'ensemble des valeurs intermédiaires d'une échelle d'oscillations acoustiques, jusqu'aux harmoniques supérieures du bruit (qui ne sont jamais identiques à elles-mêmes) ne sont pas seulement une métaphore des nombres réels. Épistémologiquement et historiquement, ce n'est que par l'ensemble des nombres réels que les continus physiques peuvent être calculés. Mais tandis que le système musical écrit les notes sans valeurs intermédiaires, le gramophone enregistre physiquement toutes les valeurs intermédiaires, y compris le bruit. Le son se transforme en phénomène acoustique et la musique elle-même change de nature. Le gramophone est le médium du réel.

L'*imaginaire* au contraire part de l'image et y revient toujours. L'histoire des médias est présente dès les débuts de Lacan. Marguerite Pantin, alias Aimée, la patiente qui le rendit célèbre (et dont le cas est le seul qu'il ait publié) voit partout dans les rues de Paris le portrait plus grand que nature de sa poursuivante, la comédienne Huguette Duflos. Celle-ci jouait dans beaucoup de films muets de l'époque dont les scénarios étaient écrits par une deuxième personne à habiter la folie d'Aimée : son amant imaginaire, l'auteur Pierre Benoît. Selon l'analyse de Lacan, le nœud de l'histoire d'Aimée ainsi que de ses trois romans[3] est ainsi constitué de substitutions et superpositions d'images dans un ordre qui remonte jusqu'à sa sœur.

Le *symbolique* chez Lacan apparaît aussi toujours dans le contexte de la cybernétique, voyez « Psychanalyse et cybernétique, ou de la nature du langage »[4] (1955). Son camarade d'école, le mathématicien Georges-Théodule Guilbaud, a rédigé en 1952 la première introduction populaire à la cybernétique[5] où il décrivit les fondements de la théorie mathématique de

---

[1] J. Lacan, « Au-delà du „Principe de réalité“ » [1936], in : J. Lacan, *Écrits* [1966], Paris, Seuil 1999, p. 72 -91.

[2] Richard Dedekind, « Les nombres : que sont-ils et à quoi servent-ils ? » [1893], trad. de l'allemand par Judith Milner et Hourya Sinaceur, Paris, Seuil, 1978.

[3] Lacan a tenu sa promesse de ne pas publier les romans d'Aimée dont nous ne connaissons donc que les passages qu'il cite.

[4] J. Lacan, « Psychanalyse et cybernétique, ou de la nature du langage », in : J. Lacan, *Le Séminaire II. Le Moi dans la théorie de Freud et dans la technique de la psychanalyse* [1954-1955], Paris, Seuil, 1978, chapitre 23.

[5] Georges-Théodule Guilbaud, *La Cybernétique*, Paris, P.U.F, coll. Que sais-je ?, 1954. L'ouvrage a été traduit en anglais dès 1959 par Valerie MacKay chez Heinemann.

l'information, de la cryptographie et des procédures pour « Pilotes, stratèges et joueurs »[1] (1953). Mais tandis que chez Lacan, « l'instance de la lettre dans l'inconscient » recourt à l'occasion, outre aux jeux alphabétiques, à une technique des médias qu'est la casse Garamont[2], Kittler s'intéresse très sérieusement à l'histoire des médias de l'écriture et de ses caractères, des moines copistes à l'imprimerie, de l'écriture des enfants et des écrivains jusqu'à la machine à écrire et à son héroïne qu'est la secrétaire. Alors que dans *L'Archéologie du savoir* de Foucault, la machine à écrire fournit un exemple méthodique (« Le clavier d'une machine à écrire n'est pas un énoncé. »[3]) ; chez Kittler, la machine à écrire elle-même devient un appareil du discours qui modifie la littérature et la philosophie dans leurs fondements. L'ordinateur sera finalement la suppression-élévation de tous les médias en un médium du traitement exacerbé du symbole – et le jeune Alan Turing, dont l'écriture était illisible, inventa une machine à écrire[4]...

Concernant Lacan, il a été le premier à poser les linéaments d'un système des médias et il a contribué de manière non négligeable à lier étroitement théorie des médias, histoire des sciences (mathématique, physique) et philosophie[5]. Il était en effet en dialogue constant avec Jean Hippolyte, Maurice Merleau-Ponty et les deux grands Alexandre de Paris : Aleksandr Kozhevnikov, dit Alexandre Kojève, et Aleksandr Kojrakskij, dit Alexandre Koyré.

L'audace de Kittler est de lire en parallèle les séminaires de Lacan et les travaux de McLuhan. Cette mise en rapport inédite permet d'esquisser pour la première fois systématiquement une théorie des médias également ancrée dans la tradition philosophique dont Kittler lui-même est issu, celle de Georg Friedrich Wilhelm Hegel. La théorie des médias kittlérienne lui reprend certains concepts clés. La suppression-élévation constitue ainsi un moment structurel de l'historicité des médias. Un système de médias en dépasse un autre, c'est-à-dire qu'il le conserve et le remplace et l'élève à un autre niveau jusqu'à ce que – une idée qui continue de scandaliser beaucoup de théoriciens – la machine numérique remplace, conserve-élève tous les autres médias. Inversement, les séminaires de Kittler sur les cours d'esthétique de Hegel furent l'occasion de lire l'histoire de la philosophie en termes de théorie des médias.

Ce que l'on pourrait appeler le tour de force ou coup d'état de Kittler dans les sciences humaines a donc été de techniciser les trois registres

---

[1] G.-T. Guilbaud, « Pilotes, stratèges et joueurs », Conférence à la Maison des Sciences, Paris, 24 mars 1953, publiée dans : *Structure et évolution des techniques*, n° 5, juillet-janvier, 1954.

[2] J. Lacan, « L'instance de la lettre dans l'inconscient », in : *La Psychanalyse*, n° 3, 1957, p. 47-81 ; réimpr. dans *Écrits*, Paris, Seuil, 1966.

[3] M. Foucault, *L'Archéologie du savoir*, Paris, Gallimard, 1969, p. 114.

[4] Voir A. Turing, *Intelligence Service. Schriften*, *op. cit.*, postface des éditeurs, p. 209-233.

[5] Kittler a souligné que les titres mêmes des écrits de Lacan rendent justice aux médias : *Écrits*, *Le Séminaire*, *Télévision*, *Radiophonie*.

lacaniens et de les traiter en historien foucaldien. Avec toute leur richesse factuelle :

le gramophone / le film / la machine à écrire (l'ordinateur)

sont la réalisation historique des trois registres :

réel / imaginaire / symbolique

Ce qui permet d'écrire l'histoire des techniques de manière inédite et systématique.

4.3. Coupes systématiques : Shannon

Depuis la fin des années 1980 (et en rapport avec le projet de recherche déjà évoqué du DFG) une autre triade de coupes systématiques s'est imposée. Son origine n'est plus lacanienne mais technique, issue qu'elle est de la théorie de l'information et de la théorie de l'ordinateur.

Les médias se distinguent ainsi en médias de :

stockage / transmission / calcul

Cette triade place le film, le gramophone et l'écriture (l'écriture de l'archive) dans un seul et même horizon qui se distingue des médias de la transmission ou de la communication[1]. Ces derniers sont étroitement liés à l'histoire de la poste, et Bernhard Siegert, dans son important ouvrage sur la théorie de l'histoire des médias, en a déduit des époques littéraires entières[2]. Les médias techniques que sont la télégraphie (électrique), la téléphonie, la télégraphie sans fil (ondes électromagnétiques), la radio (premier médium technique de masse), la radio à ondes courtes (médium de commandement pendant la Seconde Guerre mondiale), le radar supposent structurellement des dispositifs radicalement différents de ceux des médias de stockage. La théorie de l'information elle-même et sa formalisation par Shannon est une théorie des médias de transmission. Dans l'ordinateur, les données sont aussi bien stockées que transmises, d'abord de manière interne avec un système de BUS informatique (Binary Unit Systems), puis vers la périphérie (la carte graphique ou la carte son) avec le processeur et la mémoire de stockage. Les données stockées et transmises sont traitées comme nombres, d'où il résulte une autre tripartition :

image / écriture / nombre.[3]

[1] F. Kittler, « Geschichte der Kommunikationsmedien » [Histoire des médias de communication], in : Jörg Huber et Alois Martin Müller (éd.), *Raum und Verfahren. Interventionen / Museum für Gestaltung Zürich*, Bâle/ Francfort-sur-le-Main, Stroemfeld, 1993, p. 169-188.

[2] Bernhard Siegert, *Relais. Geschicke der Literatur als Epoche der Post (1751-1913*) [Relais. Le destin de la littérature comme époque de la poste], Berlin, Brinkmann u. Bose, 1993.

[3] Les travaux autour de « Bild Schrift Zahl », l'image, l'écriture et le nombre, sont à la base du Hermann von Helmholtz-Zentrum für Kulturtechnik, un centre de recherche de l'Université Humboldt à Berlin que Kittler dirigea aux côtés de cinq autre professeurs issus des mathématiques, des études médiévales, de l'histoire de l'art, de l'informatique et de la philosophie.

4. 4. Coupes systématiques : médias non techniques et médias techniques

Au fondement de cette histoire systématique intervient une autre coupe, qui est importante aussi bien pour l'histoire des médias antérieurs que pour les recherches ultérieures de Kittler : la coupe entre médias techniques et non techniques. Elle introduit une distinction nette dans le champ foucaldien des techniques culturelles (qu'on pense aux « techniques de soi »), champ qui avait déjà été élargi par les études culturelles. Cette distinction pose que seuls sont techniques les médias dont les conditions dépendent d'un certain développement de la physique. Ce n'est qu'à partir du moment où les médias fonctionnent d'eux-mêmes et automatiquement qu'ils sont dits techniques. Leur prototype serait le pendule. C'est seulement depuis le XIXe siècle, depuis que des appareils fonctionnant d'eux-mêmes en vertu de lois mécaniques et électriques occupent tout le champ de la perception optique et acoustique – c'est-à-dire depuis le gramophone, la caméra, le projecteur, la machine télégraphique –, que l'horloge se transforme en médium automatique qui est adressé par Kittler comme médium technique. L'alphabet et ses innovations, l'imprimerie et la perspective ne fonctionnent d'eux-mêmes que de manière conditionnelle. Même les règles précises et algorithmiques que donne Dürer pour construire une vue en perspective à l'aide d'un perspectographe (portillon), doivent être mises en œuvre par la main d'un assistant[1]. Le corollaire en est que les médias techniques sont inséparables de la physiologie expérimentale et des appareils automatiques qu'elle a mis en place pour étudier la perception. Pour le dire vite, les médias techniques ne sont apparus qu'au XIXe siècle tandis que les médias non techniques remontent à l'invention de l'alphabet et peut-être même au-delà.

4.5. Coupes non systématiques : polémique

Une pensée par coupes se développe sur un arrière-fond qui semble tout d'abord étranger à une réflexion sur la technique : l'inimitié ou la polémique. La tradition de la pensée polémique est ancienne. Elle se redéploye chez les moralistes français du XVIIe siècle et sera prolongée par Friedrich Nietzsche. L'histoire de la philosophie est traversée de philosophies polémiques organisant leur pensée selon des structures fondamentales souvent dichotomiques. Qu'on pense à la polémique de Bergson contre le temps mécanique qu'il oppose au temps vécu, à la polémique d'Oswald Spengler opposant les marins de pleine mer et leur destin aux marins des côtes, à la

[1] F. Kittler: Die Medien der Künste (#2008.1524273, application/msword (1996-09-14T12:51:54Z). kuenste.txt. In: Bestand A:Kittler/DLA Marbach. hd04-p01:/mnt/old/mnt/usb/ich/89-99/kittler/96 [hd, 45.5 KiB]).
Notons que l'exploitation d'archives numériques pose des problèmes théoriques et pratiques spécifiques.

polémique de Deleuze et Guattari opposant machine de guerre et appareils d'État ou encore à la pensée antimétaphysique de Heidegger. Autant d'exemples qui esquissent une nouvelle *contre-histoire* à la Foucault. La science des médias d'inspiration kittlérienne est polémique, elle exprime ses sympathies et antipathies, distingue de manière tranchée le pour et le contre, désigne les bons et les mauvais. Et, ne serait-ce que pour cette raison, elle est en mesure de reconnaître la dimension polémique de l'histoire elle-même, traversée par la concurrence des médias, les intrigues des acteurs, les guerres des systèmes. Dans l'œuvre tardive de Kittler, cette inspiration conduira à la grande polémique grecque : les Grecs contre leur voisins (les despotes d'Égypte, de Mésopotamie, etc.), les Grecs contre Rome, le paganisme polythéiste contre le monothéisme, les cultures musicales contre celles qui ne le sont pas.

5. *Un nouveau style* de recherche

C'est ici précisément qu'intervient un aspect de la théorie kittlérienne des médias qui a été déterminant dans son succès, à savoir un nouveau style de recherche, un nouveau style scientifique. Il ne s'agit pas d'une méthode mais justement d'un style, antérieur à toute méthode.

Le style de Kittler est déterminé par l'événement. Les structures ne se manifestent pas dans le réel sous forme de tendances générales mais de *plots*, de complots ou d'intrigues. On retrouve ce *plot* à chaque fois que Kittler décrit un moment de l'histoire des médias. Il est souvent compliqué et hautement structuré, à l'instar d'un roman policier. Kittler était d'ailleurs un lecteur passionné des romans d'espionnage de John Le Carré (Lacan, plus classique, s'adonnait quant à lui à la lecture d'Edgar Allan Poe). Selon Kittler, il y a toujours des opposants, raison pour laquelle on peut *raconter* la genèse d'une structure, d'une constellation issue de l'histoire ou de l'histoire des médias. Parce que la coupe historique est constituée d'événements, on peut la condenser en une histoire criminelle des plus excitantes, foisonnante d'acteurs, d'acolytes, de figures bizarres, de positions et de lieux bien localisables, de stratégies visibles ou secrètes, de passions historiquement conditionnées et de leurs hasards. L'histoire de la lanterne magique racontée dans les *Médias optiques* en fournit un exemple magistral[1].

Finalement, la guerre et ses batailles condensent une chaîne d'événements. Les positions, avantages et désavantages conflictuels sont nommables, le déroulement d'une bataille racontable, à moins que la position des observateurs empêche de le saisir, comme dans la cohue de Borodino. L'événement est une structure de la théorie, et la théorie en tant que telle s'y transforme : elle prend un tournant dramatique ou tragique, une tournure hymnique ou comique – non en inventant une fiction mais tout simplement

[1] Voir *infra*, sections 2.2. et 2.3.

en observant les enchevêtrements réels de l'histoire. L'histoire n'est jamais un réservoir d'exemples pour illustrer une thèse ; elle a lieu. Le scientifique qui se place en elle n'est plus un chercheur [*Forscher*], mais un « investigateur » – l'investigation désignant davantage l'enquête journalistique que l'activité scientifique. Le terme allemand de *recherchieren* [investiguer] était souvent employé par Kittler pour indiquer à ses étudiants la voie à suivre.

C'est dans cette perspective qu'on peut comprendre pourquoi Kittler avalait les biographies, sous forme soit de livres soit de récits oraux. Il puisait toujours de nouveau dans les biographies pour construire les intrigues de l'histoire des médias. Car la structure se réalise dans les sujets et les biographies sont les haïkus ou chorégraphies bizarres de la structure. Elles sont les farces sanglantes de l'histoire mondiale[1]. C'est ainsi par exemple que Friedrich Kittler fit un jour la connaissance du fils de Hans Kammler… sur le père duquel il avait beaucoup de questions à poser[2]…

La conception de l'histoire propre à la théorie kittlérienne des médias est traversée par un goût pour l'intrigue, la guerre, l'agonal, l'« urgent »[3], par une véritable passion pour l'événement comme critère de ce qui importe vraiment.

6. Les années 90 : une chaire d'« Esthétique et histoire des médias »

Reprenons le fil historique où nous l'avons laissé : en 1993 est créée pour Friedrich Kittler une chaire d'« Esthétique et histoire des médias », à l'Institut d'Esthétique du Département d'Études culturelles à l'Université Humboldt de Berlin. L'Institut et le Département existaient déjà du temps de la RDA, donc bien avant 1989, et s'adossaient à un passé glorieux. Dans les années 1970 et 1980, le célèbre théoricien de la culture Wolfgang Heise y enseigna. Au début des années 1990, la nomination spectaculaire de plusieurs professeurs d'Allemagne de l'Ouest permit à l'Institut d'écrire une nouvelle page de son histoire. Des années durant, l'enseignement à l'Institut d'esthétique fut assuré et par des professeurs qui y avaient en partie étudié puis enseigné du temps de la RDA (comme les professeurs Karin Hirdina et Renate Reschke par exemple) et par une phalange de nouveaux professeurs de la génération de Kittler qui venaient des Universités d'Allemagne de

---

[1] Vers la fin de sa trop courte vie, le dramaturge Heiner Müller ne racontait plus en public que de petites histoires sur la grande histoire dans lesquelles il concentrait en énigme tout ce qu'il voulait dire.

[2] Hans Kammler, général SS et ingénieur civil, fut responsable de l'édification du camp de travail de Nordhausen où furent construites les fusées V2. Il fut ensuite responsable de l'ensemble du programme aérospatial et, pendant les derniers jours du Reich millénaire, après avoir roulé de catastrophe en catastrophe à bord d'une voiture lancée à toute allure, il aurait fini par se donner la mort d'une balle sur une autoroute non loin de Prague.

[3] Merci à Balthasar Haussmann, Berlin !

l'Ouest pour opérer à Berlin un nouveau commencement – pensons à Hartmut Böhme, Thomas Macho, Christina von Braun ou encore Horst Bredekamp. Pour Kittler, dont la famille avait quitté l'Allemagne de l'Est, cette situation fut historiquement surdéterminée[1].

Kittler emménagea donc dans les murs où avait œuvré Hegel. Il en avait parfaitement conscience[2]. C'est ainsi qu'au milieu des années 1990, il prépara un colloque tout simplement intitulé « Auditorium 6 ». À l'époque où l'Université Humboldt s'appelait encore Friedrich-Wilhelm, Hegel prononça dans cet auditorium 6 ses leçons sur l'esthétique, devant un parterre composé en majorité d'officiers prussiens[3]. Dans les années 1990, l'auditorium fut malheureusement divisé en trois pièces toujours encore occupées par le service financier de l'Université. Le grand colloque dut être annulé.

Le cours sur les « Médias optiques », prononcé une première fois à Bochum, fut le premier de Kittler à l'Université Humboldt. Sur les bancs inamovibles de la salle et leurs tablettes rabattables, les porte-encriers étaient encore visibles et, par les hautes fenêtres d'un bâtiment encore criblé d'éclats d'obus et de salves de mitrailleuses, le regard se portait vers l'île des musées, parmi les ruines des colonnades du Altes Museum, aujourd'hui fraîchement rénové.

Parmi les enseignements dispensés par Kittler pendant sa longue carrière berlinoise, il importe de citer ceux consacrés à l'histoire générale de l'université, à l'histoire des médias radiophoniques, à l'esthétique de Hegel, au film muet, à l'histoire du petit, à l'histoire des médias ou encore à l'histoire « du livre à l'ordinateur », aux alphabets modernes ou, à partir des années 2000, à l'*Odyssée* d'Homère, à l'alphabet grec ou à Aristote.

Chaque semestre, quinze ans durant, il dispensa en outre un cours qui constituait une nouveauté radicale dans une faculté vouée aux sciences humaines : « Programmation graphique en C ». Les trente étudiants du début de semestre se réduisaient généralement à cinq voire à deux à la fin (parmi lesquels se trouvaient l'auteur de ces lignes). Ce cours donnait une base

---

[1] En 2012, l'Institut d'Esthétique (Seminar für Ästhetik) fut supprimé, et la chaire d'« Esthétique et histoire des médias » de Kittler renommée en « Histoire du savoir et de la culture ». Un Institut de sciences des médias (Seminar für Medienwissenschaft) fut créé parallèlement.

[2] En Allemagne, la prise de fonction d'un professeur est l'occasion d'une conférence inaugurale (*Antrittsvorlesung*). Celle, programmatique, de Kittler s'intitulait « Les médias des arts » [Die Medien der Künste]. Voir l'archive numérique déjà citée :
Friedrich Kittler: Die Medien der Künste (#2008.1524273,
application/msword (1996-09-14T12:51:54Z). kuenste.txt. In:
Bestand A:Kittler/DLA Marbach.
hd04-p01:/mnt/old/mnt/usb/ich/89-99/kittler/96 [hd, 45.5 KiB]).

[3] Depuis Scharnhost, fondateur du Preussischer Generalstab, l'état-major prussien, et responsable de la formation des officiers, ceux-ci s'étaient spécialisés en matière alphabétique et prirent en note chaque mot du maître, grâce à quoi ses cours nous sont aujourd'hui connus.

institutionnelle à une idée en gestation depuis la fin des années 1980, à savoir qu'il faut introduire la pratique de la programmation dans les sciences des médias car leur horizon systématique et historique est l'ordinateur, médium de tous les médias du XXIe siècle. Les étudiantes et étudiants qui fréquentaient ce cours ne repartaient pas avec des textes à lire et à interpréter comme c'était d'habitude toujours le cas à l'Université. À l'issu du séminaire, ils rentraient plutôt avec de petites machines (compilateurs, bibliothèques logicielles, interfaces de cartes graphiques, programmes et modules) qu'il s'agissait de faire fonctionner sur son ordinateur personnel, de modifier et de compléter par des programmes écrits soi-même. Le plus sublime de ces projets consistait à édifier un temple grec en 3D. Chaque participant devait (en principe du moins) programmer une colonne et, comme les temples sont des constructions ouvertes, les effets de lumières pouvaient être implémentés selon les principes du lancer de rayon (*raytracing*)[1].

7. Penser les techniques : le médium ordinateur

Dans les années 1990, la machine universelle et discrète qu'est l'ordinateur numérique (selon Alan B. Turing) et son rapport aux médias qui l'ont précédée sont devenus un objet de réflexion majeur de la théorie des médias. Sur la scène universitaire des sciences humaines et des études culturelles mais aussi auprès d'un plus large public, Kittler devint alors le prophète de l'âge numérique. Invité partout, il prononçait des conférences, écrivait livres et articles, y compris dans la presse, réfléchissait à l'avenir de l'université à l'époque numérique, vilipendait l'analphabétisme numérique des sciences humaines et développait une théorie des médias qui analysait les conséquences culturelles, pour ne pas dire philosophiques[2], de la technique numérique et de son industrie récursive dans laquelle seuls des processeurs de la génération *n* sont en mesure de calculer des processeurs de la génération *n+1*[3]. Il devint rapidement clair à ses différents auditeurs et lecteurs qu'ils n'avaient pas simplement affaire à quelqu'un qui parle de son thème. Quelque chose avait lieu qui allait au-delà de la pratique d'un professeur allemand passé expert dans le médium texte : celui qui parlait avait accumulé une immense expérience auprès des machines numériques. À partir du début des années 1990, l'activité universitaire et l'écriture d'articles ne constituait plus qu'une moitié du travail et de la pensée de Kittler. Ses

---

[1] Cf. Appendice à la présente introduction, *infra*, p. 35.

[2] F. Kittler, « Farben und/oder Maschinen denken » [Les couleurs et/ou les machines pensent], in : Eckhard Hammel (éd.), *Synthetische Welten. Kunst, Künstlichkeit und Kommunikationsmedien*, Essen, Die Blaue Eule, 1996, p. 119-132.

[3] F. Kittler, « Wenn das Bit Fleisch wird » [Quand le bit se fait chair], in : Lisbeth N. Trallori (éd.), *Die Eroberung des Lebens. Technik und Gesellschaft an der Wende zum 21. Jahrhundert*, Vienne, Verlag für Gesellschaftskritik, 1996, p. 209-221.

nuits et les fins de semaines étaient consacrées aux « machines » et à leurs programmes.

« La question de la technique », telle que la pose la science des médias, se cristallise entièrement autour de systèmes techniques concrets – à la différence par exemple de l'approche de Heidegger qui se concentre sur l'énergétique et la cybernétique en général. Elle étudie systématiquement l'ordinateur comme un médium qui modifie de fond en comble l'ensemble des techniques occidentales. L'ordinateur en effet est bien plus qu'un calculateur (lorsque Kittler le qualifie ainsi, c'est en privé et de manière ironique) : il rend calculables les médias acoustiques, optiques et symboliques. Et c'est seulement lorsqu'il est considéré comme médium que l'ordinateur devient aussi une machine universelle *historique*. Réel-imaginaire-symbolique, gramophone-film-machine à écrire, stocker-transmettre-calculer, image-écriture-nombre : toutes ces coupes larges et grossières sont supprimées-élevées par l'ordinateur. Il est donc le fondement réel du système kittlérien des médias. Car la longue histoire des constellations image-écriture-nombre et de leurs variations multiples en Occident *est* l'histoire de l'ordinateur dans lequel elle converge.

Le stockage de données et de commandes dans un même code et leur transmission dans un espace miniaturisé sont la condition de la calculabilité des médias par l'ordinateur. Le passage historique de techniques de stockage comme la bibliothèque et ses rangées de livres à des bibliothèques logicielles ou *librairies* de commandes *est* l'histoire de l'ordinateur, au même titre que la longue histoire de la transmission de commandes et de données. La description mathématique de processus acoustiques et optiques (harmoniques supérieures, échos, réflexions acoustiques d'une part, sources de lumière, reflets, ombres portées, de l'autre) et leur « implémentation » par étapes dans des algorithmes numériques *est* l'histoire de l'ordinateur. Et que des médias acoustiques et optiques fonctionnent numériquement dans un même médium – même si c'est selon une mathématique différente – constitue également un nouveau point de départ pour l'histoire et la théorie des médias optiques[1]. Car au bout du compte, l'ordinateur comme médium de tous les médias est une machine symbolique[2].

Même si les interfaces épuisent aujourd'hui l'ensemble du champ optique – iconographie, graphisme, tridimensionnalité, morphologie fluide – la ligne de commande, tel est le credo de Friedrich Kittler, est plus puissante que l'icône. Kittler a suivi avec passion le développement du système d'exploitation libre Linux qu'il utilisait et qui devint très vite le standard de

---

[1] Avec la découverte de la nature ondulatoire de la lumière et du son, ces deux types de mathématiques ne sont, du reste, plus guère différentes.

[2] F. Kittler, « Die Welt des Symbolischen – eine Welt der Maschine » [Le monde du symbolique – un monde de la machine], in : Götz Großklaus et Eberhart Lämmert (éd.), *Literatur in einer industriellen Kultur*, Stuttgart, Cotta, 1989, p. 521-536. Réimpression augmentée, in : F. Kittler, *Draculas Vermächtnis*, *op. cit.*, p. 58-80.

tous les essais de programmation entrepris au sein de la chaire qu'il occupait. Seuls les lignes de commande sous Linux et son éditeur Emacs rendent perméables les uns aux autres systèmes d'exploitation et programmes, programmes et processeurs, processeurs et carte graphique. C'est précisément parce que l'ordinateur est une machine symbolique que son histoire *est* celle des systèmes de signes et donc de l'alphabet, le code par excellence de l'Occident.

Pour une théorie des médias conçue comme pratique scientifique, cela implique tout d'abord un élargissement du champ du code et de l'aptitude à le manier au-delà des limites qui lui sont habituellement conférées par les sciences humaines mais aussi par l'histoire moderne des sciences et les *Science studies*. L'histoire kittlérienne des médias optiques serait tout bonnement inconcevable sans une prise en compte des protocoles d'expérimentation, des dessins de machines, des brevets, des formules mathématiques. La théorie des médias en effet ne parle pas des codes, mais *mobilise* de nouveaux langages, de nouvelles écritures, de nouveaux codes dont fait aussi partie le langage de programmation.

8. L'alphabet grec : médium universel discret de l'Occident.

Vue de manière rétrospective, la théorie des médias numériques et son évolution dans les années 1990 est parallèle à d'autres changements historiques : l'émergence du système d'exploitation Linux, mais aussi la constitution de la nouvelle économie IT qui a concédé de 1995 à 2002 des investissements faramineux dans le secteur des technologies de l'information et de la télécommunication.

La théorie des médias de Kittler est à la hauteur de son époque. Pourtant, en 2004, lorsqu'éclate la bulle Internet, il est depuis longtemps bien au-delà ou bien en-deçà... retourné aux débuts grecs de l'Occident. Il réduit son travail autour des médias optiques et de la programmation graphique, il se libère de la « tyrannie de l'œil » (Ulrich Sonnemann) qui l'avait occupé une décennie, et plonge, à partir des années 2000, dans un monde musico-mathématique. Il se consacre alors au grand projet, demeuré inachevé, de penser une nouvelle histoire de l'Europe – de sa littérature, de sa science, de sa politique – à partir de la musique et de ses médias, ces puissances aussi élémentaires que contestées.

L'investigation menée autour de la musique et des mathématiques montre notamment que l'alphabet grec est au fondement de la musique et de la mathématique grecques, de la poésie et de la philosophie grecques. Or, dans « musique et mathématique »[1], aussi bien les débuts que le noyau

---

[1] F. Kittler, *Musik und Mathematik*, vol. I : *Hellas*, tome I : *Aphrodite*, Munich, W. Fink, 2006 ; et tome II : *Eros*, Munich, W. Fink, 2009. Le second volume de *Musik und Mathematik* : *Roma aeterna* se composera de deux tomes respectivement intitulés : *Sexus* et

systématique de l'histoire des médias sont liés bien plus étroitement qu'on ne le prétend d'habitude à la théorie des médias des années 1970 à 1990[1]. Le tout premier alphabet, dont les voyelles pouvaient être chantées et contées et dont les Grecs se servaient aussi pour noter les nombres et la musique (en ajoutant simplement de rares signes diacritiques) constitue le fondement de tous les alphabets occidentaux, y compris latin et cyrillique[2]. Dans la théorie des médias tardive de Kittler, l'alphabet grec devient ainsi le médium universel discret (selon Turing) de l'Occident.

L'ensemble des paramètres de la théorie des médias des débuts reprend les débuts de la théorie des médias elle-même. Un « regard éloigné » absolument inédit sur l'histoire des médias devient donc possible. Voici cette histoire à grands traits. Avec ses 24 lettres, l'alphabet vocalique grec forme un système clos particulièrement économe en signes. Selon Kittler suivant Barry Powell, cet alphabet n'a donc pu se constituer que d'un coup comme système synchrone et non pas progressivement. L'idée d'économie des signes traverse le travail de Kittler depuis ses premiers textes, aussi bien sur le plan théorique que pratique[3]. Elle débouche sur la clarté structurelle, l'économie en temps et en signes de programmes Assembler ne comprenant plus que des commandes de trois lettres et trois termes. Là où Derrida accorde une place centrale à « l'écriture », l'œuvre tardive de Kittler se focalise sur l'alphabet et son efficace, de ses formes les plus anciennes « tout autour de la Méditerranée »[4], jusqu'aux alphabets modernes de la mathématique, de la physique ou encore de la biologie. Pensons à la classification par Linné des espèces des plantes selon les 24 lettres de l'alphabet, à l'ABC

Virginitas. L'édition à partir des œuvres posthumes numériques est assurée par Gerhard Scharbert (parution prévue en 2016). Des volumes sur le Moyen Âge, la Renaissance, le XIXe siècle et « la galaxie de Turing » suivront.

[1] Voir l'article de Gerald Wildgruber : « Kitter et les Grecs : l'ordinateur comme réflexion de la nature par elle-même », à paraître en 2016 aux éditions L'Harmattan dans un collectif sur et à partir des *Médias optiques*.

[2] Les changements successifs d'alphabets (cyrillique, latin, arabe) dans le Sud de la Russie ont été étudiés par Ingeborg Baldauf à l'Institut d'Asie centrale de l'Université Humboldt de Berlin. Voir notamment son travail d'habilitation : *Schriftreform und Schriftwechsel bei Turkvölkern Russlands bzw. der Sowjetunion im geistesgeschichtlichen und kulturpolitischen Kontext (19./20. Jh.)*. [Contexte historico-culturel et politico-culturel de la réforme de l'écriture et des changements d'écriture chez les peuples turcs de Russie (Union-Soviétique) aux XIXe et XXe siècles]. Ces recherches passionnaient Kittler, y compris comme lecteur de Pynchon. Cf. Th. Pynchon, *L'Arc-en-ciel de la gravité* [1973], trad. de l'anglais (États-Unis) par Michel Doury, Paris, Seuil, 1988, p. 502-507. Sur le rapport entre l'alphabet grec et les autres alphabets en usage autour de la Méditerranée (alphabets hébraïque, arabe, égyptien), voir le collectif à venir : Friedrich Kittler (†), Peter Weibel, Joulia Strauss (éd.), *Götter und Schriften rund ums Mittelmeer* [Dieux et Écritures tout autour de la Méditerranée], Munich, W. Fink, 2015.

[3] Voir par exemple l'article devenu canonique de F. Kittler, « Geschichte der Kommunikationsmedien », *op. cit.*, un texte accompagné de cent références (notes de bas de page), chacune donnant une unique indication bibliographique .

[4] Voir F. Kittler, P. Weibel, J. Strauss (éd.), *Götter und Schriften rund ums Mittelmeer*, *op. cit.*

des plantes de Gregor Mendel ou encore aux acides aminés de la biologie moderne, désignés par une combinaison de 20 lettres majuscules.

Bien avant le gramophone, médium de l'acoustique, l'alphabet vocalique enregistre les éléments sonores de la langue. Il se distingue par là essentiellement d'autres alphabets qui, tels les alphabets hébraïque ou arabe, se limitent au spectre consonantique plein de bruits et se contentent d'indiquer les voyelles avec des signes diacritiques – pour autant qu'ils le fassent. L'alphabet vocalique introduit ainsi des dynamiques tout à fait inédites, y compris entre différentes langues. Mais surtout, comme médium de la hauteur du son, l'alphabet vocalique est le médium de la poésie épique et lyrique grecque qui ne lie pas simplement les syllabes longues et courtes, mais également les graves et les aigües au texte alphabétique. Il n'y avait donc à partir de là plus qu'un petit pas à franchir pour noter la musique avec ce même jeu de signes. Dans la réflexion kittlérienne sur les commencements, ce sont surtout les Pythagoriciens (qui, chez Heidegger par exemple, ne jouent aucun rôle) qui ont développé une pratique des médias fondatrice pour la science occidentale en tant que telle. On leur doit une théorie musicale qui, grâce à l'alphabet vocalique, mathématise des rapports, des *lógoi*, des matérialités sonores et expérimentables, par exemple les cordes des instruments de musiques ou les sons variés que rendent les morceaux de métal sous le marteau du forgeron. Que les rapports de genres aient par là même été formés et formateurs – Kittler prenant explicitement parti contre Foucault – est une idée qui prolonge les analyses de la théorie des médias 1800 · 1900 en matière d'auteur et de lectrice, d'écrivain et de secrétaire. Dans *Musique et mathématique* ainsi que dans de nombreuses conférences et discussions du nouveau millénaire, Kittler écrit une histoire mondiale de l'amour. Pour la première fois en Occident, Tristan et Iseult convoquent de nouveau toutes les pratiques musicales des Grecs, de la lyre (harpe) jusqu'à la lecture de notes, en passant par le mythe des sirènes, si important pour Kittler.

Mais finalement, et en vertu justement de l'amour qu'ils se portent les uns aux autres et aux mortels, ce sont les dieux qui donnent le monde – bien *en-deçà* de l'Homme donc, et non *au-delà*, comme chez Foucault[1]. Ici prévaut le principe de continuité. Les dieux étaient présents depuis longtemps dans la théorie des médias antihumaniste de Kittler, car c'est dans les machines qu'ils logeaient[2]. Et c'est également du point de vue d'une

[1] « des dieux nouveaux, les mêmes, gonflent déja l'Océan futur »..., voir M. Foucault, *Les Mots et les choses* [1966], Paris, Gallimard, 1990, p. 396.

[2] Voir notamment « Die Maschinen und die Schuld. Streitgespräch zwischen Friedrich Kittler und Gerburg Treusch-Dieter » [Les machines et la faute. Conversation polémique entre Friedrich Kittler et Gerburg Treusch-Dieter], in : Regina General et Michael Jäger (éd.), *Marx mega out? Streitgespräche* [Marx *mega out* ? Conversations polémiques], Berlin, Elefanten Press, 1994, p. 87-101.

théorie des médias qu'il décrira leur fuite : comme le recul de la musique dans la tragédie, depuis Euripide.

Appendice : la couverture du livre

La couverture du présent ouvrage consiste en un extrait du code C dans l'éditeur de texte GNU Emacs que Kittler utilisait tant pour produire des textes (cours, articles, etc.) que, comme c'est le cas ici, pour programmer. Le code ici présenté sert à générer une image qui n'est ni peinte ni dessinée, mais issue d'algorithmes graphiques, c'est-à-dire d'un ensemble de modules graphiques écrits en C et en fonctions Assembler. Friedrich Kittler y travailla continuellement à partir du début des années 1990.

Ce programme graphique, intitulé *xsubtrace*, calcule des images à partir de lois optiques, suivant le principe du *raytracing* qui permet de simuler la propagation de la lumière émise par une ou plusieurs sources lumineuses. Le ou les rayons lumineux sont réfléchis à la surface de formes et matériaux déterminés. Ces objets projettent des ombres, laissent la vue dégagée ou s'occultent les uns les autres, se reflètent mutuellement. Les images sont premièrement constituées d'un fond (« ciel »), d'une surface transparente ou opaque (« terre ») et d'un espace situé sous cette surface (« enfer »). Les images, deuxièmement, présentent différents objets, toujours mathématiques : sphères, pyramides... ainsi que des objets dont la description numérique relève d'une mathématique particulièrement complexe tels les rubans de Möbius, des corps en rotation, des courbes d'Agnesi, des surfaces romaines (ou de Steiner), etc. Enfin, et troisièmement, différentes surfaces peuvent être sélectionnées et appliquées au ciel, à la terre, à l'enfer et/ou aux objets mathématiques. Ces surfaces sont l'eau, le miroir, le métal (cuivre, argent, or, bronze) ou des surfaces structurées (échiquier, tuiles). En fonction du fond, des objets et des surfaces choisis apparaissent divers rapports d'éclairage, de réflexions et réfractions, d'ombres portées. L'interface utilisateur ou l'interaction du programme avec l'utilisateur est donc une sorte de palette numérique pouvant générer 12^{25} images différentes. Les coefficients de réflexion, enfin, sont fournis par la physique des surfaces. L'implémentation de lois physiques du monde analogue en algorithmes numériques pose souvent des problèmes assez redoutables.

NOTE DES TRADUCTEURS

Audrey Rieber

Les cours berlinois de Friedrich Kittler consacrés aux médias optiques mobilisent plusieurs strates argumentatives dont l'imbrication fait précisément l'originalité. Il était essentiel de conserver par la traduction les effets inattendus que produit la juxtaposition de terminologies relevant de la littérature, de la philosophie, de la psychanalyse, des sciences (mathématique, physique, chimie, biologie entre autres) et, plus inédit, de la théorie de l'information, de l'ingénierie et de la programmation informatique.

Détenteur d'une chaire en esthétique et histoire des médias à l'Université Humboldt de Berlin jusqu'à l'été 2009 et figure de proue de la *Medienwissenschaft*, Kittler recourt amplement au vocabulaire des « médias ». *Das Medium* est rendu par « le médium », l'allemand comme le français partant ici du latin *medium*, « intermédiaire ». Le pluriel *die Medias* est rendu par « les médias ». Même s'il peut paraître curieux d'ajouter un « s » comme marque du pluriel à un substantif déjà au pluriel, c'est cette orthographe qui est désormais la plus usitée. Plus complexe s'avère la traduction de l'adjectif correspondant. Kittler n'utilise qu'exceptionnellement l'adjectif *medial* et une seule fois le substantif *Medialität*, en référence directe à Baudrillard. Il use plutôt de l'adjectif *medientechnisch*. Le traduire par « médiatique » est inapproprié car risque de créer de graves confusions auprès d'un public francophone, peu coutumier de ce type d'analyses, et qui aurait pu l'entendre comme « ce qui a trait aux *mass medias* » – au sens où l'on parle communément d'« une personnalité médiatique », de « l'offensive médiatique du gouvernement », etc. Par deux fois, l'adjectif « médiatique » a bien été employé, précisément dans ce contexte là : la première alors qu'il est question de « l'effet médiatique de masse qui caractérise notre époque » (p. 143), ce *Massenmedieneffekt* coïncidant avec le remplacement du fantasme romantique par la pin up de cinéma ; la deuxième dans un contexte d'opposition entre poésie et littérature, « la prose du divertissement médiatique » (p. 184) se distinguant du caractère répétitif de la poésie. L'adjectif *medientechnisch* a été rendu par « média-technique ». Le néologisme ne rend certes pas compte du fait que cet adjectif passe plutôt inaperçu en allemand, langue où les termes se laissent très aisément combiner. Mais l'emploi d'un néologisme (le seul à avoir été proposé) est lié au fait que la théorie kittlérienne des médias en particulier et la science allemande des médias en général n'ont pas encore eu l'écho qu'elles méritent dans la pensée et donc dans la langue française. Par ailleurs, un tél néologisme crée comme un arrêt dans la lecture qui est l'occasion d'insister sur le fait que Kittler aborde les médias et leur histoire sous l'angle technique, ou l'histoire sous l'angle des médias et de la technique – ce qui lui permet par exemple de parler de « la base média-technique de la Réforme » (p. 85), à savoir l'imprimerie et les techniques de lecture.

Ensuite il fallait traduire les termes désignant la discipline qui prend les médias pour objet : *Medienwissenschaft* et *Medientheorie*. Le terme de « médialogie » sanctionné par le *Journal officiel* du 18 févier 1983 (p. 1940) est resté sans suite. Celui de « médiologie », caractéristique de la pensée de Régis Debray, ne pouvait être repris sans malentendus pour désigner l'approche allemande des médias en général et celle de Kittler en particulier[1]. Quant à l'expression d'« études des médias », elle s'avère trop faible, car incapable de rendre compte de la prétention de Kittler à la systématicité, lui qui, en référence explicite à Hegel, se donne pour ambitieuse tâche de « développer un savoir à la fois historique et systématique du système des arts et des médias dans la condition des techniques de pointe » (p. 52, 60). Pour l'ensemble de ces raisons, nous avons donc traduit *Medienwissenschaft* par « science des médias » et *Medientheorie* par « théorie des médias », sans chercher à subsumer un terme sous l'autre. Ces derniers ne se distinguent pas par une plus grande objectivité ou systématicité. Si le terme « théorie » peut sembler plus modeste comparé à celui de « science », il ne faut pas oublier la dimension rhétorique, stratégique et institutionnelle justement mobilisée par le terme de *Wissenschaft* : constituer un champ avec ses méthodes mais aussi ses chaires et ses étudiants qui peuvent passer leur thèse ou leur habilitation dans une telle discipline. Par ailleurs, il existe depuis longtemps en Allemagne des *Medienwissenschaften*, au sein des écoles de journalisme en l'occurrence. Or celles-ci n'ont aucune ambition théorique. Enfin, si les termes de *Theorie* et « théorie » sont identiques en allemand et en français, il faut se garder de les comprendre en référence à leur étymologie, F. Kittler soutenant que le lien originaire entre voir et savoir impliqué par la θεωρία (« observer, contempler ») a été rendu caduque par l'invention du film – position évidemment remarquable dans un ouvrage consacré aux productions optiques. « Ce sont les médias techniques et eux seulement – telle est la thèse du cours – qui ont ruiné ce postulat de visibilité. Ce que l'être est dans un sens éminent ne se donne aujourd'hui principiellement pas à voir, en dépit ou en raison du fait qu'il donne d'abord à voir le visible » (p. 65).

---

[1] Voyez par exemple l'écart de méthode et d'intention entre le présent ouvrage et celui de Régis Debray : *Vie et mort de l'image. Une histoire du regard en Occident*, Paris, Gallimard, 1992.

Un dernier ensemble de termes déclinant le concept de médium posait problème : *Multimedia*, *Mediensystem*, *Medienverbund*, *Medienverbundsystem*. *Multimedia* a été rendu par « multimédia », *Mediensystem* par « système des médias ». Le terme *Verbund* est intéressant car il joue à deux niveaux : il peut désigner l'assemblage de médias – quand des dispositifs optiques et acoustiques sont combinés pour donner le film parlant par exemple – ou une certaine époque caractérisée par une constellation déterminée de médias et de techniques – le livre imprimé, la *camera obscura* et la perspective linéaire pour la Renaissance, le kinétoscope et l'ampoule électrique à la fin du XIXe siècle. Cette fois, il fallait adopter non une traduction homogène mais tenir compte de l'accent mis soit sur une innovation technique due à l'interconnexion inédite de médias soit sur l'aspect épochal. Pour *Medienverbundsystem* a été adopté le même type de solution, à cette différence que l'élément de systématicité a été renforcé. Pour rendre compte de l'idée qu'une certaine combinaison productive de techniques et de médias caractérise, mieux : détermine, une époque, on a traduit, le cas échéant, *Medienverbund* par « dispositif de médias », façon aussi de prendre acte de l'importance qu'a pour Kittler la pensée de Michel Foucault. On notera néanmoins que des éléments du dispositif, « un ensemble résolument hétérogène » comprenant « du dit, aussi bien que du non-dit »[1], Kittler retient tout particulièrement ceux relevant de l'état de la science, du régime de la sensibilité, de la stratégie économico-militaire et, c'est capital par rapport à Foucault, des développements des médias et des techniques. La référence à Foucault est par ailleurs d'autant plus justifiée que la conception de l'histoire faite de ruptures, de « coupes » – *Schnitt[e]*, dit souvent Kittler dans une terminologie filmique – est commune aux deux auteurs. La thématique des facteurs conditionnant une époque justifie aussi qu'une attention particulière ait été accordée à l'expression, assez inhabituelle en allemand, « unter [audiovisuellen] Bedingungen », qu'on trouve avec des variantes, l'adjectif « audiovisuel » pouvant être remplacé par celui de « télévisé » par exemple, et l'adjectif pouvant faire place à un substantif : « unter Bedingungen des Buchmonopols », « unter Bedingungen der Glasfaserverkabelung ». Traduire par « à l'époque de l'audiovisuel », « à l'époque de la télévision », « à l'époque du monopole du livre », « à l'époque du câblage en fibre optique » aurait minoré l'enjeu philosophique de ces formules récurrentes en les réduisant à des moments historiques ou culturels. En traduisant par « dans la condition audiovisuelle », « dans la condition télévisée », etc., nous avons fait droit à l'inspiration kantienne de Kittler à la recherche des facteurs qui conditionnent le voir, le savoir, le faire à un certain moment de l'histoire, à cette différence remarquable que ces conditions relèvent pour lui essentiellement du média-technique.

[1] Michel Foucault, « Le jeu de Michel Foucault », in : *Dits et écrits. 1954-1988*, Daniel Defert, Francois Ewald (éd.), Paris, Gallimard, 1994, vol. 3, p. 299.

Le projet de Kittler peut en effet être compris comme transcendantal, puisqu'il entend dégager quels *a priori*, de l'ordre de la technique et des médias, conditionnent la culture à une époque donnée. « Les médias déterminent notre situation qui (malgré ou à cause de cela) mérite d'être décrite »[1]. La différence majeure avec Kant réside dans le parti-pris matérialiste, Kittler se donnant pour programme l'« expulsion de l'esprit des sciences humaines » – celles-ci étant désignées en allemand sous le terme de *Geisteswissenschaften*, littéralement « sciences de l'esprit »[2]. Cela signifie que les phénomènes optiques étudiés dans les cours berlinois le sont essentiellement sous l'angle des médias et des techniques et non de leur portée symbolique ou imaginaire. Si les expérimentations des frères Lumière sont cruciales, ce n'est pas parce qu'elles signifient l'avènement du 7ème art, mais parce qu'elles correspondent à l'invention d'une technique de stockage des images en mouvement. Il était donc essentiel de maintenir par la traduction la strate matérialiste et techniciste de la pensée de Kittler marquée par un goût manifeste pour l'érudition technique, les abréviations techniques (qui ont été explicitées en note quand nécessaire) et les brevets d'invention – « le film [...] n'est rien d'autre que le brevet numéro tel et tel pour les plans d'un nouvel appareil que les frères Louis et Auguste Lumière ont déposé et obtenu de la République française, en 1895 » (p. 59).

Certains de ces termes à connotation techniciste méritaient une attention particulière. C'est à partir d'une triade conceptuelle, inhabituelle en philosophie et qu'il était essentiel de restituer de manière systématique, que Kittler conçoit les médias optiques. Leur histoire et leur portée correspondent selon lui à l'invention et à la combinaison de trois procédés techniques affectant les images : *speichern*, *übertragen*, *berechnen*. *Speichern* a été rendu par « stocker ». « Sauvegarder », qui peut impliquer l'idée de protection, et « mémoriser » qui renvoie à une psychologie des facultés, ont été écartés. Pour maintenir l'usage systématique de cette triade, il fallait bien les distinguer de termes ayant un sens proche. *Aufzeichnen* (traduit par « enregistrer ») a donc été distingué de *speichern* (« stocker »). Le second terme, *übertragen*, a été traduit par « transmettre » afin de souligner les emprunts à la théorie mathématique de la communication de Claude Shannon où la transmission d'informations (*transmission* dans l'américain de l'auteur) est essentielle. La terminologie de la source de données, de l'émetteur, du récepteur, du code, du canal, du signal, du bruit (au sens du bruit parasite, de la « friture ») est également omniprésente. Pour accorder la place qu'il convient aux travaux de Shannon, il était par exemple

[1] Friedrich Kittler, *Film Grammophon Typewriter*, Berlin, Brinkmann & Bose, 1986, p. 3 : « Medien bestimmen unsere Lage, die (trotzdem oder deshalb) eine Beschreibung verdient ». Trad. de la citation : A. R.

[2] Cf. F. Kittler (éd.), *Austreibung des Geistes aus den Geisteswissenschaften. Programme des Poststrukturalismus* [Expulsion de l'esprit des sciences humaines. Programme du poststructuralisme], Paderborn/Munich/Vienne/Zurich, Ferdinand Schöningh, 1980.

important de toujours traduire *Rauschen* (*noise*) par « bruit », y compris dans un contexte visuel, par exemple lorsque Kittler soutient que l'invention de la xylographie et de la chalcographie a permis de reproduire les plans et schémas techniques avec une exactitude bien supérieure à celle des dessins à la main qui, « copies de copies de copies, etc., présentèrent toujours plus d'erreurs, toujours plus de bruit » (p. 94). Un autre cas remarquable est constitué par l'analyse, riche de conséquences pour le théâtre et l'opéra, selon laquelle la lampe puis le tube à incandescence présenteraient, entre autres avantages, celui d'être une source de lumière qui « remédi[e] à la fumée, c'est-à-dire au bruit des bougies ancestrales » (p. 189).

Si elle permet de souligner ce que Kittler doit à Shannon, la traduction d'*Übertragung* par « transmission » posait néanmoins une difficulté, puisque le terme n'apparaît pas uniquement dans le contexte de la théorie moderne de l'information mais aussi dans celui de la psychanalyse freudienne où il est généralement traduit par « transfert ». Il était exclu de traduire le même terme par deux mots distincts, puisqu'on aurait nommé différemment ce qui pour Kittler relève d'un même procédé. Nous avons donc parlé, non de transfert, mais de transmission psychanalytique, contre l'usage mais en conformité au projet de Kittler de penser la psychanalyse sous l'angle technique. Il entreprend en effet ailleurs de montrer que ce sont des nouveautés dans le domaine de la théorie de l'information qui ont permis à Freud de développer une conception de l'analyse où la parole est un flux de données qui doit être stocké puis analysé à distance neutre et indépendamment des intentions du locuteur. Il souligne l'invention de nouveaux médias et notamment de nouvelles technologies de stockage du son comme le phonographe d'Edison qui stocke et rend manipulable la parole dans sa matérialité nue, comme onde sonore, sans considération de sa signification[1]. « Au lieu de continuer à rêver de l'âme comme origine, il [le matérialisme de Freud] décrit un « appareil psychique (le beau néologisme de Freud), qui implémente tous les médias de transmission et de stockage disponibles [...] »[2]. « Transmettre » étant réservé à *übertragen*, *übermitteln*, moins fréquent, est traduit par « transférer ».

Le troisième procédé technique propre aux médias optiques, et dont la traduction ne posait cette fois pas de problème particulier, est celui consistant à *berechnen* : « calculer ». *Speichern*, *übertragen*, *berechnen*... le programme est donné : « Le titre *Médias optiques* doit [...] soulever un problème systématique et poser les principes généraux du stockage

---

[1] Geoffrey Winthrop-Young, *Friedrich Kittler zur Einführung*, Hambourg, Junius, 2005, voir tout particulièrement « Wagner, Freud, Dracula: Ein Übergang zur Medienwissenschaft », p. 86-92.

[2] Voir F. Kittler, *Draculas Vermächtnis. Technische Schriften* [Le Testament de Dracula. Écrits techniques], Leipzig, Reclam, 1993, p. 63. Trad. de la citation : A. R.

d'images, de la transmission d'images et du calcul d'images à travers leurs différentes réalisations » (p. 51).

On voit que l'originalité de la réflexion kittlérienne sur l'image, le visuel, l'optique se traduit moins par l'élaboration de néologismes que par la reprise de concepts déjà établis dans un certain champ du savoir qu'il utilise, et par là transforme, au profit de la question qui est la sienne. C'est ainsi qu'il fait subir un tournant interprétatif majeur à la triade de Lacan : « symbolique », « imaginaire », « réel », mais conserve sa terminologie (qu'il rend fidèlement par *das Symbolische*, *das Imaginäre*, *das Reelle*). Il fallait donc opter pour la rétro-traduction et parler de « réel » même lorsque l'usage appelait plutôt « la réalité ». On lira ainsi que « Daguerre avait rendu le réel physique stockable » (p. 160) ou que Meissonier « peign[ait] [...] le réel des jambes des chevaux en prenant des photographies pour modèles, et non plus leur imaginaire pictural » (p. 186).

Une remarque enfin sur deux termes d'usage assez restreint mais finalement décisifs pour saisir la logique de l'ouvrage. Le premier terme, assez courant dans la langue allemande, désigne un processus visant à décomposer (*zerlegen*) quelque chose. (C'est la traduction adoptée.) Le verbe apparaît à moins de dix reprises, dans des contextes apparemment hétérogènes, mais en réalité liés : la décomposition d'un message en lettres, chiffres ou points, la décomposition d'images en points, lignes, surfaces, celle de la lumière en ondes ou particules, celle du corps humain par la poudre à canon, celle de la fenêtre en fenêtres plus petites (sur un écran fonctionnant sous Windows), celle, filmique, des mouvements, celle, physiologique, de l'œil en bâtonnets et cônes discrets, celle, optique, en trois couleurs primaires. Une traduction homogène s'imposait pour deux raisons. D'une part, les champs de l'optique, du physiologique et du militaire sont liés par des enjeux stratégiques. « L'époque des médias techniques n'est pas par hasard aussi celle des guerres techniques » (p. 68). Il en résulte, et la formule est typique du style parfois à l'emporte-pièce de son auteur, que « tout le bavardage sur la photographie en tant qu'art occulte ses fonctions stratégiques » (p. 172). Quant aux techniques à la base du médium « livre », elles ne doivent être séparées ni de l'histoire des arts visuels ni de celle, ultérieure, des médias optiques, car il faut aussi « thématiser le nouveau statut des livres dans la condition audiovisuelle (p. 49). D'autre part, l'adoption d'un seul et même mot alors que, au cas par cas, des synonymes tels « diviser », « analyser », « fractionner » auraient pu se justifier, permettait de rendre compte du rôle capital de la décomposition en parties discrètes et homogènes, c'est-à-dire de la numérisation et donc de la manipulation. Elle permet d'un côté de souligner le mouvement du présent ouvrage, qui s'achève précisément par une réflexion sur « cette machine universelle discrète qu'Alan Mathison Turing comprit avoir été son invention en 1936 : l'ordinateur » (p. 257). D'un autre côté, elle insiste sur le mouvement de la pensée kittlérienne en général qui, dans sa phase tardive, se concentre sur la question de l'invention de l'alphabet vocalique grec qui permet de transcrire et combiner mots, chiffres et sons musicaux. C'est également l'importance de la discrétisation qui explique pourquoi le verbe « découper » a été écarté, car on découpe selon les articulations naturelles de l'objet (ses membres par exemple) ou pour obtenir une forme déterminée.

Le second terme, bien qu'apparaissant plus rarement encore, à lui aussi une valeur systématique : *schalten*, « commuter ». Le verbe, emprunté à la langue technique, est préparé par l'évocation des dioramas de Daguerre qui présentent la vue diurne puis nocturne d'un même paysage en alternant lumière diffuse et lumière transmise. (cf. p. 154-155). Le passage quasi instantané d'un état positif à un état négatif par commutation, d'une part, l'inversion nietzschéenne des valeurs, de l'autre, sont caractéristiques de la pensée kittlérienne du négatif. Le concept nietzschéen d'inversion, entendu ici comme « inversion technique complète de toutes les valeurs optiques » (p. 98) lui permet de montrer comment, en utilisant le négatif de la peinture (la fragilité du matériau, l'instabilité des pigments, le temps destructeur), la photographie a produit une nouvelle technique scientifique des médias. Le procédé d'inversion, que Kittler distingue nettement de la négation dialectique hégélienne, signifie « changer le signe afin que moins fasse plus ou, pour le formuler dans les termes de la photographie, que le négatif devienne positif » (p. 146). Quant à la commutation, le négatif pensé électriquement, elle signifie l'avènement de la condition électronique qui aboutit au « médium de tous les médias, c'est-à-dire l'ordinateur » (p. 257). Décomposition et commutation sont solidaires, puisque c'est la discrétisation qui permet la manipulation, c'est-à-dire strictement l'activation et la désactivation. La métaphysique de Kittler ou, plus exactement, sa physique qui exclut tout métaphysique (seul le Réel est) culmine dans la formule « tout ce qui est commutable est réalisable » (p. 258). C'est pour cette raison que l'ordinateur a la possibilité de « commuter et régir » (p. 260). Par cette régence, Kittler dit les enjeux stratégiques, militaro-économiques de l'empire électronique et redit sa critique, tantôt féroce tantôt ironique, de l'humanisme, qui s'exprime linguistiquement par l'usage immodéré de l'adjectif *sogenannt* par lequel il manifeste son scepticisme profond à l'égard du soi-disant homme (p. 55, 61, 167, 238), moderne ou non, de la soi-disant expérience vécue (p. 61), de « la soi-disant compréhension de nous-mêmes » (p. 61), de la soi-disant pensée (p. 258), mais aussi de la soi-disant nature (p. 63, 76, 155) et de la soi-disant réalité (p. 51, 95).

Cette réflexion sur la traduction a été élaborée de manière collégiale lors d'un séminaire organisé en 2014 à la Maison des Sciences de l'Homme Paris Nord dans le cadre de l'axe 1 thème 4 dirigé par Jean-Louis Déotte et Audrey Rieber. En raison de la diversité des champs mobilisés par les cours berlinois sur les *Médias optiques* et du travail de pionnier qu'il fallait accomplir pour rendre en français la terminologie kittlérienne, la traduction collective a été privilégiée. Elle a mobilisé des doctorants et post-doctorants, spécialisés en littérature, en études germaniques, en études cinématographiques, en histoire de l'art et en philosophie. Les sections 0., 1., 2.2., 2.3. et 4. ont été traduites par Slaven Waelti, la section 2.1. par Anaïs Carvalho, la section 3.1. et 3.3. par Ève Vayssière, la longue section 3.2. par Tamara Eble. La coordination et la relecture ont été assurées par Audrey Rieber. Slaven Waelti et Audrey Rieber ont traduit l'introduction de Peter Berz, en dialogue constant avec l'auteur.

…ET REMERCIEMENTS

Nos remerciements s'adressent tout particulièrement à Susanne Holl (Berlin) qui a soutenu le projet de traduction avec un engagement constant et une grande bienveillance. Nous remercions également Tom Lamberti, des éditions Merve (Berlin), qui a lui aussi contribué de manière déterminante à rendre possible la présente traduction.

Peter Berz (Berlin) ne saurait être suffisamment remercié pour avoir conçu une introduction inédite à l'attention du public francophone et pour avoir régulièrement mis son expertise à notre service. Merci enfin à Gerald Wildgruber (Bâle) d'avoir accompagné le présent travail pendant plus de deux ans, nous éclairant sur de très nombreux problèmes de traduction, aussi bien théoriques que linguistiques.

MÉDIAS OPTIQUES

O gloriose stelle, o lume pregno
Di gran virtu, dal quale io riconosco
Tutto, qual che si sia, lo moi ingegno.
Dante, « Le Paradis », chant XXII.

0. REMARQUE PRÉLIMINAIRE

S'il y allait de la pure vérité, tout cours sur les médias optiques devrait commencer par un éloge de cette étoile, qui donne tout d'abord à voir le monde terrestre comme le visible. « Rien de plus beau sous le soleil que d'être sous le soleil... », écrivait Ingeborg Bachmann de l'humble point de vue terrestre[1]. Léonard de Vinci, plus hautain et plus « vieille Europe », disait la même chose du point de vue du soleil lui-même : « Il sole non vide mai nessuna ombra » : « Le soleil ne voit jamais aucune ombre »[2].

Mais dans un monde dont le quotidien n'est pas déterminé par le soleil mais par les sciences et les techniques, c'est toujours de l'autre côté de la lumière que sont dispensés les cours. Les médias optiques évoqués en titre agissent et opèrent sans exception dans cette ombre que, selon Léonard, le soleil ne voit pas. Il s'agit des arts et des techniques, conçus comme deux manières complètement différentes de repousser pour ainsi dire les frontières du visible, en abusant du soleil ou en le contournant. Le cours commence de manière très traditionnelle, ou esthétique, par lire, à la lumière de la peinture européenne depuis la Renaissance, les principes qui organisent la perception optique moderne. Dès cette phase encore artisanale de l'histoire des médias optiques, on verra clairement qu'elle aussi aurait été inconcevable sans calculs, c'est-à-dire sans soubassement technico-scientifique. L'appareil technique a par conséquent pu se libérer de l'œil et de la main des soi-disant artistes pour former ces sphères absolument autarciques qui nous entourent voire nous déterminent aujourd'hui comme technologies des médias

[1] Ingeborg Bachmann, « Au soleil », in : *Invocation à la Grande Ourse* », trad. du vers S. W. Voir I. Bachmann, « An die Sonne » [1956], in : *Sämtliche Gedichte*, Munich/Zurich, R. Piper & Co, 1978, p. 144-167. [N.d.T.]

[2] Léonard de Vinci, *Codex Atlanticus. A Catalogue of Its Newly Restored Sheets* [1478-1519], Carlo Pedretti (éd.), New York, Johnson Reprint Corp., 1978, vol. 1, f. 300 recto-*b*. Trad. de la citation : S. W.

optiques. Pour le dire en un mot, ce cours conduira du tableau en perspective linéaire de la Renaissance à l'infographie des vingt dernières années, en passant par les techniques déjà presque désuètes de la photographie, du film et de la télévision.

Je m'attèle ce faisant à une tâche vraisemblablement impossible : parler, à partir de textes, de phénomènes assez récents qui ne relèvent *per definitionem* ni de la langue ni du texte, ni de l'oral ni de l'écrit. Les sciences humaines ne font habituellement aucune place aux photographies, aux films et aux écrans de télévision. De fait, l'enseignement universitaire ne leur accordait aucune place tant que les universités étaient des universités et que l'État allemand, comme on dit, n'en était pas encore venu à introduire les techniques audiovisuelles en matière de police, c'est-à-dire dans les tribunaux, les prisons et les principaux nœuds de trafic, exactement au même moment que dans les amphithéâtres des universités. Cet équipement en caméras vidéo et en écrans correspondants a été entrepris par l'État – je cite des documents officieux – comme « une nécessaire adaptation technique de l'éducation et de la formation en général au niveau actuel de la communication, dans ses effets financiers, organisationnels et de politique éducative ». Et c'est ainsi que, comme l'indiquait Horst Bredekamp, le grand historien d'art Heinrich Wölfflin aurait essentiellement dû sa gloire à l'invention, par lui ou par l'un de ses assistants, de la double projection de toutes les images traitées en cours.

Dans les cours antérieurs à cette césure technique, il n'y avait en revanche pas du tout d'optique. Il y a cent-vingt ans, Friedrich Nietzsche, alors jeune professeur de philosophie à Bâle, décrivit, dans la dernière de ses cinq conférences « Sur l'avenir de nos établissements de formation », le fonctionnement classique des universités allemandes :

> Quand un étranger veut connaître le système de nos Universités, il demande avec insistance : « Comment l'étudiant est-il relié à l'Université ? » Nous répondons : « Par l'oreille ; c'est un auditeur. » L'étranger s'étonne : « Rien que par l'oreille ? demande-t-il derechef. – Rien que par l'oreille », répondons-nous derechef. L'étudiant écoute. Quand il parle, quand il voit, quand il marche, quand il est en compagnie, quand il a une activité artistique, bref quand il vit, il est autonome, c'est-à-dire indépendant de l'établissement d'enseignement. Très souvent l'étudiant écrit en même temps qu'il écoute. Ce sont les moments où il est suspendu au cordon ombilical de l'Université. Il peut choisir ce qu'il va entendre, il n'a pas besoin de croire ce qu'il entend, il peut fermer l'oreille lorsqu'il ne veut pas entendre. […] Quant au professeur, il parle à ces étudiants qui l'écoutent. Ce qu'il pense ou fait par ailleurs est séparé par un gouffre immense de la perception des étudiants. Souvent le professeur lit en parlant. En général il veut avoir le plus grand nombre possible d'auditeurs, en cas de besoin, il se contente de quelques uns, presque jamais d'un seul. Une bouche qui parle, beaucoup d'oreilles et moitié moins de mains qui écrivent – voilà l'appareil

académique extérieur, voilà la machine à culture de l'Université mise en activité.[1]

De manière incroyablement précise parce qu'ethnologique, Nietzsche décrivait notre lieu de travail dont il ne pouvait soupçonner le futur audiovisuel. Comme vous le voyez, ou plutôt, comme vous l'entendez, les vieilles universités mettaient justement leur point d'honneur à ne pas flatter l'œil. Ainsi, un cours donné pour l'oreille, voire même retransmis à la radio, demeurerait tout à fait dans le cadre classique ; c'est seulement à partir du moment où a été thématisé « ce que l'étudiant » – et entretemps aussi, depuis la réforme prussienne de l'éducation de 1908, ce que l'étudiante – voit, c'est-à-dire les médias optiques, que le cadre des vieilles universités européennes a définitivement éclaté.

Je vous avoue toutefois qu'en dépit de l'ironie de Nietzsche, je ne ferai pas coïncider le médium de ce cours avec son thème. En d'autres termes, je n'utiliserai pas l'offre étatique en magnétoscopes, téléviseurs et projecteurs à des fins didactiques ou autres. S'il est possible, ou surtout faisable, d'établir ce semestre encore une interface entre les écrans d'ordinateur et de télévision, on intégrera des exemples optiques, mais qui seront plus expérimentaux que divertissants, c'est-à-dire plutôt des films muets et de l'infographie que des films à succès. Pour le reste et de manière générale, le médium du cours lui-même demeure cette mixture d'acoustique et d'écriture que Nietzsche a décrite de manière aussi ironique que précise. Cela aura au moins l'avantage méthodologique de permettre de jeter sur les médias optiques actuels un regard aussi étranger et ethnologique que Nietzsche sur le fonctionnement des cours de son temps.

J'en viens donc au fait, c'est-à-dire à l'exposé des contenus et des méthodes, soit à ce que vous êtes en droit d'attendre ici. Et ne serait-ce que pour ne pas décevoir les retardataires (comme moi-même ce semestre), je me contenterai aujourd'hui d'une présentation générale, premièrement des contenus, deuxièmement des possibles applications pratiques, et troisièmement des méthodes.

Commençons par le contenu – le cours, comme je l'ai dit, posera un regard ethnologique sur l'empire artificiel des images des cent dernières années, couvrant donc assez précisément la période qui sépare le diagnostic de Nietzsche du temps présent. Pour ce faire, il sera cependant nécessaire de prendre les choses de plus loin et d'aborder pour commencer le long préambule pendant lequel on a certes peint des images, mais sans pouvoir ni les stocker ni les transmettre – sans parler du fait que l'on ne savait pas les faire marcher. Dans cette phase préliminaire, les images apparaissent

[1] Friedrich Nietzsche, « Sur l'avenir de nos établissements de formation » [1872], in : *Écrits posthumes 1870-1873*, Giorgio Colli et Mazzino Montinari (éd.), trad. de l'allemand par Jean-Louis Backès, Michel Haar et Marc B. de Launay, Paris, Gallimard, coll. Œuvres philosophiques complètes, 1975, t. I, vol. 2, p. 152.

conjointement avec les textes littéraires, comme illustrations ou plans, comme rêveries sur un modèle mythologique ou enfin comme représentations produites par la littérature dans le soi-disant œil intérieur du lecteur. Ces siècles, en tout état de cause, appartiennent déjà à l'histoire des médias optiques, ne serait-ce que parce qu'ils rêvèrent des technologies modernes et qu'ils développèrent des appareillages mécaniques dont la scientificisation au XIXe siècle a rendu possibles la photographie et le film. Parmi ces appareillages, on s'arrêtera surtout sur la *camera obscura*, dispositif de saisie des images, et sur la *laterna magica*, dispositif de restitution de l'image. Depuis la Renaissance, ces deux appareils ont été pour la peinture en perspective bien plus que de simples auxiliaires techniques. Il faudra étudier de près leur lien avec la technique fondamentale de l'imprimerie ainsi que leur rôle dans le combat des médias – par exemple entre Réforme et Contre-Réforme ou entre imprimerie et images religieuses. Car le film n'est pas tombé du ciel, mais n'est concevable qu'en rapport avec les imaginations et les politiques auxquelles son invention a répondu. Il faudra de même analyser le fait négatif que, pour autant que je sache, on n'a jamais sérieusement rêvé de la télévision avant son développement effectif.

Dans un deuxième temps, après avoir parcouru cette préhistoire, nous ferons l'histoire de la manière dont les images ont d'abord appris à être stockées, et ensuite à marcher. Il est bien connu que les deux choses eurent lieu au XIXe, siècle qui a débuté avec le développement de la photographie et s'est terminé avec celui du film. Pour saisir, au niveau de l'histoire des médias, ce grand XIXe siècle, comme l'a nommé Martin Heidegger, il faudra se demander ce que l'apparition des nouvelles technologies de l'image a spécifiquement signifié pour les arts traditionnels, vieux de plusieurs centaines voire de plusieurs milliers d'années. La concurrence entre photographie et peinture est connue, celle entre cinéma et théâtre l'est moins. Mais surtout, à l'exception d'un seul spécialiste du théâtre, on a très peu mis en lumière la façon dont, au XIXe siècle au plus tard, le ballet, l'opéra, le théâtre mais aussi déjà des innovations comme la scène à l'italienne[1] baroque ont développé d'eux-mêmes des éléments du film à venir : la technique d'éclairage, avec Babbage et Faraday, puis, et par excellence, l'œuvre totale avec Wagner. Il faudra donc faire la preuve que Bayreuth, comme l'a pressenti Nietzsche dans *La Naissance de la tragédie*, est réellement et véritablement du cinéma[2].

---

[1] *Guckkastentheater* : Littéralement : un théâtre pareil à une boîte d'optique, dispositif qu'on verra intervenir dans les sections 2.2.3.4., 2.2.3.5., 2.2.3.6., 2.3.1., 3.2.3. et 3.3. Ce type de scène théâtrale instaure une séparation nette entre la scène et le public ; il est construit comme une boîte dont le quatrième côté est ouvert vers le spectateur, favorisant ainsi l'effet d'illusion. *Guckkastenbühne* est rendu par « scène à l'italienne ». [N.d.T.]

[2] Friedrich Nietzsche, *La Naissance de la tragédie* [1872], Giorgio Colli et Mazzino Montinari (éd.), trad. de l'allemand par Philippe Lacoue-Labarthe, Paris, Gallimard, coll. Œuvres philosophiques complètes, 1977, t. I, vol. 1. [N.d.T.]

Une telle argumentation présente aussi clairement un enjeu local, puisqu'elle a pour but de prouver que c'est de plein droit que le couplage entre les quatre disciplines que sont l'histoire des médias, l'histoire de l'art, la musicologie et les études théâtrales existe dans une seule unité de formation et de recherche de l'Université Humboldt. L'étude des effets du développement du film, surtout sur le monopole immémorial de l'écrit, sera centrale. Le théâtre et l'opéra ne sont que des exemples de formes artistiques à avoir prospéré en s'adossant de manière parasitaire au monopole de l'écrit. Pensez au rôle du rôle au théâtre, à celui de la partition à l'opéra. Or l'avènement des médias techniques rompt ce monopole en tant que tel et joue donc sur un plan plus radical qu'une concurrence. Par conséquent, il ne faudra pas seulement présenter les formes de concurrence que le film a suscité chez les écrivains – ils se trouvent tous depuis 1910 quelque part entre deux extrêmes : soit fournir des scénarios, soit refuser le film –, mais il faudra encore thématiser le nouveau statut des livres dans la condition audiovisuelle. Des livres dont les lettres elles-mêmes s'assemblent en images, des livres écrits pour être hallucinés à la manière d'un film ou encore des livres ne tolérant aucune illustration (à l'instar du *Verdict* de Kafka), tel est le spectre de notre discussion. Et si l'on songe que des écrivains contemporains tels Thomas Pynchon, qui sera ici le témoin principal en matière de film et de télévision, ont fait détruire tous leurs portraits photographiques, on mesure l'abîme qui sépare la littérature des médias optiques.

Mais pour en revenir à ces médias eux-mêmes : ce cours tentera dans un troisième temps de déduire les structures du film et du cinéma de l'histoire de leur développement. À travers la succession du film muet, du film parlant et du film couleur, trois stades dont la chronologie, étrangement, coïncide exactement avec le déclenchement de deux Guerres mondiales, se dessinent différentes solutions (pour ne pas dire différents trucs) propres à chacun des médias. Je tenterai d'une part de présenter ces solutions sous un angle purement technique, en intégrant ce que l'analyse et la sémiotique du film enseignent d'ordinaire sur le montage, les plans, l'éclairage, la régie, etc. Il faudra évoquer des faits élémentaires concernant le matériel cinématographique, l'appareillage du film, les systèmes d'éclairage et de prise de son. D'autre part, il faudra également signaler comment les phases du développement du film se rattachent à l'histoire générale des médias, donc non seulement aux autres médias de divertissement comme la radio, mais encore à l'équipement scientifico-technique en général. On ne se contentera pas d'enregistrer les réactions des écrivains devant le film, car il semble bien – comme l'ont montré les travaux de Thorsten Lorenz – que le cinéma, cette nouvelle façon, technique, de montrer ait remis en question la formation de la théorie moderne. La théorie, terme fondamental des philosophes grecs, ne signifiait en somme rien d'autre que (si on laisse de côté l'ancien sens rituel de « cortège » ou « légation ») regarder, contempler, plaisir des yeux, spectacle ou même pompe, et n'a pris le sens de doctrine scientifique que depuis ou par Platon. À des théoriciens qui, comme Bergson, Sartre, Freud et Benjamin sont contemporains du cinéma, se pose donc la question de ce qu'il est advenu de leur contemplation dans la condition audiovisuelle, celle-ci n'existant *materialiter* qu'en tant qu'amas de lettres dans des livres. Vous vous doutez sans doute déjà que ce que la technique montre ne peut que nuire à la contemplation théorétique.

Ceci dit, le triomphe du film au XXe siècle ne doit pas faire oublier qu'il ne fut, comme tout triomphe, que temporaire. À l'encontre de l'oubli ou de la nostalgie de nombreux spécialistes du cinéma (oubli et nostalgie ne faisant vraisemblablement qu'un), il faut maintenir que, dès l'origine, soit bien longtemps avant son heure de gloire, le film n'était aux yeux des techniciens qu'un provisoire optique. La prise d'images mécanico-chimique, le stockage mécanique et la restitution mécanique n'ont plus leur place dans un siècle essentiellement défini par l'électrification des médias traditionnels. Certes, sans l'ampoule électrique inventée par Edison, son appareil de cinéma[1] n'aurait pas non plus existé, mais les ampoules ne sont pas encore une technique de transmission électrique d'informations. Il faudra donc commencer par montrer que la technique de transmission électrique d'informations a permis la transition du film muet au film parlant, cela du reste avec des conséquences qui, au-delà des technologies, s'étendent à la structure capitalistique du marché du film. Mais c'est surtout la deuxième partie de ce cours qui traitera du médium de l'image intégralement électronique. Et pour cela, il faudra se faire une idée des tubes électroniques, qui sont littéralement nés à partir et dans le dos de l'ampoule d'Edison. Le médium optique entièrement électronique, pour autant qu'il n'ait pas déjà été remplacé par des écrans LCD, s'est basé pendant près d'un siècle sur le tube électronique de Braun. Je parle bien évidemment de la télévision.

La télévision, médium entièrement électronique, – excusez cette nécessaire vérité de La Palice – est aussi omniprésente que méconnue, ce qui constitue justement son pouvoir si souvent discuté. Je ne sais pas combien d'entre vous exploitent un studio de télévision, voire sauraient réparer un appareil de télévision. Cette technique, extrêmement complexe comparée à celle du film, rend indispensable de faire aussi l'histoire de la télévision, des premiers tâtonnements jusqu'aux standards d'image actuels, pour apprendre tant soit peu les procédures de traitement électronique de l'image. Pas à pas, le cours devra donc traiter de la télévision par câble d'avant la Seconde Guerre mondiale, de la télévision en noir et blanc de l'après 1945 et finalement du standard trichromique actuel, sans pour autant oublier d'aborder des appareils fort peu divertissants, militaires en l'occurrence, comme le radar, sans lesquels il n'y aurait pas eu de télévision civile non plus. Ce sont des solutions techniques que découlent les diverses structures

[1] Le kinétographe. [N.d.T.]

du programme dans leurs dimensions légale, sociale et politique. Souvenez-vous d'un président américain, venu de l'industrie du cinéma, et qui régna par des interviews télévisées.

Mais on ne saurait en rester là et plonger déjà dans les vacances semestrielles. La télévision, médium électronique, n'est que la face tournée vers nous, les consommateurs, d'un empire qui, dès à présent, commence à contre-attaquer. Souvenez-vous encore une fois de ce président qui, non content de régner avec des interviews télévisées, avait formulé le projet d'une future guerre opto-électronique. Avec l'introduction de magnétoscopes et de caméras vidéo dans les foyers et, de manière plus flagrante encore, avec les écrans d'ordinateurs, qui entre-temps ont révolutionné jusqu'aux bureaux et aux postes de travail des enseignants et des étudiants, on voit se dessiner l'ombre de cet empire. Il est très probable que d'ici une dizaine d'années, il n'y aura plus du tout de films sur celluloïd, mais uniquement une opto-électronique unique et standardisée, soit un traitement de signaux universel et discret qui coïncide avec le traitement universel et discret de données appelé ordinateur. C'est mon but déclaré de ne pas conclure ce cours avec le plus ancien film muet conservé ou avec le dernier programme tourné par RTL, mais avec la simulation de mondes optiques par ordinateur, qu'il s'agisse des bonhommes de Benoît Mandelbrot qui nous font voir l'irréalité des formules mathématiques, ou du *raytracing* et de la radiosité qui recalculent, de manière hyperréaliste, notre soi-disant réalité. Et parce que, du point de vue pratique ou de l'économie du travail, de telles simulations pourraient bien être le seul avenir imaginable du film et de la télévision, tout ce cours revient donc à saisir au moins les principes selon lesquels les programmes informatiques font marcher de telles images.

En voilà assez sur le contenu du cours et sur la justification de son titre. Car je n'ai pas oublié mais évité l'intitulé qui paraissait le plus évident : *Histoire du cinéma et de la télévision.* Que nombre d'instituts de sciences des médias récemment fondés dans des universités allemandes se concentrent, non sans caprice parfois, sur le film et la télévision, m'apparaît précisément comme une simplification périlleuse des techniques des médias en général au profit de ses effets les plus divertissants et les plus conviviaux. Le titre *Médias optiques* doit au contraire soulever un problème systématique et poser les principes généraux du stockage d'images, de la transmission d'images et du calcul d'images à travers leurs différentes réalisations. Généralité et systématicité ne sont pas des abstractions philosophiques, mais les structures de la choses même : si l'on se convainc, premièrement, que tous les médias techniques stockent, transmettent ou traitent des signaux et que, deuxièmement, l'ordinateur, depuis 1936 en théorie, et depuis la Seconde Guerre mondiale en pratique, est le seul médium à coupler de manière totalement automatique ces trois fonctions du stockage, de la transmission et du calcul, on ne s'étonnera pas que le cours ait pour but d'intégrer les médias optiques dans la machine universelle discrète appelée ordinateur.

L'esquisse de ce programme montre déjà, je l'espère, que la mise en rapport des arts traditionnels comme la littérature, la peinture et le théâtre, avec les médias techniques ne doit pas être comprise comme une simple addition. Je tenterai donc, si vous voulez bien, une première esquisse de système. C'est bien en somme à l'Université Humboldt, qui s'appelait encore l'Université Friedrich-Wilhelm, que toutes les semaines, dans la salle 6, un certain Hegel rangeait dans un ordre systématique, selon leur forme et leur contenu, leur genre et leur développement historique, l'ensemble des arts possibles dans la condition du monopole du livre. C'était en réalité un vol de la chouette de Minerve, qui, comme chacun sait, ne s'élance qu'à la tombée de la nuit : avec la présentation publique de la photographie, dix ans à peine après la mort de Hegel, s'achevait le monopole de stockage détenu par le livre (et du même coup par les cours de philosophie). La tâche folle et vraisemblablement impossible qui se pose aujourd'hui est de développer un savoir à la fois historique et systématique du système des arts et des médias dans la condition des techniques de pointe, comme Hegel l'avait fait de manière incomparable, bien que dans des conditions considérablement plus limitées.

L'exigence systématique et sa tentative de mise en œuvre historique doivent aussi être assorties d'une mise en garde : n'attendez pas, je vous prie, une histoire des réalisateurs, des stars, des studios et des célébrités, une histoire du cinéma et de la télévision qui, en dernier lieu, ne ferait qu'égrener des titres, exactement comme les histoires de la littérature en restent d'habitude à la succession des noms des œuvres. Indépendamment du problème théorique de savoir si les médias techniques ne rendent pas obsolètes les concepts d'auteur et de sujet, celui qui vous fait cours serait bien incapable de raconter une telle histoire, puisqu'il a vu beaucoup moins de films que la plupart d'entre vous. Les études culturelles (*Kulturwissenschaften*) et la science de l'art (*Kunstwissenschaft*) proposent bien assez d'histoires du film et de la télévision spécialement consacrées aux longs-métrages et elles pourraient être rendues plus concrètes par le biais d'exercices pratiques avec les médias.

Je n'en dirai pas plus pour l'instant sur le rapport de ce cours aux différentes disciplines. En ma qualité d'ancien germaniste, il ne me reste plus qu'à m'adresser aux littéraires et germanistes parmi vous. De manière implicite il devrait déjà être devenu clair – mais disons-le encore une fois explicitement pour lever toute crainte – que les problèmes posés par l'écrit et son esthétique ne seront pas du tout exclus. Car justement, une analyse qui pose dans le champ historique la double question des points d'intersection et des lignes de démarcation entre culture de l'écrit et technique de l'image prépare de manière méthodique la question urgente du statut actuel de l'écrit ou de la littérature.

On connaît les réponses devenues courantes au XXe siècle. Face au primat écrasant d'une électronique audiovisuelle de divertissement – que certains théoriciens des médias comme Walter J. Ong ont baptisé la seconde oralité en référence à des cultures archaïques prétendument sans écriture[1] –, les « poètes » ont massivement revêtu les fonctions de fournisseur de scénarios ou d'auteur de modes d'emplois techniques. D'autres, dont il faudra parler, en ont au contraire conclu que le seul critère moderne sérieux de la littérature est l'impossibilité structurelle de la porter à l'écran.

Or en-deçà de telles options qui présupposent la capacité d'écrire et de lire, les médias audiovisuels ont conduit, c'est bien connu, à un nouvel analphabétisme qui donne peut-être en même temps la réponse à la question du statut actuel de l'écrit si, comme l'écrivit Hölderlin, aux lieux du péril croît aussi ce qui sauve[2]. Des enquêtes américaines menées il y a huit ans dans le cadre des projets de réforme de l'éducation, très infructueux d'ailleurs, de l'ancien président Bush montrent qu'un pourcentage étonnamment élevé de diplômés de l'université ne savent même pas écrire leur propre nom. Ne me demandez pas grâce à quelles simulations de tels étudiants réussissent leurs examens. La capacité d'écrire son propre nom a bien pu avoir son importance pour Faust quand il signa le pacte avec le diable et continuer de compter économiquement comme capacité de signer des chèques ; mais son absence n'explique pas l'effroi produit par la découverte du nouvel analphabétisme. Dans les faits, l'industrie qui déplorait de telles lacunes chez les diplômés d'université n'a pas fait preuve d'un grand empressement à procurer aux élèves une maîtrise renouvelée des 26 lettres, mais a esquissé un tout autre futur pour l'écrit (cela, d'une manière révélatrice, sous les auspices de Kodak, la plus grande multinationale de la photographie et du film) : dans des usines qui entre-temps sont toutes passées au CAD [la communication audiovisuelle dynamique] et à la FAO, la fabrication assistée par ordinateur, il est manifestement impossible de continuer d'employer des travailleurs dénués des compétences alphabétiques suivantes : lire ou dessiner l'ordinogramme d'un circuit électronique, comprendre ou écrire un petit programme informatique, lire ou programmer le *display* graphique de l'écran d'ordinateur. Tels sont, plus au moins au pied de la lettre, les profils que, dans les années 1990, l'industrie exige des jeunes diplômés et par voie de conséquence de l'État américain lui-même.

Pour dire les choses avec l'ingénuité requise, ce cours est énoncé en fonction de ces exigences. Tout porte à croire que le programme éducatif esquissé de la sorte sera imposé au moins à la moitié du monde. Celui qui

---

[1] Walter J. Ong, *Oralität und Literalität. Die Technologisierung des Wortes*, Opladen, Westdeutscher Verlag, 1987. [N.d.T.]

[2] Friedrich Hölderlin, « Patmos » [1807], in : *Œuvres*, Philippe Jaccottet (éd.), trad. de l'allemand par Michel Deguy, André Du Bouchet, François Fédier, Philippe Jaccottet, Denise Naville, Gustave Roud, Robert Rovini et Jean Tardieu, Paris, Gallimard, coll. Pléiade, 1967, p. 867. [N.d.T.]

serait en mesure de maîtriser et le vieil artisanat de l'écrit et les techniques de traitement de l'image numérique nouvellement développées, celui-là aura une chance de trouver un emploi. Quant à moi qui n'en ai pas besoin, ce profil exigé pour l'avenir me sert à justifier l'entreprise risquée de ne pas traiter seulement du film et de la télévision conventionnels, mais également des techniques les plus récentes comme l'imagerie. Il semble que le domaine vidéo, en passe d'exploser suite à son couplage avec la technique informatique, ouvre des perspectives d'avenir vraisemblablement plus grandes que le rêve obsolète de devenir le dernier et le plus grand des réalisateurs. Dans la condition du câblage en fibre optique, qui est sur le point de remplacer les fréquences d'émission notoirement faibles, le besoin en images que l'on peut émettre et opérationnaliser devrait croître de manière inversement proportionnelle au déclin du besoin en récits mythiques hollywoodiens. Ce n'est pas un hasard si, ces dernières années, Bill Gates a essayé d'étendre son quasi monopole sur les systèmes d'exploitation informatique par celui sur les images numériques. Une filiale de Microsoft du nom de Corbis court tous les musées, archives et collections de tableaux possibles, renonce magnanimement à acheter les originaux qui y sont stockés, mais obtient pour un prix dérisoire les droits numériques sur les copies que Corbis elle-même fait scanner[1]. Et puisque, ainsi que vous pouvez l'imaginer, des villes comme Florence mais aussi Berlin abritent des images bien plus belles que Tallahassee ou Petaluma, l'essentiel du butin de Corbis vient d'une Europe qui n'en connaît à ce jour pas encore assez long sur les médias optiques pour savoir préserver ses droits numériques face à Microsoft.

Je n'en dirai pas plus sur la dimension pratique du cours. Sinon qu'elle offre du même coup la transition vers le troisième point qui demeure à traiter aujourd'hui, à savoir les hypothèses théoriques et les concepts fondamentaux avec lesquels je veux travailler.

[1] Ernst Schmiederer, « Alle Macht geht vom Bild aus », in : Christine Schöpf (éd.), *Information. Macht. Krieg. Ars Electronica 98*, Vienne/New York, Gerfireid stocker, 1998, p. 230-239.

1. PRÉSUPPOSÉS THÉORIQUES

Le concept fondamental des histoires et analyses qui vont suivre est celui de médium pris dans le sens technique que Marshall McLuhan surtout a développé à partir des travaux préliminaires et essentiellement historiques d'Harold Adam Innis. Cette école canadienne, comme l'a baptisée le Canadien Arthur Kroker[1], qui la connaissait de l'intérieur, cherchait à penser de manière claire comment les médias techniques ont déferlé sur les populations de l'hémisphère occidental après la Deuxième Guerre mondiale. Les médias sont ainsi pour McLuhan les points d'intersection ou les interfaces entre les technologies, d'une part, et les corps, de l'autre. Et McLuhan a pu aller jusqu'à écrire que, dans la condition audiovisuelle, nos yeux, nos oreilles, nos mains etc. n'appartiennent plus aux corps connectés, et encore moins aux sujets qui dans la théorie philosophique faisaient office de maîtres des soi-disant corps, mais aux émetteurs de télévision auxquels ils sont connectés. C'est cette étude du rapport direct et non pas simplement dialectique entre technologie et physiologie qui devra être reprise et prolongée. Ceci dit, McLuhan, qui était littéraire de formation, s'y entendait mieux en matière de perception que d'électronique, et ne serait-ce que pour cela, il a tenté de penser les technologies à partir du corps et non l'inverse. Sur le modèle du phénomène du stress, alors à peine découvert, les prothèses techniques d'un organe des sens, c'est-à-dire les médias, auraient remplacé une fonction naturelle ou physiologique. Ce serait alors la fonction biologique elle-même qui aurait été remplacée : un œil qui, comme on le dit si bien, s'arme de lentilles ou de lunettes accomplit selon McLuhan une opération paradoxale, tout à la fois d'extension et d'amputation de soi. En ce sens McLuhan s'inscrit dans cette longue tradition qui, depuis Ernst Kapp et Sigmund Freud, a conçu les appareillages comme prothèses des organes corporels.

C'est avant tout Freud qui, dans *Le Malaise dans la culture*, a formulé énergiquement le fait que le soi-disant homme moderne, avec ses longues-vues, microscopes, gramophones et téléphones – le film étant, comme toujours chez Freud, laissé de côté – était devenu « une sorte de dieu prothétique, vraiment grandiose quand il revêt tout ses organes adjuvants », mais

[1] Arthur Kroker, *Technology and the Canadian Mind: Innis, McLuhan, Grant*, Montréal, New World Perspectives, 1984.

d'autant plus lamentable sans eux puisque « ceux-ci ne font pas corps avec lui »[1].

Il n'y a rien à redire à ce mélange de puissance et d'impuissance, de sublimité et de ridicule qui caractérise l'homme chez Freud et McLuhan ; méthodiquement parlant en revanche, leur présupposé fondamental est délicat : aucun des deux ne met en doute que c'est l'homme qui naturellement serait le sujet de tous les médias. Or si, comme on veut le tenter ici, on analyse le développement d'un sous-système de médias dans toute son envergure historique, c'est le soupçon exactement inverse qui s'impose, à savoir que les innovations techniques – *grosso modo* suivant le modèle de l'escalade en stratégie militaire – ne se rapportent ou ne se répondent que les unes aux autres et que c'est précisément de leur développement propre, dont le fonctionnement est totalement déconnecté des corps humains individuels, voire collectifs, que résulte leur impact écrasant sur les sens et les organes. En définitive, McLuhan, qui s'était converti au catholicisme bien avant de faire une carrière mondiale, attendait des médias électroniques présents et à venir quelque chose comme le salut de la littérature et des études littéraires dans leur ensemble. Pour attester ce point, crucial dans notre contexte, je le cite :

> Il se peut que le langage, cette technologie de prolongement humain, dont nous connaissons si bien la capacité de diviser et de séparer, ait été la « tour de Babel » par laquelle les hommes ont cherché à escalader les cieux. Aujourd'hui, l'ordinateur s'annonce comme un outil de traduction instantanée, dans tous les sens de tous les codes et de toutes les langues. L'ordinateur en somme, nous promet une Pentecôte technologique, un état de compréhension et d'unité universelles.[2]

À l'encontre d'un pareil culte ultra-catholique des médias, qui confond tout bonnement le Saint-Esprit et la machine de Turing, il suffit de remarquer que, jusqu'à présent, aucun des développements des médias techniques, tant dans le domaine de l'ordinateur que dans celui de l'opto-technique, n'a été accompli en vue de la concorde cosmique, mais bien dans un but technico-militaire.

De tels flous dans le concept mcluhanien de médium ne doivent pourtant pas empêcher de continuer à travailler avec ses thèses fondamentales. Vous connaissez probablement la formule célèbre, selon laquelle le message c'est le médium lui-même. Sans cette formule qui interdit absolument de chercher quelque chose d'autre derrière les surfaces produites techniquement, la science des médias conserverait bien un objet – au même titre que des sciences énigmatiques comme la théologie ou la cosmogonie glaciaire[3] ont

---

[1] Sigmund Freud, *Le Malaise dans la culture* [1930], trad. de l'allemand (Autriche) par Pierre Cotet, René Lainé et Johanna Sute-Cadiot, Paris, P.U.F., 1995, p. 35.

[2] Marshall McLuhan, *Pour comprendre les médias. Les prolongements technologiques de l'homme* [1964], trad. de l'anglais (Canada) par Jean Paré, Paris, Seuil, 1968, p. 102.

[3] L'idée que l'essentiel des corps de l'univers sont constitués de glace était défendue par

un objet –, mais il n'y aurait pas de science des médias en tant que telle, dans sa clarté méthodique et sa spécificité. La formule de McLuhan, « le médium, c'est le message », ou, comme il le dira malicieusement lui-même dans ses dernières années, « le médium, c'est le massage »[1] – cette formule donc, il suffit de la mettre en rapport avec son explication moins connue, selon laquelle le contenu d'un médium est toujours un autre médium, pour ouvrir des champs de recherche concrets à la science des médias. Ainsi, pour prendre le premier exemple venu, il appert que dans le rapport entre long-métrage et télévision, le contenu le plus populaire des émissions de télévision est le film, le contenu de ce film est naturellement un roman, le contenu de ce roman naturellement un tapuscrit, le contenu de ce tapuscrit etc., etc., jusqu'à ce que l'on retrouve à un moment ou à un autre la tour de Babel des langues quotidiennes.

Embrayer sur McLuhan semble d'autant plus indiqué qu'une grande partie de la science des médias en République fédérale allemande procède de principes et d'hypothèses de départ tout autres. Ainsi que le souligne régulièrement l'un de ses représentants éminents, Werner Faulstich, cette science des médias se conçoit comme le prolongement direct d'un secteur de recherche qui a acquis de l'importance dans les années soixante, à savoir les études sur la littérature de gare, d'une part, et sur la sociologie de la littérature, de l'autre[2].

Ainsi, des littéraires qui prendraient en compte les médias, pourraient demeurer dans l'empire autochtone de leur esprit. Néanmoins il faut se demander s'il est vraiment possible d'atteindre la complexité technique des médias en les saisissant de manière extérieure, c'est-à-dire en termes de contenu, alors que les médias, selon l'argument de McLuhan, sont eux-mêmes le message. Nous ne parviendrions jamais qu'à saisir cette belle façade que l'industrie électronique présente volontairement de sorte que l'intérieur des appareils reste sous le couvercle et ne puisse, comme l'indiquent les instructions inscrites sur le même couvercle, être ouvert que par le spécialiste. Que la science allemande des médias se limite volontairement aux contenus, tout particulièrement triviaux ou populaires, pouvait peut-être être pertinent aussi longtemps que, du côté de la production de médias elle-même, contenus et technologies relevaient de compétences, bureaux et organisations distincts. À l'époque de l'ordinateur, qui abolit cette distinction à tous les niveaux, cela est devenu obsolète. Il ne reste donc qu'à aller chercher le concept de médias – en dépassant McLuhan lui-même

---

l'ingénieur autrichien Hans Hörbiger (1860-1931). [N.d.T.]

[1] M. McLuhan, *Pour comprendre les médias*, *op. cit.*, chapitre 1 ; M. McLuhan, *Message et massage, un inventaire des effets* [1967], trad. de l'anglais (Canada) par Jérôme Agel et Thérèse Lauriol, Paris, Jean-Jacques Pauvert, 1968. Le titre anglais est : *The Massage is the Message*. [N.d.T.]

[2] Werner Faulstich (éd.), *Kritische Stichwörtern zur Medienwissenschaft*, Munich, W. Fink, 1979, p. 15.

– là où il se trouve originellement : dans la physique en général et dans la technique de transmission d'informations en particulier. Au début de la prochaine séance, et à titre d'introduction systématique au problème, j'essayerai de vous présenter les concepts fondamentaux de théorie mathématique de la communication ou, autrement dit, de la théorie moderne de l'information, que Claude Shannon a développés en 1949. En lieu et place du fourre-tout de médias que les spécialistes allemands des médias continuent à décrire, c'est une vue d'ensemble systématique qui émergera, une trame générale sur laquelle nous pourrons tisser les nombreux fils individuels de notre étude.

S'appuyer sur le concept de médias issu de la technique de transmission d'informations a deuxièmement pour conséquence que l'on ne peut se limiter aux seuls et uniques médias qui (pour le dire de manière claire et nette) ont une audience publique, civile, pacifique, démocratique et payante. Les *Mots clés critiques des sciences des médias*[1] de Faulstich – on remarquera la récurrence du nom de l'auteur dans le titre : *Stichwörter* – défendent par exemple la thèse que les systèmes CTV[2] qui interviennent dans les installations de vidéosurveillance des grandes surfaces, ne constituent pour les sciences des médias qu'un épiphénomène de l'objet de recherche qu'est la télévision. En termes de statistique sociale, cela pourrait être le cas ; en tant que méthode, c'est inacceptable. Car si l'on montre que le maniement civil et privé de magnétoscopes provient des installations de vidéosurveillance, on pourra établir clairement combien la ligne de démarcation entre médias de masse et technologies de pointe est artificielle, et combien elle handicape l'analyse de leurs rapports. La classification des médias techniques selon leurs prix et leur emplacement dans les grands magasins ne fait au bout du compte que masquer ce que le dernier Albert Einstein a appelé l'explosion actuelle de l'information en général. Curieusement, et sans qu'il ait pu s'en douter, Einstein était d'accord avec Heidegger pour dire que l'explosion de l'information est plus dangereuse que toutes les bombes atomiques.

Cependant, si l'on s'oriente méthodiquement selon un concept général des médias et de l'information, le problème apparaît de savoir si et comment différents domaines peuvent être distingués. Dans le cas de ce cours, se pose le problème des médias acoustiques qui ne figurent pas dans le titre, bien qu'ils soient de plus en plus mis en réseau avec les médias optiques. Il tient au concept général d'information, précisément parce qu'il n'est pas philosophique mais technique – c'est-à-dire qu'il a déjà assuré sa propre réalisation –, de rendre de plus en plus difficile la spécification et la définition des techniques de transmission d'informations par leur contenus

---

[1] Jeu de mot entre le nom de l'auteur, W. Faulstich et le titre de l'ouvrage « Stichwörter ». [N.d.T.]

[2] CTV : Closed-Circuit Television. [N.d.T.]

ou par les champs sensoriels auxquels elles s'adressent. Il y a beaucoup de choses qui fonctionnent parallèlement pour les médias optiques et acoustiques, et beaucoup même qui fonctionnent ensemble. C'est ce que l'on verra pour la phonographie et le film chez Edison, pour la téléphonie et la télévision chez Nipkow. Car en définitive il n'y aurait pas eu de télévision du tout si l'on n'avait pas développé pour le langage et la musique des techniques de radiodiffusion qui, ensuite, – après de nombreuses contorsions techniques que le langage et la musique n'auraient pas exigées – ont été mises en état de transmettre des images.

Maintenant que j'ai tenté de mettre en garde contre toute récupération sociologique ou autre de ce cours, restent les problèmes posés par l'histoire de la technique elle-même. Malgré tout, malgré tous ces chercheurs en sciences humaines qui se transforment en ingénieurs, une histoire de la technique est-elle possible dans le cadre des études culturelles ? Dans un livre sur les débuts du film muet, librement intitulé d'après McLuhan *Le Savoir, c'est le message*, Thorsten Lorenz, a mis le doigt sur le problème : le film, dit-il, n'est rien d'autre que le brevet numéro tel et tel pour les plans d'un nouvel appareil que les frères Louis et Auguste Lumière ont déposé et obtenu de la République française, en 1895[1]. Tout ce que l'on peut ajouter à propos du film relève du bavardage culturel ou des études culturelles. La conséquence radicale qu'en tire Lorenz est d'écrire, comme on peut s'y attendre, un livre d'études culturelles, non sur le film, mais sur le bavardage des études culturelles sur le film.

Dans notre contexte en revanche, la dimension pratique déjà évoquée exclut une telle radicalité. Je mets donc l'accent sur l'histoire de la technique et n'exclus pas des commentaires sur les fascicules de brevets, ne serait-ce que pour transmettre un certain *know-how*. Cependant, et pour éviter des difficultés de compréhension en mathématiques, c'est dans une large mesure aux premières phases du développement des médias optiques que seront consacrés les éclaircissements techniques. Pour des raisons didactiques déjà, il vaut mieux présenter les solutions compliquées des problèmes techniques au moment de leur apparition, c'est-à-dire lorsqu'elles sont encore au stade de schémas de principe compréhensibles que l'inventeur lui-même a pour ainsi dire tirés de la langue quotidienne pour en faire des esquisses de plans techniques. À titre de comparaison, un téléviseur, sous la forme quasi définitive qu'il prend aujourd'hui, est passé par tellement d'équipes de développeurs et de laboratoires, que plus personne ne peut rendre compte de chacune de ses composantes.

En mettant l'accent sur les solutions aux premiers problèmes, on risque de tomber, comme dans de nombreuses histoires du film, dans le culte des pionniers ou des inventeurs géniaux et de faire oublier que, une fois qu'un

[1] Thorsten Lorenz, *Wissen ist Medium. Die Philosophie des Kinos*, Munich, W. Fink, 1988. [N.d.T.]

médium est établi, son activité est de l'ordre de la quotidienneté. Mais si, comme je veux le tenter, on présente l'histoire de ce développement de manière un tant soit peu détaillée, cette aura des individus géniaux disparaît. Car, comme l'a dit une fois Edison, le double inventeur de l'enregistrement des sons et de l'enregistrement du film, le génie, c'est 1 pourcent d'inspiration et 99 pourcents de transpiration ; à quoi s'ajoute que dans la condition des techniques de pointe, les développements des médias – en stricte conformité avec la loi de McLuhan – présupposent toujours les développements d'autres médias, et donc également la sueur des autres. Par conséquent je ferai référence aux équipes de développeurs, aux élaborations successives, aux optimisations et aux reconfigurations d'appareils isolés etc., c'est-à-dire finalement à toute une histoire de l'industrie. Pour autant, je dois ici avouer tout de suite mes limites : l'histoire technique du film et de la télévision que je vous expose s'arrête au seuil de l'histoire de l'industrie proprement dite. N'étant ni publiciste ni économiste, je ne peux traiter que par allusions et renvois de l'arrière-plan économique et financier de ce que l'on pourrait peut-être appeler le commerce mondial des images.

En lieu et place de cette histoire de l'industrie, qui est et reste un *desiderata*, ce cours insistera sur deux autres aspects qui résultent assez directement des commentaires sur McLuhan. Le premier portera sur le rapport entre l'histoire de la technique et l'histoire du corps, le second sur le rapport entre les technologies modernes et les guerres modernes.

1. Technique et corps : la thèse, pour l'exposer dans toute sa nudité, s'énoncerait ainsi : on ne sait rien de ses propres sens avant que des médias n'aient mis des modèles et des métaphores à disposition.

Pour rendre plausible cette thèse abrupte, prenons deux exemples situés aux antipodes de l'histoire :

a) Lorsque l'écriture alphabétique, ce nouveau médium de la démocratie attique, a été standardisée à Athènes du fait de l'État, la philosophie, comme on sait, est apparue sous l'espèce des dialogues de Socrate que son élève Platon a ensuite mis par écrit. La question était ainsi posée de savoir ce qui a pu rendre possible l'activité philosophique. Or on n'a pas répondu que c'est le nouvel alphabet vocalique ionien, comme aurait dû l'affirmer un historien des médias comme moi : on a bien plutôt répondu que ce qui philosophe, c'est l'homme avec son âme. À Socrate et à ses zélateurs, flattés d'être choisis comme partenaires de discussion, il ne restait dès lors plus qu'à éclaircir ce qu'est cette âme elle-même. Et ne voilà t-il pas que pour définir l'âme, c'est la tablette de cire qui s'offrit immédiatement, cette *tabula rasa* sur laquelle les Grecs gravaient avec un style leurs notes et leurs lettres ? À l'horizon de cette âme nouvellement inventée, ce qui est convoqué – sous le déguisement d'une métaphore qui n'en était en réalité pas une –, c'est en fin de compte bien une nouvelle technique des médias à l'origine de cette âme.

b) Autour de 1900, donc dans la foulée du développement du film, se sont apparemment accumulés les cas d'escaladeurs, d'alpinistes et vraisemblablement aussi de ramoneurs qui survécurent à une chute quasiment fatale d'une montagne ou d'un toit. Il est néanmoins probable que ce n'est pas le nombre des cas qui a augmenté, mais l'intérêt scientifique qu'on leur a portés. Quoiqu'il en soit, parmi des médecins, comme le Dr Moriz Benedict, mais également chez des anthroposophes mystiques, comme le Dr Rudolf Steiner, une théorie se mit immédiatement à circuler dont la rumeur est sans doute parvenue jusqu'à vous. La théorie voulait que les chutes (ou aussi, suivant d'autres observations, l'instant de la noyade) n'étaient en rien affreux ou effrayants pour la soi-disant expérience vécue – l'un des concepts philosophiques clés de l'époque. À la seconde où la mort menace, le film de la vie passée défilerait encore une fois à toute vitesse devant l'œil intérieur, à l'endroit ou à l'envers, cela demeure pour moi non élucidé. En tout cas, on voit bien que l'âme de 1900 a d'un coup cessé d'être une mémoire prenant la forme de tablettes de cire ou de livres comme chez Platon ; elle avait fait des progrès techniques pour devenir un film.

Dans ce cours en revanche – et c'est peut-être à cela que tient sa réputation d'inhumanité –, on refusera systématiquement toute tentative de définir une fois de plus l'âme ou l'homme. Les deux exemples montrent assez clairement que la seule chose que l'on peut en connaître, ce sont les appareils techniques par lesquels l'âme ou l'homme prennent à chaque époque la mesure d'eux-mêmes. Cela exclut donc qu'on fonde ce cours sur l'expérience vécue du public de cinéma ou sur l'opinion des téléspectateurs, comme les sciences empiriques des médias continuent en majorité de le faire en Allemagne (nonobstant toutes les astuces statistiques avec lesquelles ces expériences vécues et ces opinions sont dans un second temps censées être objectivées). Les fans en seront donc pour leur argent.

Pourquoi cette déception ? Parce que la tendance historique que je viens d'illustrer, qui imagine l'homme et son âme selon des modèles ou des métaphores empruntés aux médias techniques, est tout sauf fortuite. Les médias deviennent précisément des modèles privilégiés d'après lesquels se forme la soi-disant compréhension de nous-mêmes, parce que leur but déclaré est de tromper et duper cette compréhension. Vivre un grand moment de cinéma, comme on dit si joliment, suppose notre incapacité à voir que, en une seconde, 24 images sont apparues sur l'écran, 24 images qui, si cela se trouve, ont été prises dans des situations très différentes. La même chose vaut pour la télévision pour laquelle, comme chacun sait, existe une distance optimale recommandée entre le petit écran, d'une part, et le fauteuil à oreilles, de l'autre. En dessous de cette distance, les yeux ne voient plus ni formes ni figures, mais d'innombrables points de l'image qui – sous l'espèce de formations moirées ou floues – mènent leur existence et surtout leur inexistence électroniques.

Pour le dire autrement, si les médias techniques sont le modèle du soi-disant homme, c'est justement parce qu'ils ont été développés pour déborder stratégiquement ses sens. Il y a certes des équivalents proprement physiologiques à la production d'images par le film et la télévision, mais ces équivalents eux-mêmes ne sont plus contrôlables consciemment. Le défilement des images du film correspond à peu près au clignement des paupières, qui, la plupart du temps, se produit de manière tout à fait automatique et peut, au prix d'un certain effort, atteindre la moitié de la fréquence d'un film de 24 images par seconde, ce qui, joint à des mouvements de tête, simule énergiquement l'effet stéréoscopique du film. Mais on sait bien que la vitesse de 24 images par seconde a été choisie précisément parce qu'elle ne peut plus être atteinte par les yeux ou les paupières. De manière tout à fait similaire, la construction d'une image de télévision correspond à la structure de la rétine elle-même, qui est agencée comme une mosaïque de bâtonnets pour la perception du mouvement et de cônes pour celle des couleurs, et qui produit ce qui, dans un écran de télévision couleur, s'appelle luminance et chrominance. Au demeurant, la rétine elle-même est si peu visible que l'endroit où vous, où nous tous, ne voyons rien du tout, à savoir la tache aveugle où le nerf optique sort de l'œil, n'a été découvert que par les expérimentations physiologiques du XVIIe siècle.

En revanche, dans la mesure où des médias techniques comme le film ou la télévision sont *de facto* perceptibles par nos sens, il est parfaitement justifié de les concevoir comme des ennemis (et cela indépendamment du pessimisme culturel mis à la mode par Horkheimer et Adorno dans le chapitre sur le film et la radio de la *Dialectique de la raison*). Car l'ennemi c'est, selon l'expression de Carl Schmitt à qui je l'emprunte, la forme de notre propre question[1]. Il y a des médias parce que l'homme (pour le dire avec Nietzsche) est l'animal dont le caractère propre n'est pas encore fixé[2]. Et précisément, cette relation non pas dialectique mais exclusive ou hostile fait que l'histoire de la technique n'est pas a-humaine au point de ne pas concerner les gens.

Le terme exact pour cet ensemble de problèmes qu'il reste à traiter en détail est standard ou norme. C'est par standard que les médias atteignent notre sensibilité. On sait que tous les films que l'on peut acheter sont au standard DIN ou ASA. Et je conserve la terminologie du « standard » pour souligner le caractère convenu, adventice, contingent de telles règlementations. Les normes, au contraire, étaient et sont des tentatives pour épouser des constantes naturelles, comme par exemple le mètre-étalon de la Révolution française, exemple qui a amené l'historien de la médecine Canguilhem, et Foucault à sa suite, à définir la culture qui est la nôtre depuis

---

[1] Voir notamment Carl Schmitt, *La Notion de politique. Théorie du partisan* [1932], trad. de l'allemand par Marie-Louise Steinhauser, Paris, Champs classiques, 2009. [N.d.T.]

[2] F. Nietzsche, « Par-delà bien et mal » [1886], in : *Par delà bien et mal – La Généalogie de la morale*, Giorgio Colli et Mazzino Montinari (éd.), trad. de l'allemand par Jean Gratien et Cornelius Heim, Isabelle Hildenbrand, Paris, Gallimard, coll. Œuvres philosophiques complètes, 1971, t. VII, p. 77, § 62. [N.d.T.]

1790 comme une culture de la norme et non plus de la loi. Je fais un pas de plus en ce sens en soutenant que nous nous trouvons depuis 1880 dans un empire des standards (la culture comme concept pour la croissance agricole devant être exclue). L'usage d'un écran pour le film et de la toile pour la peinture suffit à rendre visible la différence entre standards des médias et styles des arts. C'est ce qu'il faudra encore montrer avec toute la positivité technique requise. Pour l'instant, indiquons simplement l'essentiel.

L'œil voit. Voit-il un film, une émission de télévision, un tableau ou un extrait de la soi-disant nature qui (selon le terme grec) s'épanouit de soi-même[1] ? La question ne peut être tranchée que par (1) un observateur qui voit la vision de cet œil, (2) cet œil lui-même si – et aussi longtemps que – le standard des médias est encore un compromis commercial présentant des défauts : noir et blanc, non-stéréoscopie, couleurs peu fidèles du système américain de télévision NTSC[2]. Ainsi que le remarque justement le réalisateur von Göll dans le grand roman de Guerre mondiale de Thomas Pynchon : « on n'est pas au cinéma [...] Pas encore »[3].

Le réalisateur fictif de Pynchon, qui n'est que le pseudonyme de figures historiques telles Fritz Lang ou Lubitsch, promet, du point de vue de l'année 1945, une standardisation qui mettra un terme à la différence entre *Film et Vie* – pour reprendre le titre d'un roman d'Arnolt Bronnen[4] –, et qui a effectivement déjà fait bien des progrès. Comme vous le savez, cette coïncidence de la médialité avec la réalité a, depuis Baudrillard au moins, été discutée en termes de simulation.

Le cours devra reprendre ce débat, ne serait-ce que parce que je pars de l'idée que le concept de simulation, qui abolit toute séparation, permet précisément d'introduire une séparation plus nette que ne le fait habituellement le langage courant entre les arts traditionnels et les médias techniques.

On trouve dans la tradition grecque des anecdotes tout à fait paradigmatiques sur la compétition entre deux peintres qui tous deux prétendaient tout bonnement avoir satisfait au postulat attribué à Aristote d'une *mimèsis physéôs*, d'une imitation de la nature. L'un des peintres, du nom de Zeuxis, réalisa un tableau avec des grains de raisin plus vrais que nature ; son concurrent les reconnut pour peints, mais pas la nuée d'oiseaux qui se jeta incontinent sur le tableau. Pour Kant, ces deux réactions constitueraient précisément toute la différence entre l'art et la vie, entre la

[1] Martin Heidegger, *Introduction à la métaphysique* [1935], trad. de l'allemand par Gilbert Kahn, Paris, Gallimard, 1967, p. 26. [N.d.T.]

[2] NTSC pour National Television System Committee, c'est-à-dire Comité du système de télévision nationale. [N.d.T.]

[3] Thomas Pynchon, *L'Arc-en-ciel de la gravité* [1973], trad. de l'anglais (États-Unis) par Michel Doury, Paris, Seuil, 1988, p. 755.

[4] Arnolt Bronnen, *Film und Leben. Barbara La Marr* [1928], Claudia Wagner (éd.), Berlin, AvivA, 2003. [N.d.T.]

satisfaction désintéressée et le désir. Mais l'histoire ne trouva pas si facilement son épilogue. Il appartiendra au concurrent de Zeuxis, Parrhasios, d'introduire une épreuve supplémentaire dans cette compétition de peintres. Le tableau qu'il présenta au jugement de Zeuxis était encore couvert d'un voile que ce dernier voulut soulever pour mieux voir. Et c'est seulement au moment où il voulut saisir le voile que Zeuxis se rendit compte que celui-ci aussi était peint. La simulation de premier ordre n'avait donc trompé que des yeux d'animaux, la simulation de deuxième ordre également les yeux des hommes.

Cette anecdote démontre certes très joliment que, dans les arts et les médias, il s'agit fondamentalement de tromper un organe des sens[1], mais elle semble tout aussi jolie que problématique. Elle prétend que les hommes, avec leurs moyens artisanaux et leur adresse, en peignant, écrivant et composant, peuvent tromper d'autres hommes sur le statut du produit en question. « Qui croit qu'on peut mentir avec des mots, pourrait croire que je mens »[2], écrivait Gottfried Benn à propos de ses premières nouvelles. Il y croyait donc aussi peu que moi. Pour qui voit aujourd'hui les vestiges des fresques grecques, mal préservées il est vrai, l'anecdote des peintres apparaît pour le moins douteuse, parce que cette peinture travaillait de toute évidence avec une palette de couleurs déterminées dont d'autres couleurs étaient tout simplement absentes. Au lieu de la prétendue vérité de nature, on trouvait donc une convention qu'il fallait tout d'abord ignorer ou négliger pour céder à l'illusion. En cela la peinture, malgré son vernis réaliste, ne se distingue pas essentiellement des arts comme la musique ou la littérature, dont le codage, c'est-à-dire le conventionnalisme, est manifeste. La thèse serait donc que, en tant qu'artisanat, ce qu'ils étaient selon la conception grecque, les arts traditionnels n'ont produit que des illusions ou des fictions, et non des simulations comme le font les médias techniques. Dans tout ce qui dans les arts était style ou code s'inscrivait une séparation qui disparaît au contraire dans les standards techniques.

Bien entendu, les styles artistiques constituaient des manières d'agir sur les sens du public, mais ils ne reposaient pas sur des mesures de la capacité perceptive de l'œil *et* de l'incapacité perceptive de l'œil, comme c'est le cas du standard de défilement d'images ; ils reposaient sur des estimations, des conventions et sur tous les hasards dus à la disponibilité de matières premières au cours de l'histoire. Sans peinture à l'huile, c'est-à-dire sans la pétrochimie et ses guerres mondiales, certaines illusions picturales seraient demeurées impossibles. On en saurait davantage à ce propos si, comme il l'avait promis dans *L'Ordre du discours*, Foucault avait pu écrire son livre

---

[1] Jacques Lacan, *Le Séminaire XI. Les Quatre Concepts fondamentaux de la psychanalyse*, Paris, Seuil, 1973, p. 118.

[2] Gottfried Benn, *Cerveaux* [1916], trad. de l'allemand par Alain Bosquet, Paris, Éditions de la différence, 2006, p. 61. [N.d.T.]

sur la peinture conçue comme histoire des pigments à chaque fois disponibles[1]. Mais même ainsi, il est clair que les pigments sont aussi visibles que ce qu'ils doivent montrer sur la toile. Pour cette raison et jusqu'au début de l'époque moderne, la culture européenne dépendait de ce que Hans Blumenberg a appelé le postulat de visibilité : ce qui existe se donne aussi principiellement à voir[2]. Le concept platonicien de théorie déjà mentionné indiquait bien que même ce qui existe en tant que l'étant le plus élevé, soit comme idée, peut être regardé en dépit ou en raison du fait qu'il reste invisible à nos pauvres yeux. Ce sont les médias techniques et eux seulement – telle est la thèse du cours – qui ont ruiné ce postulat de visibilité. Ce que l'être est dans un sens éminent ne se donne aujourd'hui principiellement pas à voir, en dépit ou en raison du fait qu'il donne d'abord à voir le visible. En cela, l'histoire des médias optiques est l'histoire d'une disparition. Ce sur quoi je prendrai moi-même la liberté de disparaître pour aujourd'hui.

On peut s'étonner du fait que l'anecdote des oiseaux trompés par une illusion d'optique ait resurgi de nos jours sous la forme d'une théorie scientifique : l'éthologie, tout d'abord, a bel et bien montré que chez la pigeonne, l'ovulation nécessaire à la fécondation ne se produit pas uniquement lorsqu'elle voit un pigeon, mais également lorsque le laboratoire lui fait miroiter un leurre de pigeon en deux dimensions. Dans un second temps, le psychanalyste et structuraliste français, Jacques Lacan, a ajouté à cette expérimentation une terminologie entière qui a depuis également fait carrière parmi les chercheurs en études cinématographiques, du moins dans le monde anglo-saxon. Lacan subsume tous les phénomènes de reconnaissance de formes sous la notion méthodique d'imaginaire, pour pointer le fait qu'ils sont aussi automatiques que trompeurs. Lacan mentionne l'exemple des pigeonnes modernes[3] tout comme l'anecdote des peintres antiques[4], mais il fonde, lui, sa théorie sur la chose même : les jeunes enfants, au contraire des animaux, apprennent très tôt, environ au sixième mois, à se reconnaître eux-mêmes dans l'image reflétée par le miroir qu'on leur tend. Pourtant, dès cette reconnaissance précoce de formes par l'enfant, la reconnaissance est également méconnaissance – simplement parce que l'avance sensorielle que les jeunes enfants ont apparemment sur les jeunes animaux, qui, dans le miroir, voient plus un concurrent qu'eux-mêmes, est l'exacte inversion ou compensation de leur retard moteur. Et c'est justement parce qu'ils ne savent pas encore marcher et parce que le développement encore incomplet de leur système nerveux central ne leur

---

[1] Michel Foucault, *L'Ordre du discours*, Paris, Gallimard, 1971. [N.d.T.]

[2] Hans Blumenberg, *Die Genesis der kopernikanischen Welt*, Francfort-sur-le-Main, Suhrkamp, 1975. [N.d.T.]

[3] J. Lacan, *Écrits I*, Paris, Seuil, 1999, p. 95. [N.d.T.]

[4] J. Lacan, *Le Séminaire XI. Les Quatre Concepts fondamentaux de la psychanalyse*, Paris, Seuil, 1973, p. 118.

renvoie pas encore l'appréhension d'un corps propre unifié qu'ils projettent une identité close, optiquement parfaite, dans le reflet. La jubilation avec laquelle ils se reconnaissent dans l'image masque le réel de leur corps encore incoordonné sur le plan moteur et sensoriel. C'est ainsi que, selon Lacan, le moi lui-même naît de l'imaginaire. Et le fait que Lacan ait trouvé la preuve de ses thèses dans un film scientifique expérimental, qui présentait de telles reconnaissances et méconnaissances de soi devant le miroir[1], met bien en lumière ce que le stade du miroir et l'imaginaire ont à voir avec le film. Je reviendrai sur ce complexe à propos des premiers films muets allemands qui fourmillent de miroirs et de doubles.

Pour l'instant, le plus important est de noter que l'imaginaire ne constitue que l'une des trois catégories méthodiques de cette théorie structuraliste. La dimension du code, que je viens d'illustrer par des styles et des règles esthétiques, apparaît chez Lacan sous le titre du symbolique, qui s'avère appartenir essentiellement au code du langage quotidien.

La troisième catégorie enfin s'appelle le réel, que je vous prie de ne pas confondre avec ce qu'on a l'habitude d'appeler la réalité. Le *réel*[2] est déterminé et exclusivement déterminé comme ce qui n'a ni forme – au contraire de l'imaginaire – ni syntaxe – au contraire du symbolique. En d'autres termes, le réel échappe tant aux ordres combinatoires qu'aux processus de perception optique et ne peut pour cette raison – c'est l'un des leitmotivs de ce cours – être stocké et traité que par des médias techniques. Ce qui distingue notre présent de toute époque antérieure, c'est qu'avec les fractales de Mandelbrot, les nuages et tous leurs aléas peuvent être calculés puis portés à l'écran comme images calculées et non pas filmées. Cela signifie en pratique que nous devrons employer une partie conséquente de la théorie du film – habituellement qualifiée de sémiotique du film – à montrer combien la manière dont les médias optiques manipulent le symbolique est radicalement nouvelle. Concrètement, il sera question des techniques de montage et de coupe, soit de tout ce qui, depuis Walter Benjamin, est considéré comme l'esthétique spécifique des médias. Il faudra surtout clarifier comment les médias, au contraire de l'ensemble des arts, intègrent l'impossible réel dans leurs manipulations ou les techniques dans leurs procédés, c'est-à-dire comment ils s'accommodent du pur hasard d'une prise de vue au cinéma ou d'un réglage de caméra de télévision par exemple, comme s'il possédait la même structure que les codes manipulables des arts. Pour éclaircir déjà quelque peu ces allusions éventuellement obscures, je termine ces observations sur les techniques des médias et les corps par une citation tirée de la théorie du film de Rudolf Arnheim. Dans un essai sur la systématique des premières inventions cinématographiques, Rudolf Arnheim écrit :

---

[1] J. Lacan, *Écrits I*, *op. cit.*, p. 70.

[2] En français dans le texte.

> [ce n'est que] depuis que nous connaissons la photographie [qu'il existe une nouvelle et] exigeante demande en matière de reproduction qui [à la différence des arts figuratifs] ne doit pas simplement ressembler à l'objet, mais encore donner des garanties de cette ressemblance en étant, pour ainsi dire, le produit de cet objet même, c'est-à-dire en étant engendrée mécaniquement par ce dernier – à la manière dont les objets éclairés de la réalité impriment mécaniquement leur image sur la couche photographique.[1]

Espérons que cette citation laissera entendre ce que peut être une manipulation du réel en-deçà de toutes les formes, d'une part, et de tous les codes culturels, de l'autre. Et puisque le corps, selon Lacan, appartient à ce réel, cette introduction aux médias optiques et au corps a atteint son but.

Concernant la méthode, notons encore que l'appareil conceptuel de Lacan me servira d'utile boîte à outils et non de vérité immuable – pour la simple et bonne raison que nous devrons nous demander au cours du semestre si les concepts fondamentaux des théories actuelles, loin de garantir la posture impartiale, et par conséquent vraie, de l'observateur, ne découleraient pas eux-mêmes directement de l'explosion des médias contemporains. Le symbolique chez Lacan, compris comme syntaxe purgée de toute sémantique, signification et forme, et donc de toute représentabilité, pourrait en fin de compte coïncider avec le concept d'information des techniques de l'information.

2. Il ne reste désormais plus qu'à savoir quelle est l'origine du si peu traditionnel concept d'information, raison et but de tous les médias techniques. Pour y répondre et aborder enfin le rapport entre médias et guerres, je reviens à l'exemple de la photographie avec un texte de 1859, donc extrêmement précoce, dans lequel apparaît, autant que je sache pour la première fois, quelque chose comme l'information média-technique. Oliver Wendell Holmes, le premier véritable théoricien de la photographie, écrivait à l'époque :

> À l'avenir, la forme sera séparée de la matière. De fait, la matière n'est plus d'une grande utilité dans les objets visibles, si ce n'est lorsqu'elle sert de modèle d'après lequel façonner la forme. Qu'on nous donne quelques négatifs d'un objet valant la peine d'être vu, pris sous divers angles – c'est tout ce dont nous avons besoin. Vous pourrez ensuite démolir l'objet ou le brûler, si cela vous chante.[2]

Pour Holmes, sous le très ancien concept philosophique de forme, se cache l'information moderne : une possibilité de stocker, de transmettre et finalement de traiter des données sans aucune matière, et qui plus est, sans l'inévitable perte de précision des reproductions artistiques. Mais ce que pointe surtout son exemple, c'est que l'information chimiquement pure

---

[1] Rudolf Arnheim, *Kritiken und Aufsätze zum Film*, Helmut H. Diederichs (éd.), Munich/Vienne, Hauser, 1977, p. 27. Trad. de la citation : S. W.

[2] Oliver Wendell Holmes, « The Age of Photography », *The Atlantic*, vol. 3, n° 20, juin 1859, p. 738-748. Trad. de la citation : S. W. Kittler cite d'après Bernd Busch, *Belichtete Welt. Eine Wahrnehmungsgeschichte der Fotographie*, Munich, Fischer Taschenbuch, 1995, p. 28. [N.d.T.]

devient le corrélat de la destruction chimiquement pure. Ce que Holmes décrit ouvre déjà la voie à la bombe sur Hiroshima qui, selon les intuitions analogues de Thomas Pynchon et de Paul Virilio, représente à la fois une exposition photographique et un anéantissement, ou encore à cette galerie minière de la Forêt-Noire où le gouvernement fédéral stocke les plans et les photos de tous nos monuments à l'abri d'une attaque atomique.

En d'autres termes, le concept d'information lui-même a une composante militaire, stratégique. L'époque des médias techniques n'est pas par hasard aussi celle des guerres techniques. Et il faut mettre au crédit de Paul Virilio, le théoricien français de l'architecture et du militaire, d'avoir souligné ce point avec toujours davantage de clarté, tout particulièrement pour les médias optiques. En Allemagne, en revanche, la plupart des représentants de la science des médias – à l'exception de Heide Schlüpmann à qui l'on doit des propos éclairants sur le film muet et la Première Guerre mondiale[1] – passent à côté du problème. Le cours doit s'acquitter et s'acquittera donc d'une tâche de rattrapage.

L'argumentation de Virilio, surtout dans son livre intitulé *Guerre et Cinéma*, se développe selon deux axes : le premier concerne tout ce que les médias optiques produisent d'imaginaire – au sens que nous venons de donner à ce terme –, donc toutes les formes de fascination, d'éblouissement, de camouflage ou – pour reprendre ici un terme forgé par la psychologie de la forme de ce siècle média-technique – les illusions optiques en général. Et parce que Virilio commence par définir la guerre *a minima*, comme une partie de cache-cache entre deux ennemis, il parvient à montrer comment, dans les illusions optiques, les effets produits par les médias sont couplés aux stratagèmes. Mais ce modèle, en dépit de sa plausibilité, semble un peu mince pour expliquer la mondialisation actuelle du commerce et de la guerre des images. C'est pourquoi je préfère suivre le second axe argumentatif de Virilio, qui s'intéresse spécialement aux médias optiques. À la différence des ondes sonores qui, comme vous le savez tous, se propagent à température normale à une vitesse d'à peu près 330 mètres par seconde (et je ne parle pas de la vitesse avec laquelle les lettres ou les ordres sont acheminés par la poste ou par des estafettes à cheval), la vitesse des ondes lumineuses ou des particules de lumière est la constante *c* d'Einstein et n'est surpassée par aucune autre vitesse. Ainsi, le second argument de Virilio énonce que l'intérêt stratégique que représente l'information la plus rapide – pour le contrôle et le commandement de ses propres troupes, le contrôle et l'observation de celles de l'ennemi, mais surtout pour le contrôle et le commandement en temps réel des réactions aux actions ennemies – a accéléré de manière déterminante l'explosive montée en puissance des médias optiques au cours des cent dernières années.

---

[1] Heide Schlüpmann, *Unheimlichkeit des Blicks. Das Drama des frühen deutschen Kinos*, Bâle/Francfort-sur-le-Main, Stroemfeld/Roter Stern, 1990.

Il semble que l'on touche ici un problème qu'il faudra reprendre et développer à travers le film et la télévision et finalement le futur numérique des technologies de l'image. Je vais essayer de relayer les faits matériels que Virilio a déployés, et qui, dans d'autres contextes, sont tout simplement ignorés, et tenter, à partir d'eux, de rendre plausibles des thèses viriliennes particulièrement radicales, comme celle selon laquelle le cinéma de divertissement de l'entre-deux guerres aurait été (pour citer les termes célèbres d'Eisenhower) un complexe militaro-industriel.

Cela implique évidemment, comme je l'ai déjà souligné, de ne pas restreindre la liste des techniques à examiner aux films de divertissement et aux programmes de télévision, mais de traiter également de choses aussi cryptiques que le radar ou les jumelles de vision nocturne au titre de technologies optiques. Car en ces temps où un mur s'est effondré au beau milieu de l'Allemagne, on peut peut-être concevoir à quel point la séparation entre usages civils et stratégiques des technologies de l'image est devenue relative : outre le retard de l'Europe de l'Est en matière d'informatique et de production assistée par ordinateur, retard que Gorbatchev lui-même a reconnu et désigné comme le motif de toutes les ouvertures vers l'Ouest, la chute de ce mur est le résultat de vingt-cinq années de pilonnage intensif et continu en émissions de télévision.

Avec ces événements déclenchés par des médias techniques, c'est peut-être bien plus qu'un chapitre de l'histoire européenne de l'après-guerre qui se clôt. L'histoire elle-même – qui était toujours synonyme de la possibilité d'un enregistrement par écrit – est peut-être poussée par les techniques de transmission d'informations vers une limite au-delà de laquelle elle cesse d'être histoire au sens traditionnel. En tout cas, il vaut la peine de reconstruire l'histoire du film et de la télévision avec cette idée en ligne de mire. Car on assiste en fin de compte à la multiplication d'événements n'ayant plus d'autre existence que celle de films documentaires ou d'enregistrements télévisés (l'assassinat de Kennedy à Dallas, l'attentat contre Reagan à New York). De tels événements ne peuvent plus être rapportés à d'autres sources historiquement correctes, c'est-à-dire écrites, exactement comme il est impossible (Antonioni en a fait la preuve dans *Blow Up*) d'agrandir encore plus les documents filmés correspondants, sans aboutir au pur grain de celluloïd, soit à un bruit blanc où plus rien n'est reconnaissable. On pourrait alors dire que là où l'histoire traditionnelle transmise ne connaissait que l'opposition entre l'écrit, un art artisanal donc, et l'océan du non-documenté, c'est-à-dire absolument inaccessible, surgit précisément, à l'âge des médias, la nouvelle opposition entre information technique et bruit blanc, entre symbolique et réel.

Après avoir abordé au moins rapidement les deux concepts d'information et de bruit, je peux enfin conclure cette introduction méthodique en tenant la promesse – ou en exécutant la menace – de donner encore une courte esquisse du modèle technique de la communication et de l'information de Shannon.

Claude Elwood Shannon, un mathématicien et ingénieur de premier ordre, qui travailla dans le laboratoire de recherche de la plus grande compagnie de téléphonie au monde à ce jour, l'américaine AT&T, a proposé ce modèle dans un écrit de 1948 sous le titre aussi modeste qu'exigeant de *Théorie mathématique de la communication*. Après que la Deuxième Guerre mondiale avait donné lieu à une poussée massive d'innovations dans l'ensemble du domaine des techniques de transmission d'informations, et surtout dans celui de la télévision et du radar, il était devenu historiquement nécessaire de proposer non plus seulement des théories pour chaque médium singulier, comme toutes sortes de gens, de Hugo Münsterberg à Walter Benjamin, l'ont fait par exemple pour le film, mais de poser la question simple et générale de savoir ce que les médias de transmission d'informations font en général et de quelles fonctions et composantes ils ont besoin pour que l'information se produise. Cette généralité repose chez Shannon sur le recours aux mathématiques et à leur élégance. Elle présente aussi l'intérêt pour nous, même si son aspect mathématique n'apparaîtra ici que de manière atténuée, d'apporter des concepts clairement définis, qui seuls permettent de comparer les performances et les limites de chaque médium particulier – ceux du film et de la télévision par exemple. Une fois qu'on connaît les fonctions et éléments généraux, on les retrouve aux degrés de difficulté technique les plus différents, du simple bon vieux livre aux écrans d'ordinateur dernier cri.

Selon le modèle général de Shannon, cinq éléments sont couplés entre eux dans un système de communication : premièrement, une source de données, qui donne l'information ; deuxièmement, un ou plusieurs émetteurs qui traduisent, selon les règles d'un code convenu, l'information en signaux de sorte que le système puisse la transmettre ; troisièmement, un canal qui procède à la transmission effective (avec plus ou moins de perte) ; quatrièmement, un ou plusieurs récepteurs qui traitent le signal, si possible au rebours ou à l'envers de l'émetteur, c'est-à-dire qui reconstruisent ou décodent de nouveau l'information à partir du flux de signaux parvenus ; et cinquièmement, enfin, il existe un ou plusieurs collecteurs de données auxquels, comme l'écrit Shannon, l'information est adressée. Ce que sont ces êtres qui, en tant que source de données, doivent transférer l'information et qui, en tant que collecteur de données, doivent la recevoir, qu'il s'agisse par exemple d'hommes, de dieux ou de dispositifs techniques, demeure parfaitement indifférent pour la théorie mathématique de la communication. À la différence de la philosophie traditionnelle et aussi des études littéraires, elle ne pose pas la question de l'être pour lequel l'information, comme on dit, a un sens ou une signification, mais elle atteint sa généralité précisément en ignorant le sens et la signification pour mettre au contraire au jour le mécanisme interne de la communication. Au premier coup d'œil, ceci pourrait ressembler à une perte ; mais c'est en fait bien l'indépendance par rapport au sens ou au contexte qui a émancipé la communication technique du langage quotidien – nécessairement contextuel – et a permis sa marche triomphale dans le monde. En déclarant expressément que les vérités éternelles, qu'il s'agisse de celles des mathématiques ou, ajouterais-je, de celles de la religion, n'ont absolument pas besoin de système de communication, parce que de telles vérités devraient être reproductibles aux endroits et aux époques les plus différents sans aucune transmission technique, Shannon rend terriblement évident combien les médias se sont détournés de toute foi dans le langage quotidien. Oublions donc les hommes, le langage et le sens pour en venir au détail des cinq éléments et fonctions de Shannon.

Parce que l'information est pensée en dehors de toute sémantique, elle peut être de n'importe quel type : une séquence de lettres dans des livres ou dans des systèmes télégraphiques ; une grandeur unique variant dans le temps comme les ondes vocales ou musicales à la radio ou sur un disque (si l'on fait abstraction des deux variables de la stéréophonie) ; ou encore, dans le cas bien plus complexe de la télévision couleur, l'information peut être un bric-à-brac d'espace et de temps en plusieurs dimensions. Pour voir une image couleur, les deux dimensions spatiales des valeurs rouge, bleue, verte et de la valeur de luminosité doivent être transmises en même temps que la dimension temporelle du son.

Le second maillon de la chaîne, l'émetteur, a, comme on peut s'y attendre, pour fonction de servir d'interface entre l'information en question et le système technique, c'est-à-dire de trouver un juste milieu ou un compromis entre la plus ou moins grande complexité de l'information et la plus ou moins grande capacité du canal. En principe, il y a deux manières de résoudre le problème : dans le premier cas, le signal produit par l'émetteur est proportionnel à l'information, c'est-à-dire qu'il suit toutes ses modifications dans le temps et/ou l'espace. Il s'agit de la communication analogique, qui est, pensons au gramophone, au microphone, à la radio ou encore à la photographie, le cas le plus immédiatement familier – et aussi, hélas, le plus compliqué mathématiquement. Dans le second cas, pour que l'information soit adaptée à la capacité par principe toujours physiquement limitée du canal, on la décompose avant de la transmettre en éléments singuliers d'un même type ; par exemple en lettres, s'il s'agit de la transmission d'une information parlée, ou encore en chiffres entiers s'il s'agit de technique informatique ou des points singuliers d'un écran. Parce que ces éléments ne peuvent admettre que certaines valeurs – il y a par exemple beaucoup moins de lettres latines que nous ne pouvons créer de bruits avec notre larynx et notre bouche –, ils ne suivent pas l'information dans toutes ses oscillations, finesses et détails. Les systèmes de communication opérant avec ces signaux beaucoup plus faciles à contrôler techniquement et mathématiquement, sont dits discrets – ou, sur le modèle des doigts de la main, – digitaux[1].

Et toute la différence entre les études cinématographiques et télévisuelles reviendra en dernier lieu à clarifier ce que le passage du film, médium en grande partie analogique, à l'image télévisée numérique, transforme ou révolutionne dans la perception optique.

Troisièmement, le canal, cet équipement pour franchir techniquement l'espace dans le cas des médias de transmission et le temps dans celui des médias de stockage. Il peut être matériel, comme pour les lignes téléphoniques ou les câbles à fibre optique, ou n'être que le simple *vacuum* au travers duquel se propagent des ondes électromagnétiques, comme dans la radiodiffusion ou la télévision. Toutefois, parce qu'il est un médium physique, chaque canal occasionne des perturbations, soit un bruit qui est conceptuellement l'antithèse de l'information. Quand on règle son téléviseur sur une fréquence d'émission située entre les canaux utilisés, ce bruit apparaît même à nos sens (qui lui sont autrement aveugles) et ce, sous forme d'une neige de points de l'image qui correspondent à quelques événements aléatoires, dans le large empire situé entre la bougie d'allumage automobile et de lointains systèmes de voies lactées. On ne saurait pas même décider si le bruit correspond à un seul processus aléatoire continu ou à la somme d'une infinité de tels processus. En tout cas, le cahier des charges technique de tous les médias doit viser à réduire la part de bruit du canal – car il est impossible de le supprimer –, c'est-à-dire à augmenter la part des signaux. Et les calculs de Shannon ont eu pour résultat théorique capital de montrer que cela est possible par principe, à savoir par un encodage astucieux de l'information et par sa répétition, jusqu'à ce que l'exactitude souhaitée dans la réception soit atteinte.

Quatrièmement enfin, le récepteur a pour tâche, au sein d'un système de communication, de décoder les signaux cryptés techniquement, donc de reconstruire, dans la mesure du possible et du faisable, l'information telle qu'elle a été donnée au lieu de l'émission. Cela débouche dans le cas d'un livre sur la simple activité de la lecture, pour des médias techniquement complexes comme la télévision en revanche, le signal électrique qui n'est perçu par aucun organe des sens doit tout d'abord être converti en une forme un tant soit peu conciliable avec la physiologie de nos yeux. Pour les médias numériques surtout, notamment pour le traitement d'image électronique, cette transformation requiert l'utilisation d'un convertisseur analogique-numérique pour les organes des sens humains. Ce que l'on voit à la fin, c'est donc seulement la couche extérieure de l'oignon, faite de toute une série de tours de prestidigitation qui ont d'abord dû être inventés, calculés et optimisés. Et c'est précisément pour de tels calculs que Shannon a établi des

[1] La référence aux doigts de la main est plus explicite en allemand qui a adopté l'anglicisme *digital* là où le français préfère parle de « numérique ».

formules valables de manière générale et absolue pour tous les médias techniques. Si, dans mon exposé des cinq fonctions de la communication, vous deviez avoir remarqué, en qualité de fans de films par exemple, qu'il manque chez Shannon la fonction apparemment fondamentale et nécessaire du stockage, je ne peux répondre que deux choses : premièrement, que la fonction de stockage se cache dans – et se réduit également à – l'optimisation mathématique de code que je viens brièvement d'évoquer et, deuxièmement, que c'est là probablement un indice de notre situation si, comme chez Shannon, tous les médias sont définis comme médias de transmission et non simplement de stockage. Alors qu'une fête chrétienne telle que Pâques se déterminait par sa répétition rituelle d'année en année, tout simplement parce qu'elle devait stocker et transmettre une information déterminée et bien connue, le message appelé Évangile, personne ne se réjouit particulièrement de la rediffusion d'émissions télévisées. La mesure mathématique de l'information donnée par Shannon est née dans le but précis de rendre distinguable et mesurable la nouveauté, c'est-à-dire l'improbabilité, d'une information, en l'extrayant de la masse des répétitions nécessairement impliquées dans chaque code.

2. TECHNIQUES DES BEAUX-ARTS

2.1. *CAMERA OBSCURA* ET PERSPECTIVE LINÉAIRE

2.1.1. Préhistoire

En panotant de Noël à la soirée télé, du message chrétien au signal technique, je suis déjà remonté vraiment loin dans la préhistoire des médias optiques. Pour le dire en un mot : les images sont aujourd'hui transmissibles, alors qu'au cours de toute l'histoire, les images n'étaient, au moins en principe, que stockables. Chaque image avait sa place, d'abord dans un temple, puis dans une église et finalement (au grand dam de Heidegger) dans un musée ; et parce que cette place – selon la théorie de l'aura de Benjamin – était un lieu lointain, peut-être même l'apparition unique d'un lointain, on pouvait au mieux visiter un musée ou faire commerce des images et, au pire, les voler. L'écriture en revanche, depuis qu'elle s'est libérée de l'inscription sur des murs ou des monuments grâce au papyrus et au parchemin, ne forme plus seulement un médium de stockage pour les langues parlées, mais aussi leur médium certes lent (je l'admets) de transmission. On pouvait et on peut vendre, expédier et offrir des livres. L'écriture n'était donc pas simplement littérature, mais depuis toujours courrier. Et tout s'accorde avec la supposition de Harold A. Innis, qui précéda McLuhan dans la voie de la science des médias, selon laquelle c'est cette transférabilité ou transmissibilité des rouleaux d'écriture qui a conduit deux tribus nomades, les Juifs d'abord et les Arabes ensuite, à vénérer à la place des images du dieu, qui pèsent habituellement des tonnes, un livre donné par Dieu voire écrit par Lui. Et c'est seulement en tant que sanctuaires mobiles que la Bible et le Coran ont pu commencer leur marche victorieuse contre toutes les statues de temples et les idoles (comme on les nomme si horriblement) du Proche-Orient et de l'Europe. Parce que l'écriture combinait d'une manière unique le stockage et la transmission de l'information, son monopole a pu tenir tant que les médias étaient incapables de rendre techniquement mobiles lettres et chiffres, images et sons. C'est pourquoi, au lieu de dérouler simplement la préhistoire du film et de la télévision en m'arrêtant sur les pas des petits et grands inventeurs, je la présenterai plutôt dans un rapport permanent à une littérature contre le monopole de laquelle les nouveaux médias devaient d'abord s'imposer.

D'habitude cette préhistoire débute par un retour sur les images rupestres de l'âge de pierre ou sur la peinture funéraire égyptienne, qui, avec des moyens artisanaux, auraient déjà tenté de fixer sur une image, voire sur une série d'images, les mouvements de la soi-disant nature. C'est ce que fait par exemple le livre très méritant de Friedrich von Zglinicki en déroulant *La Voie du film*[1] comme un film.

Ou, plus exactement, comme un long-métrage hollywoodien. Car Zglinicki commence avec la thèse que, premièrement, l'humanité en tant que telle, ce monstrueux singulier collectif, nourrit depuis toujours le « vieux rêve de l'humanité » de « mettre l'image „en mouvement" pour coïncider plus encore avec la réalité »[2] et que, deuxièmement et par conséquent, le film technico-fonctionnel de 1895 ne fut rien d'autre que le *happy end* de ce rêve. D'une telle histoire du film, qui doit tordre tous les faits, la technique cinématographique pourrait nous enseigner tout le contraire et nous faire non pas déambuler comme Zglinicki à travers les millénaires dans une continuelle course à l'image, mais penser ces millénaires comme des coupes de film. Je tente donc plutôt de souligner quelles césures ou quels bouleversements furent nécessaires dans la perception et l'artisanat d'art pour arriver au seuil des images en mouvement.

Le problème des images mobiles est encore une fois celui de la transmission des images, pour la simple raison que, sans technique des médias, le mouvement en tant que tel ne peut être stocké et que la transmission même est affaire de mouvement. Faute de technologie, il ne restait plus qu'à utiliser les canaux assez courts et peu fiables que la physique offre sur terre. L'ensemble des mythes basés sur l'ombre et le miroir tournent autour du problème de la transmission de l'image. Pour les dieux antiques, ne serait-ce que parce qu'eux-mêmes étaient les statues des temples, la solution était facile : leurs reflets, leurs redoublements et métamorphoses, qui le plus souvent poursuivaient des buts tout aussi érotiques que les films grand public, remplissent toute une mythologie à propos de laquelle je ne peux que recommander *Le Bain de Diane* de Pierre Klossowski.

Pour les mortels, il était plus difficile de manipuler les images en mouvement et même de les saisir comme images. Souvenez-vous du jeune Narcisse dont parlent les *Métamorphoses* d'Ovide ; souvenez-vous de l'allégorie de la caverne que Platon échafaude dans *La République* et dans laquelle les théoriciens du cinéma, de 1920 à aujourd'hui, de Paul Valéry à Luce Irigaray, veulent voir le modèle de tous les films. Mais si Narcisse tombe amoureux de son reflet à la surface d'un étang, c'est parce que ce

---

[1] Jeu de mot sur le titre de l'ouvrage de l'artiste et écrivain allemand Friedrich von Zglinicki (1895-1986) : *Der Weg des Films. Die Geschichte der Kinematographie und ihrer Vorläufer*, Berlin, Rembrandt-Verlag, 1956, Hildesheim/New York, Olms, 1979. F. Kittler cite la seconde édition. L'édition de 1956 est en un seul tome. [N.d.T.]

[2] F. v. Zglinicki, *Der Weg des Films*, *op. cit.*, vol. 1, p. 12.

simulacrum fait les mêmes gestes furtifs et amoureux que lui. Et le simulacre de l'allégorie de la caverne génère des objets dont quelques saltimbanques font passer des imitations en argile ou en bois devant l'unique source de lumière, dans le dos des prisonniers enchaînés. Sur le mur en face d'eux ne vont et viennent que des ombres furtives, qui ne se posent nulle part. Intégrer l'allégorie de la caverne dans la préhistoire du cinéma est donc absurde. C'est justement parce que les images en mouvement n'étaient pas stockables de son temps que Platon compare l'âme immortelle, donc auto-stockante, à une tablette de cire, le médium de sa propre philosophie.

Ce monopole de l'écriture nous épargne de considérer comme des médias optiques ces réalisations techniques sommaires que sont le théâtre d'ombres de Java ou encore les effets de miroir par lesquels, grâce à un mécanisme inventé par Héron, le *deus ex machina* aurait fait son apparition dans les fêtes cultuelles. Ce qui seul importe, ce sont les premières solutions au problème de savoir comment une transmission d'image peut aussi se stocker elle-même. Mais, comme l'a déjà constaté le grand physicien Du Bois-Reymond en 1850[1], scientifiques et artistes ne se sont attelés à la tâche de « rendre la nature capable de se reproduire pour ainsi dire elle-même » qu'à partir du milieu du XVe siècle.

Quand on parle d'autoreproduction de la nature, on pense à la perspective dite linéaire, une technique picturale qui, depuis 1420 à peu près, veille à ce que tous les angles, lignes et proportions d'une image paraissent exactement tels qu'ils se reproduisent sur la rétine. La peinture devient une technique d'illusion, car chaque image peinte présuppose une géométrie plus ou moins explicite qui, entre la Renaissance et l'impressionnisme, a tout bonnement régné sur les tableaux – en tant que style artistique dans le sens déjà mentionné – et qui, depuis l'arrivée de la photographie, s'est aussi installée dans les techniques des médias optiques – en tant que standard technique.

Pour autant, la question reste entière de savoir pourquoi cette géométrie-là n'a pas régné de tout temps, mais ne s'est imposée qu'à un moment bien défini. Dans la peinture égyptienne, il n'y avait, comme chacun sait, qu'un assemblage audacieux de vues frontales et de vues latérales, et les vases grecs peints ne parvenaient pas davantage à construire un espace dont les lignes convergeraient toutes vers un point de fuite à l'horizon. C'est seulement sur les peintures murales exhumées à Pompéi, dans une ambiance remarquable, mélange d'Antiquité tardive et d'artisanat, de chambre à coucher et de cultes à mystères, qu'apparaissent quelques effets perspectifs, mais qui n'obéissent manifestement pas encore à une géométrie intégralement construite.

[1] B. Busch, *Belichtete Welt*, *op. cit.*, p. 90.

2.1.1.1. Grecs et Arabes

Il y a de bonnes raisons à cela. Parmi d'innombrables autres sciences, la Grèce classique a aussi fondé une science de l'optique qui parvint certes à poser la loi de la réflexion, mais pas encore celle de la réfraction ou réfringence. Au plus tard depuis Euclide, qui, en plus de ses célèbres *Éléments de mathématiques*, a aussi écrit une *Optique* qui comprend des propositions sur le parcours de la lumière[1], les Grecs savaient eux aussi que les rayons lumineux se propagent de manière rectiligne. Et à la remarquable exception de l'école philosophique matérialiste, donc atomiste, la doctrine dominante fondait toutes les lois de l'optique sur un rayon visuel qui ne va pas de la source lumineuse à l'œil (comme on le pense aujourd'hui) mais, à l'inverse, de l'œil à la source de lumière. L'œil lui-même fonctionnait comme un projecteur dont les activités rencontraient ou croisaient le visible de ce monde pour le rapporter ensuite à l'esprit. Ce n'est pas sans raison que, profondément hostile à la nouvelle optique de Newton, Goethe écrivit encore le vers grec, bien trop grec d'ailleurs : « Si l'œil n'était pas solaire, comment apercevrions-nous la lumière ? »[2]. Sur les frontières insurmontables que cette théorie fixe à la recherche, consultez s'il vous plaît Gérard Simon[3].

Mais ce qui importe ici, c'est que la théorie antique du rayon visuel actif excluait ou empêchait toute conception d'une autoreproduction de la nature dans l'œil. Dans un monde clos et fini comme celui que les Grecs vénérèrent en tant que cosmos, c'est-à-dire comme sphère bien ordonnée, ce rayon visuel pouvait atteindre toute chose sans peine, y compris les étoiles qui devaient peupler la surface interne de cette sphère, d'autant plus que la vitesse de la lumière passait dans l'Antiquité pour infiniment grande. La perspective linéaire, d'abord implicitement, et plus tard expressément, repose au contraire sur l'acceptation fondamentale d'un univers infini, auquel correspond, dans chaque tableau en perspective, un point de fuite infiniment éloigné, tel un modèle réduit de cet univers. Dans un beau livre intitulé *Qui ne signifie rien*, Brian Rotman[4] s'est risqué à avancer que cette infinité est la valeur intrinsèque des temps modernes européens depuis l'introduction du zéro : premièrement, le point de fuite de la perspective linéaire, deuxièmement, le

[1] Samuel Y. Edgerton, *The Renaissance Rediscovery of Linear Perspective*, New York, Basic Books, 1975, p. 68.

[2] Johann Wolfgang von Goethe, *Traité des couleurs* [1810], trad. de l'allemand par Henriette Bideau, Paris, Triades, 2000 (1ère éd., 1980), p. 58. La traduction littérale serait : « Si l'œil n'était pas solaire / le soleil, jamais, il ne pourrait le regarder ». Goethe emprunte le vers à Plotin : « Jamais un œil ne verrait le soleil sans être devenu semblable au soleil » (Plotin, *Ennéades* [254-270], trad. du grec par Émile Bréhier, Paris, Les Belles Lettres, 1924-1938, 7 vols., voir vol. 1, VI, 9, p. 106. [N.d.T.]

[3] Gérard Simon, *Le Regard, l'être et l'apparence dans l'Optique de l'Antiquité*, Paris, Seuil, 1988. [N.d.T.]

[4] Brian Rotman, *Signifying nothing. The semiotics of zero*, Basingstoke, Palgrave Macmillan, 1987. [N.d.T.]

zéro des chiffres importés d'Inde et d'Arabie et, enfin, troisièmement, l'argent du système financier moderne : tous représenteraient cette fonction mathématique extrêmement délicate qui divise 1 par l'infini. Et comme vous vous en doutez, ce qui en théorie est interdit peut en pratique avoir des conséquences explosives. L'Europe avec tous ses États, ses colonies et ses sciences n'est peut-être que le résultat d'une erreur de calcul.

L'indication de Rotman selon laquelle ces conséquences explosives sont dues à une importation arabe ne vaut pas moins pour la perspective linéaire que pour le système décimal des mathématiques modernes. Il semble en effet que ce sont des mathématiciens arabes comme Al-Kindi ou Alhazen qui, à partir d'une remarque faite en passant par Aristote, réalisèrent les premiers modèles utilisables de *camera obscura* et obtinrent ainsi la perspective linéaire. Dans ses *Problèmes*[1] (en réalité apocryphes), qui n'étaient guère plus qu'une bonne boîte de fiches avec des questions irrésolues, Aristote écrivit, comme on sait, sur tout ce qui était connaissable 350 ans avant J.-C. Il y nota non seulement une thèse, jusqu'à aujourd'hui féconde, sur le génie et la folie, mais aussi les dispositions prises pour une petite expérience impliquant une éclipse solaire et une pleine lune qui passe droit devant le soleil, du moins selon notre axe terrestre de vision. Dans l'Antiquité, cependant, le soleil n'était pas simplement défini par le fait qu'il rend tout le reste visible, mais aussi par le fait que lui-même ne peut être regardé qu'au prix de la cécité. La formule de Léonard citée au tout début [du cours] selon laquelle jamais le soleil ne voit d'ombre, ne dit rien d'autre. Pourtant, ou pour cette raison, à la surprise des despotes orientaux, les mathématiques grecques avaient justement commencé à pouvoir prédire les éclipses solaires ou lunaires. Le point était donc de voir malgré tout ce qui est précisément interdit à l'œil mortel. Aristote décrivit purement et simplement comment se protéger astucieusement de l'éblouissement ou de l'aveuglement avec des filtres optiques. Il recommanda de ne pas observer directement le soleil en partie caché par la lune, mais d'observer toute la scène céleste sur le mur du fond d'une pièce, dont la paroi frontale présentait un petit trou.

Ainsi, Aristote avait déjà donné le principe de toutes les *camerae obscurae* à venir – mais, il faut le souligner, uniquement dans le cas particulier où une source de lumière maximale surpasse toutes les autres. C'est à ses traducteurs ou successeurs arabes qu'on doit d'avoir considéré ledit trou dans des conditions empiriques, c'est-à-dire terrestres. Une simple bougie de cire qui envoyait, et par conséquent reproduisait, sa propre lumière par le médium de ce petit trou, remplaça donc le divin soleil. Une *camera obscura* adaptée à n'importe quelle source de lumière était ainsi née, non pas certes en réalité, mais du moins sur le papier, papier qui en outre dut également arriver de Chine en Europe par l'intermédiaire arabe. De manière générale,

[1] Aristote, *Problèmes*, trad. du grec par Jules Barthélémy de Saint-Hilaire, Paris, Hachette, 1895 ; nouvelle traduction des sections I-X par Pierre Louis aux Belles Lettres, 1991. [N.d.T.]

les mathématiques arabes – à la différence fragrante des grecques – ont étudié tous les cas où une source de lumière oblique quelconque se heurte à la résistance de choses opaques et projette leurs ombres sur des parois verticales. (Les Grecs limitèrent leur curiosité au cas de cette surface quasi horizontale qu'on appelle le sol (terrestre) pour pouvoir lire les heures du jour d'après la longueur de l'ombre et la hauteur du gnomon.) De ces recherches naquit, au sein de l'empire féérique de Hârûn al-Rachîd, ni plus ni moins qu'une nouvelle mathématique : la trigonométrie. Sinus et cosinus, tangente et arc tangente sont – la chose comme les termes – des innovations arabes. Avant que l'Europe les transmît vers 1450 à la navigation maritime – qui était très pratique, parce que militaire ou colonialiste –, toutes ces fonctions trigonométriques avaient d'abord pour but théorique d'étudier les effets des rayons lumineux sur des surfaces planes. Dans le modèle de la *camera obscura*, la tangente, par exemple, correspond exactement à la longueur de l'objet (qui forme un angle x par rapport au plan de la chambre) reproduit sur la surface de projection (à supposer que tous les cercles soient ramenés idéalement à un cercle médian, tel celui de Leonhard Euler).

Toutefois, aussi bien les mathématiciens arabes que leurs élèves européens, dont le patricien nurembergeois Regiomontanus peut être considéré comme le plus important, ne disposaient que de simples méthodes empiriques pour déterminer de telles fonctions trigonométriques. Celles-ci sont, en langage moderne, transcendantes : elles se rient de tous les calculs simples. Sinus et cosinus, tangente et arc tangente se présentaient dans des tables sans fin constituées de surcroît par de gigantesques nombres entiers avant que Simon Stevin n'inventât les nombres décimaux. Et parce que Regiomontanus ne pouvait encore en aucune façon noter des chiffres comme 0,7071… (le sinus de 45 degrés), il dut multiplier toutes les valeurs sinusoïdales par un facteur de 10 millions[1]. De telles tables monstrueuses faites de nombres monstrueux excluaient dans les faits leur utilisation par les artistes. Par conséquent, l'histoire de la perspective linéaire, au moins dans ses premiers siècles, n'est justement pas une histoire des mathématiques. J'indiquerai plus tard par qui et quand cela changea.

2.1.2. Implémentation

À vrai dire, la faiblesse mathématique de la toute première trigonométrie pourrait justement avoir contribué à ce que la *camera obscura* vécût ses heures de gloire à la Renaissance. Parce qu'elle était un appareil qui exécutait des fonctions trigonométriques de manière parfaitement auto-

[1] Anton von Braunmühl, *Vorlesungen über Geschichte der Trigonometrie*, Leipzig, Teubner, 1900, vol. 1 : *Von den ältesten Zeiten bis zur Erfindung der Logarithmen*, p. 120.

matique, en concentrant simplement la lumière en un seul faisceau de rayons rectilignes auquel elle permettait ensuite de suivre son cours, la *camera obscura* rendit possible le concept révolutionnaire d'une peinture en perspective parfaite. Les appareils, hier comme aujourd'hui, soulagent les hommes du calcul. Pour cette peinture en perspective que ne connurent ni les Égyptiens ni les Grecs, il fallut toutefois faire un dernier pas, au-delà d'Aristote et de l'optique arabe : la *camera obscura* ne devait plus seulement reproduire une lumière, que ce soit le grand soleil céleste d'Aristote ou la petite flamme de bougie terrestre des Arabes ; elle devait bien plutôt projeter aussi le visible éclairé par la lumière. Mais cela posait un problème qui ne fut définitivement réglé qu'avec l'invention de la lentille optique au début du XVIIe siècle.

La *camera obscura* fonctionne, selon les termes de Shannon, comme un filtre du bruit : le petit trou, par lequel sont contraints de passer les rayons de toutes les sources lumineuses, directes ou indirectes, capte les lumières sinon dispersées partout et rend donc la reproduction vraiment nette. Faute de quoi on verrait dans la *camera obscura* le monde de manière tout aussi impressionniste que dans n'importe quel coin de forêt éclairé par le soleil d'été. Les trous, qui se forment entre les feuilles de chaque arbre, fonctionnent comme d'innombrables chambres obscures floues, qui font apparaître sur le sol de la forêt un tapis en patchwork fait de tout un tas de projections se contredisant les unes les autres. Un effet qui, comme dit, intéressa davantage Manet que les artistes-ingénieurs de la Renaissance européenne. Ces derniers ne voulaient ni ne devaient peindre des petits déjeuners bourgeois en plein air – ne serait-ce que pour satisfaire les intérêts de leurs commanditaires princiers ou ecclésiastiques qui tenaient à être représentés –, mais une géométrie géométriquement exacte du monde en général et de son architecture en particulier. Ils se heurtèrent alors au problème, absolument identique à celui de Shannon, du filtrage d'un signal qui implique irrémédiablement l'affaiblissement de ce signal. Plus le trou dans la *camera obscura* était petit, plus l'image était nette, mais également plus sombre ; à l'inverse, plus le trou était grand, plus l'image était claire mais également plus proche de l'effet d'une forêt en été. Pas étonnant alors que les premières descriptions d'une *camera obscura* fonctionnelle vinrent d'Italie, le pays d'Europe occidentale au soleil le plus clair : vers 1500, Léonard de Vinci fournit un premier modèle, vers 1560, le polymathe et magicien Giambattista della Porta en fournit un circonstancié. Porta proposa simplement d'obscurcir la fenêtre d'une pièce donnant du côté ensoleillé de la rue et de ne laisser qu'un petit trou permettant ainsi de suivre à l'envers, sur le mur opposé, les agissements magiques des passants et animaux domestiques. La caverne platonicienne était ainsi implémentée.

À vrai dire, il y a un écart de deux siècles entre Léonard, ou plutôt entre Porta, et les mentions médiévales tardives de la *camera obscura* – par Roger Bacon par exemple, qui est aussi lié à l'invention de la poudre à canon. Mais c'est exactement dans cet écart qu'eut lieu l'invention de la perspective linéaire qu'en dépit de toutes mes histoires, il semble difficile de fonder sur la technologie des *camerae obscurae* alors en fonction. Or, concernant l'invention d'un trou fondamental, cet écart ne peut être comblé qu'au moyen d'une spéculation historique, spéculation qui a toutefois le grand avantage de faire intervenir une image en perspective dotée d'un trou unique en son genre, et existant réellement.

2.1.2.1. Brunelleschi

L'histoire qu'il faut raconter maintenant est celle de l'un de ces grands artistes-ingénieurs que la Renaissance italienne a fait émerger : Filippo Brunelleschi. À la différence des futurs artistes-artistes, l'appellation artiste-ingénieur désigne des gens comme Brunelleschi, son jeune ami Alberti ou encore Léonard, qui ne se contentèrent pas de produire une image après l'autre, mais qui, pour la première fois, fixèrent le standard artistique, c'est-à-dire artisanal, selon les règles duquel d'innombrables images d'un style qui a fait date devinrent possibles et réalisables. Par image, on entend non seulement les curieuses formations bidimensionnelles sur les murs des églises, des palais et plus tard des musées, mais également des choses aussi abstraites que brutalement réelles comme les fortifications ou les coupoles d'églises.

Filippo Brunelleschi naquit en 1377 à Florence. Passage obligé pour tout futur artisan, à l'époque comme aujourd'hui, il alla en apprentissage chez un orfèvre et put ainsi, dès 1401, participer à un concours lancé par la Signoria alors qu'il était vraisemblablement encore apprenti ou compagnon. Le baptistère, la chapelle baptistaire dédiée à Jean le Baptiste en face de la cathédrale florentine, devait être décoré de nouvelles portes en bronze. Que l'esquisse présentée par Brunelleschi (et conservée jusqu'à aujourd'hui) du sacrifice d'Isaac perdît au concours fut un coup de chance pour Florence et l'Europe. En effet, au lieu d'en rester aux reliefs ou généralement à l'art, comme ses prédécesseurs du Moyen Âge, Brunelleschi se mit à étudier les mathématiques et l'architecture. La coupole d'une technique inouïe qui orne Santa Maria del Fiore, la cathédrale florentine, procède exactement des mêmes mathématiques que toutes ces fortifications que l'ingénieur en chef Brunelleschi érigea. Il mourut en 1446, une petite dizaine d'années avant que Johann Gensfleisch zum Gutenberg, le pauvre patricien mayençais, eût imprimé son premier calendrier, le premier vraisemblablement avec des lettres mobiles. Je reviendrai sur cette coïncidence.

Mais considérons d'abord une petite œuvre de Brunelleschi qui, elle, a disparu, et qui de prime abord n'a l'air de rien à côté de ses coupoles et fortifications. Si nous connaissons bien cette petite image disparue et probablement datée de 1425[1], cela est dû au fait significatif que, vers 1450, de simples artisans comme Brunelleschi – contrairement aux anonymes du Moyen Âge européen – connurent pour la première fois l'honneur de trouver un biographe. Voici donc ce qu'on lit dans la vie écrite par Antonio di Tuccio Manetti :

> Et la première fois qu'il montra la perspective, ce fut sur un petit panneau d'environ une demi-brasse de côté, où il peignit une vue extérieure de l'église Saint-Jean de Florence. Il coucha les traits de cette église, telle que le regard l'aurait vue du dehors, et comme s'il s'était installé pour la représenter sur le vif à trois brasses environ à l'intérieur de la porte centrale de Santa Maria del Fiore. Il était peint avec tant de précision et de finesse que, pour les couleurs des marbres blancs et noirs, nul enlumineur n'aurait pu mieux faire ; en outre, il avait représenté face à l'église cette partie de la place que l'œil saisit aussi bien du côté d'en face de la Miséricorde jusqu'à la voûte et au coin des Pecori que du côté de la colonne du miracle de Zénobie jusqu'au coin de la Paille, aussi loin qu'on peut l'entrevoir ; en outre, ce qu'il fallait montrer du ciel, c'est-à-dire là où les murs peints se profilaient dans l'air, c'était en argent bruni afin que l'air et le ciel naturels pussent s'y miroiter et, de la sorte, que les nuées y parussent poussées par le souffle du vent. Pour que l'on ne se trompât point dans la vision de l'œuvre, le peintre dut imaginer un seul lieu d'où l'on pût la regarder, aussi bien en hauteur qu'en largeur et également de biais et de loin, tant il est vrai qu'à tout déplacement, ce qui apparaît à l'œil change. Ainsi, il fit dans le panneau où il avait étalé la peinture un trou situé du côté de l'église de Saint-Jean, au point où venait frapper directement l'œil de quelqu'un regardant de l'intérieur de la porte centrale de Santa Maria del Fiore, où il serait installé s'il l'avait représenté sur le vif. Ce trou était aussi petit qu'une lentille du côté de la surface peinte, alors qu'à l'envers, il s'élargissait en pyramide comme un chapeau de paille féminin et sa circonférence atteignait la mesure d'un ducat ou un peu plus. Celui qui regardait devait appliquer l'œil au revers, là où le trou était large, et il fallait en même temps qu'il l'ajustât d'une main contre l'œil et que l'autre soutînt face à la peinture un miroir plan pour que celle-ci pût se réfléchir ; l'espace entre le miroir et la seconde main s'étendait en brasses minuscules d'une façon proportionnelle à la distance en brasses réelles entre l'église Saint-Jean et l'endroit d'où elle semblait avoir été représentée, si bien qu'en la regardant grâce, en outre, à toutes les autres circonstances – l'argent bruni, la place, le point exact –, on aurait pu la prendre pour vraie. Moi qui ai eu ce dispositif en main plusieurs fois, je puis en témoigner.[2]

Ce récit permet, comme aucun autre, de souligner le côté révolutionnaire de la nouvelle vision du monde, appelée perspective linéaire. Brunelleschi démantèle ou, littéralement, perce la totalité ou l'imaginaire d'un panneau peint pour prouver quelque chose d'encore plus imaginaire. Son image du

---

[1] Samuel Y. Edgerton, *The Heritage of Giotto's Geometry. Art and Science on the Eve of the Scientific Revolution*, Ithaca/Londres, Cornell University Press, 1993 (1ère éd., 1991), p. 88.

[2] Voir Antonio Manetti, « La Vie de Brunelleschi » [ca. 1480], trad. de l'italien par Fosca Mariani Zini dans : Philippe Hamou, *La Vision perspective (1435-1740)*, Paris, Payot & Rivages, 2007 (1ère éd., 1995), p. 58-59. [N.d.T.]

baptistère florentin, dont il aurait voulu lui-même concevoir les portes en bronze, prouve à tous les incrédules, collègues, contemporains, etc., que la vision en perspective a toujours réellement et véritablement lieu dans les yeux. Sans quoi ces yeux ne seraient pas si dupés par leur propre simulation, comme Manetti l'atteste des contemporains de Brunelleschi. Combien une *demonstratio ad oculos* aussi littérale était nécessaire à l'époque et combien elle serait inutile aujourd'hui, à l'âge des caméras Fisheye et des images satellites, nous dit déjà quelque chose de l'expérimentation de Brunelleschi.

Mais deux questions restent en suspens : premièrement, du point de vue de l'histoire des médias, quelle image le trou de Brunelleschi a-t-il écartée ou supprimée ? Et, deuxièmement, comment en 1425 une image qui dupe aussi parfaitement put-elle voir le jour ?

Pour aborder la première question, je dois replacer mon propos dans un contexte plus large. Quatre-vingt-dix pour cent des images et bâtiments en pierre commandés en Europe avant 1425 ne servirent que la foi chrétienne, seule béatifique, comme chacun le sait. À vrai dire, cette foi ne reprit que trop volontiers le concept grec puis catholique du rayon visuel qui donne d'abord le monde à voir. Mais cet œil, comme celui que vous pouvez encore voir aujourd'hui sur les billets d'un dollar, n'appartient à aucun homme mais à Dieu lui-même. À en croire l'abbé Suger de Saint-Denis, les vitraux des cathédrales chrétiennes plaçaient précisément ce rayon visuel divin dans l'image. Ainsi Dieu se montrait-il précisément aussi dans l'art, et ce de Lui-même, et non à partir de la perspective déformée qu'auraient pu jeter sur lui des entités terrestres. Voilà pourquoi les icônes byzantines – exemple-type de nexus entre art et culte d'après Hans Belting – montraient par principe Dieu devant un fond d'or qui implémentait véritablement Ses rayons. Et comme Samuel Edgerton le démontra admirablement, c'est précisément ce fond doré qui est devenu le premier médium proto-perspectiviste d'Europe occidentale. Des philosophes chrétiens comme Roger Bacon, qu'on a déjà rencontré avec la *camera obscura*, présentèrent la nature du sacré comme une émanation ou un rayonnement d'une multitude de petits corps dorés, ou corpuscules, se déplaçant du ciel vers l'œil des hommes et, par conséquent, vers l'œil des spectateurs. Bacon utilisa même le mot latin *perspectiva*, mais uniquement pour expliquer par une métaphore optique comment la grâce de Dieu se répand sur terre[1]. De pieux moines italiens ont créé des tableaux sur lesquels ce déplacement justement est encore une fois donné à voir, sous forme de petits anneaux dorés émanant du corps des saints.

En voilà assez (ou pas) sur le contexte, pour mieux comprendre la révolution de Brunelleschi. Dans son *Histoire de la perception de la photographie*, Bernd Busch déclare :

[1] S. Y. Edgerton, *The Heritage of Giotto's Geometry*, *op. cit.*, p. 44.

> Si le protocole expérimental de Brunelleschi fut révolutionnaire, c'est parce qu'il fonda l'illusion sensible de la reproduction artistique comme résultat d'une opération technico-mathématique bien réfléchie.[1]

La nouvelle combinaison entre œil, trou, tableau, miroir et monde extérieur partait désormais de l'œil du spectateur, et non plus de Dieu.

Mais cet œil fut pensé de manière tout aussi peu grecque que chrétienne. Pour que Brunelleschi pût développer son image, il fallait d'abord poser que l'intérieur de l'œil est une obscurité ou une nuit dans laquelle la lumière projette ses rayons, et que la pupille, à l'entrée de cette nuit, fonctionne exactement comme le trou de la *camera obscura*. C'est Léonard de Vinci en personne, dont les manuscrits écrits de la main gauche décrivent très précisément la *camera obscura*, qui formula plus tard cette analogie entre *camera obscura* et pupille[2]. Dès lors l'œil lui-même devint opérationalisable, c'est-à-dire, comme toujours, remplaçable. De nombreux spectateurs purent placer leurs propres yeux devant le petit trou de Brunelleschi, qui de surcroît avait la forme d'un rayon visuel conique. Pour eux tous, miroir, trou et tableau, produisaient une analyse automatique de l'image.

Il me semble que c'est surtout le fait qu'une telle analyse automatique de l'image fût désormais permise qui constitue la coupure historique. Dans la condition théologiquement inébranlable où toutes les créatures étaient elles-mêmes, selon différents degrés d'intensité ou de précision, images de leur créateur, et où l'homme en particulier, comme le formule le premier chapitre du Livre de Moïse, fut créé *ad imaginem et similitudinem nostram*, à notre image et selon notre ressemblance (quelle que soit la signification du pluriel biblique « notre ») ; dans cette condition donc, l'analyse de l'image était l'interdit même. À sa place régnait un impératif cultuel d'adoration des images qui a dû exclure l'envoi d'une image de Dieu par le trou de la *camera obscura* (et on ne parle même pas du modèle !). La *camera obscura* a précisément mit fin à la fonction d'un imaginaire qui conduisait les gens à se reconnaître ou se méconnaître eux-mêmes seulement dans l'image d'un saint, et à reconnaître ou méconnaître les saints eux-mêmes comme image de Dieu. Dans cette mesure, elle ne fut pas simplement un nouvel appareil scientifique ou un jouet, mais bien une arme dans les guerres de religion. Comme chacun sait, la base média-technique de la Réforme était la décomposition de la Bible en lettres imprimables, qui permit à chaque particulier de la déchiffrer hors de la tutelle de l'Église et, plus tard même, au père de famille de la lire à haute voix à sa femme, ses enfants et servantes. Par conséquent, la décomposition des images en éléments susceptibles d'être peints et construits, tels les points, lignes et surfaces, liquida d'abord la peinture d'icônes puis, une fois le terrain déblayé pour

---

[1] B. Busch, *Belichtete Welt*, *op. cit.*, p. 65. Trad. de la citation : A. C.

[2] Josef Maria Eder, *Ausführliches Handbuch der Photographie* [1890-1906], Halle, Wilhelm Knapp, 1905 (1ère éd., 1891), vol. 1, t. I : *Geschichte der Photographie*, p. 29.

ainsi dire, déclencha une analyse mathématique qui, plus tard, aboutira à la nouvelle arithmétique de Leibniz et Newton ainsi qu'à la géométrie de Descartes, l'inventeur de notre système de coordonnées pour les surfaces et les espaces.

Je voudrais brièvement attirer votre attention sur une troisième possibilité d'analyse des temps modernes (au double sens du génitif) qui nous a gouvernés : à savoir la possibilité, alors tout juste mise au point, de décomposer de la chair et tout spécialement des corps humains avec de la poudre à canon. Après tout Roger Bacon, qui fut le premier à mentionner la *camera obscura*, a aussi fourni la première recette correcte de poudre noire. Et Nicolas Oresme, qui remplaça la doctrine aristotélicienne selon laquelle les corps se meuvent uniquement parce qu'ils tendent à rejoindre leur lieu naturel par une analyse mathématique des phases du mouvement des projectiles – cette cinétique doit déjà vous faire penser au film, n'est-ce pas ! –, fut aussi contemporain de Bertold Schwarz, ce moine fribourgeois qui, selon la légende, aurait inventé l'artillerie moderne. Enfin troisièmement – et Virilio l'a maintes fois souligné –, ce sont précisément les peintres qui, comme Dürer ou Léonard de Vinci, ont participé au fondement théorique et pratique de la *camera obscura*, qui ont en même temps contribué à bâtir des fortifications et donc à défendre les villes contre la nouvelle artillerie[1].

Le *Traité sur la fortification* rédigé par Dürer en 1527 considère pour ainsi dire la perspective dans la perspective de la balistique. Le but profond de la *camera obscura*, qui l'éleva à cette époque au-dessus de nombreuses autres inventions simplement distrayantes, coïncidait avec le but profond de tirer, d'abattre l'ennemi, à condition que celui-ci se situât parfaitement dans la perspective du point de mire ou du viseur. Conjointement aux nouvelles armes à feu de l'époque moderne, la *camera obscura* a donc mis en marche une révolution de la vision, qui ne fut rien d'autre que l'introduction de la perspective. On sait que les hommes peignent depuis l'âge de pierre, mais ce n'est que depuis Brunelleschi qu'ils représentent tous les éléments de l'image selon un point de fuite central fabriqué de toutes pièces.

J'en viens à la deuxième question que je me suis posée. Qu'est-ce qui a conduit Brunelleschi à faire de la perspective, non plus le déplacement sur terre de la grâce divine, mais une technique de peinture mathématiquement fondée ? J'ai déjà évoqué le fait qu'après sa défaite au concours pour les portes en bronze du baptistère florentin, il est passé d'artisan à mathématicien et architecte. Ce savoir-faire mathématico-architectonique indique, au moins à titre d'hypothèse, les raisons de l'innovation de Brunelleschi.

Dans son séminaire sur *Les Quatre Concepts fondamentaux de la psychanalyse*, Jacques Lacan a disserté en détail sur quelque chose que Freud avait passablement négligé : le regard. Je vous recommande expres-

---

[1] Paul Virilio, *Guerre et Cinéma I. Logistique de la perception*, Paris, Cahiers du cinéma, 1991 (1ère éd., 1984), p. 76.

sément la lecture du chapitre correspondant. Moins connu est le fait que Lacan, dans le séminaire sur la transmission psychanalytique, esquisse une succincte mais dramatique histoire de la naissance de la perspective linéaire[1]. Lacan, comme Hegel, part de l'hypothèse que l'architecture est la plus ancienne forme d'art et/ou de culte. Mais à la différence de Hegel, il explique qu'au centre de cette architecture – à l'intérieur des pyramides ou des temples donc – ne crèche aucun dieu, mais un cadavre. Il faut de la place à ce cadavre, donc un espace réservé, donc – tout comme sur l'image de Brunelleschi – un trou. Lacan définit alors le sacré comme ce trou maintenu architectoniquement ouvert : comme la présence d'une absence.

Seulement voilà, chaque pyramide égyptienne montre – et c'est la pierre angulaire de l'argument de Lacan – combien il peut être complexe de mettre en place de tels trous ou de les maintenir ouverts. Des millions de pierres ont pour seule fonction d'envelopper un non-lieu. En conséquence, Lacan conçoit l'invention de la perspective linéaire comme un acte de pure et simple « économie ». En effet, il coûte considérablement moins cher de peindre le trou du sacré, en tant que point de fuite perspectif, que de le construire. Pour Lacan, cette innovation picturale a eu une influence immédiate sur l'architecture dans la mesure où il considère les peintures primitives en perspective moins comme panneau peint que comme peinture murale. À Assise, par exemple, où sont apparues les premières peintures pré-perspectives – celles qui se sont écroulées l'année dernière suite au tremblement de terre –, les fresques couvrent les murs d'une architecture, y introduisant des trous perspectifs qui ne sont plus édifiés et qui sont donc moins chers ou plus imaginaires. Je reviendrai encore une fois sur cette imbrication de la peinture et de l'architecture, avec l'exemple du trompe-l'œil[2] baroque.

Malheureusement Lacan ne connaissait pas l'histoire du tableau troué de Brunelleschi. Il lui aurait non seulement permis d'attester que toute peinture en perspective est centrée autour d'un trou, mais aussi de confirmer le rapport entre architecture et peinture. Chez Brunelleschi, ce n'est pas seulement l'objet vu par le spectateur – le baptistère de Florence – qui est une architecture, mais encore le lieu prescrit, le seul à partir duquel l'illusion perspective s'ajuste, en l'occurrence la cathédrale de Florence qui ne fut du reste achevée que par la construction de sa coupole, tour de force architectonique de Brunelleschi.

J'arrive au dernier point de ce commentaire à rallonge d'une seule image avec cette question toute simple : comment Brunelleschi a-t-il peint son tableau ? Toute réponse ne peut rester qu'hypothétique, car Manetti n'écrit rien sur la façon dont il procédé. C'est pourquoi, même chez Busch,

---

[1] J. Lacan, *Le Séminaire VIII. Le Transfert* [1960-1961], Paris, Seuil, 1991. Pour la traduction par « transmission », voir la « Note des traducteurs », p. 40-41.
[2] En français dans le texte.

l'explication reste lapidaire et résignée : « On ne sait pas comment le panneau de Brunelleschi fut exactement fabriqué »[1]. Mais Shigeru Tsuji, historien de l'art à la Geidai (abréviation par laquelle les Japonais désignent l'Académie impériale des Beaux-Arts de Tokyo), a élaboré une hypothèse si admirablement plausible que je ne peux que m'y rallier.

Comme tout bon détective de romans policiers, Tsuji part des faits rapportés pour se demander pourquoi Brunelleschi les a choisis précisément eux et aucuns autres. Pourquoi donc son tableau était-il si inhabituellement petit – il faisait environ 27 centimètres carrés ? Pourquoi a-t-il peint son tableau à partir du portail principal de la cathédrale ? Pourquoi l'image a-t-elle manifestement été peinte à l'envers, en sorte que seule l'utilisation d'un miroir permît de la faire coïncider visuellement à la réalité du baptistère ? La réponse qui élucide les trois questions d'un coup est la suivante : Brunelleschi s'est servi d'une *camera obscura*. Tel est le chaînon manquant entre Roger Bacon au XIVe siècle et Léonard de Vinci au XVIe siècle.

Premier argument. Du temps de Brunelleschi, il n'y avait pas de lentilles. Le disque perforé devant l'image projetée devait donc être installé dans un lieu qui, même en plein jour, restât dans l'ombre. Tel est précisément le cas du portail principal de Santa Maria del Fiore.

Deuxième argument. L'objet à projeter devait, lui, se trouver en plein soleil. Tel est exactement le cas du baptistère durant la matinée et jusqu'à midi.

Troisième argument. La surface de projection devait avoir des dimensions particulières. Premièrement, elle ne devait pas être trop grande, sinon l'image aurait été trop sombre et trop floue. Mais, deuxièmement, elle ne devait pas non plus être trop petite, sinon la main de Brunelleschi n'aurait pas eu assez de place pour peindre entre le disque perforé et la surface de projection. L'examen méticuleux des conditions architectoniques réelles de Florence, d'abord, et des fonctions trigonométriques, ensuite, permet à Tsuji de démontrer de façon assez élégante que les dimensions du tableau choisies par Brunelleschi servaient idéalement ses fins.

Quatrième argument. Du temps de Brunelleschi, il n'existait pas encore d'appareils géométriques capables d'inversions automatiques. En d'autres termes, en 1425, une image inversée pouvait difficilement être faite à la main. Si Brunelleschi avait peint à la main, il aurait tout bonnement supprimé le miroir et tourné vers le spectateur la face avant du tableau (et non l'arrière).

Au moins pour moi, les arguments de Tsuji sont vraiment éclairants. Il y aurait donc dans l'histoire des médias le cas exceptionnel d'un inventeur de médias identifiable seulement à partir d'indices. Néanmoins, Tsuji a largement raison de souligner que si Brunelleschi devait en effet avoir inventé la *camera obscura* comme appareil pratique pour le peintre, tous les

---

[1] B. Busch, *Belichtete Welt*, *op. cit.*, p. 402. Trad. de la citation : A. C.

problèmes de la peinture en perspective linéaire n'en furent pas pour autant réglés. La *camera obscura* fonctionne seulement dans le réel, comme l'a définitivement prouvé son évolution vers l'appareil photographique. Avec elle, on ne peut rien saisir qui ne soit là. Mais la peinture du Quattrocento et des siècles suivants était en permanence sommée de peindre tout ce qui n'était pas là : Dieu, ses saints et la beauté des puissants de ce monde. Par conséquent, tout le problème des successeurs de Brunelleschi sera de savoir comment dégager l'automatisme géométrique de la *camera obscura* et le réimplanter dans d'autres médias.

2.1.2.2. Alberti

Le seul autre médium qui entrait en ligne de compte à l'époque était le papier arrivé de Chine jusqu'en Europe par l'intermédiaire des Arabes pour révolutionner les mathématiques, la science et la comptabilité. L'enjeu était alors de construire géométriquement sur le papier des dessins perspectifs, aussi et surtout quand les choses à dessiner n'étaient que pure fantaisie ou, comme dans les plans de nouvelles constructions, pure utopie. Pour résoudre ce problème, il fallut attendre l'un des élèves et jeune ami de Brunelleschi, qui accéda à la gloire tant par ses qualités d'artiste-ingénieur que par des inventions dans tous les domaines.

Il est certain qu'Alberti, à l'instar de Brunelleschi, ne se priva pas de surprendre les Florentins avec la magie de la chambre noire. Un biographe anonyme le raconte très bien :

> Il proposa aussi, par la peinture elle-même, des choses tout à fait inouïes, et vraiment incroyables pour les spectateurs, qu'il faisait voir dans une petite boîte à travers une petite ouverture. On y apercevait les plus hautes montagnes et de larges paysages étendus autour d'un lac immense, et des régions très éloignées, si reculées que l'œil ne suffisait pas à les distinguer. Ces choses, il les nommait démonstrations, et elles étaient faites de manière à ce que les [spectateurs,] expérimentés ou inexpérimentés, croient voir non des tableaux, mais bien des phénomènes naturels. Il en avait de deux sortes, les unes qu'il appelait les démonstrations diurnes, les autres, les nocturnes. Dans les dernières, on voyait Arcturus, les Pléiades, Orion et d'autres astres scintillants, la lune montant derrière des falaises et pitons escarpés à la lueur de l'étoile du berger ; dans les démonstrations diurnes, le dieu rayonnant, celui qui, selon Homère, est annoncé par Éos, porteuse du matin, dévoilait de toutes parts le monde immensurable.[1]

La *camera obscura* peut difficilement être décrite plus clairement : ennemie de tout le christianisme, elle est le culte grec du soleil, le retour des dieux. C'est pourquoi il est si important que ce qu'accomplissent Hélios et/ou

---

[1] Giorgio Vasari, *Leben den ausgezeichnetsten Maler, Bildhauer und Baumeister von Cimabue bis zum Jahre 1567*, Julian Kliemann (éd.), Worms, Werner, 1983, vol. 2, t. I, p. 387, note 9. Trad. de la citation : A. C. Le passage cité par F. Kittler est extrait d'un document qui n'est pas repris dans les éditions françaises des *Vies* de Vasari. [N.d.T.]

Alberti, à savoir dévoiler de nouveau l'étant dans son entier, se diffuse au-delà de Florence, dans le monde immensurable. Alberti prend la plume – Gutenberg n'a pas encore inventé son art – et, en élève reconnaissant, dédicace à Brunelleschi les trois livres de son *Traité de peinture*, édité en italien en 1435 et un an plus tard en latin, langue de la science.

Le premier livre de ce traité présente un « art et une science jamais entendus ni jamais vus », c'est-à-dire clairement dépourvus de « maître » antique[1]. Pour la perspective linéaire, construction géométrique libre, Alberti développa un concept de fenêtre idéale ou simplement pensée. Cette *fenestra aperta* pourrait être l'aïeule de toutes les interfaces graphiques utilisateurs qui, depuis vingt ans, gratifient les écrans d'ordinateur du dénommé Windows. La fenêtre d'Alberti – à l'instar de la *window* de Microsoft – était évidemment rectangulaire et pour cette raison déjà se laissait facilement décomposer en nombreuses fenêtres plus petites. En guise de modèle ou de métaphore de sa grande invention qu'était la trame, Alberti employa une toile de tissu formant une multitude de petits trous rectangulaires grâce à des fils verticaux et horizontaux. On pourrait donc dire que le trou de Brunelleschi est devenu chez Alberti un Argos aux cent yeux. Et, effectivement, Alberti et plus tard Dürer assignèrent à l'œil la tâche de regarder le monde, soit son modèle réel soit sa représentation artistique idéale, à travers chacun de ces innombrables trous.

La véritable astuce d'Alberti consista à rendre l'activité de cet organe de la vue qu'on appelle l'œil tout aussi virtuelle que le concept de fenêtre. Ce qui était en jeu n'était justement pas la toile en tissu, base matérielle de toute peinture sur toile, mais le papier. Le rectangle tramé s'est déplacé du monde vers le papier à dessin où il apparaît pour ainsi dire comme un quadrillage. Sur ce carreau et ses bords, on pouvait ensuite exécuter des constructions géométriques – donc les opérations au cordeau et au compas de Dürer, soit à la règle soit au compas – de manière si précise et mesurée que le dessin obtenu obéissait à toutes les lois de la perspective linéaire. Alberti insiste expressément sur le fait qu'il a écrit son traité, comme le titre déjà le suggère, pour les peintres et non pour les mathématiciens. C'est pourquoi, comme indiqué, les mathématiques employées en restaient aux bonnes vieilles proportions euclidiennes entre les segments et les angles. En d'autres termes, elles n'ont aucunement cherché l'aide des nouvelles tables trigonométriques. D'autant plus amusant et significatif est ce fait historique que le créateur des meilleures tables trigonométriques, Regiomontanus, entreprit aussi un voyage en Italie au cours duquel il aurait rencontré Alberti,

[1] Leon Battista Alberti, *Della Pittura – Über die Malkunst*, éd. et trad. en allemand par Oskar Bätschmann et Sandra Gianfreda, Darmstadt, Wissenschaftliche Buchgesellschaft, 2002, p. 63-65. Trad. de la citation : A. C. Les citations proviennent des annotations faites au prologue d'Alberti. Elles sont extraites d'une correspondance entre Alberti et Brunelleschi que les éditions françaises du texte d'Alberti ne proposent pas. [N.d.T.]

probablement à Ferrare. Si je savais ce que ces deux-là se sont dits, je serais un homme plus heureux.

Cette ignorance est l'une des raisons pour lesquelles cette simple question d'histoire ne peut être entièrement élucidée : dans quelles circonstances pratiques le passage crucial de la miniature en deux dimensions au tableau en perspective, du caractère d'image de toute créature divine à la mécanique de la *camera obscura* s'est-il fait au XVe siècle ?

Il n'est guère besoin d'expliquer pourquoi le tir, l'invention à laquelle je faisais allusion, requérait d'apprendre à voir en perspective. Concernant en revanche les raisons pour lesquelles, depuis l'expérience de Brunelleschi avec son tableau troué, les peintres ont pu et dû apprendre à voir en perspective, les historiens de l'art ont jadis préféré invoquer un vouloir de style qui aurait tout simplement poussé au nouvel art de la Renaissance. Une meilleure explication tiendrait déjà compte du fait que l'expérience de la *camera obscura* n'a été faite qu'au tout début dans des chambres ou pièces assombries mais de taille normale, puis très vite dans des boîtes de petite taille, c'est-à-dire principalement transportables. (Rappelez-vous la différence entre les temples, littéralement fixés au sol, et les bibles transportables.) Les peintres qui avaient avec eux une *camera obscura* pouvaient donc, comme on dit si bien, « peindre d'après nature », simplement parce que la petite boîte portative permettait à la lumière et à tout ce qui était illuminé par elle de se transmettre d'eux-mêmes sur une surface sur laquelle la main du peintre n'avait plus qu'à repasser. D'une certaine manière, les gens ont toujours peint d'après nature : les saltimbanques de l'allégorie de la caverne platonicienne par exemple fabriquaient des silhouettes de cruches et d'autres ustensiles ; mais ce faisant, ils ne laissaient pas les mains des peintres se transformer en fonctions relatives à un dispositif expérimental. En revanche, et comme pour anticiper la théorie de la photographie d'Arnheim, la *camera obscura* couplait pour la première fois transmission optique et stockage optique d'informations, l'une déjà automatisée, l'autre encore manuel.

Ne nous arrêtons pas à cette limite manuelle et soulignons plutôt que la quantité de dessins et de tableaux réalisés grâce à l'interposition d'une *camera obscura* fut probablement bien plus grande qu'une histoire herméneutique de l'art n'ose l'imaginer. Le gain tombe sous le sens : du couplage entre récepteur optique et collecteur humain de données, entre *camera obscura* et peintre, s'ensuivait évidemment une plus grande exactitude des dessins obtenus. Cette exactitude devint alors également, chez Dürer par exemple, le thème de dessins triomphaux et autoréférentiels qui enregistraient une nouvelle fois (à des fins d'enseignement) comment le peintre couche l'image d'une femme sur le papier, au moyen soit d'un portillon de lignes installé dans la pièce soit justement d'une *camera obscura*. Je veux seulement souligner par là le fait que les femmes furent, une fois de plus, évidemment, l'objet de l'expérience mais, parce qu'il s'agit ici d'histoire des médias et non d'histoires d'amour, je préfère parler de mes suppositions concernant le but de toute cette installation.

Je le répète, on ignore si, à la cour de Ferrare, Alberti a parlé trigonométrie et perspective linéaire avec Regiomontanus. Par contre, on connaît le contenu d'une autre conversation menée par Alberti dans ses vieux jours. Cette conversation qu'il a lui-même rapportée éclaire étonnamment bien les raisons de la modernisation des médias techniques au milieu du XVe siècle. En 1462 ou 1463, on ne le sait pas exactement, Leon Battista Alberti déambulait précisément dans les jardins du Vatican avec précisément un certain Dato, conseiller secret du pape. À ce propos, il faut savoir que le grand art du chiffrement et déchiffrement des textes, inauguré dans l'Antiquité, avait été relativement peu utilisé au Moyen Âge. Il n'y a qu'au Vatican et à la Signoria de Venise, là où la diplomatie moderne s'est constituée, qu'on a vraiment eu besoin de spécialistes en cryptographie. Dato, au nom on ne peut plus approprié, dont le pluriel serait bien sûr « données », fut l'un d'eux.

Mais Alberti engagea la discussion tout autrement. Il raconta que pendant l'heure qu'ils passaient à bavarder dans les jardins du Vatican, « l'homme de Mayence » avait sûrement décuplé ou centuplé un autre manuscrit renfermant des connaissances antiques aussi irremplaçables que rares, en le couchant sous sa presse à imprimer. Alberti, en d'autres termes, se considère tout à fait explicitement comme contemporain de Gutenberg. Dato aurait répondu – sans qu'on le sache précisément – que la cryptanalyse du chiffrement, c'est-à-dire son propre métier, était et restait hélas un artisanat fastidieux en dépit de tous les Gutenberg du monde.

Cette complainte, me semble-t-il, a captivé Alberti. Il s'attabla immédiatement, plume à la main naturellement, et réfléchit sur la possibilité d'accélérer non seulement le chiffrement mais aussi le déchiffrement d'un message secret, exactement comme les lettres mobiles de Gutenberg avaient accéléré l'écriture manuelle voire l'avaient rendue superflue. Ce qui en résulta fut un traité sur les écritures chiffrées sur lequel – comme le souligne David Kahn, chef de file des historiens de la cryptographie – repose encore aujourd'hui toute la cryptographie, y compris à l'époque des ordinateurs.

Deux innovations furent introduites par Alberti. L'une, en stricte conformité avec Shannon, du côté de l'émetteur, l'autre, de nouveau strictement selon Shannon, du côté du récepteur. Pour chiffrer l'information, les empereurs romains comme César ou Auguste se contentaient de décaler toutes les lettres d'un ou deux rangs dans l'alphabet ; et encore Auguste, qui maîtrisait à peine l'arithmétique modulaire, ne coda-t-il même pas la dernière lettre X en A[1]. C'était rapide, mais facile à craquer. Alberti transféra alors le principe des lettres mobiles des presses de Gutenberg à la

---

[1] Suétone, *Vies des douze Césars* [119-122], trad. du latin par Pierre Klossowski, Paris, Bartillat, 2010, p. 43 (César, LVI), p. 146 (Auguste, LXXXVIII).

cryptographie. Chaque fois qu'une lettre était déplacée dans l'alphabet et écrite selon ce code, le code de substitution lui-même changeait. La lettre suivante apparaissait sur le papier avec un décalage supplémentaire par rapport à son original. Tel est jusqu'à aujourd'hui le principe du dénommé chiffre polyalphabétique.

L'innovation d'Alberti dans le domaine du déchiffrement était précisément gutenbergienne. La presse d'imprimerie avait pour la première fois mis en lumière le fait que, pour imprimer un texte normal, on utilise beaucoup plus le caractère E que X ou Y par exemple. Un coup d'œil dans n'importe quelle casse confirme cela, tout comme *Le Paragrave aux X* d'Edgar Allan Poe[1]. Or c'est précisément ce regard qu'Alberti jeta sur les textes chiffrés de façon artisanalement-vieillotte, autrement dit sans recours à sa méthode polyalphabétique. S'il y avait dans l'un de ces textes plus de Y que de E, cela signifiait purement et simplement que le E était selon toute vraisemblance codé en Y. En d'autres termes, Alberti le premier transmit la froideur des chiffres ou du numérique dans le royaume sacré du sens commun ou de la sémantique.

2.1.3. Effet

2.1.3.1. Perspective et imprimerie

Cette longue digression sur l'histoire des médias textuels avait pour but d'éclaircir ceci : Alberti a mathématisé les vieilles techniques artisanales que sont la peinture et l'écriture et il a en outre accompli cette modernisation en référence expresse à Gutenberg et avant ce dernier. Reste à se demander, *a contrario*, si cette référence à Gutenberg, avant Gutenberg, ne concerne pas aussi la mathématisation de la peinture par Alberti. À vrai dire, Busch cite un passage remarquable que je n'ai toutefois pas pu vérifier. Nul autre que Giorgio Vasari, contemporain et biographe de tous ces peintres, écrivait en 1550, dans ses *Vies des meilleurs peintres, sculpteurs et architectes* que, « en l'an 1457, alors que Johann Gutenberg, un Allemand, inventa l'art de l'imprimerie, quelque chose de ressemblant » « fut découvert par Leon Battista »[2], dans le champ de la peinture justement. À une époque de fierté nationale naissante, cela devait bien signifier que la gloire technique de

[1] Edgar Allan Poe, « Le Paragrave aux X » [1849], in : *Contes – Essais – Poèmes*, trad. de l'anglais par Jean-Marie Maguin et Claude Richard, Paris, Robert Laffont, coll. Bouquins, 1989, p. 942-947. [N.d.T.]

[2] Trad. de la citation : A. C. Pour la vie complète d'Alberti en traduction française, voir Giorgio Vasari, *Les Vies des meilleurs peintres, sculpteurs et architectes* [1550 ; 1568], édition et trad. de l'italien sous la direction d'André Chastel, Paris, Berger-Levrault, 1983, vol. 3, p. 356.

l'Italie rivalisait de succès avec l'Allemagne. Déjà les contemporains voyaient une corrélation entre l'art de l'écriture artificielle et l'art de la perspective artificielle, entre *ars artificialiter scribendi* et *perspectiva artificiosa*. Cette supposition peut être théoriquement étayée.

Comme l'a décrété McLuhan, le contenu d'un médium est toujours un autre médium. Les dessins de la Renaissance qui décrivent comment construire une *camera obscura* et l'installer au mieux entre le peintre et l'objet vivant sont à leur tour stockés et diffusés dans les livres, principalement dans des manuels. Pour la première fois mais certainement pas pour la dernière, nous sommes face à une sorte de dispositif de médias : d'un côté le livre imprimé, de l'autre les dessins portés à un plus haut degré de précision par la *camera obscura* ou par la géométrie de la perspective linéaire. Et dès qu'on a saisit cela, le plus petit dénominateur commun des deux médias devient évident. Ce n'est en effet que depuis l'invention de Gutenberg que tous les exemplaires d'un livre ou, au moins, d'une édition peuvent présenter le même texte, les mêmes coquilles et la même pagination, soit, comme l'écrivit justement Hans Magnus Enzensberger dans un poème sur Gutenberg, que « la page que voici est semblable à des milliers d'autres »[1]. (Sans parler de l'identité des logiciels informatiques avec lesquels ont été conçus le texte de ce cours et de nombreux autres.)

Elizabeth Eisenstein a développé la thèse très convaincante selon laquelle la nouvelle reproductibilité, mécaniquement parfaite, du médium de l'écriture a soumis d'autres arts, également artisanaux, à une pression concurrentielle[2]. Le livre reproductible en tant que tel exigeait des illustrations pareillement reproductibles et pareillement exactes – pas seulement pour faire la joie des lecteurs ou des amateurs d'art, mais plutôt pour rendre stockable et transmissible le savoir technique dont l'un des fleurons était justement l'invention de l'imprimerie elle-même. Eisenstein met en relation directe les grandes avancées dans le domaine des technologies, de la science et de l'ingénierie dans l'Europe moderne avec la disponibilité de dessins techniques, plans de construction et esquisses, qui se présentaient sous le même aspect dans chaque exemplaire imprimé, simplement parce qu'eux aussi étaient des reproductions inaltérables d'un unique original. Cette reproductibilité, dont l'absence dans d'autres civilisations eut pour conséquence que leurs dessins, copies de copies de copies, etc., présentèrent toujours plus d'erreurs, toujours plus de bruit, ce sont, comme chacun sait, les techniques de xylographie et de chalcographie développées ou perfectionnées à l'époque qui y remédièrent. Mais qui ou qu'est-ce qui

[1] Hans Magnus Enzensberger, « J. G. G. (1395-1468) », in : *Mausolée. Trente-sept ballades tirées de l'histoire du progrès* [1975], trad. de l'allemand par Maurice Regnaut, Aix-en-Provence, Alinea, 1987, p. 9. [N.d.T.]

[2] Elisabeth L. Eisenstein, *La Révolution de l'imprimé dans l'Europe des premiers temps modernes* [1983], trad. de l'anglais par Marc Duchamp et Maud Sissung, Paris, La Découverte, 1991. [N.d.T.]

veillait à ce que l'original fût déjà une reproduction correcte de son original ? La femme ou la *camera obscura* elle-même ? Mon hypothèse est qu'il s'agit de la perspective fondée scientifiquement et de son implémentation technique, c'est-à-dire de nouveau de la *camera obscura*, et de rien d'autre. Même si la *camera obscura* n'était pas encore une caméra au sens de la photographie et du film, et ne pouvait donc pas remplacer l'action manuelle de dessiner et peindre, ce travail de la main passa malgré tout sous son contrôle scientifique et technique. Quand on réalise que, durant les millénaires précédant l'invention de Gutenberg, les secrets de fabrication de chaque artisan étaient uniquement transmis du maître au compagnon, de génération en génération, quand on réalise aussi que la conservation du secret fut si importante et garante de succès que des cultes et rituels entiers (notamment dans le métier de la forge) furent érigés autour d'elle, alors on peut mesurer ce qu'a signifié de pouvoir confier à un livre imprimé des plans de construction accompagnés de textes explicatifs. Les secrets véritables des corporations furent remplacés par le savoir des ingénieurs, en principe toujours accessible aux autodidactes, et les secrets rituels des corporations furent quant à eux remplacés par le secret de quelques associations spécialement inventées en complément, comme les francs-maçons qui fabriquèrent des théories imaginaires à partir de pratiques plus anciennes, celles des maçons surtout.

La technique d'impression a rendu possible l'autodidacte, voilà la clef de tout. Le livre devint un médium dans lequel les innovations techniques en tant que telles pouvaient avoir lieu. Celles-ci purent être stockées, transférées et même réalisées grâce aux dessins techniques inclus dans le texte. Les modèles d'un moulin ou d'une *camera obscura* sont plus compréhensibles que leur soi-disant réalité. C'est pourquoi cette incursion dans l'imprimerie ne fut pas une digression, mais plutôt la mise au jour des causes historiques de ce fait étonnant, et autrement inexplicable, que, depuis la Renaissance et à la différence des autres civilisations, l'Europe a produit un médium technique après l'autre. L'imprimerie de Gutenberg, peut-on dire pour faire court, autorisa avant toute chose son propre dépassement – de la photographie à l'ordinateur. Elle a été ce médium unique entre tous, qui déclencha les autres médias. Cela vaut pour l'époque de Dürer aussi bien que pour la nôtre. Sans cahier des charges, manuels et dessins techniques, les nouvelles générations d'ordinateurs seraient une aberration.

2.1.3.2. Physiotypie[1]

Cette hypothèse d'une utilisation pratique de la perspective linéaire et de la *camera obscura* peut être étayée par des preuves. La première met en jeu un détail capital de la préhistoire de la photographie. En effet, le XVIIe siècle déjà tenta de combler le grand handicap de la *camera obscura*, à savoir la nécessité de dessiner après coup à la main les images produites. Des anatomistes comme Vésale à Bologne ou des botanistes comme Gessner à Bâle s'attelèrent à la tâche épochale de couler dans l'encre d'imprimerie et les estampes imprimées tout ce que l'on pouvait connaître du corps humain ou de la flore, ce qui augmenta démesurément les besoins en illustrations exactes. Ainsi depuis 1657, les naturalistes ont aussi expérimenté la possibilité de coucher sur le papier à imprimer les objets de leur recherche sans l'intervention systématique d'un graveur sur bois ou sur cuivre. C'est surtout un Danois du nom de Walgenstein, sur lequel on reviendra tout de suite à propos de la lanterne magique, qui aurait préparé les feuilles des plantes de telle manière qu'on pût les imprimer. Au début, on aurait simplement enfumé les feuilles jusqu'à ce qu'elles noircissent suffisamment pour laisser une empreinte ; plus tard, on utilisa exactement la même substance pour l'impression des objets que pour celle des lettres de Gutenberg : on prépara les feuilles des plantes avec de l'encre d'imprimerie. Quoiqu'il en soit, les images apparaissaient en grandeur naturelle et avec tous leurs détails ; malheureusement, à partir d'une feuille botanique, on ne pouvait fabriquer que relativement peu de feuilles imprimées de Gutenberg. C'est qu'elle s'usait et devait être remplacée par une autre feuille. Toujours est-il que, comme l'a déjà souligné Eder dans sa grande et vieille *Histoire de la photographie*, de telles recherches montrent clairement la tendance à mettre côte à côte la reproductibilité de l'écriture par la technique d'imprimerie et la reproductibilité tout aussi technique des illustrations scientifiques[2] – et certainement pas uniquement pour faire des économies sur les prix élevés des graveurs sur cuivre ou sur bois, comme le prétend Eder, mais plutôt pour que les reproductions puissent justement concurrencer en exactitude, c'est-à-dire depuis lors en scientificité. J'espère que ce qui précède aura permis de préciser le rapport entre représentation perspective, *camera obscura* et technologie de Gutenberg. Pour résumer, un moyen mnémotechnique : les feuilles sont devenues des feuilles – les plantes des champs, des forêts et des prés sont devenues les contenus de médias optiques.

---

[1] La technique du *Naturselbstdruck* (c'est le terme employé ici par Kittler) est également appelée *nature printing*, physiotypie, impression naturelle directe, empreinte naturelle ou empreinte végétale. Voir Anne-Marie Bogaert-Damin, *Voyage au cœur des fleurs : modèles botaniques et flores d'Europe au XIXe siècle*, Namur, Presses Universitaire de Namur, 2007, p. 94. Merci à Gerald Wildgruber pour cette indication. [N.d.T.]

[2] J. M. Eder, *Geschichte der Photographie*, vol. 1, t. I, *op. cit.*, p. 20-25.

2.1.3.3. Pouvoir colonial européen

La deuxième preuve historique que j'apporte est encore plus amusante ou explicite, au moins pour les gens qui ne souffrent pas du politiquement correct. Dans son magnifique livre sur *L'Héritage de la géométrie de Giotto*, Samuel Edgerton raconte l'histoire de ces prêtres jésuites qui, depuis 1600 environ, envahirent en masse la Chine de la dynastie Ming pour prêcher, non sans succès, leur foi. Pourquoi les missionnaires appartenaient précisément à l'ordre des Jésuites est une question qu'on va encore résoudre [dans la séance d'] aujourd'hui.

À Pékin, le père Matteo Ricci et ses successeurs donnèrent le coup d'envoi à une grande campagne pour les Lumières. Ils armèrent leur propre bibliothèque de livres scientifiques parmi lesquels dix-neuf titres en tout et pour tout enseignaient la perspective centrale[1]. À l'inverse, pour les païens, qu'il s'agissait de convertir, ils planifièrent de fabriquer et de diffuser des images chrétiennement-pieuses, ce qui avait déjà conduit, en Amérique centrale et en Amérique du Sud, au triomphe d'une théologie qui par ailleurs n'était nullement sensible. Mais ce faisant, le jésuite qui, au Vatican, était responsable [de cette politique] commit une grossière erreur. Il décréta que les dessinateurs et graveurs sur cuivre autochtones qui devaient traduire les images chrétiennes dans l'univers visuel de la culture chinoise ne devaient pas être formés à Pékin même, mais plutôt dans le lointain Japon[2]. Autrement dit, les dix-neuf traités de perspective à partir desquels les soi-disant autochtones auraient pu apprendre à dessiner n'étaient pas disponibles.

Et arriva ce qui devait arriver. En 1627, le père Johannes Adam Schall von Bell décida d'envoyer aux presses de Pékin quatre ambitieux volumes « avec diagrammes et éclaircissements sur d'étranges machines de l'Extrême-Occident »[3]. Lesdites *Theatra Machinarum*, genre littéraire qui, non par hasard, fleurissait depuis la Renaissance, contenaient ordinairement les gravures sur cuivre ou sur bois de machines, soit existantes soit seulement fictives, en perspective exacte – des dessins donc, qui devaient permettre à l'observateur de construire une machine en trois dimensions d'après son image en deux dimensions. Les graveurs de Schall, autochtones et vraisemblablement donc japonais, se mirent alors au travail. Ils avaient directement sous les yeux la traduction en chinois des livres européens de théâtres de machines, mais ils étaient néanmoins dans l'incapacité totale de reproduire aussi correctement que sur le modèle les rapports corrects de perspective.

[1] S. Y. Edgerton, *The Heritage of Giotto's Geometry*, *op. cit.*, p. 261.

[2] *Ibid.*, p. 266.

[3] *Ibid.*, p. 271. La citation fait en réalité référence à l'édition du père Schreck, et non à celle de Schall. [N.d.T.]

Jusqu'aux premières décennies du XIXe siècle, l'empire de Chine réédita ces sortes d'estampes déformées dans les encyclopédies et manuels scientifiques et techniques. On peut imaginer la suite. La Chine, pays le plus technique du monde durant le Moyen Âge, stagna à un niveau qui permit aux Anglais et à d'autres puissances européennes à partir de 1840 de gagner très facilement contre elle une guerre après l'autre. Une leçon est peut-être à en tirer : la perspective linéaire n'a pas été qu'un simple changement de goût esthétique ou artistique, mais plutôt une inversion technique complète de toutes les valeurs optiques, qui, comme le montre l'exemple de la Chine des empereurs Ming et Mandchous, étaient vouées à demeurer incompréhensibles sans l'équipement mathématique approprié. Dans un récit d'E. T. A. Hoffmann, sur lequel je reviendrai, c'est justement « un Chinois » qui fait cette « sotte [...] demande » : « Comment se fait-il que les objets diminuent dans l'éloignement ? »[1]. La perspective linéaire est restée l'un des arcanes de la puissance européenne moderne jusqu'à 1850 environ, lorsqu'elle parvint une nouvelle fois jusqu'au Japon et ailleurs.

En voilà assez de la perspective linéaire considérée sous l'angle de ce qui, dans la conceptualité de Shannon, s'appelle le récepteur. La *camera obscura* capte la lumière et la renvoie, mais n'émet rien. Comme dans les millénaires précédents, cette tâche demeurait confiée à de simples systèmes de signaux, du miroir à la torche, qui décidaient surtout du sort des batailles. Car bien avant qu'Einstein n'apportât la preuve que la vitesse de la lumière ne peut être égalée, les guerriers connaissaient l'avantage d'une transmission d'informations immédiate.

2.2. *LATERNA MAGICA* ET ÉPOQUE DE LA CONCEPTION DU MONDE

La dernière tâche de cette petite histoire de l'art sera de raconter quand, comment et pourquoi les images furent également dotées d'un appareillage d'émission, c'est-à-dire apprirent à être transmises sans les moyens de transport classiques du type du courrier. L'appareillage d'émission était techniquement mais non pas historiquement parlant un jumeau de la *camera obscura* et portait le beau nom de *laterna magica*, en français « lanterne magique ».

Sur le fond, la *laterna magica* inverse simplement la *camera obscura.* Là aussi, un trou dans une paroi sépare l'intérieur de l'extérieur, le système de l'environnement. Mais tandis que, dans le cas de la *camera obscura*, c'est la source de lumière solaire qui transmet les images de l'environnement dans le

[1] Ernst Theodor Amadeus Hoffmann, *Contes nocturnes* [1816-1817], trad. de l'allemand par Adolphe Loève-Veimars, Paris, Gallimard, Folio Classiques, 2012, p. 164.

système, dans le cas de la *laterna magica*, une source de lumière artificielle, soit, dans les débuts, une simple bougie, prend place à l'intérieur du système. Elle éclaire un modèle dessiné, par transmission ou diffusion, à travers des miroirs concaves intercalés ou, plus tard, à travers un système de lentilles. L'image du modèle dessiné et en général également coloré est projetée à l'envers vers l'extérieur à travers le trou en question, où l'attend finalement une surface de projection – qui n'est autre que le prédécesseur de tous les écrans de cinéma. En voilà assez quant aux principes, passons à l'historique.

2.2.1. Lanternes magiques en action

Liesegang, un marchand de photos et historien de la photographie auquel sa ville natale de Düsseldorf a eu la bonne idée de dédier une rue, a identifié la célèbre lanterne sourde comme le prédécesseur direct de l'appareil magique. Cette filiation permet déjà (pour le dire avec Michel Foucault) de jeter la lumière de la guerre sur la *laterna magica*. Car, dans leur usage officiel et autorisé, les lanternes sourdes servaient d'éclairage aux combats, dans leur usage officieux ou interdit, elles servaient aux chasseurs, aux pêcheurs, braconniers et meurtriers. Aujourd'hui encore, des bateaux de pêche grecs sortent de nuit sur la mer Égée avec des lanternes sourdes pour appâter leur butin, comme des papillons de nuit dans un piège lumineux inextirpable. Pour des raisons similaires, les lanternes sourdes étaient interdites au temps de l'absolutisme : dans les principautés allemandes (bien longtemps avant l'invention des autoroutes, des phares et du gibier mort en travers de la chaussée asphaltée), elles l'étaient parce que des braconniers entamaient les quotas de lièvres, biches, cerfs des souverains qui avaient sur la chasse un monopole absolu ; en France, l'usage de lanternes sourdes était passible de la peine de mort, parce que des meurtriers pouvaient les utiliser pour hypnotiser leurs victimes comme des serpents. Le problème du fixage du mouvement était ainsi virulent bien longtemps avant l'invention de la photographie, et l'usage de lanternes sourdes pour éclairer des zones de combat ne servait pas qu'à faciliter les mouvements amis, mais aussi à empêcher ceux de l'ennemi.

Or malheureusement, dans le cas de la *laterna magica*, successeur supposé de telles lanternes sourdes, le problème se posait tout autrement. Elle ne devait pas empêcher le mouvement, mais au contraire le simuler. Après que la *camera obscura* avait permis de projeter des reproductions d'objets, y compris en mouvement, la *laterna magica* en vint à remplir un usage exactement inverse. On déplaçait une reproduction de l'objet devant le système de lentilles et une source de lumière réfléchie ébauchait un agrandissement de cette reproduction, dont l'effet, naturellement, en était d'autant plus réel ou menaçant. Il y aurait même eu (aussi incroyable que cela puisse paraître) des mécanismes de projection avec douze sorties d'images : au niveau de la source d'information se trouvait un seul soldat faisant ses exercices, tandis qu'au niveau du collecteur d'informations – le calcul est facile – douze soldats à la fois, au pas cadencé alors à peine inventé, exécutaient leurs menaçants exercices. Quoi qu'il en fût, avec la lanterne sourde, qui mettait en œuvre la lumière nue au-delà de toutes les formes, les techniques stratégiques étaient devenues des techniques imaginaires de pouvoir par les images, c'est-à-dire par les formes. Abstraction faite de son système plus moderne de miroirs ou de lentilles, la *laterna magica* est donc une inversion de la *camera obscura.* Telle est sans doute la raison pour laquelle des historiens en ont jadis attribué l'invention aux mêmes chercheurs renaissants qui avaient déjà développé la chambre obscure. Mais il est désormais démontré que pas même Giambattista della Porta n'a disposé d'une *laterna magica* en état de marche. Ce n'est qu'un siècle plus tard, en 1659, que les lanternes magiques ont fait leur apparition et commencé leur carrière (rétrospectivement) incroyable. Ce retard a une raison scientifique et technique – le développement de systèmes utilisables de lentilles requis par tous les médias optiques jusqu'à aujourd'hui – et également une seconde raison, plus obscure, sur laquelle il vaut la peine de s'arrêter en détails. Car cette seconde raison nous conduit à la magie et à la sorcellerie et, à l'instar du Faust de Goethe, nous délivre de toute pédanterie.

2.2.2. Implémentation

En ce qui concerne la raison technique, ce n'est semble-t-il pas un hasard si, à la différence de la *camera obscura*, le développement de la *laterna magica* ne peut plus être attribué à des artistes et à des peintres, mais à deux mathématiciens : un Danois, Thomas Walgenstein, dont on a déjà parlé – il aurait été le premier à présenter des physiotypies de feuilles de plantes – et surtout le grand mathématicien, physicien et astronome hollandais, Christian Huygens. Il est même probable que Walgenstein ait étudié chez Christian Huygens à l'Université de Leyde, en ce temps-là célèbre, et qu'il ait rendu propre à la fabrication et à l'usage de masse un engin abandonné par Huygens (une « bagatelle », aurait-il dit)[1]. Et, dans les faits, en matière de bagatelles et de leur contraire, Huygens n'a pas seulement décrit théoriquement la nature ondulatoire de la lumière, connaissance sans laquelle aucun poste de télévision ne fonctionnerait, mais a en outre concrètement amélioré des systèmes de lentilles optiques et construit l'un des premiers télescopes utilisables. Vous vous doutez déjà des suites radicales qu'un tel armement de

[1] Emil-Heinz Schmitz, *Handbuch zur Geschichte der Optik*, Bonn, Wayenborgh, 1981-1995, t. I, p. 294.

l'œil en lunettes et lentilles, télescopes et microscopes allait avoir au XVIIe siècle : le postulat de la visibilité de toutes choses s'est désagrégé sous le coup de l'évidence de l'invisiblement petit sous le microscope – les spermatozoïdes par exemple – et de l'infiniment grand dans le télescope – les phases de Vénus ou les anneaux de Saturne par exemple. Comme chacun sait, c'est de cela que traitent la moitié de la philosophie de Pascal et l'ensemble des mathématiques différentielles et intégrales que Leibniz inventa précisément alors qu'il s'était mis à l'école de Huygens.

Si l'on se représente en plus que dans la Rome impériale, l'empereur lui-même, ainsi que la tradition l'a rapporté à propos du myope Néron, ne disposait pas même d'une paire de lunettes, mais seulement d'un morceau d'émeraude grossièrement taillé qui était censé faire office de lunettes pour mieux voir les combats de gladiateurs, l'impact des systèmes de lentilles sur le quotidien devient alors évident. Pour faire court, on pourrait dire que la technique baroque des lentilles a physiquement contraint la lumière elle-même, avec ses rayonnements et ses indices de réfraction, à la perspective que la Renaissance n'avait découverte que de manière théorique. Ce n'est pas pour rien que, dans son *Traité de la lumière*, Huygens étudia en même temps la réflexion et la réfraction. Pour les médias optiques comme la *camera obscura* et la *laterna magica*, cela signifiait une augmentation conséquente de la netteté de l'image : à la place du trou primitif qui ne fonctionnait que négativement contre le flou, c'est-à-dire à la manière d'un filtre, mais ne pouvait en aucun cas devenir le trou idéal, c'est-à-dire infiniment petit, surgit la possibilité positive de capter et de concentrer la lumière. Il n'y a donc rien d'étonnant à ce qu'une fois les systèmes de lentilles développés, les deux appareils optiques aient passé dans l'usage de masse et qu'ils aient bientôt fait leur apparition dans des domaines aussi différents que la science, l'art et la religion, mais également la magie et le divertissement populaire.

2.2.3. Effet

2.2.3.1. Propagande

Comme dans le cas de la *camera obscura*, il est également indiqué de ne pas mettre simplement au crédit d'un progrès linéaire, scientifique et technique, l'usage massif de la *laterna magica* au cours des siècles suivants. Fait notoire, son usage est d'abord mentionné dans le domaine non pas de la science mais de l'illusion. Le scientifique Huygens se serait par exemple refusé à construire à son père, le poète célèbre, une bagatelle du type de la *laterna magica*[1] alors que son élève mathématicien, Walgenstein, aurait en

[1] *Loc. cit.*

partie utilisé la *laterna magica* en dehors de la recherche, notamment pour provoquer l'angoisse et la peur chez ses spectateurs en projetant la mort sous forme d'un squelette.

C'est cet usage fantomatique de la *laterna magica* qui a fait carrière par la suite. Les premières réflexions sur son usage se trouvent par conséquent chez des écrivains, qui manifestaient certes un intérêt pour la science, mais qui étaient surtout des guerriers de la foi et des catholiques : entre autres les jésuites Athanase Kircher et Kaspar Schott ou également le moine prémontré Johann Zahn qui aurait construit des centaines de lanternes de magie[1]. La magie des appareils qui pouvaient faire miroiter à l'œil des choses qui n'étaient pas seulement fortuitement absentes, mais qui, comme dans le cas de fantômes par exemple, n'auraient jamais et en aucune manière pu être présentes, appelle donc également une explication.

Afin de concentrer mon propos, je me limiterai à Kircher, qui fut également l'une des figures les plus intéressantes de son époque. Athanase Kircher est originaire de la région de Fulda ; selon les habitudes de l'époque, il intégra très jeune l'ordre des jésuites, devint professeur de philosophie et de mathématique – une combinaison qui était à l'époque non seulement encore possible, mais tout à fait caractéristique –, quitta l'Allemagne pendant les troubles de la guerre de Trente Ans et atterrit au Vatican, à Rome. Le Saint-Siège avait à cette époque vraisemblablement décidé d'éviter à l'avenir les scientifiques scandaleux tels Galilée ou Giordano Bruno ; quoiqu'il en fût, Kircher devint une sorte de pare-feu scientifique du pape : avec des missions et des procurations extraordinaires, il se trouvait toujours là où l'on s'apprêtait à pénétrer dans des terres scientifiquement vierges, mais qu'il devait également défendre au nom de l'Église. Les publications de Kircher s'étendaient ainsi de la combinatoire mathématique au prétendu décodage des hiéroglyphes égyptiens en passant par la mythologie grecque. Un cas classique de polymathie, comme on disait au XVIIe siècle.

Pour ce qui concerne la magie de la *laterna magica* et le but de son usage, on trouve déjà une indication dans le titre du luxueux ouvrage, dans la deuxième édition duquel, en 1671, Athanase Kircher présenta un dessin technique de la *laterna magica* qui, il est vrai, n'est pas tout à fait correct. Le livre s'appelle *Ars magna lucis et umbrae*, le grand art de la lumière et des ombres, et proclame que la nouvelle optique n'est pas à utiliser comme instrument de recherches scientifiques, mais comme art. Et parmi ces arts, qui n'ont évidemment encore rien à voir avec l'esthétique de Kant, il y en a deux qui se distinguent tout particulièrement : celui de la guerre et celui de la religion.

À la guerre, tel était l'espoir de Kircher, une version transformée de la *laterna magica* aurait pu révolutionner les systèmes de signaux ou d'informations. Dans la condition des torches rudimentaires, les généraux avaient,

[1] F. v. Zglinicki, *Der Weg des Films*, *op. cit.*, p. 51.

depuis les Grecs, toujours eu les plus grandes difficultés à transférer à distance des ordres allant au-delà de la simple opposition entre oui et non, lumière et obscurité. En d'autres termes, ils pouvaient à peine émettre des informations codées, de type alphabétique par exemple. Kircher proposa pour sa part d'y remédier en écrivant sur un miroir concave les signes graphiques de l'ordre à transmettre, c'est-à-dire en noircissant le tracé des lettres et en tenant ensuite le miroir dans la lumière du soleil pour transmettre ainsi un ordre articulé à une distance de plus de 12 000 pieds, soit 3,5 kilomètres, sans que d'éventuels ennemis se trouvant sur le trajet n'aient la moindre chance de capter, voire même d'empêcher, la transmission de l'ordre. Pour cette raison, et plus d'un siècle avant le télégraphe optique de Claude Chappe, on a également appelé le projet de système de signaux de Kircher *cryptologia* ou *stenographia* – écriture lumineuse secrète.

On se trouve donc devant le fait, déjà relevé par Liesegang dans son histoire de la photographie, que des médias de divertissement comme la *laterna magica* n'ont pas été développés dans le but de divertir, mais sont les produits dérivés ou le rebut de recherches militaires fondamentales. Des spin-offs, dirait-on à l'époque des fusées intercontinentales et des poêles en téflon. Et dans le même temps, on ne s'étonnera pas du fait que Kircher appartenait au seul ordre monastique à la tête duquel se tenait et se tient un général. Il cherchait, comme le formule Liesegang, un système de communication télégraphique, soit un équipement qui devait faire parvenir de manière parfaitement cachée les informations entre membres d'une élite militante, et popularisa à la place un médium optique de divertissement qui en imposait à ses observateurs et les émerveillait à mesure qu'ils étaient moins informés et plus nombreux. C'est exactement le même passage de la télégraphie à la simulation, du symbolique à l'imaginaire, qui fera retour avec l'invention du phonographe et du kinétoscope chez Edison.

Une telle logique de remplacement ou de spin-off pose évidemment la question de savoir si et comment, dans la technologie de l'imaginaire également, un plan stratégique n'en demeure pas moins à l'œuvre. Pour y répondre, il faut encore présenter un deuxième tour de force de Kircher, cette fois religieux. Le père jésuite a en effet proposé un appareil que l'on doit tenir pour le précurseur direct du phénakistiscope et, partant, du film : le bien nommé *smicroscopium parastaticum*[1]. Comme son nom l'indique, cet appareil qui, à l'instar du microscope, expose ou met l'une à côté de l'autre (telles sont les significations de « parastatique ») des choses très petites, était constitué d'un disque tournant et d'un dispositif optique d'observation. Sur le disque tournant figuraient différentes petites images que l'on pouvait voir agrandies par un système de lentilles. Or, à la différence du phénakistiscope de 1830 où tournaient et se mouvaient des danseuses et des femmes nues, les images de Kircher n'étaient pas n'importe lesquelles, mais les sta-

[1] *Ibid.*, p. 56.

tions célèbres et fixées depuis des siècles de la Passion de Jésus Christ. Ces stations, traditionnellement représentées dans des églises ou le long des chemins de croix, comme à Sainte-Odile[1], étaient simplement peintes les unes à côté des autres dans l'espace et le temps ; avec Kircher, elles commencèrent à se dérouler en accéléré et, si vous voulez, à marcher. Le mont des Oliviers, le Golgotha, etc. comme premier film muet de l'histoire des médias.

Mais pourquoi donc, au XVIIe siècle, la proposition de Kircher ne fut-elle pas taxée de blasphème et pourquoi jugea-t-on admissible de montrer le centre du message chrétien par un tour de force optique, c'est-à-dire baigné dans l'illusion d'une lanterne de magie ?

La réponse, je suppose, se trouve dans le concept de transmission optique lui-même. Car les deux propositions de Kircher ont en commun d'émettre des informations optiques et de produire ainsi des effets militaires ou religieux chez les récepteurs.

2.2.3.2. Époque de la conception du monde[2] de Heidegger

Poursuivons avec la question de savoir ce qui a rendu la *laterna magica* si attractive pour les jésuites en particulier. Avant que je ne réponde, une petite excursion dans les hauteurs philosophiques est de mise. Comme on le sait, les réflexions tardives de Martin Heidegger entreprennent de penser le concept fondamental de la philosophie européenne, l'être, envers et contre toute la tradition, en tant qu'il se transforme historiquement. L'une des thèses de Heidegger énonce ainsi que l'être, dans l'histoire qui lui est propre, n'a pris la forme de la représentation qu'à partir de la Renaissance, en Europe. La représentation, justement, pose l'être comme un objet pour un sujet qui n'existait encore en aucune façon pour les Grecs ou les Romains. Un cours sur les médias optiques est en mesure de confirmer ce fait : la perspective linéaire et la *camera obscura* ont précisément été, pourrait-on dire avec Heidegger, les médias de cette représentation.

Et c'est seulement lors du pas suivant que l'histoire de l'être – en philosophie, chez Descartes – en vient à re-représenter au sujet la représentation qu'il se représente : *cogito ergo sum* – je suis parce que je peux représenter, quels que soient les contenus qui se présentent à moi. Car comme Descartes l'explique clairement dans le cas du *cogito*, la différence entre le jour et la nuit, la veille et le rêve, la réalité et l'hallucination ne compte pas. Et ceci nous permet également de saisir l'histoire des médias optiques de manière plus précise : l'appareil technique qui représente la représentation elle-même (au lieu d'un objet réel) est évidemment la *laterna*

---

[1] Abbaye de Haute-Bavière. [N.d.T.]

[2] Nous reprenons ici la traduction usuelle du titre de l'essai de Heidegger, « Zeitalter des Weltbildes », que l'on pourrait traduire plus « optiquement » par « époque de la *vision* du monde ». [N.d.T.]

magica. On insère l'image de quelque chose, c'est-à-dire sa représentation, dans la boîte noire, on envoie de la lumière au-travers et on projette sur la paroi une représentation de cette représentation, une image de cette image. C'est ainsi que se clôt l'histoire de l'être et mon explication au fait que la *laterna magica* n'a pu voir le jour que cent ans après la *camera obscura.*

2.2.3.3. Jésuites et médias optiques

Mais quittons la philosophie pour revenir à la théologie. La *camera obscura* était directement couplée à l'imprimerie. Cela signifie que, indirectement, la *camera obscura*, la perspective linéaire et la Réforme allaient de pair – ne serait-ce que parce que le principe de Luther de fonder le christianisme protestant sur la seule foi et sur la seule écriture n'aurait jamais pu s'imposer techniquement sans Gutenberg, ce qu'il reconnut lui-même. Vous vous doutez cependant bien que la vogue nouvelle de tels principes ne pouvait rencontrer les faveurs de la seule Église béatifique. La situation appelait ainsi des contre-mesures pour, en premier lieu, réarmer techniquement la vieille foi.

Peu auparavant, en 1622, un pape avait créé la Congregatio de propaganda fidei au Vatican : le comité pour la propagation ou la propagande de la foi catholique, qui devenait donc de fait la première agence de propagande de l'histoire. La même année, le même Grégoire XV béatifiait le fondateur de l'ordre des jésuites ; et, quelques années plus tard, à Pékin, échouait la tentative de propager la perspective linéaire. Aucune histoire des médias optiques ne doit escamoter le fait que les médias de divertissement sont toujours également des machines de propagande. Et surtout, à chaque époque des médias optiques, il y a de bonnes raisons de souligner leur rapport stratégique à l'ennemi, c'est-à-dire à l'écriture. Si à propos du smicroscope de Kirchner, il vient à l'esprit de Zglinicki cette phrase involontairement comique : on assisterait « une fois de plus ici clairement à l'effort du monde d'alors pour rendre perceptibles sous forme mobile les processus au centre de l'attention »[1], il faut tout d'abord que de telles tautologies soient évacuées d'une histoire des guerres des médias. Ce « on » si innocent ne portait-il pas aussi un nom plus obscur ? De quoi s'agissait-il, en 1670, lors de l'implémentation optique de 6, 8, 14 voire 36 stations du chemin de croix ?

Dans une moitié de l'Europe au moins, la Réforme avait aboli ou, littéralement, passé à l'encre noire le rituel ecclésiastique médiéval et sa pompe optique et l'avait remplacé par le secret monotone, c'est-à-dire noir et blanc, des lettres imprimées. *Sola scriptura, sola fidei* – c'est l'écriture seule et la foi seule, donc sans adoration d'images sacrées et sans les œuvres utiles à l'Église, qui devaient rendre tout un chacun béat selon Luther. Ou, pour le

[1] F. v. Zglinicki, *Der Weg des Films*, *op. cit.*, p. 56.

dire en anglais, comme dans la chanson des King Crimson : *Starless and bible black.* Contre cet encrage biblique, l'autre partie de l'Europe se devait stratégiquement d'entreprendre quelque chose – vous savez bien qu'elle inventa la Contre-Réforme, comme on l'appelle, ce qui voulait surtout dire la propagande de la foi et l'ordre des jésuites auquel appartenaient aussi bien Athanase Kircher et Kaspar Schott, les praticiens de la *laterna magica*, que le Père Schall, le propagandiste de la perspective linéaire.

L'ordre des jésuites est l'œuvre d'un seul homme, qui n'était pas par hasard soldat de métier. Íñigo López de Recalde, plus tard connu sous le nom de Loyola. Descendant d'une famille de la petite noblesse basque, il défendit en 1521 Pampelune contre les Français. Il a donc combattu dans une forteresse érigée par des ingénieurs-artistes, qui fut systématiquement détruite par les canons de ces mêmes ingénieurs-artistes. Et c'est ainsi qu'un boulet de canon blessa grièvement Loyola à la jambe droite. La longue convalescence de cette blessure de guerre se transforma en conversion religieuse. Loyola commença alors (et probablement pour la première fois) à lire des livres, avala une vie de saint après l'autre, devint de plus en plus pieux et consacra finalement tout son outillage, c'est-à-dire ses armes et son armure, à l'image thaumaturge de Marie à l'abbaye de Montserrat.

Fièvres traumatiques et délires, livres et images saintes, tel a dû être à peu près le contexte médial où l'ordre des jésuites a pris naissance. Et ne serait-ce que pour cette raison, les *Exercitia spiritualia* de saint Ignace, c'est-à-dire le texte fondateur du fondateur de l'ordre, sont un livre contre tous les livres. Ces *exercitia* étaient, selon Loyola, tant ceux de l'esprit que ceux du corps, donc exactement ce que le réformateur des armées Maurice de Nassau baptisait en 1600 « exercices militaires » et les théoriciens du cinéma du début du XXe siècle « psychotechnique ». Toutefois, et en opposition totale à Luther et aux innombrables pères de familles protestants passés par les écoles luthériennes, les exercices ne consistaient pas à recopier ou à lire la bible ou, au cas où un diable aurait voulu troubler l'œuvre de manuscription, à lui jeter un encrier. Les exercices, pour l'ancien soldat Loyola, étaient bien loin de toute activité d'écriture et n'avaient en outre pas grand-chose à voir avec la lecture, sinon comme passe-temps de grand convalescent. Bien entendu, à un moment ou à un autre, les yeux du fondateur de l'ordre ou de ses élèves qui devaient pratiquer ses exercices après lui ont bien dû rencontrer les lettres d'un livre pieux et prendre connaissance de ce qu'il y était écrit, par exemple, de l'enfer. (L'enfer est naturellement l'exemple dramatique préféré des commentateurs de Loyola, de James Joyce jusqu'à moi en passant par Roland Barthes, mais eu égard au smicroscope d'Athanase Kircher, on pourrait tout aussi bien partir de l'histoire de la Passion). Quand Loyola ou l'un de ses élèves jésuites s'enfermait pendant des semaines dans sa cellule pour y méditer sur l'enfer, ce qui était en jeu c'étaient en fait les hagiographies ingurgitées, mais pas le livre nommé Bible. En d'autres termes, les maigres informations sur l'enfer qui se trouvent dans le seul livre béatifique des protestants étaient toujours recouvertes et ornées de pieuses fantaisies. Conséquemment, il s'agissait pour l'ordre jésuite de rendre présent mentalement, longtemps et intensément, ce qui avait été lu, jusqu'à ce que les lettres ou le texte cessassent d'être et que les cinq sens fussent submergés. Lisons ce que Loyola et ses élèves faisaient dans le cinquième exercice. Le thème qui leur était proposé était les *Considérations sur l'enfer*. Voici son déroulement :

> Le premier point est de regarder par l'imagination les feux immenses des enfers et les âmes prisonnières dans des sortes de corps enflammés comme dans des prisons.
>
> Le deuxième : écouter par l'imagination les lamentations, les cris, les vociférations et blasphèmes qui en sortent contre le Christ et ses saints.
>
> Le troisième : par l'odorat imaginaire, bien sentir la fumée, le soufre et la mauvaise odeur comme de sentine ou d'excréments et de pourriture.
>
> Le quatrième : goûter de la même façon les choses très amères, comme les larmes, l'aigreur et le ver de la conscience.
>
> Le cinquième : toucher en quelque sorte ces flammes dont le contact brûle même les âmes.[1]

Cela signifie donc que seul celui qui, à l'instar de Loyola, avait accompli personnellement tous ces exercices infernaux et qui avait surtout imaginé, jusqu'à sa dernière extrémité, le martyre des protestants damnés dans leur infernal bourbier pouvait ou était habilité à entrer dans l'ordre des jésuites. Ceci étant dit, on aura rendu parfaitement évident ce que la Contre-Réforme entendait opposer au nouveau médium protestant de l'imprimerie : un théâtre d'illusion pour l'ensemble des cinq sens – sachant que, dans tous les exercices, c'est bien le sens optique qui se trouvait à la première place – ainsi qu'une pratique de la lecture pour des lecteurs qui ne devaient pas rester collés aux lettres, mais en expérimenter immédiatement la signification sous forme d'hallucination sensible. Autrement dit, la quête d'un médium qui pût l'emporter sur la bible de Luther reconduisit les vieilles images religieuses sous une forme transformée ou décuplée – c'est-à-dire non plus sous forme d'icônes ou de tableaux sur un mur d'église, ou encore comme pieuses miniatures des vies de saints qu'un enfant même aurait comprises, mais sous la forme de visions psychédéliques qui devaient motiver les soldats du Christ (comme se nommaient les jésuites eux-mêmes) dans la guerre de la foi de manière plus efficace, ce qui veut dire aussi plus inconsciente, que tous les chefs-d'œuvre de la peinture à l'ancienne. Et d'autre part, vous imaginez bien que l'épiscopat de Rome nourrissait et nourrit à l'égard des techniques d'extase, même les plus pieuses, une certaine et légitime suspicion d'hérésie. On ne s'étonnera donc pas que Loyola, déjà au temps de ses jeunes années espagnoles, atterrît plusieurs fois dans les cachots de l'Inquisition. Et on s'étonnera encore moins du fait que

[1] Ignace de Loyola, *Exercices spirituels* [1544], trad. du latin par Jean-Claude Guy, Paris, Seuil, 1982, p. 75.

Loyola, quand il fut appelé d'Espagne à Rome par le pape afin de faire examiner son invention, rendît ou fût forcé de rendre à la dernière minute, c'est-à-dire en 1540, les exercices compatibles avec l'adoration surannée des tableaux. La « sixième » et la « huitième règle[s] » de ce supplément romain sont énoncées en ces termes :

> Louer aussi les reliques, la vénération et l'invocation des saints ; de même les stations, les pieux pèlerinages, les indulgences, les jubilés, les cierges que l'on a coutume d'allumer dans les églises. [...]
>
> Louer en outre la décoration des églises et leur ornementation, et aussi les images, en tant qu'on les vénère à bon droit à cause de ce qu'elles représentent.[1]

Au terme de notre petite incursion dans l'histoire de l'Église, nous voilà donc revenus au jésuite Athanase Kircher et à son modèle des phases optiques des stations du chemin de croix – mais non sans avoir fait tomber une lumière nouvelle sur la *laterna magica.* L'impératif « loue ! » établissait chez Loyola une nouvelle adoration des images, qui, à l'instar de la nouvelle lecture hallucinatoire, ne visait pas l'image mais sa signification ou ce qu'elle représentait. Une adoration d'image donc qui ne se limitait pas à contempler l'optique des églises ou des stations du chemin de croix telle que peintres et architectes l'avaient organisée, mais qui devait porter vers l'extérieur l'effet psychédélique des exercices. Et le dehors désigne ici toutes les directions possibles : premièrement, le dehors d'une surface de projection réelle, sur laquelle l'image intérieure pouvait apparaître – dans un cas anodin sur des tableaux et, dans un cas plus palpitant et innovant, sur l'écran d'une *laterna magica.* Mais, deuxièmement, le dehors représentait également le monde extérieur à l'ordre des jésuites lui-même et ainsi à une élite monastique dont les membres travaillaient pendant des semaines et des mois, avec toutes les mortifications possibles, à avoir des hallucinations. La mission confiée aux jésuites de battre le monopole protestant de l'imprimerie avec des techniques de médias plus efficaces visait essentiellement à la conversion de laïcs, que l'on n'aurait pu astreindre à des exercices spirituels dans une abbaye – ne serait-ce que pour des raisons de temps. Ce que Loyola dans sa cellule solitaire avait inventé, ou plutôt obtenu par force, devait être simplifié, extériorisé, mécanisé et rendu apte à un usage de masse. C'est là toute la différence entre un exercice spirituel, où Loyola hallucinait les stations du chemin de croix, et un appareil optique du nom de smicroscope avec lequel, grâce à des images se succédant rapidement, Kircher présentait ces stations à des laïcs qu'il s'agissait de convertir à l'aide du prédécesseur du film. Si la Contre-Réforme a triomphé en Autriche, en Bohême, en Moravie, en Silésie et dans la moitié de l'Allemagne du Sud, ce n'est pas seulement en raison des millions de morts de la guerre de Trente Ans, donc à la face obscure ou négative du pouvoir ; cela est également dû à sa face lumineuse, soit à ses aspects optiques et à un nouveau genre d'images.

---

[1] *Ibid.*, p. 150.

Cette technologie de l'image n'est pas seulement manifeste dans le titre de la deuxième édition des *Ars magna lucis et umbrae*, où Kircher promet d'accomplir avec l'ombre et la lumière non des progrès scientifiques mais de grandes performances artistiques ; elle l'est aussi à travers la *laterna magica* qui y est reproduite : on y voit une lampe à huile et, devant la lampe à huile, une rangée horizontale de plaques de verre peintes qui n'attendent que de passer dans le rayon lumineux, l'une après l'autre (donc presque comme dans un film) pour être ainsi projetées ; mais on voit surtout, sur la paroi sombre d'en face, l'effet de la projection de la plaque qui se trouve précisément dans le cône de lumière de la lampe à huile : un homme nu encerclé jusqu'aux hanches d'innombrables flammes. On peut supposer avec quelque apparence de raison que ces flammes ne signalent que pour notre œil moderne formé par McLuhan le fait que le message de ce médium est le médium lui-même, soit, dans le cas présent, la lampe à huile ; pour les contemporains et les destinataires de Kircher, elles signifiaient quelque chose de bien différent, à savoir les flammes de l'enfer. En d'autres termes, l'hallucination solitaire du fondateur de l'ordre des jésuites, qui avait naguère concentré tous ses cinq sens sur la représentation des supplices infernaux, est devenue grâce à la *laterna magica* une technologie de simulation pour les masses. Et celui qui ne retrouvait pas en toute hâte, après une telle présentation, la seule foi béatifique, celui-là devait s'attendre à des flammes infernales non plus seulement projetées. Kircher écrit :

> Cette représentation des images et des ombres dans les chambres obscures est cependant bien plus effrayante que celle faite par le soleil. Grâce à ces arts, des hommes sans Dieu pourraient aisément être empêchés de commettre de nombreux péchés / si on esquissait sur le miroir le portrait du diable et le projetait dans un endroit sombre.[1]

Et si, malgré toutes les assertions de Schott sur les nombreux jésuites qui expérimentèrent la *laterna magica*, mon informateur, Ranke, rejette la « conclusion » qu'il y aurait dès lors eu « le début d'un usage didactique, et peut-être également missionnaire, du nouvel appareil de démonstration »[2] à des fins d'endoctrinement, cela ne témoigne que de son propre aveuglement.

Pour nous qui vivons en pleine folie du film et de la télévision, l'efficacité stratégique d'un nouveau médium optique peut paraître étrange ; mais il faut bien comprendre que les premiers grands médias de divertissement de la Renaissance, le théâtre et la littérature, sont nés d'une guerre multiséculaire de la foi et des images. Cela vaut tout autant des prouesses culturelles de premier plan, dont la mémoire historique se souvient encore, que des anciennes représentations presque disparues des forains, qui furent

[1] Cité par Winfried Ranke, « *Magia naturalis, physique amusante* und aufgeklärte Wissenschaft », in : Detlev Hoffmann, Almut Junker (éd.), *Laterna magica. Lichtbilder aus Menschenwelt und Götterwelt*, Berlin, Frölich & Kaufmann, 1982, p. 17. Trad. de la citation : S. W.

[2] *Ibid.*

ensuite littéralement avalées par le médium technique du cinéma en 1900 et, dès lors, condamnées à l'oubli.

2.2.3.4. Forains

Ceux qu'on appelle les forains ont toujours repris à leur compte les escalades des guerres de religion et, qui plus est, de manière étonnamment rapide et systématique. Je commence par ce point très simple, aucune connaissance de leurs origines et de leur sociologie n'étant ici requise. Quand Gutenberg et ensuite Luther semblaient triompher du culte des images avec leurs livres imprimés, les forains découvraient les tracts comme médium pour reproduire leurs complaintes et les gravures sur bois pour les illustrer. Après que la Contre-Réforme des images hallucinées et projetées gagna en puissance, les forains semblèrent être passés toutes bannières déployées dans le camp de Kircher. En tout cas, son smicroscope devint le prédécesseur immédiat de toutes les boîtes d'optique que l'on pouvait admirer en nombre dans toutes les foires jusqu'au XIXe siècle. Les boîtes d'optique, que le saltimbanque transportait souvent sur son dos, étaient de petits appareils de visionnage d'images avec des trous pour un œil ou pour les deux. On pouvait jeter un regard dans la boîte contre une modique somme d'argent, exactement comme plus tard pour le kinétoscope, le prédécesseur immédiat de notre cinéma, et on était récompensé par la vision d'images que l'on pouvait faire défiler mécaniquement à l'aide d'une manivelle. Dans ses variantes les plus raffinées, la boîte d'optique permettait même de construire une scène miniature où les décors et les personnages pouvaient être mis en mouvement indépendamment les uns des autres de sorte qu'une action rudimentaire s'y passait. Et quand la boîte d'optique fonctionnait parallèlement avec une boîte à musique, il ne manquait plus qu'un procédé technogène de stockage d'images pour anticiper le kinétoscope d'Edison. La seule différence sensible se trouvait dans les actions représentées : là où Edison, en bon Américain qu'il était, faisait naturellement de l'argent avec des combats de boxe, la boîte d'optique conservée au musée de Salzburg montre des scènes de l'histoire sainte, c'est-à-dire Joseph, Marie, Jésus et ses disciples. On ne pouvait donc pousser plus avant la fidélité à la propagande de la Contre-Réforme et des jésuites.

2.2.3.5. Églises jésuites

La boîte d'optique des foires devait également devenir déterminante pour les élites, donc pour le public de la cour et de la ville, comme on disait à l'époque, notamment avec le modèle du théâtre à l'italienne. Les perspectives closes, les décors amovibles, l'éclairage du théâtre conçus comme pour une petite boîte d'optique transportable, voilà autant de choses que le théâtre n'avait jamais connues pas le passé. Il n'est besoin ici que de deux repères :

l'éclairage solaire du théâtre de Dionysos à Athènes et l'architecture des mystères médiévaux qui avaient également lieu en plein air et qui (comme la *Divine Comédie* de Dante) se déroulaient sur trois niveaux parallèles : dans le ciel en haut, dans l'enfer en bas, et entre les deux sur la terre. Les anglicistes savent mieux que moi combien de traits de la scène shakespearienne en 1600 correspondaient encore à ce théâtre allégorique de la vieille Europe, qui, pour cette raison, était également vide d'illusion. Mais après que saint Ignace avait ramené par les arts de la méditation la vision de l'enfer entier dans sa minuscule cellule et que la Contre-Réforme des tromperies optiques s'était mise en mouvement, pareil dépouillement ne pouvait plus suffire. C'est la seule et même vague d'innovations qui submergea l'architecture des églises et le théâtre. Il s'agissait en fait de reprojeter – dans un sens tout à fait lacanien – la perspective linéaire de la peinture dans l'architecture. Ce qui apparaissait aux spectateurs et usagers dans l'espace en trois dimensions devait obéir aux principes que Brunelleschi et Alberti avaient élaborés pour le tableau en deux dimensions. Et parce que, pour la propagande de la foi, le théâtre était une église au même titre que l'église était un théâtre, la mise en perspective envahit également l'architecture sacrée.

L'une des innovations les plus importantes de l'architecture baroque était la célèbre peinture en trompe-l'œil, grâce à laquelle les églises veillaient à produire des transitions fluides entre édifice et tableaux, tridimensionnalité et bidimensionnalité, jusqu'à ce que les peintures célestes du plafond, avec tous leurs saints, devinssent pour les yeux trompés partie intégrante de l'église et de la perception de la perspective. On connaît également – et j'y reviendrai à propos des technologies de l'image à l'âge romantique – le *sex appeal* presque quasi cinématographique des saints qui, comme la statue de sainte Thérèse d'Avila par le Bernin, paraissent faire l'amour avec l'ange de leurs hallucinations, aussi et surtout parce qu'ils font partie d'une architecture ecclésiastique.

Il existe même des preuves – quand bien même ces dernières seraient tardives, à savoir romantiques – que cette nouvelle technologie de l'image de l'espace ecclésiastique allait de pair avec les procédés de la *laterna magica*. Une nouvelle d'E. T. A. Hoffmann portant le titre révélateur de *L'Église jésuite de G.*, tirée de manière toute aussi révélatrice de la première partie de ses *Contes nocturnes*, se rapporte à des expériences vécues à G., ville silésienne de Głogów, qui comptait en effet une grande église jésuite. Hoffmann commence de manière tout à fait concrète :

> Les maisons, les collèges et les églises des Jésuites sont toujours construits dans ce style italien, dérivé de la forme antique, qui préfère la grâce et l'éclat à la gravité sacrée et à la dignité religieuse.[1]

[1] E. T. A. Hoffmann, *Contes nocturnes*, *op. cit.*, p. 156.

Dans la nouvelle, un professeur jésuite justifie ainsi cet écart par rapport au gothique et donc au céleste :

> il faut reconnaître la nature divine dans ce monde, et cette reconnaissance ne peut avoir lieu que par des symboles agréables, tels qu'en offre la vie qui n'est aussi qu'un esprit céleste dans ce monde terrestre. Sans doute notre patrie est là-haut ; mais, tant que nous séjournons ici-bas, notre empire est aussi de ce monde.[1]

Ce que l'affirmation très ambiguë selon laquelle le royaume jésuite serait aussi de ce monde signifie politiquement et du point de vue de la technologie des images, c'est ce que le personnage principal de la nouvelle montre clairement. Le héros est un peintre de 1795 chargé par les jésuites de G. de restaurer l'église en simulant par la peinture le marbre des colonnes, le marbre véritable étant trop cher pour les jésuites[2]. Mais une nuit, le narrateur insomniaque – après tout nous nous trouvons bien dans l'un des *Contes nocturnes* de Hoffmann – passe près de l'église où il assiste à une scène hautement dramatique entre une *laterna magica*, un trompe-l'œil et un peintre techniquement contrôlé à distance :

> En passant devant l'église des Jésuites, j'aperçus à travers les vitraux une lumière éblouissante. La petite porte était entrouverte, j'entrai et je vis un grand cierge allumé devant une niche immense. En m'approchant, je remarquai qu'un filet de cordes était étendu devant la niche, et sous ce filet de cordes une longue figure montait et descendait sur une échelle, tout en traçant des lignes sur la muraille. C'était Berthold qui recouvrait exactement de couleur noire l'ombre que projetait le filet. Près de l'échelle, sur un grand chevalet, se trouvait le dessin d'un autel. Je m'émerveillai de cette ingénieuse idée. Si le lecteur est quelque peu familier avec l'art de la peinture, il saura, sans autre explication, ce que Berthold prétendait faire avec ce filet dont il dessinait l'ombre sur la niche. Berthold avait à peindre, dans cette niche, un autel en saillie. Pour transposer exactement son dessin sur de plus grandes dimensions, il fallait qu'il couvrît de lignes croisées son dessin et le plan sur lequel il voulait tracer sa grande esquisse ; mais ce n'était pas une surface plane sur laquelle il avait à peindre, c'était une niche demi-circulaire, et il était impossible de trouver, autrement que de la manière ingénieuse qu'il avait imaginée, les rapports des lignes droites et des lignes courbes.[3]

À l'instar de la *laterna magica*, l'agencement du peintre Berthold est donc une projection de lumière sur un fond ou un arrière-plan de ténèbres. Une torche de cire sert de source de lumière, un réseau de fils noués sert de modèle, lequel, au même titre que la grille recommandée par Dürer dans ses préceptes pour une peinture en perspective, opère une géométrisation du modèle à peindre, c'est-à-dire de l'autel. Enfin, le demi-cercle formé par ce qu'on appelle « l'arcade aveugle » ou la niche sert de surface de projection. Le but de tout cet agencement est, comme dit, de résoudre le problème

[1] *Ibid.*, p. 157.
[2] *Loc. cit.*
[3] *Ibid.*, p. 160-161. Trad. légèrement modifiée.

géométrique de la reproduction d'un plan, qui n'est lui-même que la reproduction en deux dimensions d'un corps en trois dimensions, sur un demi-cylindre dont la partie supérieure était probablement constituée d'un demi-berceau – et ce, sans que la reproduction ou le *mapping* ne requît les astuces non-géométriques, c'est-à-dire arithmétiques, de la géométrie carté-sienne. Le peintre Berthold n'a donc pas besoin de résoudre des équations quadratiques, et encore moins trigonométriques ; au contraire, la main de l'artiste suit tout simplement et de manière automatique les lignes fournies par les ombres projetées du filet, comme le cours sur la peinture en perspec-tive de la Renaissance l'a décrit. Et c'est précisément ainsi que naquit, comme le titre de la nouvelle le dit, une église jésuite, donc un autel qui n'existe pas, mais dont la tridimensionnalité architecturale est simulée en trompant les yeux très terrestres des visiteurs de l'église. Ce qui dans les exercices du fondateur de l'ordre, Ignace de Loyola, n'était qu'une halluci-nation intérieure endogène descend dès lors dans le royaume terrestre des illusions d'optique à destination des laïcs, tels le peintre et les visiteurs de l'église dont il se joue. Le Berthold de Hoffmann le formule explicitement en se référant du reste aux deux tomes du *Manuel de perspective*[1] rédigés en 1810 par Johann Albert Eytelwein, directeur de l'Académie berlinoise d'architecture :

> En peignant cette poutre [d'autel] de cette façon, je sais qu'elle se présentera autrement aux yeux du spectateur.[2]

Le fait que Hoffmann attribue précisément l'invention d'une technique ecclésiastique de trompe-l'œil aux jésuites s'appuie sur les raisons historiques les plus solides. D'aussi loin que je sache, les ingénieurs-artistes de la Renaissance s'en sont tenus à l'angle droit euclidien – et cela non pas par pure paresse, mais par amour de l'économie mathématique. Ils projetaient donc toujours les effets de leur perspective linéaire ou de la *camera obscura* sur des plans. C'est seulement l'architecture baroque, qui fuyait l'angle droit comme le diable l'eau bénite, qui a posé le problème de savoir comment la perspective linéaire peut être projetée sur un plan courbe, soit de savoir comment l'architecture elle-même peut être intégrée dans le jeu des illusions de la peinture nouvelle. La solution théorique à ce problème parut en 1633 sous la forme d'un livre et sous le titre absolument révélateur : *De perspectiva pictorum atque architectorum*, de la perspective des peintres et des architectes. Son auteur était – autre élément révélateur – un père jésuite du nom d'Andrea Pozzo. La nature du nouveau trompe-l'œil deviendra au plus tard évidente lorsque l'église consacrée justement au fondateur de son ordre, Saint-Ignace de Rome, sera enrichie par Pozzo de peintures de plafond que Jacob Burckhardt ne pourra s'empêcher de célébrer ou de pourfendre au titre de « terrain de jeu amoral ». Car ces peintures ne donnaient pas seulement l'illusion de prolonger l'architecture effective de l'église dans les hauteurs

[1] Johann Albert Eytelwein, *Handbuch der Perspektive*, Berlin, Realschulbuchhandlung, 1810.
[2] E. T. A. Hoffmann, *Contes nocturnes*, *op. cit.*, p. 164.

célestes, elles assujettissaient encore toutes ses colonnes et saints, corniches et nuages à une perspective linéaire monstrueusement déformante qui dépendait en fait plus de la courbure elliptique de la voûte que de l'angle de vue subalterne et terrestre des croyants. Avec sa courbure à demi-circulaire, Berthold se révèle être un élève direct de Pozzo. La question qui demeure ouverte, mais dont nous devons différer la réponse, serait de savoir pourquoi le conteur romantique, c'est-à-dire Hoffmann lui-même, s'est mis à l'école des jésuites de Berthold. Mais c'en est ici assez de la technique jésuite des images dans l'espace ecclésiastique qui leur est propre.

2.2.3.6. Théâtre jésuite

Les jésuites ont aussi tenté de réformer le théâtre profane ou séculier en fonction de leur nouvelle technique des médias : cela donna le théâtre jésuite. À l'instar des appareils optiques de Kircher ou du peintre d'église de Hoffmann, la notion ignacienne d'hallucination devait être communiquée à un public profane sans que ce dernier n'ait à fournir l'effort de la médiation. L'exemple le plus célèbre de la littérature allemande est *Cenodoxus*, paru en 1602, écrit par un professeur de théologie jésuite du nom de Jakob Bidermann que sa carrière mena jusqu'à Rome, où il fut l'assistant du général de son ordre. *Cenodoxus* met en scène un érudit parisien qui, fier de son savoir, ne fait plus que feindre ou simuler hypocritement la foi chrétienne et qui, pour cette raison, semblable au Faust légendaire avant l'intervention déterminante de Goethe, est entraîné par une troupe de diables dans le feu de l'enfer. Il n'est donc pas difficile de voir dans ce drame la campagne victorieuse des images et des hallucinations contre un savoir fondé sur l'imprimerie. Et c'est également la raison pour laquelle Bidermann ne se contenta pas de porter à la scène une allégorie délocalisée et intemporelle. Sa scène jésuite montrait bien plutôt des espaces intérieurs concrets, qui étaient ouverts en coupe du côté des spectateurs et à l'extrémité desquels une trappe dans le plancher assurait l'entrée directe en enfer[1]. Dans la scène finale, des diables sans nombre sortaient de la trappe dans une fumée de poix et de soufre, envahissant la chambre d'étude du savant pour emporter le cadavre de Cenodoxus. Pour ses étudiants qui assistaient à la scène (et qui n'étaient rien d'autre que les substituts des spectateurs), l'exercice jésuitique devenait alors une certitude théâtrale et sensible.

Retenons simplement que la scène jésuite et la scène de l'opéra italien qui lui est apparentée ont servi de modèle à tous les nouveaux théâtres construits à l'âge baroque, soit durant l'absolutisme. C'est ainsi que les scènes sont devenues des boîtes d'optique, telles qu'on les connaît encore maintenant et à la faveur desquelles, jusqu'à aujourd'hui, en fonction de l'habilité de la mise en œuvre et des possibilités de financement de la technique théâtrale,

[1] Jakob Bidermann, *Cenodoxus* [1602], Stuttgart, Reclam, 1965, p. 163.

nous sont proposées, à nous autres spectateurs, des illusions plus ou moins réussies. La perspective, qui, chez Brunelleschi, avait encore expressément besoin de preuves expérimentales et, chez Dürer, de l'appui d'un système technico-scientifique de grilles de construction, prit soudain un aspect journalier ou plutôt nocturne en se transformant en scène de théâtre à l'italienne. Dans le baroque silésien, brillante époque de la littérature allemande autour de 1670, toutes les illusions que les jésuites ou les saltimbanques avaient su produire par l'usage de la *laterna magica* purent enfin être représentées de manière dramatique, c'est-à-dire grandeur nature : il y avait des décors peints en perspective qui prolongeaient l'espace de la scène constitué comme un intérieur architectural que l'on pouvait aussi changer durant la représentation ; il y avait des acteurs costumés qui (comme dans *Leo Armenius* de Gryphius ou dans *Agrippina* de Lohenstein) se transformaient sur la scène elle-même en nouveaux personnages par des changements de costumes. On testait en fait combien on pouvait imposer d'effets, de transformations et de tours de prestidigitation au spectateur, sans que ne se brisât l'illusion. L'histoire populaire, et en cela plutôt souterraine, de telles techniques théâtrales conduisait directement au XIXe siècle, où la boîte d'optique apprit même de la *laterna magica* à opérer des tours et des rotations protofilmiques : le théâtre populaire de l'arrondissement de Josefstadt, à Vienne, introduisit en 1842 la première scène mobile capable de donner aux spectateurs l'illusion d'une véritable croisière sur le Danube. En 1896, enfin, Lautenschläger installa la première scène tournante dans le Residenztheater de Munich où Gurnemanz et Parsifal eurent leur célèbre discussion : les deux personnages de Wagner marchaient comme chacun sait à grands pas vers le château du Graal, tandis que, selon la didascalie, « l'imperceptible transformation de la scène avait déjà commencé ». Le pur fol Parsifal toutefois, prototype de tous les purs fols (les spectateurs) que le drame musical wagnérien prend stratégiquement pour cible, ne remarquait rien, et attribuait la « folie » ou l'illusion à sa perception : « J'avance à peine, et j'ai pourtant l'impression de courir ». Ce sur quoi l'esprit paternel ou le commentateur Gurnemanz n'avaient plus qu'à expliquer : « Tu vois, mon fils, l'espace ici naît du temps »[1].

Nous reviendrons le moment voulu sur le tour de force de Wagner qui consista à tirer une métaphysique, et par là des longs-métrages, de tours de force scéniques. Pour l'instant, s'agissant du baroque et de l'absolutisme, la technique d'illusion doit être limitée à un point tout à fait capital, qui sera déterminant pour l'histoire du film.

La scène de théâtre, qui était devenue une technologie de l'image contre-réformiste, pouvait à peu près tout manipuler et simuler, à l'exception de sa source de lumière. Un théâtre fermé, où l'action se déroulait volontiers dans

[1] Richard Wagner, *Parsifal* [1882], trad. de l'allemand par Alfred Ernst reprise dans le livret d'opéra de *Parsifal*, Deutsche Grammophone, 2006, acte I, p. 71.

des espaces intérieurs lors de représentations ayant de préférence lieu le soir, avait pour la première fois de l'histoire besoin d'une lumière artificielle – et cela exactement au même moment que les châteaux de l'absolutisme.

Richard Alewyn a montré une fois pour toutes dans *L'Univers du baroque* quel était le prix à payer pour ne plus se coucher avec les poules. Ce dont on disposait en 1650 pour mettre en œuvre ce décalage horaire, devenu depuis fondamental pour tous les médias de divertissement, n'allait pas au-delà de bougies de cire et de torches de poix, partant des sources de lumière qui, premièrement, produisaient presque plus de chaleur que de lumière et qui, deuxièmement, pour détourner ici Shannon, se trouvaient aussi toujours être une source non voulue de bruit : elles produisaient un bruit sensible nommé fumée et puanteur qui n'augmentait l'illusion théâtrale – au lieu de la saper – que dans les scènes d'enfer de Bidermann. Mais surtout, au contraire des décors, des acteurs et des costumes, les centaines de bougies en usage tant sur la scène que dans la salle ne pouvaient pas être changées en cours de représentation. La conséquence dramatique, et depuis du reste totalement oubliée de cette limitation, est qu'aucune des célèbres pièces de Corneille ou de Racine ne dépasse trois mille alexandrins. Fait pour lequel la recherche herméneutique a trouvé les plus belles et les plus complètes explications immanentes au texte, mais en vain, car ces limitations esthétiques découlaient immédiatement d'une limitation technique : la durée de consumation des bougies. En d'autres termes, la Phèdre de Racine, petite-fille certes, mais (au contraire des héros grecs) petite-fille seulement du « soleil sacré », ne devait donc pas mourir parce que son amour incestueux pour son beau-fils brûlait d'une flamme trop noire, comme elle s'en plaint, mais parce qu'après deux heures, les flammes des bougies fumantes des théâtres parisiens étaient entièrement consumées.

Abstraction faite du problème de la source de lumière, le théâtre de l'absolutisme, surtout chez Racine dont les héroïnes tombent généralement amoureuses d'une vision optique rayonnante[1], constituait une mobilisation de la machine théâtrale en vue de l'illusion effective des spectateurs.

Avec leurs « galeries des glaces », leurs parades festives et leurs feux d'artifices, les rois et les princes étaient devenus des ouvrages d'éblouissements très planifiés, devant lesquels leurs sujets ne pouvaient que s'effacer faute de disposer de leurs propres réserves de bougies. Leurs scènes ne pouvaient donc demeurer en reste. Depuis l'absolutisme, il existe une politique des images comparée à laquelle les images de la politique actuelle – des portraits dans les journaux et des interviews télévisés le dimanche soir, soit le vieux monopole absolutiste de la lumière – ont franchement l'air bien pâles.

Vue sur cet arrière-fond historique, l'attaque de Bertolt Brecht contre ce qu'il a lui-même baptisé le théâtre aristotélicien paraît tout aussi faible lorsqu'elle soutient que celui-ci aurait invité ses spectateurs à s'identifier aux

[1] Roland Barthes, *Sur Racine*, Paris, Seuil, 1963, p. 30.

personnages et à se reconnaître en eux. Dans la lumière matérialiste d'une histoire des médias, que n'ont au demeurant écrite ni Marx ni Lénine, les attaques du *Petit organon* de Brecht contre le théâtre traditionnel passent malheureusement à côté de leur destinataire : aucun des moments où les spectateurs sont trompés ne vient du théâtre en plein air sous le soleil grec et encore moins de la *Poétique* d'Aristote qui lui est contemporaine, mais du théâtre à l'italienne de la Contre-Réforme et de la guerre des images. Le propagandiste Brecht méconnaît tout simplement ses prédécesseurs historiques. Par conséquent, il nous faudra encore montrer que son contrepoison tant vanté à l'illusion théâtrale, l'effet de distanciation soi-disant scientifiquement fondé, ne fait en réalité qu'un avec une optique technologiquement modernisée. Ce fut en dernier lieu le long-métrage, dont l'apparition a donné un gros coup de vieux aux illusions de la scène à l'italienne régnant depuis la période baroque, qui devint le principal concurrent du théâtre.

En voilà pour l'instant assez des études théâtrales sur lesquelles je reviendrai encore quand il s'agira de traiter de l'introduction de nouvelles sources de lumière techniques. Mais pour en rester à notre chronologie, la question se pose de savoir comment les nouveaux médias optiques ont, au-delà du théâtre, transformé la littérature. Pour une époque pour laquelle nous ne disposons ni de sondages de lecteurs ni de psychologie expérimentale, cette masse de livres est importante, car ils sont les seuls à pouvoir rendre compte des véritables effets des médias sur les corps. Si l'on ne comprend pas ce qui a poussé le romantisme à vouloir concourir avec l'exactitude des images, les conditions préalables et les contenus du film de fiction restent dans l'ombre.

2.3. LUMIÈRES ET GUERRE DES IMAGES

Venons-en donc au XVIIIe siècle qui s'est attribué en allemand le nom d'*Aufklärung* et, en français, comme s'il avait voulu fêter les inventions optiques récentes, le nom bien plus parlant de *siècle des Lumières*[1]. Au cours de ce siècle s'est constituée une technique d'écriture, ou plus précisément de description, qui, si vous voulez, a pour la première fois rendu les textes compatibles avec des scénarios. Lues correctement, les lettres sur le papier donnaient quelque chose à voir, comme si la pratique solitaire de saint Ignace lisant la Bible était passée dans l'usage de masse.

Le germaniste August Langen a reconnu depuis longtemps qu'au début de ce développement et de ce siècle se trouve la « vision encadrée »[2]. Dans

---

[1] En français dans le texte.

[2] Cf. August Langen, *Anschauungsformen in der deutschen Dichtung des 18. Jahrhunderts*, Iéna, Diederichs, 1934. « Vision encadrée » traduit *Ramenschau.* [N.d.T.]

la terminologie de Langen, cela signifie simplement que même les poèmes qui chantent la nature s'orientent désormais sur des techniques qui avaient déjà fait leur entrée dans la peinture et le théâtre avec la *camera obscura*, la *laterna magica* et les boîtes d'optique.

2.3.1. Brockes

Prenons l'exemple le plus célèbre et le plus parlant : un poème que le haut fonctionnaire de Hambourg, Barthold Heinrich Brockes, a publié dans un recueil portant le beau titre de « Plaisir terrestre en Dieu, constitué de poèmes physiques et moraux », et qui est intitulé encore plus joliment « Moyen éprouvé pour les yeux » :

> Lorsque nous nous tenons au milieu d'un beau paysage, entourés de grâce,
> Touchés par la création, plus attentifs que jamais auparavant,
> À observer les atours de cette dernière, et à y regarder plus proprement,
> Nous sentons de jadis le désir raisonnable ; ainsi trouvons-nous que nos yeux
> (Presque éblouis par l'habitude et du même coup rendus malhabiles)
> Ne savent pas bien voir le nombre des objets, la délicatesse,
> L'harmonie et la magnificence des couleurs, parce qu'ils se dispersent trop.
> Il semble que, comme les pensées, le rayon de l'œil s'éparpille trop,
> Et que ce soit là la navrante raison pour laquelle nous ne nous réjouissons pas du monde,
> Ni ne pouvons avec un zèle redoublé, honorer Dieu dans sa création.
> Nous laissons entrer avec la claire lumière en nos cristaux voyants
> Bien trop d'objets en même temps et, qui plus est, de toutes parts se présentent
> Au lieu que notre raison ne les constitue en une unité,
> Les observe les uns après les autres, les admire, les pénètre
> Et y trouve son bonheur ; elle saute comme la lumière et le regard
> Elle saute soudainement en arrière, comme l'esprit se retire de tout objet
> Sans avoir pénétré les atours et l'ordre des corps comme cela s'impose,
> Sans faire naître en nous la volupté, la connaissance et la gratitude.
> Pour boucher la vraie fontaine du malheur, la source du dégoût et de l'ingratitude,
> Et pour voir d'une façon humaine, il y a quelque chose à faire
> Et qui doit rendre notre vision plus habile ; je conseille d'user d'un moyen
> Qui, comme je me promenais par hasard il y a peu dans un champ
> Et le contemplais, me vint à l'esprit et qu'il n'est pas difficile d'utiliser [...]
> Dans un champ plat et ouvert, où vous allez vous promener
> Et où, à cause du nombre des objets, vous n'y voyez que champ et ciel,
> Je veux vous montrer au lieu d'un seul paysage, mille, de beautés diverses.
> On doit seulement de nos mains en replier une
> Et la tenir devant l'œil en guise de perspective ;
> Ainsi, par la petite ouverture, parmi les choses que vous verrez,
> Chaque partie du paysage général deviendra un paysage singulier
> Qui, si l'on savait peindre, devrait être dessiné et peint

D'une manière nouvelle et singulière. Il n'est besoin que de déplacer un peu la main
Et déjà l'on voit une beauté nouvelle et très différente.
Ce qui est donc la raison, que la beauté soit pour nous si diverse
Est aisément explicable : parmi les trop nombreux objets qui nous tombent dans les yeux
En trop grand nombre, et que nous ne savions pas distinguer les uns des autres,
Beaucoup sont interceptés, et les rayons qui tombent dans les cristaux reflétant
Les figures de leurs corps dans les nerfs du visage
Ne sont pas seulement plus clairs du fait que notre esprit les saisit plus nettement ;
La petite ombre formée par la main creuse renforce l'œil
Par la douce obscurité, et, de suite, l'esprit est plus habile
À se porter avec plus d'acuité et d'attention sur les choses isolées,
Et à percevoir de manière plus intense la beauté qui s'y trouve.
D'autant que l'on ne peut pas contredire la vérité bien établie
Que le grand Britannique Newton nous a enseignée sur le sens de la vue,
Même si elle est encore inconnue à de nombreux hommes, comme par le passé :
Car c'est un art de voir, comme d'écrire ou de lire.
Et si nous avons besoin de l'entendement pour tous nos raisonnements,
Nous avons d'autant plus souvent besoin des autres sens pour bien y voir.[1]

Depuis Brockes, les poètes lyriques arment eux aussi leurs yeux, certes non pas avec une véritable petite lunette pointée sur des objectifs terrestres (ce que le mot « perspective » signifiait à l'époque), mais bien avec son équivalent manuel littéral. Par l'invocation de l'*Optique*, parfaitement contemporaine, de Newton, la vision devient un art qui n'existerait pas du tout sans des moyens artificiels du type de la boîte d'optique. Ce faisant, le nouvel art de voir ne se place pas simplement à la hauteur des arts bien plus anciens de l'écriture et de la lecture, il introduit au contraire ses propres innovations dans ces deux faces de la littérature.

Depuis que les nymphes et les dieux avaient quitté leur Grèce, la poésie était devenue une bien triste affaire : pendant deux mille ans, il s'était agi de paraphraser un thème avec des formules rhétoriques toutes faites, comme si les nymphes et des dieux existaient encore. Corrélativement, lire signifiait apprendre l'art à partir des textes anciens et exercer sa plume en vue de la production de ses propres futurs textes. Dans la condition d'une telle rhétorique qui dominait alors l'ensemble des écoles et universités à l'exception des exercices jésuites, il ne s'agissait pas tant d'écriture et de lecture (ainsi qu'un commentaire d'Aristote datant de l'Antiquité tardive le notait déjà) que de rapports tactiques entre émetteurs et récepteurs, orateurs et auditeurs, écrivains et lecteurs. Imiter un auteur ou même le dépasser, c'était tout sauf écrire en se référant objectivement au monde. Impressionner voire submer-

[1] Barthold Heinrich Brockes, « Bewährtes Mittel für die Augen », in : *Irdisches Vergnügen in Gott, bestehend in Physicalisch- und Moralischen Gedichten*, t. VII, Hambourg, Schramm, 1746, p. 621-625. Trad. de la citation : S. W.

ger les lecteurs par des ornements rhétoriques et des arguments, jusqu'à ce qu'ils ne puissent plus discerner le vrai du faux – une pure ruse là aussi.

Rien de semblable chez Brockes dont les *Poèmes physiques* n'existeraient pas sans imagination, représentation, voire fabrication lyrique de choses naturelles. La poésie devient donc – tout à fait au sens de l'histoire de l'être heideggérienne – l'activité de sujets sur des objets, d'écrivains sur des beautés naturelles, au point qu'à force d'être obsédée par l'objet, elle en perde presque de vue le destinataire. Dans le « Moyen éprouvé pour les yeux », les lecteurs du poème n'apparaissent que pour autant que l'écrivain leur présente le modèle de son optique naturelle. Ni les premiers ni le second ne s'en tiennent aux nombreux mots qui ont déjà été faits, stockés et imprimés sur les choses et qui sont, depuis la combinatoire d'un Pascal ou d'un Kircher, également mathématisables. L'écrivain et le lecteur s'en tiennent bien plus aux propriétés extralinguistiques, et donc perspectivistes, des objets en tant que tels. Cela leur impose une nouvelle écriture qu'on appellera (trois siècles après Brunelleschi) perspectiviste. Les textes devront à l'avenir être écrits de sorte que les lecteurs puissent concevoir l'objet traité dans le poème, même en l'absence de toute conception propre de celui-ci, et, qui plus est, de construire non seulement une conception de l'objet absent, mais la conception ou perspective que l'auteur, non moins absent, s'est faite de lui. « Époque des conceptions du monde », des *Weltanschauungen*, c'est le nom que Heidegger a donné à bon droit à de telles technologies de l'image, même si c'était dans le seul but de s'en débarrasser. Il ne reste donc qu'à noter dans ce cours, qui ne peut qu'étayer les hautes visées de Heidegger par des analyses, que la rhétorique refoulée s'est terriblement vengée de cet oubli du rapport entre l'écrivain et le lecteur en faveur du nouveau rapport commun aux choses – en l'occurrence avec des fantômes qui ne vont plus guère tarder à venir nous hanter.

Mais d'abord encore un mot sur le rapport à l'objet tel que le construit la boîte d'optique manuelle d'un Brockes. Brockes lui-même dit avec la clarté désirée que son procédé lyrique est un tour de force, une interruption volontaire d'habitudes visuelles bien rodées, qui servent normalement à ce que notre plaisir terrestre, voulu par et tourné vers Dieu, ne saisisse que partiellement les détails de cette réalité terrestre. En cela, la main repliée devant l'œil pour former une lunette établit, longtemps avant Brecht, un premier effet de distanciation, simplement par le fait qu'un poète, l'œil armé, s'en va-t-en guerre contre tous les yeux désarmés. Il n'est besoin que de troquer le pieux Brockes contre ses collègues écrivains irlandais ou français autrement agressifs pour saisir le mordant de cette technique scientifique visuelle des Lumières. Lorsque le Gulliver de Swift arrive par exemple dans le pays des géants qui, comme on sait, se trouve juste au Nord de San Francisco, il n'a besoin ni de perspective ni de microscope, parce que les géants apparaissent à ses yeux humains comme des hommes agrandis environ dix fois. Cette microscopie intégrée dans la nature a cependant pour triste résultat que lorsque les plus belles dames de seize ans à la cour de la reine des géants permettent à Gulliver de grimper comme un bichon entre leurs seins ou de chevaucher l'un de leurs tétons, il sera tout sauf excité : car il ne voit pas que les tétons, mais aussi les moindres pores de la peau autour du gigantesque mamelon.

> La plus jolie de ces dames d'honneur, une adolescente joueuse de seize ans, me juchait parfois à califourchon sur l'un de ses seins ; elle se livrait à bien d'autres jeux que le lecteur m'excusera de ne pas détailler. J'en fus si choqué que je suppliai Glumdalclitch d'inventer quelque excuse pour ne plus revoir cette jeune femme.[1]

Pour Diderot, le premier théoricien du réalisme en littérature, c'est précisément de ce genre de verrues[2] que l'écrivain doit affubler les personnages qu'il a inventés à partir de rien afin de susciter chez son lecteur un sentiment de parfaite vraisemblance et réalité. Car, argumente Diderot, quand le lecteur trouve mention d'une verrue sur le visage d'une héroïne littéraire, il ne peut s'empêcher de se dire que l'auteur n'aurait jamais pu inventer un détail aussi insignifiant et qu'il la décrit à partir de ce qu'on appelle la vie même. Alors que, chez Swift, la laideur vaut comme contenu réaliste du texte, chez Diderot, elle est élevée à la puissance supérieure et abstraite pour devenir le style réaliste[3].

Pour faire court, depuis Diderot et son traducteur, Lessing, la littérature elle-même est la raison sociale d'un médium quasi optique. Le traité de Lessing sur le *Laocoon* comparait systématiquement la poésie à la peinture et concluait par un impératif poétique promis à de grands effets : « le poète nous rend son objet si sensible qu'il nous devient plus présent que les mots qui le dépeignent »[4]. Douée de cette tâche, mais pour l'instant sans la moindre garantie qu'elle fût aussi accomplie automatiquement du côté du lecteur, la littérature quitta l'empire des lettres qui était clairement le sien depuis Gutenberg et Luther pour devenir une lumière virtuelle tombant sur les objet décrits, en d'autres termes, « Lumières ».

Or dans le champ des effets optiques, une autre puissance s'était déjà établie : la Contre-Réforme jésuite. Chargée d'un nouveau mandat consistant à mettre des objets devant les yeux d'un public en mal de lumières, la littérature devait donc inévitablement se retrouver dans une position de combat. Pour reprendre ici la formulation aussi élégante que stratégique de la *Phénoménologie de l'esprit* de Hegel, on en vint donc au « combat des

---

[1] Jonathan Swift, *Les Voyages de Gulliver* [1726, 1735], trad. de l'anglais par Guillaume Villeneuve, Paris, GF Flammarion, 2014, p. 180.

[2] En allemand, les termes « mamelon » et « verrue » peuvent être désignés du terme *Warze*. [N.d.T.]

[3] Hans Robert Jauß, « Nachahmungsprinzip und Wirklichkeitsbegriff in der Theorie des Romans von Diderot bis Stendhal », in : *Nachahmung und Illusion*, Munich, Eidos Verlag, 1969, p. 237.

[4] Gotthold Ephraim Lessing, *Laocoon* [1766], trad. de l'allemand par Courtin (1866) revue et corrigée, Paris, Hermann, 1990, p. 118.

Lumières contre la superstition ». Et comme Jean Starobinski l'a montré, ce combat s'est joué entre lumière et obscurité. En cela, la Révolution française s'est décrite, comme vous pourrez le lire dans *Les Emblèmes de la raison* du même Starobinski, comme un médium optique. Starobinski a seulement négligé de suivre ce combat entre la lumière et l'obscurité au-delà des métaphores, jusque dans ses appareils concrets. C'est ce qu'il reste à faire, ne serait-ce que pour revenir de manière conclusive sur l'histoire de la *laterna magica* et expliquer pourquoi la littérature romantique elle-même est devenue une *laterna magica.*

2.3.2. Phénoménologie de Lambert à Hegel

Le combat des Lumières contre la superstition signifiait purement et simplement arracher ses illusions optiques à la Contre-Réforme et les assigner à un meilleur but. Brockes déjà n'utilisait pas la vision encadrée pour produire des illusions d'optique, mais pour introduire son lecteur à une vision scientifique et éclairée. Dès lors, la science de l'optique changeait de fonction : depuis Aristote jusqu'à Huygens ou Newton, elle constituait une science pour ainsi dire cosmique, dont l'astronomie en particulier profita. Au XVIIIe siècle en revanche, l'optique eut à faire au sujet cartésien qu'elle avait elle-même produit par le biais de la perspective linéaire, de la *camera obscura* et de la *laterna magica.* Elle ne se demandait plus simplement comment des rayons de lumière parviennent du monde dans notre œil au terme d'une série de reflets et de réfractions, mais posait la question nouvelle de savoir comment la réalité optique du monde pouvait être reconstruite à partir des données sensibles dont l'œil a la sensation (pour parler comme Locke). Si l'on pouvait déterminer quelle différence il y a entre le monde objectif et la réalité subjective, on démasquerait définitivement la tromperie cléricale qui vivait de cette différence.

Le premier philosophe à avoir formulé cette question est l'Alsacien Johann Heinrich Lambert. En 1764 il vint ici, à Berlin, pour y assumer une charge à l'Académie royale des sciences. Frédéric le Grand fut tout d'abord si horrifié par ses mœurs primitives relatives au boire et au manger, par sa prédilection pour les nouilles et les vins liquoreux[1], que seule la preuve de ses brillantes connaissances mathématiques purent le calmer. Or ce sont précisément ces connaissances qui rendirent possible une théorie philosophico-mathématique de l'apparence.

---

[1] Johann Heinrich Lambert, *Neues Organon oder Gedanken über die Erforschung und Bezeichnung des Wahren und dessen Unterscheidung vom Irrthum und Schein* [1764], Günter Schenk (éd.), Berlin, Akademie Verlag, 1990, t. III, p. 1037. Kittler cite une notice biographique.

Dès 1759, Lambert avait proposé un essai sous le titre significatif de *La Perspective affranchie.* « Affranchie » devait ici surtout signifier que la perspective telle que Brunelleschi et Alberti l'avaient enseignée aux peintres était un art qui n'avait jamais été que fort peu libre. Dans le cas d'images fictives, c'est-à-dire en l'absence d'une *camera obscura* comme médium technique intermédiaire, le peintre devait tout d'abord abandonner son médium bidimensionnel habituel pour se pénétrer de la technique étrangère de l'architecture. C'est seulement lorsqu'il était capable d'esquisser un plan de sol et une élévation de l'espace conforme aux préceptes d'Alberti qu'il parvenait à une peinture en raccourci perspectiviste et que les proportions, les lignes de fuite et le point de fuite s'accordaient. C'est exactement de ce fardeau que la perspective de Lambert devait affranchir les peintres. Or elle ne le pouvait que parce que le grand mathématicien de Mulhouse avait compris le mathématicien autrement plus grand de la ville de Bâle toute proche. Leonhard Euler avait réussi à nettoyer la géométrie des quatre fonctions trigonométriques de toutes les tables et de tout empirisme. Pour avoir normé à 1 le rayon du cercle à l'intérieur duquel prennent place sinus, cosinus, tangente et cotangente, il transforma les tables en véritables fonctions mathématiques dépendant d'une seule variable réelle ou, depuis Euler, d'une variable complexe. En d'autres termes, on pouvait désormais calculer de manière aussi générale qu'élégante avec des fonctions transcendantes, là où auparavant il fallait recourir à des équations algébriques, c'est-à-dire polynomiales.

C'est précisément cette astuce d'Euler que Lambert importa des mathématiques à la peinture. Il ne définissait plus la géométrie perspective à la manière d'Euclide ou de Pythagore en tant que rapports ou proportions entre des segments de droites, mais en tant que fonctions transcendantes d'un angle. Merveilleuse chose, me direz-vous, mais comment des peintres ignorants les mathématiques auraient-ils pu connaître ces fonctions ? Tout simplement parce que Lambert s'occupait de leur prémâcher un tel calcul. Lambert, qui se distinguait tout particulièrement par l'invention de nouveaux instruments de mesure, inventa une règle qui aurait tout bonnement horrifié Euclide ou Dürer. Elle comportait, outre la vénérable échelle de mesure, quatre nouvelles graduations qui rendaient disponibles les quatre fonctions trigonométriques – tout du moins dans l'intervalle entre -90 et 90 degrés. Un peintre muni de la règle de Lambert aurait pu travailler en plein air et laisser son œil glisser sur le paysage comme la règle sur son dessin – et, sans plan de sol ni élévation, donner le jour à une image en perspective. Étant profane en matière d'histoire de l'art, je ne sais malheureusement pas si, mis à part le Berlinois Hummel, de véritables peintres, pour ne pas dire des peintres célèbres, ont utilisé *La Perspective affranchie* de Lambert ; mais son principe montre déjà bien assez clairement, j'espère, comment la trigonométrie moderne est capable de reconstruire mathématiquement l'apparence optique ou la perspective d'un sujet voyant.

Lambert utilisa du reste le même artifice trigonométrique dans une partie de l'optique qui constitue son invention la plus personnelle : la photométrie. Avant Lambert, personne n'aurait pu déterminer les valeurs de luminosité de ce que l'on voit. La photographie, à l'opposé, qui n'est que l'automatisation de la photométrie lambertienne, s'est chargée de nous faire oublier ou de nous empêcher de remarquer cette ignorance. Que l'on prenne, dans l'église jésuite de Hoffmann par exemple, une source de lumière dont l'énergie de rayonnement est dans le meilleur des cas constante et qu'on fasse tomber sa lumière sur une surface courbe de la même couleur diffuse. Alors apparaît proprement dans l'œil une apparence ou un reflet qui ne dépend pas que de la luminosité de la lumière elle-même, mais également de l'angle que le rayon lumineux forme à la surface avec la perpendiculaire locale. $I = k * cos (a)$[1].

Les deux exemples de la perspective affranchie et de la loi des cosinus de Lambert (qu'il évoquait encore sous le nom de loi des sinus) avaient simplement pour but de vous montrer comment la nouvelle trigonométrie d'Euler et de Lambert a permis de calculer l'apparence subjective. Il ne restait alors plus qu'à développer cette mathématique du sujet en une philosophie complète. C'est exactement ce que fit le *Nouvel organon* de Lambert, qui parut l'année de son voyage à Berlin, et dont le sous-titre déjà trahissait sa nouvelle problématique : *Pensées sur la recherche et la désignation de la vérité, ainsi que sur la différence entre l'erreur et l'apparence.* Vous savez que toute philosophie a toujours su qu'entre la vérité et l'erreur se trouve un abîme qu'elle seule peut traverser. La différence entre vérité et apparence est pour sa part bien moins respectable et surtout beaucoup moins claire, particulièrement si, à l'instar de Lambert, on s'est déjà convaincu du fait que chaque perspective ou réflexion diffuse produit nécessairement une apparence. Le *Nouvel organon* (à la différence du bon vieil *Organon* d'Aristote) constate également que c'est dans le domaine optique que l'apparence surgit de préférence et que c'est donc là qu'elle doit de préférence être étudiée. Néanmoins, pour généraliser son concept, c'est-à-dire pour le transposer aux cinq sens, Lambert forge un nouveau mot qui va connaître une grande carrière philosophique : il fonde la doctrine de l'apparence en général, donc une « phénoménologie ». Dans cette science, comme vous vous en doutez, il s'agit du combat des Lumières contre la superstition ou, pour le dire autrement et avec Lambert, des « moyens pour éviter cette confusion, et parvenir ainsi grâce à l'apparence jusqu'à la vérité »[2]. Les premiers « exemples » à partir desquels Lambert « explique » son programme sont, pour cette raison, tirés de sa propre optique :

---

[1] Alan Watt, *Fundamentals of three-dimensional computer graphics*, Wokingham, Addison Wesley, 1989, p. 48.

[2] Jean-Henri Lambert, *Nouvel organon. Phénoménologie* [1764], trad. de l'allemand par Gilbert Fanfalone, Paris, Vrin, 2002, p. 31.

> La couleur des corps dépend de la lumière qui les éclaire. Dans la nuit, le rouge et le noir se laissent difficilement distinguer. À la lumière d'une lampe le bleu et le vert semblent presque avoir la même couleur. Un même mur au soleil et à l'ombre ne diffère pas seulement par la luminosité, mais aussi par le degré de blancheur. Par conséquent, on se demande sous quelle lumière les corps montrent leur couleur *naturelle*.[1]

La phénoménologie est donc en premier lieu la science consistant à déterminer la nature objective des choses à partir du sujet et surtout à partir de ses phénomènes tout d'abord optiques, et de faire ainsi table rase de toutes les tromperies des sens ou des prêtres. Mais puisque Lambert ne traite pas que de la pensée et de la connaissance, mais également de la dénomination de cette pensée, la problématique de la phénoménologie peut aussi être inversée. Mathématicien brillant, Lambert sait naturellement qu'il n'y aurait pas de pensée sans signes, pas de calcul sans symboles pour les chiffres et les opérations. C'est la raison pour laquelle sa phénoménologie se clôt sur une « sixième section » qui ne réduit pas l'apparence, mais au contraire la construit.

> La phénoménologie, dans son acception la plus générale [...] peut être qualifiée d'optique transcendante, dans la mesure où elle détermine en partant du vrai l'apparence, et inversement, en partant de l'apparence le vrai.[2]

Il est clair que l'adjectif « transcendant » ne désigne pas ici la place de Dieu en dehors du monde. C'est bien au contraire un terme mathématique que Lambert extrait de ses fonctions transcendantes des angles pour l'importer dans la philosophie. Kant, le jeune ami et élève de Lambert, n'aura donc qu'à se mettre au travail et à généraliser cette « optique transcendante » pour en faire ce qui, depuis, s'appelle « philosophie transcendantale ». En d'autres termes – malheureusement rarement utilisés par les philosophes –, l'idéalisme allemand aussi est né de l'histoire des médias optiques. Ce n'est pas pour rien que Hegel traite de ce qu'il appelle le combat des Lumières contre la superstition dans un livre qui porte le titre – à la fois fidèle et infidèle à Lambert – de *Phénoménologie de l'esprit.* Le jeune Hegel à tout le moins ne veut pas inconsidérément annoncer de but en blanc à ses lecteurs ce qu'il en est de Dieu, il veut au contraire construire l'absolu comme dernier point de fuite perspectiviste, après la suppression-élévation de toutes les apparences subjectives. Tout cela est bien beau, mais ne relève déjà plus de ce cours, puisque l'optique transcendante perd son double sens mathématique sur la route la conduisant de Lambert à Hegel en passant par Kant.

L'ultime section du *Nouvel organon* en revanche, « De la représentation sémiotique de l'apparence », donne un résumé de tout ce dont le cours a traité jusqu'ici. Il y va de la perspective linéaire et de la peinture, de la perspective linéaire et de l'architecture des théâtres et même, finalement, de

---

[1] *Ibid.*, p. 58.

[2] *Ibid.*, p. 193.

la perspective linéaire et de « la poésie »[1]. Généralisant pour ainsi dire le conseil ophtalmologique de Brockes ou la verrue de Diderot, Lambert considère la « poésie » comme

> [l'art] de nous dépeindre les choses d'après leur apparence et de produire entièrement, par leur représentation, les mêmes impressions que nous ferait la sensation de la chose elle-même si nous la voyions du point de vue duquel le poète se la représente et dans lequel il nous transporte pour ainsi dire par la pensée. [...] [Le poète] peint le côté de la chose qu'il se représente déjà entièrement à partir d'un point de vue donné, avec toutes les impressions que celui-ci produit sur sa connaissance et sur ses facultés d'appétition, et qu'il doit communiquer au lecteur.[2]

Le combat entre lumière et obscurité porta dans la nuit quotidienne et humble des bourgeois et des bourgeoises tous les effets d'éclairage dont ne disposaient jusque là que les pouvoirs aristocratiques tels les cours princières et les pouvoirs religieux, jésuites notamment. Une lumière artificielle se leva en tous lieux jusqu'à minuit. Des sociétés secrètes comme les francs-maçons qui, comme on l'a dit, ne purent se constituer qu'avec la diffusion imprimée des secrets des corps de métier, organisaient leurs rituels dans une nuit mi-obscurcie mi-éclairée et, dans cet entre-deux, il était impossible de décider si les chefs occultes poursuivaient les objectifs des Lumières ou de la Contre-Réforme. C'est pour cela que ces sociétés secrètes formèrent au XVIIIe siècle le sol commun sur lequel catholiques et libres penseurs, jésuites et philosophes éclairés, purent mener leur guerre. Elles furent cependant également le sol sur lequel les effets optiques de la propagande jésuite se renversèrent en pratiques commerciales, pour ne pas dire en escroqueries.

C'est le prix que la littérature des Lumières eut à payer pour avoir inventé le concept d'objets dignes d'être représentés et perdu dans le même temps tout concept stratégique de ses destinataires. Les escrocs qui produisirent à l'aide de médias optiques des objets, totalement illusoires, certes, mais devant un public stratégiquement et parfaitement calculé, ne firent que remplir une faille laissée vide ou mise à disposition par le système.

2.3.3. Voyants

À la différence de ce qui s'était passé à l'ère baroque d'Athanase Kircher, la *laterna magica* cessa ainsi de projeter les stations de la passion d'un fondateur de foi ou les tourments infernaux d'un damné. Au lieu de cela, elle devint l'arme multi-usage d'aventuriers de l'espèce du comte Cagliostro ou du galant Casanova. Les deuxième et troisième tomes de *L'Histoire de ma vie* de Casanova expliquent que s'il a joué un magicien nocturne à Cesena,

[1] *Ibid.*, p. 196. *Dichtkunst* : littéralement, « art de la poésie ». [N.d.T.]
[2] *Ibid.*, p. 196-197.

c'était, premièrement, pour soulager de 500 sequins un nigaud qui croyait aux trésors cachés par des esprits et, deuxièmement, pour séduire la fille de ce nigaud, bien entendu. Comme à son habitude, il réalisa le second projet assez aisément, mais sa tentative de se faire passer pour un magicien fut contrariée par un orage dont les éclairs effrayèrent bien plus le prétendu magicien que ses tours n'effrayèrent les spectateurs trompés...

Plus dramatique encore que l'expérimentation jamais reconduite de Casanova est la vie entière d'un escroc dont le patronyme suffisait à déceler les intentions cachées : l'homme s'appelait tout bonnement Schröpfer[1]. Permettez-moi de citer les tours de Schröpfer à partir de l'amusante *Voie du film* de Friedrich von Zglinicki, car, dans cette histoire, chaque mot compte :

> Schröpfer possédait un café dans la Klostergasse à Leipzig qui connaissait une large affluence, d'autant que le punch y était excellent. Le propriétaire de l'établissement savait magistralement s'y prendre pour se nimber devant ses hôtes de l'air d'un grand magicien ! Et de manière discrète, il donnait à entendre qu'il était « en possession du vrai secret de la franc-maçonnerie ». Or beaucoup de monde tentait à cette époque de percer ce vrai secret, car on était convaincu qu'il apporterait un pouvoir illimité à qui le posséderait. Parmi les habitués de l'auberge de la Klostergasse à Leipzig, il y avait également des sceptiques et chercheurs, et parmi ces derniers plus d'un exerçait de hautes charges administratives ou honorifiques. Des gens de ce type séduisaient tout particulièrement Schröpfer. Il s'approchait précautionneusement d'eux pour les questionner et les rendre dociles à souhait. Il ne se contentait pas de discours vides, mais exposait des « faits ». Ces « faits » consistaient en ce qu'on appelait des séances « nécromanciennes » (on dirait aujourd'hui spiritistes) qui se distinguaient par une mise en scène si raffinée – en particulier grâce aux effets d'une lanterne magique – que même les natures les plus prosaïques et les plus critiques y succombaient. Le théâtre des mystérieuses représentations était la salle de billard d'une nouvelle auberge, le Großkophtas. Schröpfer l'avait aménagée uniquement à cet effet. Pour commencer, le punch coulait à flots pour tous les spectateurs. De cette manière, on ne faisait pas qu'augmenter le chiffre d'affaire, mais on préparait également l'âme à voir des merveilles. C'est seulement après que le punch avait suffisamment dégagé de vapeurs d'alcool et enfumé les cerveaux des visiteurs impatients que Schröpfer passait avec ses hôtes dans la salle de billard et commençait la représentation. Pour éviter que des spectateurs indiscrets ou méfiants ne découvrissent le pot aux roses, Schröpfer avait pris toute sortes de dispositions et imposait des règles très strictes. Personne n'avait le droit de quitter sa place et, dans la pièce sombre, ne brûlait qu'une petite lampe qui, avec sa lumière tremblotante, renforçait encore l'ambiance lugubre. Des encensoirs, une tête de mort et d'autres ustensiles mystiques complétaient l'équipement du « magicien ». Alors commençait la conjuration : dans un vacarme terrible, l'esprit convoqué apparaissait au-dessus d'une sorte d'autel, ondoyant de-ci, de-là, devenant tour à tour plus lumineux ou plus sombre. Bien entendu, il s'agissait d'une image typique de *laterna magica*,

[1] Le verbe allemand *schröpfen* signifie « saigner », « scarifier », « sucer », « poser des ventouses », « plumer », « saigner quelqu'un à blanc ». [N.d T.]

projetée de derrière sur la fumée qui s'élevait. Des machines électrisantes faisaient en sorte qu'au point culminant des manifestations, les spectateurs recevaient des décharges électriques invisibles et mystérieuses, des assistants imitaient des voix d'outre-tombe, etc.

Schröpfer, qui avait une prédilection pour les titres ronflants et qui se fit également baron von Steinach ou fils du duc d'Orléans, n'était, au début de son œuvre de fumisterie, qu'actif à Leipzig, mais étendit bientôt son domaine et entrepris des voyages à Berlin, Francfort-sur-le-Main et Dresde. Grâce à son entregent d'intrigant et ses excellentes relations, il parvint rapidement à rassembler autour de lui les cercles les plus en vue et les plus aisés. Assidûment, Schröpfer commença à faire de la publicité pour une nouvelle entreprise : il voulait fonder sa propre loge maçonnique et obtient en effet promptement de toutes parts des sources de financement. Mécènes et amis lui allouèrent en toute confiance d'importants crédits. En échange, Schröpfer – *nomen est omen* – leur promit de hauts rendements annuels sur la base d'un trésor de plusieurs millions, soi-disant déposé dans une banque de Francfort. Pendant longtemps, le magicien parvint à berner ses patients créanciers et à les bercer de toutes sortes d'excuses. Au soir du 7 octobre 1774, il promit enfin à tous ses amis de dévoiler une partie de son trésor. À la Klostergasse l'excitation était à son comble. Tous étaient venus, y compris les Messieurs sérieux et riches et portant les titres les plus distingués. Le punch était meilleur que jamais. On discutait de la « vraie sagesse » et de « la lumière éternelle ». Schröpfer brillait de tout l'éclat de sa science et de sa gloire – un enjôleur d'âmes humaines terriblement séduisant.

Il semblait se sentir particulièrement à l'aise, plus drôle que jamais, il était plein d'énergie, étincelant et plein d'humour. Il se comportait – ce seront les mots du protocole – comme s'il devait se rendre à un bal. C'est seulement à minuit qu'il perdit un peu de sa vivacité. Il se retira un petit moment et écrivit quelques lettres. Au petit matin, il convia ses amis à se rendre avec lui au [jardin du] Rosental pour leur montrer une « merveilleuse apparition ». Schröpfer, à l'aube, marche seul en tête du groupe. Il prie ses amis d'attendre un peu et ces derniers constatent comment il poursuit la route seul, très droit et sans jeter le moindre regard derrière lui. Il tourne au coin du chemin, les arbres et les buissons le cachent. Les pas se sont tus, on n'entend plus rien. Comme un linceul noir, le silence surnaturel pèse sur le parc ; les hommes se regardent les uns les autres, deviennent anxieux – et voilà que résonne une détonation, comme un coup de fouet qui brise subitement le silence. On trouve Schröpfer mort sur le sol de la forêt, un coup de feu dans la bouche a mis un terme à sa vie.[1]

Comparez à l'occasion cette fin avec celle d'*Œdipe à Colone* de Sophocle... La belle histoire de Schröpfer se passant d'interprétation, restent seuls quelques points à souligner et quelques remarques à faire.

Premièrement, elle explique ce que j'ai ébauché à propos de la différence entre les traditions orales, et donc techniques, des maçons au Moyen Âge, d'une part, et les traditions tout aussi orales, mais occultes, des francs-maçons au XVIIIe siècle, de l'autre. L'imprimerie, la *camera obscura* et la *laterna magica* ont automatisé le savoir, dont l'envers est un savoir pure-

[1] F. v. Zglinicki, *Der Weg des Films*, *op. cit.*, p. 67-69. Trad. de la citation : S. W.

ment prétendu dont le seul but est de masquer par tous les moyens alcooliques la technologie qui lui sert de fondement, à savoir une *laterna magica.*

Deuxièmement, l'histoire explique comment la lumière nocturne qui était jusque-là aristocratique ou religieuse s'est embourgeoisée : les cafés profitent de la nouvelle luminosité des nuits, eux qui n'étaient apparus qu'en 1683 – après la levée du siège de Vienne par les Turcs et le pillage consécutif des réserves turques de café, que l'on avait d'ailleurs mélangées à du haschisch à l'insu et pour le plus grand plaisir du prince Eugène de Savoie-Carignan.

Troisièmement, l'histoire explique comment les diverses drogues, du café à la *laterna magica* en passant par le punch (sans parler du haschisch), agissaient toutes de concert pour plonger de telles nuits dans une pénombre spiritiste. Pour produire la littérature romantique, il n'y avait plus qu'à utiliser littérairement ces drogues l'une après l'autre, à l'instar par exemple des Frères Sérapion de Hoffmann et de leur rituel d'enivrement au punch, ou encore de ces nuits évoquées dans le titre des justement nommés *Contes nocturnes* du même Hoffmann.

Quatrièmement enfin (et c'est le point le plus important pour nous), Schröpfer démontre que les techniques de la *laterna magica* ont fait au XVIIIe siècle un bond en avant : dans la pénombre de la nuit artificielle, il fut pour la première fois possible d'infuser une vie technique aux esprits et aux fantômes qu'on projetait. Même si cette vie n'était pas encore le mécanisme de transport filmique, mais seulement le vacillement d'un rideau de fumée sur lequel la *laterna magica* projetait ses images artificielles, l'agencement par Schröpfer de lanternes magiques et de cassolettes montre très clairement comment le désir d'une technologie du film avait été engendré historiquement dans la confusion entre Lumières et superstitions, éclaircissement et escroquerie.

Ce qu'Edison et les frères Lumière accomplirent un siècle après Cagliostro et Schröpfer ne satisfaisait ni des besoins immémoriaux quelconques ni de quelconques rêves que l'humanité aurait, selon Zglinicki, eus depuis des temps immémoriaux ; c'était une réponse à des souhaits engendrés historiquement, en l'occurrence une réponse technique et pour cela définitive.

Comme pour attester ce passage de relais des illusionnistes aux ingénieurs, il y eut autour de 1800 des prestidigitateurs qui, à l'instar de Schröpfer, utilisaient certes leur *laterna magica* pour faire de l'argent en produisant des illusions, mais qui dans le même temps travaillaient au perfectionnement scientifique des technologies des médias optiques. Je ne nommerai que le Belge Étienne Gaspard Robertson, qui est connu dans l'histoire du cinéma pour ses projections de fantômes encore plus élégantes et réalistes que celles de Schröpfer, simplement parce qu'il avait installé sa *laterna magica* sur un chariot doté de grandes roues tournant légèrement et silencieusement et qui pouvait donc, comme la future caméra, se déplacer dans la pièce sans attirer l'attention. Pour augmenter encore l'illusion, Robertson se produisait de préférence dans de vieux monastères, comme s'il avait voulu rappeler l'origine contre-réformiste de la *laterna magica*, et remplissait la salle de représentations de crânes, pierres tombales et ossements, comme s'il avait déjà voulu tourner un film muet expressionniste ou orchestrer l'un de ces trains fantômes technicisés de nos foires[1]. Ce que les histoires du cinéma ne signalent pas, c'est que le 2 mars 1802, dans un tout autre cadre, à savoir devant l'Académie française, le même Robertson entra également dans l'histoire des sciences : au lieu de distribuer, comme Schröpfer, les décharges électriques d'esprits imaginaires à des spectateurs superstitieux ou, comme Casanova, de s'effrayer devant l'électricité naturelle d'un éclair, Robertson plaça deux bâtonnets de charbon sous un courant électrique fourni par une batterie voltaïque récemment inventée. Puis il rapprocha de plus en plus les deux bâtonnets de charbon et produisit entre eux une étincelle qui éblouit pour plusieurs secondes les spectateurs ahuris, jusqu'à ce que les charbons brûlassent et que la lumière s'éteignît. La lampe à arc à charbon, première source artificielle d'éclairage à pouvoir concurrencer le soleil ou l'éclair, était inventée et deviendra par la suite absolument indispensable à la photographie et au film.

2.3.3.1. Schiller

Après cette parenthèse sur Robertson en forme de pont entre le XVIIIe et le XIXe siècles, l'illusionnisme et la science, revenons au problème général des désirs historiquement suscités. La thèse était que c'est dans le combat des Lumières contre la superstition que des images en mouvement ont pour la première fois été présentées en masse et qu'elles sont pour cette raison devenues en masse un *desiderata.* Mais plus les enchanteurs s'ingéniaient à remplir ce souhait, plus croissait le désir stratégique contraire de démasquer leurs images en mouvement comme de simples illusions. Comme le prouvent de triste manière les cas de Cagliostro, Casanova et Schröpfer, les Lumières ont presque toujours atteint leur but – et dans la lumière froide du petit matin gisait dans un parc de Leipzig le cadavre d'un suicidé de plus. C'est pour cette raison – et c'est ici qu'intervient la seconde thèse – que le désir inassouvi d'images en mouvement a développé un autre médium capable de le satisfaire, du moins imaginairement, jusqu'à l'invention du film : la littérature romantique. Mais je précise, entre parenthèses, qu'à la différence de nombreux germanistes, j'inclus le soi-disant classicisme allemand ou de Weimar dans le romantisme.

Ceci établi, la démonstration de la seconde thèse paraîtra aisée. Prenons le tout premier roman de fantômes allemand, *Le Visionnaire* de Schiller, qui parut de 1787 à 1789 en plusieurs épisodes proprement captivants dans sa

[1] *Ibid.*, p. 70.

revue *Thalia*, et qui resta inachevé. Le héros est le fils d'un prince protestant allemand que ne séparent dans l'ordre de succession au trône plus que peu de parents vivants. Selon la preuve positiviste implacable qu'un germaniste a proposée en 1903, ce fils de prince aurait pu être un prince du Wurtemberg qui, comme cela est avéré, croyait au spiritisme et autres nécromancies et qui à un certain moment, après la mort du duc Charles II Eugène de Wurtemberg, le propre pédagogue ou despote de Schiller, aurait eu une prétention fondée à la succession. Or pendant que ce héros se trouvait à Venise, effectuant le Grand Tour prescrit à la noblesse, l'un de ses proches encombrants vint à mourir de manière aussi énigmatique que peu naturelle. Quoi qu'il en soit, des allusions parvinrent au prince à Venise selon lesquelles un mystérieux groupe de personnes, et surtout un prétendu Arménien, avaient intérêt à éliminer ces proches gênants, c'est-à-dire à aider le prince lui-même à se rapprocher du trône. Mais surtout, la première partie du roman traite d'une séance de conjuration des esprits qu'un Sicilien anonyme organisa dans l'arrière-pays vénitien, plus précisément sur les belles rives de la Brenta, pour le prince et sa suite.

> Quand nous rentrâmes dans la salle, nous y trouvâmes un grand cercle tracé au charbon, qui pouvait nous contenir aisément tous les dix. Tout autour, le long des quatre murs de la chambre, on avait enlevé le parquet, en sorte que nous étions comme dans une île. Un autel, couvert d'un drap noir, était dressé au milieu du cercle, et sous l'autel on avait étendu un tapis de satin rouge. Une bible chaldaïque était ouverte, auprès d'une tête de mort, sur l'autel, où était fixé un crucifix d'argent. Au lieu de cierges, de l'esprit-de-vin brûlait dans une capsule d'argent. Une épaisse fumée d'encens obscurcissait la salle et étouffait presque la lumière. Le conjurateur était déshabillé comme nous, mais nu-pieds ; autour de son cou nu il portait une amulette suspendue à une chaîne de cheveux ; autour de ses reins il avait attaché un tablier blanc, marqué de chiffres mystérieux et de figures symboliques. Il nous invita à nous donner la main les uns aux autres, et à garder un profond silence ; il nous recommanda surtout de ne faire aucune question au fantôme. Il demanda à l'Anglais et à moi (c'était de nous deux qu'il paraissait le plus se défier) de tenir fixement deux épées nues en croix, à un pouce au-dessus de sa tête, aussi longtemps que durerait l'opération. Nous étions debout en demi-cercle autour de lui ; l'officier russe était serré contre l'Anglais, et se trouvait le plus près de l'autel. Alors, le visage tourné vers l'orient, le magicien se plaça sur le tapis, fit des aspersions d'eau bénite vers les quatre points cardinaux, et s'inclina trois fois devant la Bible. La conjuration, à laquelle nous ne comprîmes rien, dura un demi-quart d'heure. Quand elle fut achevée, il fit signe à ceux qui étaient le plus près derrière lui de le tenir ferme par les cheveux. Au milieu des plus violentes convulsions, il appela trois fois le défunt par son nom, et la troisième fois il étendit la main vers le crucifix…
>
> Tout à coup nous ressentîmes tous ensemble une secousse, comme d'un coup de foudre, en sorte que nos mains se séparèrent violemment ; un éclat de tonnerre ébranla soudain la maison ; toutes les serrures craquèrent, toutes les portes battirent, le couvercle de la capsule s'abattit, la lumière s'éteignit, et à la muraille

vis-à-vis, au-dessus de la cheminée, se montra une figure humaine, pâle, en chemise sanglante, et avec le visage d'un mourant.

« Qui m'appelle ? » dit une voix sourde et qu'on entendait à peine.[1]

Comme cela apparaîtra par la suite, la figure corporelle qui chasse de manière si brutale la figure fantasmagorique invoquée par le Sicilien n'est autre que l'Arménien. Il fait arrêter le Sicilien par la police vénitienne et, dans son cachot, le force à révéler au prince toutes les astuces techniques de sa mise en scène magique. Le prince, et avec lui nous, les lecteurs du roman, apprenons donc que le fantôme du mourant avait été projeté sur un rideau de fumée artificielle par une *laterna magica* cachée et que le coup de foudre ressenti par toutes les personnes présentes avait été déclenché par une source de courant cachée, certainement par une bouteille de Leyde (car les batteries voltaïques n'existaient pas encore). Mais pour les auditeurs de ce cours, ces éclaircissements systématiques sont pratiquement superflus : vous avez déjà reconnu dans chacune des séances du Sicilien les séances de Schröpfer et, dans la Venise fictive, le café historico-empirique de Leipzig.

Je commence la nouvelle année, la dernière du millénaire, avec le vœu que tout ait bien commencé pour vous et se poursuive de la même manière. Cela ne signifie du reste pas nécessairement que toutes les bonnes résolutions que vous avez prises devront être tenues. La mienne du moins le sera, à savoir de passer avec la nouvelle année à la deuxième partie principale du cours, celle sur les médias opto-techniques. Dans le cours d'aujourd'hui, les récits d'histoire de la littérature et d'histoire de l'art avec lesquels j'ai cherché à vous divertir jusqu'ici prennent subitement fin.

Le roman de Schiller, ainsi que je l'avais souligné, est un roman-feuilleton qui ménage un suspens maximal au lecteur. C'est pourquoi un magicien arménien se dégage subitement du cercle des nécromanciens, met fin aux escroqueries de l'aigrefin sicilien et, au lieu d'un fantôme en deux dimensions, en fait apparaître un en trois. L'Arménien, tel une allégorie du combat hégélien des Lumières contre la superstition, louvoie donc entre un pouvoir de désillusion et un pouvoir d'illusion encore plus trompeur. D'un côté, en livrant le Sicilien à la police vénitienne et en le soumettant à un interrogatoire systématique dans sa prison, il apporte au prince des lumières purement techniques sur toutes les astuces avec lesquelles il pipait la nécromancie. De l'autre côté, ces lumières apparentes s'avèrent dans la deuxième partie du roman être elles-mêmes un stratagème sous couvert duquel l'Arménien, après avoir démasqué une magie de premier degré, passe désormais, et sans s'attirer le moindre soupçon, à une magie de second degré. Il apparaît même que le Sicilien n'était qu'une marionnette engagée par l'Arménien, et que son escroquerie facile à dévoiler ne devait servir qu'à

[1] Friedrich Schiller, *Le Visionnaire* [1786-1789], in : *Mélanges de Schiller précédés du Visionnaire*, trad. de l'allemand par Ad. Regnier, Paris, Librairie de L. Hachette et Cie, 1861, p. 19-20.

préparer l'escroquerie véritable. L'intérêt ne se porte pas sur des apparitions d'esprits en elles-mêmes, par pure curiosité pour ainsi dire ; le roman vise bien plus à ramener un prince absolutiste allemand, donc à peu près éclairé, à la croyance aux apparitions. Dans le roman, cette foi optique est par excellence le catholicisme et, plus précisément, l'ordre des jésuites. Une décennie à peine après que la majeure partie des États d'Europe centrale, et le Vatican lui-même, avaient suspendu l'ordre jésuite, l'enjeu était bien les menées de ce dernier pour rétablir son pouvoir sur les principautés allemandes en assassinant des héritiers protestants ou en les convertissant à la seule Église béatifique. La règle renaissante, *cuius regio, eius religio*, resta en vigueur, du moins *pro forma*, jusqu'à la destruction de l'ancien Empire par Napoléon. Toutes les techniques d'illusion que Schiller tire de sa connaissance intime de Schröpfer migrent donc de l'escroc allemand à l'organisation secrète catholique, et la théorie de la Contre-Réforme que j'ai présentée ici reçoit un appui littéraire auquel on pourrait sans problème en ajouter un philosophique. La *Critique de la faculté de juger* de Kant apporte la preuve que le sublime le plus élevé pour la faculté humaine d'imagination (et cela sans aucun paradoxe) est le Dieu sans images – au sens de la loi mosaïque – et que par conséquent, toute mise en image de la religion constitue déjà un abus de pouvoir des gouvernements, abus qui ne saurait être que contre-réformiste :

> [...] quand les sens ne voient plus rien devant eux et que cependant demeure présente l'idée de la moralité, telle qu'elle ne peut être ni méconnue ni détruite, il serait bien davantage nécessaire de modérer l'élan d'une imagination sans limites, pour ne pas la laisser s'intensifier jusqu'à l'enthousiasme, que de craindre la faiblesse de ces Idées et de chercher à leur venir en aide en leur trouvant un appui dans des images et dans un apparat puéril. De là vient aussi que des gouvernements ont volontiers permis de pourvoir richement la religion d'un tel appareillage et cherché ainsi à retirer à leurs sujets, non seulement la peine, mais aussi le pouvoir d'étendre les facultés de l'âme au-delà des limites qu'on peut leur imposer arbitrairement et à l'aide desquelles, dans la mesure où on les as rendus passifs, on peut plus aisément les manipuler.[1]

Dans le roman inachevé de Schiller, c'est précisément ce stratagème contre-réformiste qui triomphe : le prince, apprend-on à la dernière page publiée, vient tout juste d'assister à sa première messe catholique. Mais pour produire de telles conversions miraculeuses, il ne suffisait pas de mystifier des nobles éclairés avec des gadgets comme la *laterna magica* de Schröpfer ou du Sicilien. Quelques astuces basées sur une longue-vue mises à part, l'Arménien dut surtout amener au prince une femme dont – en tant que futur romantique – il ne pouvait pas ne pas tomber amoureux. Ainsi cette femme qui, soi-disant grecque, était évidemment du plus noble lignage allemand et parlait l'allemand, apparut la première fois masquée à son amant, pieuse et

---

[1] Immanuel Kant, *Critique de la faculté de juger* [1790], trad. de l'allemand par Alain Renaut, Paris, GF Flammarion, 1995, p. 258.

catholique de surcroît, dans l'une des églises baroques les plus célèbres de Venise, entourée donc de peintures de saints, de plafonds ornés et de tout l'attirail contre-réformiste. Une mise en scène du premier regard, sur lequel repose *per definitionem* l'amour romantique, et qui, au premier coup d'œil, pourrait faire penser à une rechute de la technique romanesque de Schiller, retournant de Schröpfer au Tintoretto, de la *laterna magica* au traditionnel tableau peint. Mais que l'on ne s'y trompe pas !

Car lorsque les serviteurs et compagnons du prince essayent sur son ordre de chercher dans Venise la Grecque disparue sitôt après la visite à l'église, le médium qui a soufflé au prince un amour romantique irrésistible est enfin nommé ou couché sur le papier du roman. Comme nous le savons tous douloureusement en 1999, il y a bien des techniques de médias sans amour, mais il n'y a en revanche pas d'amour sans techniques de médias. Dans le cas du nécromancien princier de Schiller, ce médium érotisant ne s'appelle cependant plus du tout peinture, mais littérature. Et la raison pour laquelle il fut impossible à ses compagnons de retrouver la trace de la Grecque dans Venise est que le prince, obnubilé par la littérature, ne pouvait pas du tout la décrire. Pour citer les termes de Schiller :

> […] par malheur, la description que le prince faisait d'elle n'était nullement propre à la faire connaître à un tiers. L'attention passionnée avec laquelle il avait dévoré son image, l'avait précisément empêché de la voir : il avait été entièrement aveugle pour tout ce qui aurait fixé principalement le regard des autres hommes. D'après sa description, on était plutôt tenté de la chercher dans l'Arioste ou le Tasse que dans une île de Venise.[1]

Je reviendrai encore au problème des fiches signalétiques, des contrôles de passeports et du relevé d'empreintes qui, avant l'invention de la photographie, demeurait insoluble théoriquement et pratiquement. Pour l'instant le problème est de comprendre pourquoi le prince n'a pu voir son amante grecque et, par conséquent, n'a pu la décrire. La solution est dans le texte : il n'a pas du tout perçu l'image de cette femme, mais il l'a lue dans les romans d'amour en vers les plus célèbres, dans Le Tasse ou l'Arioste. Son amour est un amour de roman d'amour, et le tour de force stratégique de l'Arménien a consisté à remplacer les illusions d'optique pénétrables de la *laterna magica* par les illusions impénétrables de la littérature romantique. Mais en cela, le mal explicite du roman se sert du même médium que l'auteur du roman, Schiller. Et parce que Schiller ne doute pas que son roman est l'un des innombrables brûlots éclairés lancés contre les agissements crypto-catholiques et en particulier jésuitiques, cette identité technique entre le bandit du roman et l'auteur du roman signifie que la littérature romantique elle-même, dans la grande guerre des images, envisage de prendre la place des techniques d'illusions contre-réformistes. Le prince nécromancien de Schiller démontre par là que l'exigence que Lessing n'avait formulée qu'à

[1] F. Schiller, *Le Visionnaire*, *op. cit.*, p. 126.

titre de précepte ou de but à atteindre, à savoir que les lecteurs doivent être davantage conscients des représentations de l'auteur que des mots couchés sur le papier et lus, avait dans l'intervalle produit des lecteurs réels. Il faut évoquer ici les nouvelles techniques scolaires de l'enseignement de la lecture et de l'écriture autour de 1800, qui ont conduit à ce *novum* historique que, dès leur plus tendre âge, les enfants apprennent à lire à voix basse. Quant au but d'un tel entraînement, il suffit de rappeler le fameux dictum de Hegel selon lequel seule une telle lecture silencieuse peut jeter le fondement de l'intériorité dans chaque sujet, intériorité dans laquelle naîtront ensuite diverses représentations optiques de ce qui a été lu. Mais s'il devait encore y avoir des doutes quant au fait que le prince fictif de Schiller, en sa qualité de lecteur, devait livrer le modèle et l'exemple de tous les lecteurs factuels, ceux-ci disparaissent à la lecture de la phrase où Schiller signale aux lecteurs de sa revue la fin provisoire, et malheureusement également définitive, du roman inachevé. Schiller écrit :

> Quant au lecteur qui a espéré voir ici des esprits, je l'assure qu'il en viendra encore ; mais il comprend lui-même qu'auprès d'un homme aussi incrédule que l'est encore alors le prince de ***, ils ne seraient nullement à leur place.[1]

« Ici », dans la citation de Schiller, signifiait évidemment : ici dans cette revue, ici dans mon roman, ici sur ces pages imprimées, dont depuis Gutenberg des centaines voire des milliers peuvent être produites sans délai. Une prétention fantastique s'empare de la littérature, qui, d'aussi loin que je vois, ne s'était élevée ni auparavant, au temps de l'ancienne Europe, ni ultérieurement, dans la condition technique. À l'époque classique-romantique au contraire, cette prétention était pour les écrivains et pour les lecteurs une évidence. Quelques années seulement après le roman inachevé de Schiller parut dans la même ville de Iéna un *Art de lire des livres* du savant indépendant Johann Adam Bergk, qui ne s'attaquait pas de manière moins décidée à la superstition que *Le Visionnaire*. Il faisait cependant une exception : malgré le scepticisme religieux, il peut bel et bien y avoir des apparitions d'esprit, mais ce n'est que dans des livres plein d'esprit et seulement dans ces derniers qu'on les trouvera[2].

De telles réflexions ne sont pas des jeux de mots à valeur historique, reposant simplement sur le double sens d'« esprit » comme signification et comme fantôme. Elles décrivent bien plus un mode de fabrication des textes fictionnels qui est également et tout d'abord d'une importance éminente pour les études cinématographiques et télévisuelles. Disons les choses de manière claire : certains collègues des sciences des médias, qui ont commencé par faire leur doctorat sur le roman français puis découvert le cinéma français pendant leur habilitation, se donnent aujourd'hui pour unique tâche d'impri-

---

[1] *Ibid.*, p. 112.

[2] Johann Adam Bergk, *Die Kunst, Bücher zu lesen. Nebst Bemerkungen über Schriften und Schriftsteller*, Iéna, In der hempelschen Buchhandlung, 1799, p. 252.

mer un volume après l'autre sur la théorie et la pratique de l'adaptation cinématographique d'œuvres littéraires. Or, au contraire de telles modernisations au rabais du métier du philologue, il s'agit d'abord de concevoir quelle forme historique de la littérature a produit la condition de possibilité de son adaptation au cinéma. En l'absence d'un tel concept, on ne peut expliquer pourquoi les romans d'Alexandre Dumas comme, par exemple, *Les Trois mousquetaires*, ont été cent fois réécrits pour l'écran, alors que pour la littérature de la vieille Europe – des *Métamorphoses* d'Ovide jusqu'aux pavés baroques – il n'y a qu'un pur néant filmique. Même si l'on s'aventurait à adapter l'*Odyssée* pour les écrans de Hollywood, on ne le ferait jamais qu'à la manière d'un romancier du XIXe siècle.

Dans son livre, *L'Écran démoniaque*, Lotte Eisner a certes constaté avec justesse et précision à quel point les premiers longs-métrages puisaient dans les thèmes et les techniques du romantisme littéraire, mais même chez elle on chercherait en vain des explications.

Or, si je vois juste, la différence entre adaptabilité et non-adaptabilité cinématographiques, textes préromantiques et romantiques, se trouve intégralement dans la guerre des images que se livrèrent les médias et que la littérature romantique gagna un certain temps contre un adversaire cédant lentement du terrain, l'Église. Dans le combat des Lumières contre la superstition, la victoire, comme dans toutes les histoires, appartient au retour du même. En d'autres termes, la production de livres, *alias* les Lumières, est elle-même devenue une technologie de l'image.

On peut même faire un pas de plus et déduire les modifications historiques de la perception quotidienne de la capacité d'hallucination optique acquise par la littérature autour de 1800. Il est bien connu qu'une fois le premier choc passé, les Européens et les Américains du Nord ont appris assez rapidement et sans trop de difficultés à décoder des séquences filmiques en tant que telles, c'est-à-dire à ne plus penser qu'une coupe découpe l'action ou que, dans un gros plan, une tête humaine est séparée d'un tronc. D'autres cultures en revanche – avant que, à partir de la fin de la Deuxième Guerre mondiale, nos groupes de médias se soient lancés dans une colonisation mondialisée de toutes les perceptions –, auraient eu des difficultés à suivre ne serait-ce qu'une syntaxe faite d'images vivantes. C'est pourquoi il paraît plausible de supposer que la capacité à voir des séquences d'images a découlé de la capacité historiquement acquise à suivre une séquence de lettres non pour elles-mêmes, mais en tant que séquence imaginaires d'images. Grâce à l'enseignement de la lecture silencieuse, les Européens et les Américains seraient devenus des sujets du cinéma potentiels.

Le prince nécromancien de Schiller ne suffit cependant visiblement pas à fonder une thèse si hardie. Le lecteur du roman n'apprend rien sur la réalité de sa technique de lecture, mais seulement sur les images féminines dont il pourrait croire – mais croire seulement – qu'il les a lues dans Le Tasse ou dans l'Arioste. C'est pourquoi, à la fin de cette marche forcée à travers l'histoire de la littérature, et aussi à titre de transition vers la technologie chimiquement pure des médias, il faut encore évoquer Ernst Theodor Amadeus Hoffmann et le romantisme au sens strict du terme.

2.3.3.2. Hoffmann

Dans les mêmes années où, grâce à sa *laterna magica* mobile et silencieuse, Étienne Gaspard Robertson remplissait de vieilles églises conventuelles de projections de fantômes, paraissait le roman romantique d'épouvante de Hoffmann, *Les Élixirs du diable.* Le roman se déroule dans les mêmes vieilles églises conventuelles, et traite des mêmes élixirs ou drogues, soit d'une hallucinose optique générale dont il faudra démontrer qu'elle est tout bonnement le corrélat de la nouvelle technique de lecture silencieuse. Car ce qui n'était chez Schiller qu'une promesse vide – les esprits apparaîtraient encore aux lecteurs, même si l'auteur venait de décider d'interrompre son roman – prend chez l'auteur Hoffmann un sens tout à fait littéral ou technique. Non seulement ses personnages fictifs ont sans cesse des apparitions, mais le roman dans son ensemble fonctionne comme une apparition optique pour chaque lecteur. Citons *in extenso* l'avant-propos du soi-disant éditeur, *de facto* naturellement de l'auteur du roman Hoffmann.

> Que je voudrais, aimable lecteur, te conduire sous ces platanes sombres où j'ai lu, pour la première fois, l'histoire étrange de frère Médard ! Tu t'assoirais près de moi sur ce banc de pierre à demi masqué par les buissons odorants et par leurs fleurs épanouies aux couleurs variées. Comme moi, l'âme emplie d'un vague désir, tu contemplerais les montages bleues qui s'amassent en formes bizarres, derrière la vallée ensoleillée, que tu verrais s'étendre devant nous au sortir du berceau de feuillage. Et, en te retournant, tu apercevrais alors, à quelques pas à peine, un monument gothique, au portail richement orné de statues. À travers les branches sombres des platanes, des images de saints vous regardent véritablement de leurs yeux vivants et clairs : ce sont les fresques vives qui brillent sur les vastes murailles. Le soleil, rouge comme le feu, se tient sur la montagne ; le vent du soir s'élève. Partout le mouvement et la vie.
>
> Des voix singulières murmurent et chuchotent à travers les arbres et le bosquet, et, montant toujours, elles semblent se transformer en chant et en éclat d'orgue. C'est le bruit qui vient du lointain.
>
> Des hommes austères, habillés de vêtements à larges plis, se promènent silencieusement sous les berceaux du jardin, le regard pieusement tourné vers le ciel. Les statues des saints, devenues vivantes, seraient-elles descendues de leurs chapiteaux ? L'effroi mystérieux des légendes et des récits étonnants que ces lieux ont fait naître plane sur vous. On dirait que tout se passe encore sous vos yeux et l'on se plaît à le croire…
>
> C'est dans cette disposition d'esprit qu'il faut lire l'histoire de Médard, et alors les visions étranges du moine vous sembleront quelque chose de plus que le jeu déréglé d'une imagination exaltée.

Et, aimable lecteur, maintenant que tu as vu de saintes images, un cloître et des moines, il est à peine besoin d'ajouter que l'endroit où je t'ai conduit est le jardin magnifique du couvent des capucins, à B...
Une fois que j'étais allé y passer quelques jours, le vénérable prieur me montra, comme une curiosité, les papiers laissés par frère Médard et conservés dans les archives. J'eus beaucoup de peine à décider le vieillard à me permettre de les lire. Au fond, disait-il, ces papiers auraient dû être brûlés.
Aussi, bienveillant lecteur, n'est-ce pas sans redouter que tu ne sois de l'avis du prieur que je les mets maintenant entre tes mains, sous forme de livre. Mais si tu te décides à suivre Médard, comme un compagnon fidèle, à travers le sombre cloître et les cellules, et à entrer dans un monde bariolé, le plus bariolé des mondes ; si tu veux bien supporter tout ce que sa vie a d'effrayant, d'épouvantable, d'extravagant, de bouffon, alors, peut-être, éprouveras-tu quelque plaisir à la vue des tableaux variés de *camera obscura* qui s'ouvriront devant toi.
Il se peut aussi qu'en regardant avec attention ceux qui te sembleront les plus informes, tu les voies bientôt clairement et nettement expliqués. Tu as ici l'image du germe secret enfanté par un mystérieux destin : il devient une plante luxuriante et, se multipliant toujours, s'embellit de mille tiges ; mais la fleur, en devenant fruit, attire à elle toute la sève et tue le germe lui-même.
Après avoir lu, avec un soin extrême, les papiers du capucin Médard, ce qui me fut assez difficile, car le défunt avait une très mauvaise écriture de moine, voici mon impression. Ce que nous appelons généralement rêve et imagination pourrait être la connaissance symbolique du fil secret qui traverse notre vie, en la nouant solidement dans toutes ses phases. Mais il faudrait considérer comme perdu celui qui croirait, grâce à cette connaissance, avoir acquis la force de briser violemment le fil et de se mesurer avec l'obscur pouvoir qui nous commande.
Peut-être bienveillant lecteur, penses-tu comme moi ; c'est ce que je souhaite de tout cœur, pour mille importantes raisons.[1]

J'ai exceptionnellement cité l'intégralité du passage pour exposer la cohérence et la systématicité avec laquelle un roman romantique transforme toutes les questions relevant de la technique du livre en un questionnement sur la technique des images. Hoffmann ne s'est pas contenté d'éditer *Les Élixirs du diable* ou de les recopier de vieux livres – pas davantage que ses autres nouvelles –, mais (comme le dit la nouvelle de *L'Homme au sable*) il a d'abord vu ses histoires sous forme de visions colorées. Il ne fait donc que feindre de tirer le texte d'un vieux manuscrit dont l'illisibilité renvoie à la pratique monacale de la copie de livres avant l'invention de Gutenberg. Les lecteurs de Hoffmann en revanche ne doivent pas être importunés le moins du monde par des problèmes de déchiffrement de lettres ; l'avant-propos ne leur présente pas le manuscrit du moine lui-même, mais le paysage où Hoffmann l'a lu pour la première fois. Selon une jolie remarque de Freud, « on ne rencontre évidemment pas [de lettres] dans la nature »[2] ; les lecteurs

[1] E. T. A. Hoffmann, *Les Élixirs du diable* [1815-1816], trad. de l'allemand par Alzir Hella et Olivier Bournac, Paris, Stock, 2002, p. 17-19.
[2] S. Freud, *L'Interprétation du rêve* [1900], trad. de l'allemand par Jean-Pierre Lefebvre, Paris, Seuil, 2010, p. 320.

donc, que Hoffmann *de facto* ne peut naturellement que mener avec ses lettres sous un sombre platane, ne remarquent pas du tout qu'ils lisent. Vers 1800, l'entraînement à la lecture silencieuse et inconsciente a remporté une première victoire. La seconde victoire, stratégiquement plus déterminante, suivit immédiatement : le paysage dans lequel Hoffmann conduit son lecteur ou par lequel il le séduit n'est autre que celui du couvent où l'action du roman elle-même commencera et finira. Les lecteurs, qui sont plongés dans ce paysage par l'imagination, voient donc les tableaux peints de l'église et les images saintes que le héros lui-même a vus. Et si ces images « descendent de leurs chapiteaux » pour « [devenir] vivantes », c'est que les lecteurs parviennent au même état drogué ou halluciné que le héros du roman : eux également ont les « visions étranges » d'une sainte peinte, qui devient en même temps le seul et incestueux objet d'amour de l'ensemble des protagonistes du roman.

Une extase optique que Hoffmann n'a plus qu'à sanctionner d'une bonne note : « Et, aimable lecteur, maintenant que tu as vu de saintes images, un cloître et des moines, il est à peine besoin d'ajouter que l'endroit où je t'ai conduit est le jardin magnifique du couvent des capucins, à B… ». Dans le contexte du cours en revanche, il faut ajouter un mot : le fait que l'inventaire de l'action d'un roman romantique soit épuisé par l'énumération de « saintes images », d'un « cloître » et de « moines » souligne admirablement la thèse que ce roman a sa source dans les puissances qui se livrent une guerre des images. Le prieur du cloître où se déroule l'action des *Élixirs* et d'où provient le manuscrit autobiographique aurait voulu que « ces papiers » soient « brûlés ». Mais une décennie seulement après le grand pillage de toutes les bibliothèques claustrales, lors du Recès d'Empire du 25 février 1803 qui a reversé le savoir monacal dans le savoir universitaire et surtout procuré sa fameuse richesse en manuscrits à la bibliothèque universitaire de Munich, l'auteur Hoffmann transgresse tous les interdits obsolètes, parce que religieux, et fait de ces mêmes papiers, premièrement, son roman protégé par le droit d'auteur et, deuxièmement, son activité secondaire protégée par le droit des fonctionnaires. Et cela a finalement pour effet que le lecteur du roman n'achète pas des papiers « sous forme de livre » ; ce qu'il acquiert ce sont bien plutôt – je cite – « les tableaux variés de *camera obscura* qui s'ouvriront devant [lui] »[1].

Il n'y a plus qu'à ajouter, comme disent les mathématiciens, *quod erat demonstrandum.* Il est tout simplement écrit que le romantisme allemand lui-même recueillit l'héritage fructueux de toutes les *camerae obscurae* de la Renaissance et de toutes les *laternae magicae* du baroque. On reviendra sur le prix lourd de conséquences de ce triomphe, soit le coup d'arrêt porté pendant presque un demi-siècle à la recherche sur les médias en Allemagne, parce qu'en un sens tous les désirs d'images suscités historiquement

[1] E. T. A. Hoffmann, *Les Élixirs du diable*, *op. cit.*, p. 18.

semblaient déjà comblés dans l'imaginaire des âmes des lecteurs. Si, pour parler avec Novalis, lors de la « bonne lecture », c'est-à-dire une fois acquises les nouvelles techniques d'alphabétisation à l'école primaire, « un monde intérieur visible d'après les mots » d'un quelconque auteur de roman se déploie ou si, pour le dire avec Hegel, l'histoire entière de la pensée occidentale, après avoir parcouru sa description hégélienne, se réduit à une « galerie d'images », la littérature, à la fin historique du monopole de l'écrit, s'est revêtue de tous les privilèges de la *camera obscura* et de la *laterna magica.* Il n'y avait en 1820 plus qu'une alternative tranchée : soit perfectionner soit techniciser cette magie. Et techniciser signifiait – on en parlera lors de la prochaine séance – combler un déficit fondamental, dont vivaient précisément les *camerae obscurae* littéraires, c'est-à-dire imaginaires. Pour que les lecteurs continuent d'acheter des romans romantiques, il fallait qu'il soit absolument impossible de stocker ce que Hoffmann appelait les « visages intérieurs » ailleurs que sur du papier ; il fallait donc abandonner au lecteur parfaitement alphabétisé et à son intériorité leur animation et imagination. Dès le moment où des images en mouvement purent être couchées sur du papier sans la moindre description littéraire, sans la moindre intervention de la main d'un peintre, même d'une main qui avait suivi le dessin prédéfini par une *camera obscura*, c'en était fini du monopole de l'écriture et du papier. L'invention de la photographie par Niépce et Daguerre, dont le nom n'est pas anodin, a opéré cette coupe. *Post tenebras lux*, après les ténèbres la lumière, suivant le titre que le fils de Niépce donna à l'un de ses brûlots. Mais avant d'explorer cette lumière qui apportera du reste des ténèbres spécifiques et tout à fait inédites, du type de l'infrarouge et de l'ultraviolet, faisons encore quelques remarques sur l'histoire filmique de la technique romantique de lecture.

2.3.4. Poésie romantique

Il semble une fois de plus que, parmi les historiens du film, seul Virilio ait aperçu la relation entre la lecture silencieuse romantique et la fréquentation des salles de cinéma. Aucun père de famille luthérien qui devait lire chaque dimanche à voix haute le chapitre approprié de la Bible à sa grande famille n'aurait pu envisager d'halluciner le texte comme la projection d'une *camera obscura.* C'est le lecteur silencieux et solitaire qui, le premier, mania sa lecture comme une perspective sur les données optiques nommées dans le texte[1]. Mais surtout, ce lecteur, à la différence des centaines de visiteurs du théâtre à l'italienne, était par excellence solitaire. C'est pour cela et seulement pour cela qu'il pouvait accorder toute sa

[1] P. Virilio, *Guerre et Cinéma I, op. cit.*, p. 48.

créance à sa propre perspective, qu'aucun voisin de théâtre placé ailleurs dans la salle de spectacle n'aurait pu contester, et s'abandonner sans réserve à l'illusion. Virilio, penseur français, choisit l'exemple d'un lecteur de journal dans le métro parisien pour démontrer que personne n'apprécie que d'autres lisent son journal par-dessus son épaule. En tant qu'ancien germaniste, je devrais pour ma part plutôt choisir l'exemple classique des *Affinités électives* de Goethe où cette règle, mais également sa transgression, a été formulée pour la première fois en 1809 : le lecteur solitaire de Goethe, Édouard, faisait une exception à la règle quand l'être qui lisait avec lui par-dessus son épaule s'appelait Odile, l'objet d'un amour non moins imaginaire.

Il ne devrait pas être compliqué de reconnaître avec Virilio, dans cette perspective aussi incontestable qu'imaginaire du lecteur solitaire, une étude historique préliminaire de la capacité à percevoir des longs-métrages et, en faisant un pas au-delà de Virilio, de reconnaître dans l'exception faite à la loi d'exclusivité quelque chose comme une étude historique préliminaire de la star de cinéma. Car en dernier lieu, la tâche m'incombe encore de ramener la pin-up à son concept. Pour cela, il faut jeter un regard au-delà de l'avant-propos, sur le texte du roman de Hoffmann lui-même. L'avant-propos notait que, pour le lecteur solitaire dans le jardin du cloître, les images des saints descendent des chapiteaux devant son œil intérieur. Et on n'en révélera par trop si l'on dit que le roman de Hoffmann, également et surtout dans son intrigue, ne parle de rien d'autre. Le moine du nom de Médard, dont la perspective subjective constitue l'axe autour duquel tournent *Les Élixirs du diable*, tombe en principe seulement amoureux de femmes qui ressemblent à un tableau de sainte Rosalie exposé dans l'église du cloître. La raison historique de cette confusion céleste-terrestre est une fois de plus la Contre-Réforme et, plus précisément, un peintre qui était l'aïeul du héros du roman et qui avait compris si littéralement la mission qu'on lui avait confiée de créer dans une église baroque des images de saints qui exciteraient aussi et justement la sensualité des visiteurs de l'église qu'il avait choisi comme modèle de sa sainte Rosalie la grande prostituée qui gouverne le monde (également appelée dame Vénus). Et même si l'Église remercie le peintre de ce sacrilège en maudissant toute sa descendance, elle ne se gêne par pour continuer à exposer l'image de la sainte prostituée. Les vieilles puissances européennes avaient à l'évidence besoin de leurs pin-up.

Mais malheureusement, Médard, le descendant du peintre et héros du roman, ne tire justement pas cette conclusion évidente, à savoir que son désir charnel est l'artefact de puissances historiques. Prototype de tous les lecteurs romantiques – et les femmes parmi vous ont certainement déjà noté que l'avant-propos de Hoffmann ne s'adresse qu'à des hommes –, le héros se met bien au contraire à superposer l'image sainte de Rosalie à une lectrice lisant avec lui par-dessus son épaule. Que cette amante se révèle apparentée à lui par des liens de consanguinité ne change rien à l'affaire. Ce qui est plus important, c'est que Médard, confesseur et catéchiste de la jeune fille, fait feu de tout bois pour marquer chaque parole de la foi chrétienne d'une équivoque érotique lisible :

> La vue d'Aurélie, son approche, rien que le frôlement de sa robe m'enflammaient. Le torrent de feu qui coulait dans mes veines gagnait sensiblement le laboratoire de mes pensées ; c'est ainsi que je lui parlai des mystères et des miracles de la religion en recourant à des images brûlantes, dont le sens profond était l'expression d'une frénésie voluptueuse, du plus ardent, du plus passionné des amours. Je voulais que le feu de mes paroles eût sur l'âme d'Aurélie l'effet de décharges électriques contre lesquelles elle se prémunirait en vain ; les images que je jetais en son âme devaient, sans qu'elle s'en rendît compte, prendre un développement merveilleux, devenir plus brillantes et plus étincelantes ; apparaissant alors dans leur véritable signification, elles devaient la remplir de l'idée de jouissances inconnues, jusqu'à ce que, martyrisée et déchirée par un désir indicible, elle se jetât d'elle-même dans mes bras.[1]

En d'autres termes, tandis que le roman, suivant l'avant-propos, fonctionne comme une *camera obscura*, le héros du roman agit ou séduit comme une *laterna magica.* La reproduction des images se change en production d'images. Cette projection d'*imagines* érotiques dans l'âme d'une femme est couronnée de succès. Aurélie devient la fiancée du moine. Certes, il ne parvient pas à séduire sa fiancée par la discussion, tout simplement parce qu'au moment où il la prend dans ses bras, apparaît devant son œil intérieur, en guise d'avertissement, une prude image de son double, sainte Rosalie. Mais quand Aurélie devient une lectrice romantique solitaire, presque plus rien ne sépare le déroulement du roman et le coït, la vénération des images saintes et l'inceste.

> Il y avait plusieurs jours que je n'avais vu Aurélie ; elle était allée avec la princesse dans un château de plaisance situé dans le voisinage. Je ne pus supporter son absence plus longtemps ; j'y courus. Arrivé tard dans la soirée, je rencontrai dans le jardin une caméristе qui m'indiqua la chambre d'Aurélie. Doucement, doucement, j'ouvris la porte ; j'entrai ; un air lourd, un merveilleux parfum de fleurs m'entourèrent et étourdirent mes sens. Des souvenirs surgirent en moi, comme des rêves obscurs. N'est-ce pas là la chambre d'Aurélie au château du baron où je… ? À cette pensée, il me sembla qu'une sombre figure s'élevait derrière moi et une voix cria en moi : « Hermogène ! »
>
> Effrayé, je m'avançai en courant ; la porte du cabinet était entrouverte. Aurélie était agenouillée, le dos tourné vers moi, devant un tabouret sur lequel était placé un livre ouvert. Rempli de crainte, je regardai involontairement derrière moi ; je ne vis rien et je m'écriai, dans un ravissement suprême : « Aurélie, Aurélie ! »
>
> Elle se retourna rapidement, mais, avant qu'elle se fût levée, j'étais déjà à ses genoux et je l'avais enlacée avec force.
>
> « Léonard ! mon bien-aimé », murmura-t-elle tout bas.
>
> Alors fermenta et bouillonna dans mon être un désir furieux, une passion coupable et sauvage. Elle était là inerte dans mes bras ; ses cheveux dénoués tombaient en boucles épaisses sur mes épaules ; sa gorge juvénile se soulevait ;

[1] E. T. A. Hoffmann, *Les Élixirs du diable*, *op. cit.*, p. 109-110.

> elle gémissait sourdement. Je ne me connaissais plus moi-même. Je la relevai ; elle parut animée d'une force nouvelle ; une ardeur inconnue brûlait dans ses yeux et elle rendait avec plus de feu mes baisers délirants.[1]

Pour comprendre la sexualité de notre siècle, il suffit d'amplifier cet érotisme par le média-technique, donc de remplacer les lecteurs par des spectateurs et producteurs de cinéma. Dans *L'Arc-en-ciel de la gravité*, le grand roman de la Guerre mondiale de Thomas Pynchon, intervient un réalisateur expressionniste fictif du nom de Gerhard von Göll, dont le chef-d'œuvre est un film de la UFA au titre révélateur de *Cauchemars*. À son paroxysme (dans tous les sens du terme), Margarethe Erdmann, la star de toutes les productions de von Göll, est tout d'abord (comme vous vous en doutez) torturée par un sinistre grand inquisiteur contre-réformiste, avant que n'arrivent aussitôt après les biens-nommés « hommes-chacals », c'est-à-dire des figurants déguisés de Babelsberg qui « viennent violer la baronne captive et lui arracher les membres ». Von Göll laissa la caméra filmer toute la scène. Naturellement on coupa la scène au montage, mais – exactement comme dans le cas du manuscrit passé du moine d'un prieur à l'écrivain E. T. A. Hoffmann –, elle atterrit dans la « collection particulière » du Dr Jospeh Goebbels. Or ce n'est pas seulement la star féminine du film qui est engrossée à ce paroxysme littéral du film – les devinettes sur le père de l'enfant deviendront d'ailleurs l'un des jeux de société les plus appréciés[2] –, mais, par une contagion média-technique, les milliers de spectatrices, voire aussi les amies des spectateurs. Voici, en conclusion, l'expérience d'un ancien ingénieur des V2, spectateur des *Cauchemars*.

> Il était sorti du théâtre Ufa sur la Friedrichstrasse avec une splendide érection, ce soir-là, et comme tout le monde, il pensait seulement à rentrer à la maison, pour la baiser, pour la rendre folle en la baisant… Bon Dieu, ce qu'Erdmann pouvait être belle. Combien d'hommes, marchant ainsi lourdement dans le Berlin de la Dépression, sortaient ainsi avec ces images d'*Alpendrücken*, et rentraient pour en faire profiter bobonne ? Combien d'enfants conçus cette nuit-là à la gloire d'Erdmann ?[3]

C'est précisément ces enfants de l'ombre qui, selon le roman, livrèrent à la Deuxième Guerre mondiale et à la Wehrmacht les pin-up nécessaires aux soldats, pin-up qui étaient et sont dans de nombreux cas des arrêts sur images tirés de films érotiques.

Pour notre part, nous devons, après ce paroxysme, quitter la littérature et toutes ses images et ombres trompeuses pour en venir enfin à l'archéologie des images réelles, c'est-à-dire à la préhistoire de la photographie. Mais précisons auparavant que la sainte et profane pin-up des *Élixirs du diable* de Hoffmann, cette surimpression de Rosalie et d'Aurélie, n'avait évidemment pas encore l'effet médiatique de masse qui caractérise notre époque. Bien au

---

[1] *Ibid.*, p. 287-288.

[2] Th. Pynchon, *L'Arc-en-ciel de la gravité*, *op. cit.*, p. 659.

[3] *Ibid.*, p. 566.

contraire, après l'échec de toutes ses tentatives pour séduire Aurélie et coucher avec elle, Médard devient l'individu par excellence, un auteur romantique. Il se repent de sa vie séculière pécheresse et rentre au couvent, dont la tentation de Rosalie-Aurélie l'avait jadis fait sortir, et se soumet de nouveau à l'autorité de son supérieur monial. Or celui-ci lui commande, à titre de pénitence pratique, quelque chose d'inouï et d'impie au temps de la vieille Europe : écrire tout bonnement et simplement le roman de sa propre autobiographie.

> Tu devras, répondit le prieur, écrire exactement l'histoire de ta vie, sans en omettre aucun des événements notables, pas même les moins importants et spécialement ce qui t'est arrivé dans les vicissitudes de ta vie mondaine. L'imagination te ramènera réellement dans le monde ; tu revivras encore une fois tout ce que tu as éprouvé de cruel, de plaisant, d'horrible et de joyeux ; oui, il est possible qu'à un moment donné tu aperçoives Aurélie sous un autre aspect et non pas sous celui de la sœur Aurélie qui a subi le martyre. Mais, si l'esprit du mal t'a complètement laissé, si tu t'es détourné entièrement de la terre, tu planeras au-dessus de tout, comme un principe supérieur, et ainsi cette impression ne laissera en toi aucune trace.[1]

Avec cet ordre du prieur, se boucle pour nous une boucle argumentative. Au début du roman, l'avant-propos de l'éditeur promettait aux lecteurs qu'ils verraient devant eux tout ce que la vie de Médard eut « d'effrayant, d'épouvantable, d'extravagant, de bouffon » comme les « tableaux variés de *camera obscura* ». À la fin du roman, c'est exactement la même chose qui est promise au romancier débutant et héros de roman, Médard, à condition qu'il évoque sa propre vie par l'écriture. Par un paradoxe total, une instance ecclésiastique autorise donc que « le fantasme » Aurélie, bien que morte depuis d'une mort parfaitement pieuse, soit ré-halluciné optiquement en objet sexuel ou en pin-up. L'Église, pour le dire autrement, n'est plus du tout Église, mais s'est métamorphosée en littérature romantique, qui agit comme hallucination optique (tant pour son auteur fictif que pour le lecteur qu'elle vise) par l'intériorisation de toutes les astuces de la *camera obscura* et de la *laterna magica*. Les images intérieures que cet auteur émet comme *laterna magica* pour ainsi dire parviennent chez les lecteurs comme *camera obscura*, parce que la littérature romantique en tant que telle a attiré à elle tout l'érotisme.

Ici se termine ma petite histoire de l'art des médias optiques. J'espère que le sous-chapitre littéraire du moins, riche en sexe et en fantômes, a été divertissant. Mais maintenant, ouvrez ou écrivez, s'il vous plaît, un nouveau chapitre bien aride, qui devra se passer un bon moment d'érotisme et de femmes, pour la simple et bonne raison qu'il traite des sciences européennes.

[1] E. T. A. Hoffmann, *Les Élixirs du diable*, *op. cit.*, p. 448-449.

3. MÉDIAS OPTIQUES

3.1. PHOTOGRAPHIE

3.1.1. Préhistoire

On ne parlera plus désormais de *laternae magicae* et de *camerae obscurae* comme métaphores poétiques dans des romans du genre de ceux de Hoffmann. Afin d'ouvrir un nouveau chapitre, qui peut s'appeler préhistoire et protohistoire de la photographie, il faut se concentrer sur la qualité d'appareil acquise par ces deux dispositifs depuis le XVe ou plutôt depuis le XVIIe siècle. La chambre noire fut le premier équipement de réception d'images, la lanterne magique la première technique d'émission. La seule chose qui n'existait tout simplement pas avant le développement de la photographie était une technique de stockage capable de transmettre des images reçues à travers le temps et l'espace et de les émettre de nouveau à un autre point de l'espace et du temps. Pour se constituer, la photographie avait donc besoin (pour revenir, même si c'est en les réinterprétant, aux fonctions de Shannon) d'un canal adéquat. La littérature romantique reposait sur l'exploitation systématique de sa non-existence. Quand des romans parviennent à susciter chez le lecteur solitaire des images du type de celles de la lanterne magique, ces images intérieures ne peuvent pas être stockées – ne serait-ce que pour assurer le succès du roman. On sait que, depuis Walgenstein, les images réelles ne peuvent être stockées que lorsqu'elles sont – comme dans le cas des feuilles de végétaux – réduites à un squelette nu puis trempées dans l'encre d'imprimerie. Ce contraignant procédé de physiotypie constitue la seule exception à la règle selon laquelle le stockage d'images requérait les deux stations intermédiaires de l'œil et de la main de l'homme pour devenir peinture, et donc art. Et comme cela a été montré dans la partie théorique, l'interface nommée œil humain introduit toujours de l'imaginaire dans les images, par sa capacité à reconnaître des formes, même là où la fraction du monde vu est gouvernée par le hasard et le bruit. Au lieu de stocker des distributions empiriques aléatoires de lumières et d'ombres, la peinture moderne présente à son public, tout comme la littérature du temps, la représentation d'un sujet, c'est-à-dire d'un artiste. L'époque des conceptions du monde n'a pas été décrite différemment par Heidegger. Et si cette représentation confondait dans un seul et même tableau l'*imago* d'une sainte puis d'une prostituée, alors l'imaginaire était parfait.

C'est la raison pour laquelle aucun perfectionnement de la peinture n'aurait pu opérer la transition des arts optiques aux médias optiques. Dans l'histoire des médias, il n'y a pas, en dépit de toute foi dans le progrès, de développement linéaire et continuel. L'histoire des techniques est, tout au contraire, une histoire de coupes, ou, comme le dit le roman de Thomas Pynchon *V.*, « l'histoire est une fonction en escalier ». Ne serait-ce que pour cette raison, la grande peur de Goethe, qu'il trahit dans un manuscrit de 1797 au titre significatif d'*Art et Artisanat*, n'était historiquement pas possible : la peur que la créature-machine dépasse tout simplement la peinture par une mécanisation de sa technique et le remplacement de l'original unique par d'innombrables reproductions fabriquées simultanément. Les machines ne sont justement pas de simples reproductions des capacités corporelles.

3.1.2. Implémentation

Dans le cas de la photographie, la coupe dans l'histoire provient bien plutôt d'une erreur ou d'une contrariété de la peinture, qui, par une inversion de toutes les valeurs, comme Nietzsche aurait dit, a posé le fondement d'une nouvelle technique scientifique des médias. Ne confondez pas cette perversion littérale avec la négation dialectique chez Hegel où, d'une double négation, résulta une vérité philosophique supérieure et, d'une suppression de tous les autres livres, le livre des livres, c'est-à-dire la propre philosophie de Hegel. L'inversion de toutes les valeurs signifie simplement changer le signe afin que moins fasse plus ou, pour le formuler dans les termes de la photographie, que le négatif devienne positif.

Le négatif de toute peinture réside dans sa matérialité nue, à savoir ses couleurs. Ni dans sa signification symbolique donc ni dans l'effet imaginaire du rouge, vert ou bleu, mais dans ce simple donné, connu de tout temps par la peinture sous le nom de pigments. Je fais référence au rouge carmin, au bleu de Prusse, au lapis-lazuli, etc. ; je fais référence avant tout au dernier grand écrivain d'Europe, qui se définissait comme magicien ou même « illusionniste ». Humbert Humbert, le héros du plus lu des romans de Nabokov, dit dans la toute dernière phrase, de Lolita, de lui-même et de l'art :

> Ainsi subsistent les aurochs et les anges, tel est le secret des pigments immuables, tels sont les sonnets prophétiques, tel est le refuge de l'art. Et c'est la seule immortalité que je puisse partager avec toi, oh, ma lolita.[1]

---

[1] Vladimir Nabokov, *Lolita* [1975], trad. de l'anglais (États-Unis) par Éric Kahane, Paris, Gallimard, Folio, 1990, p. 491.

Les pigments, avec d'autres mots, ne sont durables que dans l'art. Dans ce monde misérable, en revanche, qui n'est rendu que plus misérable encore par la reproduction et la duplication, ce ne sont pas seulement les Aurélie et Lolita qui vieillissent, mais aussi leurs images. C'est pour avoir saisi cela que Nabokov se hisse au-dessus de ses prédécesseurs romantiques.

Tant et si longtemps que les pigments rayonnaient sur les tableaux tout à fait comme l'artiste les avaient appliqués, avec de la peinture à l'huile sur la toile (comme c'était le cas depuis 1450 et, au plus tard, depuis les frères Van Eyck) tout était en ordre esthétiquement. Mais les tableaux ne sont pas toujours accrochés dans les musées où la lumière, l'air et la température sont filtrés et optimisés techniquement ; des conditions d'exposition défavorables les rendent victimes du soleil ou au contraire de l'obscurité. Et c'est alors qu'entre en scène le négatif esthétique : certaines couleurs deviennent plus claires ou plus sombres que lorsqu'elles ont été appliquées, certaines virent même en d'autres couleurs (comme dans le standard de télévision couleur américain). Cela, les peintres le savaient d'amère expérience, parce que cela rendait leurs œuvres, conçues pour être immortelles, mortelles. C'est pourquoi, depuis la Renaissance, les manuels de peinture mettaient en garde contre les mauvais pigments, c'est-à-dire les couleurs chimiques, qui, comme le sang-dragon, la gomme-laque, le vermillon et le carmin, finissaient par obscurcir ou pâlir[1], et recommandaient de meilleurs pigments. Alors même que les peintres avaient découvert la perspective et la chambre noire, il ne vint cependant à l'esprit d'aucun d'entre eux de tourner ce handicap à leur avantage, c'est-à-dire d'exploiter pour leur compte l'éclaircissement ou l'obscurcissement. Pour autant que je sache, pas même les peintres fictifs des romans et des nouvelles ne se vengeaient de malveillants commanditaires en recourant sciemment à des pigments périssables afin que le portraituré pâlît littéralement trente plus tard sur son tableau. On peut alors oser la thèse selon laquelle aucun chemin ne mena ni ne peut mener de l'expérience esthétique à la technologie des médias. Ce qui ne veut pas encore dire que l'inverse n'est pas vrai. Bien plutôt, une seconde thèse est valide, à savoir qu'il existait bien des voies entre les handicaps esthétiques et la technologie des médias, même des voies royales. De même qu'au XIXe siècle, les médias techniques comme le téléphone ou le gramophone ont été inventés pour ou par les sourds, et les médias techniques tels que la machine à écrire pour ou par les aveugles, eurent lieu au XVIIe siècle les premières expérimentations d'obscurcissement ou d'éclaircissement par certains produits chimiques déterminés qui conduisirent ensuite en droite ligne à la couche photographique chez Niépce et Daguerre. Les handicaps et les infirmités reposent comme des cadavres sur le chemin technique qui mène au présent.

[1] J. M. Eder, *Ausführliches Handbuch der Photographie*, *op. cit.*, vol. 1, t. I, p. 57.

Contentons-nous d'éclairer fugitivement l'agir et le pâtir de la lumière, comme dit Goethe dans sa *Théorie des couleurs*[1]. Les grandes civilisations de l'Antiquité savaient déjà que la lumière peut éclaircir aussi bien les couleurs que la toile, c'est-à-dire l'équivalent pictural de la couche photographique. Mais ce sont seulement les sciences naturelles du XVIIe siècle qui ont mis en évidence que la couleur verte usuelle des feuilles de plantes, du moins avant que Walgenstein ne les plongeât dans l'encre d'imprimerie, ne provient ni du hasard ni de la chaleur, mais exclusivement de l'effet de la lumière. Avec la chlorophylle était ainsi découvert le premier stockeur de lumière, qui toutefois fonctionnait de manière naturelle et ne pouvait donc être manipulé[2].

Les scientifiques n'étaient cependant pas les seuls à procéder à de telles recherches sur la lumière. De même que la lanterne magique est née dans la pénombre de la propagande religieuse, de la magie et des sociétés secrètes, de nombreuses découvertes en photochimie ont été les produits dérivés, absolument non planifiés ou souhaités, de l'alchimie. Comme vous le savez, l'absolutisme d'autrefois ne reposait pas sur l'argent-papier ou l'argent virtuel, comme les empires high-tech d'aujourd'hui, mais avait un besoin continuel en métaux nobles à cause de sa monnaie-or et de ses dettes d'État, qu'on venait tout juste de découvrir ou qu'on allait instaurer. L'alchimie, en conséquence, signifiait dans la pratique vouloir faire de l'or ou de l'argent à partir de matériaux très peu chers comme le kaolin – ce qui mena à la découverte fortuite de la porcelaine. Un fonctionnaire de Saxe, par exemple, qui voulait, longtemps avant Hegel, c'est-à-dire de façon non philosophique mais alchimique, « saisir l'esprit du monde », découvrit ce faisant tout à fait par hasard une substance chimique qui pouvait stocker la lumière et l'émettre de nouveau dans l'obscurité. Un commerçant raté poursuivit l'expérience et découvrit, avec plus de chance encore, l'élément chimique du phosphore, en français donc : le porteur de lumière[3]. Avec les substances phosphorescentes, magiciens, sociétés secrètes et arnaqueurs purent alors faire briller leurs fantômes et autres têtes de morts.

Pour la photographie, qui n'apparaîtra que plus tard, une autre découverte a été décisive. En 1727, le docteur en médecine J. H. Schulze, professeur de grec et arabe à Halle, reprit les expérimentations avec le phosphore mais en incorporant, selon la bonne tradition alchimique, de l'argent dans le dispositif expérimental. Le hasard voulut qu'il réalisât ses tests à la lumière du jour, devant une fenêtre. Il remarqua alors que le sel d'argent qu'il avait fabriqué était devenu sombre partout où il avait été exposé au soleil, mais

---

[1] Les *Taten und Leiden* de la lumière sont une référence au début du *Traité des couleurs* de Goethe : « Les couleurs manifestent comment la lumière agit, comment elle pâtit. » (Goethe, *Traité des couleurs*, *op. cit.*, p. 71) ou, plus littéralement : « Les couleurs sont l'agir de la lumière, son agir et pâtir. » [N.d.T.]

[2] J. M. Eder, *Ausführliches Handbuch der Photographie*, *op. cit.*, vol. 1, t. I, p. 45.

[3] *Ibid.*, p. 51 *sq.*

était resté clair partout où il était demeuré à l'ombre. Et de même que Kircher avait prévu de transmettre des caractères secrets avec la lanterne magique, par l'intermédiaire d'un ennemi ne se doutant de rien, Schulze se servit de la photosensibilité du sel d'argent afin de coder des données : il inscrivit des lettres sombres sur une plaque de verre, la plaça entre le soleil et du sel d'argent, et obtint de cette façon le premier film négatif : partout où la lumière n'avait pas été filtrée par les lettres, toute luminosité avait inversement disparu du produit chimique éclairé. Malheureusement, cela prouvait par la même occasion qu'il ne pouvait encore être question de photographie au XVIIIe siècle : en effet, Schulze ne voulait pas que le réel, comme disait Lacan, sauvegarde ses hasards dans un médium technique, il voulait bien au contraire que le symbolique, à savoir le code d'une écriture, soit inscrit dans la nature. Donc quand des historiens prétendent que l'écriture de Schulze basée sur la lumière préfigurait la photographie[1], cela vaut certes pour le mot photographie, mais au grand jamais pour le réel qui est l'affaire de tous les médias techniques.

Je ne retrace pas en détail l'histoire de ce réel, si tant est qu'il puisse y en avoir une, pour des raisons de temps. La seule chose qu'il faut comprendre, c'est que la découverte, l'utilisation et l'optimisation de photosensibilités chimiques étaient liées à l'histoire de la chimie au XVIIIe siècle. Aussi longtemps que les quatre éléments grecs : le feu, l'air, l'eau et la terre étaient tenus pour les seuls composants de tout l'existant, de telles recherches étaient une aberration. Il fallait d'abord saisir précisément les différences chimiques entre le feu et la lumière, mais aussi entre la lumière et la chaleur, avant de pouvoir isoler en tant que tel un effet photochimique. Beccaria, par exemple, le grand réformateur du droit, effectua également des expérimentations avec des sels d'argent et apprit laborieusement que ces derniers ne sont pas obscurcis par la chaleur mais par la lumière. On trouve d'autres noms et d'autres étapes de la chimie, dont je me dispense ici, dans l'histoire désuète mais très bien informée de la photographie, produite en 1905 par le conseiller impérial et royal de la cour, le Dr Josef Maria Eder.

En développant un système de lentilles optiques, Huygens était, comme dit, parvenu à la thèse plutôt juste que la lumière est constituée d'ondes. Celles-ci n'étaient naturellement pas qualifiées d'électromagnétiques avant Maxwell et Hertz mais appelées, à la suite du grand mathématicien Euler, ondes élastiques d'un médium qui n'était pas davantage défini. Depuis 1700 pourtant, c'est-à-dire depuis qu'il y avait à Londres une Royal Society présidée par Sir Isaac Newton, la thèse inverse s'imposa selon laquelle la lumière est une somme de corps minuscules, comme un courant de particules. Newton avait en effet reproduit et amélioré l'expérimentation classique de la *camera obscura* en plaçant un prisme en verre dans le faisceau des rayons, entre le trou de la chambre et la paroi de projection

---

[1] *Loc. cit.*

sombre. Après la mesure par Descartes de l'arc-en-ciel naturel (Goethe, *Théorie des couleurs*, partie historique) et avant même *L'Arc-en-ciel de la gravité* qui n'avait pas encore été écrit, apparut le premier arc-en-ciel artificiel. La simple lumière blanche du soleil se fondait dans les innombrables couleurs du spectre entre le violet et le rouge, ce qui amena Newton à conclure, premièrement, que la lumière consiste justement en parties ou particules et, deuxièmement, qu'une lentille convergente ferait de nouveau du blanc à partir des nombreuses couleurs. Car, alors que le mélange de couleurs à l'huile va en s'obscurcissant, fait disparaître la lumière et donne finalement lieu à une synthèse de couleurs soustractive, on trouve également, depuis Newton, des synthèses additives où la somme de plusieurs couleurs est plus claire que les couleurs additionnées elles-mêmes. Nous y reviendrons lorsqu'il sera question de la télévision couleur.

Au tournant du siècle, autour de 1800, après que la chimie et la physique accédèrent au statut de sciences académiques, il y eut un premier chevauchement entre la chimie et la physique de la lumière, entre l'effet photochimique de Schulze et l'analyse spectrale de Newton. Ce n'est autre que Friedrich Wilhelm Herschel, le fils d'un musicien de la cour de Hanovre, qui, devenu britannique, mathématicien et astronome de la cour, introduisit la nouvelle distinction entre lumière et chaleur en photochimie.

Il démontra que si la lumière du soleil, décomposée par le prisme de Newton, s'arrêtait certes au rouge pour l'œil et passait au noir, elle avait pourtant des effets mesurables au-delà du rouge sur un stockeur de chaleur tel que le thermomètre. Herschel, autrement dit, découvrit l'infrarouge, incarnation physique de la chaleur, mais aussi médium sur lequel se baseront aussi bien les appareils de vision nocturne embarqués dans les chars des Waffen-SS durant la Seconde Guerre mondiale que les détecteurs de missiles tactiques anti-aériens de nos jours.

Après avoir pris connaissance de l'expérimentation de Herschel, Johann Wilhelm Ritter, le physicien parmi les romantiques allemands, réfléchit à la possibilité symétrique. Avec méthode, Ritter posa la question suivante : si le spectre solaire est au plus clair en son milieu et au plus chaud à l'une de ses extrémités, pourquoi n'existerait-il pas inversement une lumière froide au-delà de l'autre extrémité du visible ? Afin de répondre à cette question, et comme il l'écrivit en 1801 dans ses *Remarques sur les investigations les plus récentes de Herschel sur la lumière*, il était clair que Ritter avait besoin d'un « réactif chimique qui aurait l'effet le plus fort, comme notre thermomètre au-delà du rouge, mais, dans notre cas, au-delà du violet »[1]. De manière clairvoyante, le spectre solaire de Newton et celui de Schulze furent réunis en une seule et unique expérimentation par le chimiste Scheele qui

[1] Johann Wilhelm Ritter, *Entdeckungen zur Elektrochemie, Bioelektrochemie und Photochemie*, Hermann Berg, Klaus Richter (éd.), Leipzig, Geest & Portig, 1986, p. 119. Trad. des citations de Ritter : E. V.

approfondit les recherches sur la photosensibilité. Ritter put montrer que le chlorure d'argent était précisément et tout particulièrement obscurci par les parties du prisme de la lumière solaire que notre œil ne peut plus percevoir en tant que lumière. De manière tout à fait analogue à l'infrarouge de Herschel, chaleur sans lumière, l'ultraviolet, lumière sans chaleur, fut découvert.

Mais avec cet élargissement symétrique du concept habituel de lumière de part et d'autre de ses deux extrémités invisibles, la théorie corpusculaire de Newton fut de nouveau invalidée. En 1802, Thomas Young reprit la théorie ondulatoire initiée par Huygens et représentée seulement par Euler et Kant au XVIIIe siècle, à ceci près qu'il détermina que la lumière infrarouge a une longueur d'onde extrêmement grande et l'ultraviolette extrêmement petite. Ce concept d'ondes ou de fréquences, également introduit par Euler dans la théorie moderne de la musique, en totale opposition avec Pythagore, permit en 1830 à des chercheurs tels que Fresnel ou Faraday d'étudier les interférences de la lumière, c'est-à-dire ses franges d'interférence, ce qui s'avèrera décisif pour les futurs effets filmiques.

On doit se représenter le scandale que suscitèrent de telles théories à une époque où le prince des poètes d'Allemagne – en total désaccord avec Newton et toutes les sciences naturelles qui se basaient sur lui – travaillait précisément à sa théorie des couleurs. Pour Goethe, la lumière était le phénomène originaire d'une Mère Nature qu'il n'était absolument pas permis de découper en petits morceaux ou en ondes – ce qui équivaudrait à un inceste sadique – et qu'il fallait au contraire toujours seulement décrire de façon phénoménologique ou vénérer. Dans sa théorie, toutes les couleurs sont respectivement constituées d'un mélange plus ou moins intense des deux données de base que sont la lumière et l'obscurité, autrement dit, les couleurs sont des effets dialectiques de la polarité entre Dieu et Méphisto, entre le poète et le fonctionnaire Goethe. Le prince de la poésie n'aurait jamais toléré que la lumière – tel l'ultraviolet de Ritter – atteigne précisément son apogée là où les organes dont l'être humain a été doté par la nature – comme les yeux tant aimés de Goethe –, ne l'atteignent en principe plus. Pas même le physicien romantique Ritter n'était à même de découvrir la mort qu'impliquait sa découverte. L'essai de Ritter sur l'ultraviolet s'achevait avec la formule pathétique selon laquelle toutes les polarités de la nature, donc l'électricité, le magnétisme et la chaleur compris, finiraient par être ramenées à un seul et unique principe qui s'incarnerait dans la lumière, car « la lumière est la source de toute force qui crée la vie et l'activité ; [la lumière] est la semence féconde de tout ce que la terre a de bon »[1].

En réalité, les ultraviolets de Ritter devaient déboucher, à peine un siècle plus tard, sur la découverte des rayons X par Röntgen qui permirent ensuite au héros de *La Montagne magique* de Thomas Mann de savoir ce que

---

[1] *Ibid.*, p. 127.

signifie entrevoir sa propre mort de son vivant, en l'occurrence sur la radiographie de son poumon tuberculeux. L'ironie de l'histoire des médias et l'effet de la théorie furent pourtant pires encore que la panique de Thomas Mann devant la façon dont étaient utilisés les médias. L'ironie voulut que le personnage fictif Hans Castorp ne fut pas le seul à mourir de tuberculose, ce fut également le cas du pauvre physicien romantique Ritter, découvreur de l'ultraviolet. L'effet de la théorie de la lumière invisible fut, lui, de détruire définitivement un postulat vieux comme le monde, celui du visible. Lorsque le grand physicien viennois, Ludwig Boltzmann, dont la formule de l'entropie était mathématiquement identique à la formule de l'information mise plus tard au point par Shannon, voulu prouver qu'il n'y avait aucune pensée sans un appareil matériel correspondant, à savoir celui, physiologique, du cerveau, il proposa tout simplement à la recherche future de projeter nos pensées sur un écran phosphorescent.

Et de même que Boltzmann en vint à se tuer parce que, de son vivant, des physiciens adverses tels qu'Ernst Mach avaient encore le dessus – son atomisme ne triomphera que de façon posthume –, la théorie des couleurs de Goethe régna sur l'optique allemande du vivant du prince des poètes. Le romantisme consistait – selon la thèse de ce cours magistral – à situer tout le réel optique dans l'imaginaire des âmes des lecteurs où il ne pouvait naturellement pas être stocké.

3.1.2.1. Niépce et Daguerre

Ce qui nous amène à opérer une nouvelle coupe, une coupe impériale ou napoléonienne cette fois, et à entrer en territoire français. Cela suppose cependant, de manière parfaitement napoléonienne, de rester tout d'abord encore un moment sur le sol allemand afin de s'y emparer des trésors artistiques ou des technologies, et d'anéantir le Saint-Empire romain germanique.

Les empires du début des temps modernes reposaient comme chacun sait sur l'imprimerie, qui reposait elle-même sur le papier nécessaire aux livres et sur l'ancien parchemin nécessaire aux actes impériaux ou royaux. À la fin du XVIIIe siècle, l'État ne fut pas le seul à connaître sa grande révolution, ce fut aussi le cas du papier. Des siècles durant, selon le modèle du parchemin sur peau dont la taille est par principe limitée, le papier était fabriqué dans de grandes feuilles de taille limitée, qui devaient ensuite être pliées, coupées, imprimées et reliées en livres. L'in-folio, l'in-quarto et autres noms de livres désormais vieillis provenaient tous de tels formats discrets. À partir de 1799, des machines à papier se mirent à produire des bandes sans fin, tels une sorte de papier toilette idéalisé, et, à partir de 1811, grâce aux presses d'impression rapide, apparut une technique d'impression correspondant à ce nouveau format ou non-format : la rotative.

Non pas une étampe plate gutenbergienne qui imprimerait davantage de caractères sur un papier tout aussi plat et limité, mais un cylindre d'impression tournant sans fin sur un cylindre de papier tout aussi infini se déroulant en-dessous de lui. Une innovation technique qui fait naturellement penser, aux spécialistes de cinéma que nous sommes, aux bobines de film et nous rappelle avec quelle précision Orson Welles a su immortaliser filmiquement la presse à rotation dans son long-métrage sur le grand magnat de la presse, pas tout à fait fictif, du nom de Citizen Kane. Avant toutes choses cependant, la rotative a permis une fois pour toutes, au milieu du XIXe siècle, aux anciens empires européens de devenir des États démocratiques, c'est-à-dire des États avec un stock de papier et une diversité d'opinions illimités. Bien entendu, c'est dans le Londres de 1811, dans les imprimeries de journaux que l'on trouva les premières rotatives. C'est ce que Heinrich Bosse a appelé « l'écriture à l'époque de sa reproductibilité technique », une écriture qui a d'ailleurs, comme il l'a montré, également mené aux nouvelles constructions juridiques du droit d'auteur illimité et du copyright.[1]

C'est alors que se répéta ce qui s'était déjà produit durant l'ère gutenbergienne. Un médium d'impression historiquement défini nécessite à chaque fois un médium optique correspondant. Les livres imprimés de Gutenberg avaient nécessité des gravures sur bois et sur cuivre, la rotative nécessita le journal illustré ainsi qu'on l'appelait depuis le milieu du XIXe siècle, et qu'on appelle aujourd'hui simplement un illustré. En réponse à ce besoin, qui ne sera définitivement satisfait qu'avec la photographie, un certain Aloys Senefelder mit au point la lithographie, c'est-à-dire l'impression sur pierre, en 1796.

Afin de distinguer techniquement la lithographie, qui permit l'impression en masse de journaux illustrés, de l'impression en creux de la gravure sur cuivre et de l'impression en relief de la gravure sur bois, il suffit de dire ici qu'elle est une impression à plat. Comme plus tard la photographie, elle ne comporte qu'une seule épaisseur, recouverte en partie de gras et en partie d'eau, qui est ensuite imprimée. Et parce que l'eau et la graisse ne se mélangent normalement pas, Senefelder put déjà parfaitement déterminer les emplacements sombres et les emplacements clairs sur l'image, ses successeurs parvenant même à réaliser facilement, en 1827, quelque chose que les graveurs sur cuivre du XVIIIe n'étaient arrivés à obtenir qu'au prix d'une peine infinie : une impression à quatre couleurs qui facilita la reproduction massive d'œuvres d'art ou, plus précisément, de vieilles croutes à l'huile pour tous les intérieurs bourgeois. Avec la lithographie, l'ouvrage de Walter Benjamin sur l'œuvre d'art à l'époque de sa reproductibilité technique avait trouvé sa base matérielle.

---

[1] Heinrich Bosse, *Autorschaft ist Werkherrschaft. Über die Entstehung des Urheberrechts aus dem Geist der Goethezeit*, Paderborn/Munich/Vienne/Zurich, W. Fink, 1981. [N.d.T.]

Mais les théoriciens ne furent pas les seuls à profiter du travail de Senefelder, ce fut aussi le cas des comtes napoléoniens. En 1812, le comte Philibert de Lasteyrie du Saillant, l'un des gendres du célèbre général La Fayette, étudia la lithographie à Munich auprès de son inventeur lui-même. Mais l'échec de la campagne de Russie obligea le comte à retourner en France et ce n'est qu'à la Restauration qu'il put importer une machine lithographique à Paris. (C'est d'ailleurs exactement de la même façon que le roi Louis XI avait fourni la presse à imprimer de Gutenberg à son tout jeune État-Nation.)

Et nous voilà vraiment arrivés à la science des médias en tant que telle. À partir de cette machine à lithographier, la photographie comme technique résultera du travail d'équipe de Messieurs Niépce et Daguerre.

Deux courtes notices biographiques : Joseph Niépce est venu au monde non loin de Chalon-sur-Saône. Censé devenir prêtre, il embrassa la carrière d'officier après (ou plus précisément suite à) la Révolution française. Les contre-réformateurs victorieux devinrent combattants des guerres nationales. C'est la raison pour laquelle Niépce choisit délibérément le prénom très peu chrétien de Nicéphore, soit le « victorieux »[1]. Et c'est pour la même raison que l'un des frères de Niépce bricola un moteur à explosion pour propulser les bateaux – un moteur qui, malgré le brevet accordé par Napoléon, fut soupçonné de vouloir réaliser le vieux fantasme du mouvement perpétuel. Vous pourriez presque en conclure que les frères Niépce poursuivaient déjà désespérément le rêve qu'accomplira Edison : inventer l'invention elle-même. Ceux parmi vous qui voudraient en savoir plus peuvent se rendre à Chalon-sur-Saône où se trouve également, en dehors du bon vin, un Musée de la photographie dédié à Niépce. On peut y voir le croquis de l'un de ses pyréolophores, ou moteurs à explosion, qui préfigure tous nos chars de combat et nos voitures, et dont il s'est servi pour immerger le tout premier sous-marin dans la Saône.

Contrairement à Niépce, Louis Jacques Mandé Daguerre, dont j'ai déjà souligné le nom guerrier, ne comptait pas de nombreux généraux dans sa parenté, mais des fonctionnaires. Il commença pourtant comme peintre, et c'est son talent particulier pour la perspective et le maniement de la lumière ainsi que son amour pour l'imaginaire de la peinture, qui l'amenèrent à ce mélange hybride, que le XIXe siècle chérissait, entre beaux-arts et médias. Daguerre commença par participer à la peinture de panoramas, autrement dit des tableaux géants dont la perspective englobait les spectateurs de toutes parts. En 1822, à Paris, il mit lui-même au point le diorama, c'est-à-dire un panorama qui, comme son nom l'indique, combine lumière diffusée et lumière transmise, peinture traditionnelle et effets de lanterne magique.

[1] Paul Jay, *Lumières et images, la photographie. Pour une visite du Musée Niépce. Histoire sommaire des techniques photographiques au XIXe siècle*, Chalon-sur-Saône, Musée Nicéphore Niépce, 1981, p. 11.

Aussi longtemps que le diaporama de Daguerre fonctionnait avec une lumière diffuse, il montrait au public payant une vue diurne paisible, du Vésuve par exemple ; dès qu'on alternait et passait à la lumière transmise, une vue nocturne du même volcan apparaissait soudain – avec éruptions, feux, éclairs et nuages illuminés de feux de Bengale. Daguerre modernisa alors la peinture en mesurant exactement chaque mouvement apparent, travail qu'Alberti avait déjà commencé avec ses vues en perspective de la nature, les démonstrations diurnes et nocturnes, et qu'un Schröpfer ou un Robertson avaient poursuivi avec la lanterne magique. Et alors que le combat entre Lumières et obscurantisme faisait encore rage du temps de Daguerre, un petit miracle se fit : une église précisément acquit, à des fins illusionnistes, un diorama de Daguerre[1]. Daguerre était ainsi, dès le départ, bien plus prédestiné à implémenter le phénomène de « conception photographique du monde » que ne l'était Niépce.

Après cette courte présentation biographique, passons à la collaboration plus tardive des deux héros fondateurs. Au commencement, et avec plus de succès que son frère constructeur du mouvement perpétuel, seul Niépce chercha, sobrement et simplement, des procédés permettant de perpétuer les images de la nature – et cela dans le but avoué d'automatiser la production de lithographies dont il avait entendu parler dès 1813. Ce que la physiotypie de Walgenstein avait été pour l'ère gutenbergienne, l'héliographie ou l'art d'écrire avec le soleil de Niépce allait le devenir pour le nouveau dispositif de médias formé par la presse rotative et la lithographie. Il apprit au soleil à graver, sans l'intervention ou l'intermédiaire d'une main de peintre, les images d'objets éclairés, qui, de manière significative étaient pour la plupart déjà des images, sur une plaque de métal qui pouvait pour sa part remplacer avantageusement les ardoises de Senefelder. Après une série de tentatives pour tester de manière exhaustive toutes les substances photosensibles connues à l'époque, Niépce découvrit que l'asphalte était le produit chimique le plus adéquat – une substance qui a depuis recouvert avec succès la moitié de la République fédérale. Mais même avec l'asphalte, il fallait des heures ou des jours avant que la gravure sur cuivre d'un cardinal de la Renaissance fût d'abord enregistrée dans la *camera obscura* de Niépce, puis développée et fixée avec ses valeurs de noir et de blanc. Il s'agissait donc d'une pure technique de reproduction d'images qui ne pouvait pratiquement pas entrer en considération pour de nouvelles prises de la soi-disant nature, c'est-à-dire du hasard lui-même[2], tout simplement parce que ni le soleil ni donc les ombres ne restent toujours aussi calmement en place que jadis, dans l'Ancien Testament.

C'est en lieu et place de ce manque que Daguerre entra en scène, par l'entremise d'ailleurs d'un vendeur parisien de chambres obscures. En

[1] J. M. Eder, *Ausführliches Handbuch der Photographie*, *op. cit.*, vol. 1, t. I, p. 168.
[2] *Ibid.*, p. 177.

qualité de peintre et artiste de l'illusion, ce qui lui importait fondamentalement n'était pas le stockage éternel et la reproduction, mais la capacité à saisir l'instant et les processus temporels, comme dans ses dioramas. Par contrat notarié en bonne et due forme, Niépce s'engageait à transmettre tous ses secrets techniques à Daguerre qui, de son côté, n'apportait en échange rien de plus que la joie de l'expérimentation et une patience qui lui permit de survivre à Niépce, mort en 1833, et d'être célébré pour avoir été le seul inventeur de ce que l'on a nommé de façon révélatrice le « daguerréotype ».

Et il est vrai que le daguerréotype de 1839 n'avait plus que de vagues similitudes avec le projet initial de Niépce. L'expertise technique met en avant qu'il était illusoire d'en espérer un quelconque modèle pour la lithographie, tout simplement parce que les prises délicates auraient été « irrémédiablement détruites » par « la presse d'imprimerie ou les cylindres »[1]. Mais deux immenses gains compensaient cette perte de robustesse et de reproductibilité. Daguerre, tout d'abord, ne se basa plus sur des modèles codés symboliquement, du type par exemple des gravures sur cuivre, ce qui permit de faire passer tout le réel ou tout le bruit du côté de l'héliographie imparfaite. Il commença au contraire avec des données réelles, qui se modifiaient bien sûr à la lumière du soleil, et dut de ce fait, dans un second temps, faire des progrès significatifs dans la vitesse de prise de vue : dans « une atmosphère de mi-journée », selon l'expertise du grand physicien Arago, deux à trois minutes suffiraient pour réaliser des daguerréotypes de la nature. La tendance fondamentale des techniques modernes des médias à remplacer toutes les valeurs statiques par des valeurs dynamiques, et tout ce qui est stable par la vitesse, avait désormais gagné non plus seulement la télégraphie optique de Claude Chappe, mais également le stockage optique d'images.

Le procédé de Daguerre était, selon ses contemporains, soixante à quatre-vingt fois plus rapide que celui de Niépce[2].

Deux découvertes fortuites de Daguerre ont été à la base de cette évolution sensationnelle, même si elle semble plutôt limitée en comparaison des mesures en micro et nanosecondes d'aujourd'hui. Un premier hasard fit qu'un jour, lors d'une expérimentation, une cuillère en argent reposait sur une plaque d'argent iodée, que le soleil vint à éclairer la cuillère et que l'image de la cuillère apparut sur la plaque, ce après quoi Daguerre prit bien entendu la décision d'abandonner l'asphalte de Niépce. Le second hasard voulut que Daguerre

> déposât un jour dans une vieille armoire un certain nombre de plaques d'argent iodé trop brièvement exposées sur lesquelles n'apparaissaient pas encore d'images. Une semaine plus tard, il retira l'une des plaques de l'armoire et y trouva à sa grande surprise une image. Il supposa immédiatement que l'armoire devait contenir quelque chose qui avait produit l'image. L'armoire comportait

[1] *Ibid.*, p. 191.
[2] *Ibid.*, p. 184-190.

différents produits chimiques dont un récipient avec du mercure. Daguerre sortit alors chacun des éléments les uns après les autres mais pas le mercure auquel il ne prêta pas attention ; il obtint à chaque fois une image après quelques heures de pose. L'armoire semblait comme ensorcelée jusqu'à ce qu'il prêtât enfin attention au mercure préalablement ignoré. Il en arriva à la supposition que ses vapeurs produisent un effet (le mercure produit déjà des vapeurs à température ambiante). Il exposa une plaque d'argent iodé impressionnée à des vapeurs de mercure en guise de test et obtient une image, ce qui est d'une importance fondamentale pour le processus du daguerréotype.[1]

Une telle méthode de recherche consistant en un mélange de hasards et d'élimination systématique de hasards nécessite un bref commentaire. J'espère que l'on voit tout d'abord combien l'histoire de la chimie avait déjà dû être longue pour que de l'argent iodé et du mercure se retrouvassent par hasard dans une même armoire. Même le hasard surréaliste, que Lautréamont a plus tard défini comme la rencontre sur une table de dissection d'une machine à coudre et d'un parapluie, présupposait trois inventions techniques. Une fois qu'elles existent toutefois, les substances artificielles ou les machines peuvent interagir sans aucune intervention humaine, à tel point qu'aujourd'hui, les processus fortuits entre le silicium et l'oxyde de silicium, dont les ordinateurs sont tout bonnement constitués, privent les gens de toute pensée. Deuxièmement, l'histoire de l'invention de Daguerre montre très bien, comme auparavant l'ultraviolet de Ritter, combien la recherche de valeurs théoriques préalablement anticipées était systématique depuis 1800. Pouvoir amener la nature à une autoreproduction en noir et blanc relevait d'une volonté et aucunement d'une supposition basée sur je ne sais quoi. C'est seulement la décision préalable d'estimer une telle autoreproduction possible qui fit que, même dans le cas d'une armoire apparemment ensorcelée, l'idée de sorcellerie ou de magie n'intervint plus du tout.

En d'autres termes, si un effet du hasard comme celui qui s'est produit dans l'armoire de Daguerre avait eu lieu deux siècles plus tôt, ce qui n'est pas totalement exclu, l'invention n'aurait pas eu lieu, tout simplement parce que personne ne l'aurait consignée, stockée, enregistrée et exploitée en tant que technologie de la nature. Si vous voulez, une époque a commencé avec Niépce et Daguerre où les inventions, et donc finalement les événements historiques dus au hasard, sont inscrits dans la durée, peuvent être répétés et présentent presque une garantie de succès. En 1839, nous ne sommes pas encore tout à fait à l'époque où le président Reagan, empereur de Californie et représentant du saint Hollywood, pouvait annoncer solennellement son invention, à savoir que des inventeurs nord-américains pourront, ou devront, mettre au point dans l'avenir un système protégeant systématiquement de tous les missiles venus de l'empire du Mal qui voudraient pénétrer en Californie ; mais nous n'allons pas tarder à en venir à cette époque.

[1] *Ibid.*, p. 182 *sq.* Trad. de la citation : E. V.

Le public considéra que l'invention de Daguerre illustrait cette idée que l'invention était désormais garantie. Alors que le cours devait jusqu'à présent, c'est-à-dire jusqu'à la mort solitaire du héros fondateur Niépce, faire plutôt référence à des drames et des existences misérables, nous arrivons à des temps plus sereins et au culte de génies bourgeois, même s'ils n'étaient, comme Daguerre, que les plus jeunes partenaires d'un tandem d'inventeurs. Les plus célèbres physiciens et académiciens français, avant tout Arago et le chercheur en gaz Gay-Lussac, intervinrent en faveur de l'inventeur en tant que tel, et obtinrent pour lui auprès du roi bourgeois Louis-Philippe la croix de la légion d'honneur ainsi que, « en reconnaissance de la Nation », comme le décret promulgué pour l'occasion le précise, une pension à vie de 6 000 francs-or par an[1]. Daguerre mourut ainsi en homme à qui tout avait réussi, qui n'empochait pas seulement 400 francs-or par caméra vendue et de 60 à 120 francs-or pour ses daguerréotypes[2], mais pouvait gagner également de l'argent en cédant brevets et droits à la propriété. Daguerre voulait en effet s'offrir, en guise de lieu de retraite, un parc comprenant moult petits lacs et chutes d'eau et surtout un château en ruine et une chapelle gothique[3], semblant apporter une justification au thème du cours. Quant à l'État français, tous les honneurs faits à Daguerre se produisirent en référence expresse au droit de propriété moderne que la Révolution française (sous l'égide du partisan de la télégraphie Lakanal), avait inventé en 1794 pour les héros de l'esprit, et plus particulièrement pour les écrivains. En basculant de la littérature à la technique des médias, son invention s'avéra être l'invention de l'invention elle-même.

Des discours solennels tenus en présence et en l'honneur de Daguerre, on peut encore déduire quels étaient les buts historiques prêtés alors au daguerréotype. Arago mit tout d'abord en évidence que les recherches en histoire de l'art et en archéologie auraient eu un besoin urgent de daguerréotypes dès la campagne d'Égypte afin de reproduire des œuvres d'art et des inscriptions sans l'entremise fautive d'une main de copiste. (La description de l'Égypte en dix tomes publiée à la demande de Napoléon par nul autre que le baron Joseph Fourier, fondateur de la théorie ondulatoire, n'était pas encore un médium technique.) Deuxièmement et inversement, les peintres pouvaient utiliser le daguerréotype comme ersatz à la fois plus rentable et plus exact de leurs esquisses et modèles habituels. Voilà précisément ce qui aura par la suite des conséquences importantes pour l'invention du film et en eut déjà à l'époque, lorsque le célèbre Ingres par exemple peignit sa célèbre *Source*. Sur la toile apparaissait, en style grec, un nu féminin portant une jarre alors que sur la photographie dont Ingres s'était servi pour modèle apparaissait ou plutôt se cachait un modèle dont les

---

[1] *Ibid.*, p. 187.
[2] *Ibid.*, p. 202.
[3] F .v. Zglinicki, *Der Weg des Films*, *op. cit.*, p. 149.

peintres avaient alors l'habitude : une prostituée parisienne plutôt banale. Voilà pour le nouveau rapport de concurrence, seulement esquissé par Arago, entre art et technique des médias, peinture de tableaux et daguerréotype. Car le scientifique s'intéressait plutôt, comme on pouvait s'y attendre, à « l'utilisation scientifique » de l'invention[1].

Le premier et dramatique aspect mis en avant par Arago dans cette perspective fut la possibilité de mesurer de manière absolue la lumière en général et son intensité. Alors que les seuls yeux humains n'avaient toujours permis que des estimations relatives de l'intensité lumineuse, le daguerréotype devint à la photométrie exactement ce que le mètre étalon parisien était depuis 1790 à l'arpentage et à la cartographie. La photométrie de Lambert se libéra ainsi de toute apparence phénoménologique, c'est-à-dire subjective, pour devenir une mesure technique précise. Un deuxième point concerne la sensibilité du nouveau médium qui augmentait la lumière en comparaison à l'œil et permit, ce faisant, de forcer la lune ou les anneaux de Saturne à produire des effets expérimentaux. Troisièmement, enfin, Arago effleura la possibilité de mesurer également les daguerréotypes eux-mêmes, dont l'exactitude dépassait l'art en général, c'est-à-dire d'en tirer à l'aide d'une règle et d'un compas les rapports de longueurs et d'angles de l'objet représenté. Ce qui finalement amena Wendell Holmes, précédemment cité, à cette idée géniale que tous les ouvrages d'architecture pourraient être détruits (par exemple avec de la poudre à canon) immédiatement après avoir été saisis photographiquement et, depuis les deux Guerres mondiales, à l'idée encore plus grandiose d'avions ou même de photos satellitaires de reconnaissance qui serviraient finalement à la destruction systématique de l'objet concerné...

3.1.2.2. Talbot

D'après le sincère Arago, seules deux choses faisaient encore obstacle aux daguerréotypes, tout d'abord le papier sur lequel reposent tous les écrits et les livres, et ensuite l'homme sur qui repose toutes les inventions à en croire la doctrine du capitalisme primitif. On ne pouvait donc imprimer des daguerréotypes sans l'intermédiaire d'une lithographie ou d'une gravure sur cuivre, et ce n'était qu'au prix de la plus grande peine qu'on pouvait saisir des gens qui ne tiennent pas en place. Ce ne pouvait être que dans le pays des possibilités infinies que, en 1839, les professeurs Draper et Morse parvinrent à convaincre un homme de rester une demi-heure en plein soleil, le visage recouvert de poudre blanche et les yeux fermés, pour tirer le premier portrait photographique – si tant est qu'il s'agisse de tirer et non d'attendre[2]. Je ne peux m'empêcher d'attirer expressément l'attention sur la participation de Morse à la mise au point de la première véritable technologie de stockage

---

[1] J. M. Eder, *Ausführliches Handbuch der Photographie*, *op. cit.*, vol. 1, t. I, p. 191.
[2] *Ibid.*, p. 212.

de visage humain réalisée à New York par le tout premier studio de portraits photographiques au monde : Samuel Morse est après tout le peintre qui a mis au point le télégraphe électrique en 1837 et, ce faisant, rendu la technologie de transmission moderne, si décisive pour tout ce qui suit, prête pour la mise en série. Il n'y a pas de médias mais des assemblages de médias.

Mais comme vous pouvez vous en douter, l'assemblage du médium de stockage photochimique, d'un côté, avec celui du papier et des hommes, de l'autre, ne voulait pas être réalisé uniquement à l'américaine, c'est-à-dire dans le sens de Samuel Morse, standardisateur du télégraphe, mais aussi de façon formelle. Les modifications progressives du procédé de Daguerre, que je ne peux pas toutes traiter, ont finalement abouti à la photographie instantanée qui permit ensuite à son tour également de stocker des images animées, c'est-à-dire d'envisager le film. Seuls les étapes et les noms de chercheurs les plus importants seront cités.

C'est William Henry Fox, le concurrent anglais jusqu'ici sous-estimé de Daguerre, qui développa pour la première fois des photographies sur papier. Lors de ses voyages en Italie, ce riche Anglais avait encore et toujours essayé de capturer des beautés romantiques avec la *camera obscura* puis de les conserver en les dessinant de sa propre main, comme cela était courant depuis la Renaissance. Mais, alors que la mise en perspective réussie de la nature avait apporté à tous les peintres depuis Dürer fierté et satisfaction, elle s'avérait soudain insatisfaisante depuis que Daguerre avait rendu le réel physique stockable. Voilà pourquoi c'est précisément Talbot, peintre raté, qui se mit alors à chercher et trouva effectivement un procédé technique permettant de photographier directement sur un papier imbibé d'argent iodé et de nitrate d'argent. À partir de la *camera obscura*, il développa la caméra au sens moderne du mot. Ce faisant, les mains des lithographes qui s'activaient jusque là entre la prise de vue technique et la reproduction du livre n'eurent plus rien à faire. Ce n'étaient plus des arts mais seulement des médias qui intervenaient pendant toute la phase de fabrication de la nouvelle optique. Talbot lui-même, qui appela son calotype, ou technique de belle impression, *pencil of nature*, c'est-à-dire le crayon de la nature qui se dessine elle-même, l'utilisa en effet – très conformément à la loi de McLuhan selon laquelle le contenu des médias est toujours d'autres médias – pour des volumes splendides consacrés à des beautés naturelles ou artistiques européennes. La voie menant aux illustrés basés sur les photos et aux brochures vendues sous le comptoir était néanmoins toute tracée.

Une autre des innovations de Talbot fut d'une importance systématique bien plus grande que celle du papier, à savoir l'introduction de négatifs. Je ne sais malheureusement pas si les concepts de positif et de négatif en photographie proviennent de la conceptualité correspondante, et bien plus ancienne, des mathématiques ou plutôt de celle du positif-négatif dans la théorie de l'électricité qui n'avait alors que cinquante ans – il faudrait clarifier cela à l'occasion. Dans le procédé de Daguerre, un positif résultait de la prise et de la fixation de l'image, mais il ne s'agissait justement toujours que d'une représentation positive des rapports de lumière. Les expérimentations avec des représentations négatives échouaient du fait de leur irréversibilité. C'est précisément ce problème que résolut Talbot, tout simplement en photographiant ses négatifs de la façon exactement dont ils avaient été produits afin d'en obtenir autant de copies positives qu'il le souhaiterait. Cela eut deux effets de grande ampleur, l'un caché et l'autre visible. L'effet caché était que dorénavant, la photographie, comme Arago en avait fait gloire à Daguerre, ne se contentait plus d'augmenter la lumière ou de l'agrandir ; à partir de Talbot, il fut également possible d'agrandir ou de réduire à volonté lors de sa copie, la taille de ce qui est représenté sur le négatif. Et parce que tout le monde pense que seul est utile l'agrandissement – je rappelle *Blow Up* d'Antonioni –, il faut souligner que la réduction a également des effets stratégiques. En 1870, par exemple, après quelques semaines de guerre franco-allemande, Paris était complètement encerclé par les armées de Moltke commandées à distance par télégraphe. Il s'avérait urgent d'établir un flux d'informations avec les armées républicaines qui avaient plusieurs fois en vain tenté de libérer le saint cœur de la France. La tâche semblait impossible, jusqu'à ce qu'un photographe eût une idée. Il photographia les lettres qui devaient aller de Paris aux armées, réduisit les copies, photographia les copies des copies, etc., jusqu'à ce que tout le texte pût être accroché à la patte d'un innocent pigeon voyageur, qui vola jusqu'à l'état-major de Gambetta. Pour peu que le pigeon ne fût pas intercepté par les faucons de chasse allemands, le texte illisible à l'œil nu pouvait alors être déchiffré « à l'aide d'une lanterne magique illuminée électriquement » qui le projetait agrandi sur un écran où il était lisible pour l'œil[1]. C'est à partir de là que, au XXe siècle, les services secrets ont développé leurs techniques de réduction de messages secrets entiers à la taille d'un inoffensif point tapé à la machine.

L'effet visible de l'innovation de Talbot nécessite moins de commentaires. Ce que la possibilité illimitée de copies déclenche est évident : dans une série constituée premièrement d'originaux, deuxièmement de négatifs, troisièmement de négatifs de négatifs, la photographie devint un médium de masse. Alors que chez Hegel, la négation de la négation ne devait en rien être le retour à la position première, les médias de masse reposent précisément sur cette oscillation que l'algèbre binaire de Boole a calculée de manière logique, rendant ce faisant possible rien de moins que l'ordinateur.

Mais Talbot justement, ce snob britannique, qui fit pour la reproductibilité optique exactement ce que Gutenberg avait fait pour la technique d'impression, haïssait toute copie. Tout à fait comme Gutenberg avait exigé, à cause d'un procès strasbourgeois auquel il était mêlé, que l'on creusât un trou dans sa presse d'imprimerie, que l'on insérât un gros pieu dans ce trou

[1] W. Ranke, « *Magia naturalis, physique amusante* und aufgeklärte Wissenschaft », *op. cit.* Trad. de la citation : E. V.

et que l'on couchât ensuite la machine tout aussi immobile qu'inutilisable dans une tombe, Talbot poursuivit en justice toute personne essayant d'imiter son procédé. Il fallut attendre une intervention menaçante de la Royal Society pour le forcer, dans l'intérêt de l'art et de la science, à être « un tant soit peu plus modéré » et à céder ses droits, à la jolie exception près que leur exploitation commerciale demeurait interdite[1].

Supposons, pour plus de simplicité, que c'est ce frein immédiat à la mise en valeur qui fit qu'entre le papier de Talbot et la solution photographique définitive, à savoir le celluloïd d'Eastman, tant d'autres matériaux photographiques durent être inventés, dont ce verre à photo effroyablement lourd et cassant mis au point en 1847 par un lieutenant de dragons, neveu de Niépce. Attirons l'attention sur le fait que le verre jouait certes un rôle fondamental dans la photographie où il servait, non de surface de stockage, mais de système de lentille. La faiblesse lumineuse des lentilles avec lesquelles Daguerre et Talbot travaillaient était particulièrement responsable du fait que les gens devaient prendre la pause une demi-heure durant, en plein soleil, et rester parfaitement immobiles avant que le portrait fût dans la boîte. Afin de pallier ce manque, une recherche expérimentale d'objectifs toujours plus lumineux débuta et devint une vraie science avec les travaux d'Ernst Abbe et Carl Zeiss à Iéna. La recherche d'émulsions plus sensibles à la lumière commença parallèlement et ne prit fin qu'avec la photographie numérique. Et, pour installer les conditions de possibilité du film de cinéma, le nouveau médium optique dut finalement se séparer de nouveau de la vieille imprimerie dans laquelle il s'était intégré avec tant de succès grâce à Talbot. Il devait gagner, en d'autres mots, une matérialité propre, en-deçà du métal, du papier ou du verre, à savoir cette étrange semi-transparence que nous appelons, sans même percevoir qu'il s'agit d'un mot étranger, le film. J'ai cherché dans le dictionnaire et peux vous annoncer l'heureuse nouvelle que l'*aegfelma* anglo-saxon, « membrane de l'œuf », et le vieux frison *filmene*, « peau tendre », sont réunis dans les langues germaniques occidentales pour former *felmon* qui signifie « peau ». La racine de ces mots renvoie naturellement à la peau de bête, mais le parchemin en peau n'existe plus depuis 1891 ; le progrès qui les remplaça s'appelle « film » : pellicule sensible à la lumière pour photographies et pellicules cinématographiques. C'est ce qu'on peut lire dans le *Dictionnaire étymologique de la langue allemande* de Kluge qui n'établit malheureusement pas le parallèle avec le parchemin.

Une deuxième bonne nouvelle concerne l'inventeur du film qui mit l'optique en rouleau comme la machine à papier en continu l'avait fait pour imprimer les journaux. Pynchon a écrit au sujet du héros de son roman, Slothrop, que ses pieux prédécesseurs américains étaient soit des fondateurs de sectes soit des fabricants de papier – et le papier n'est rien d'autre que la

[1] J. M. Eder, *Ausführliches Handbuch der Photographie*, *op. cit.*, vol. 1, t. I, p. 241. Trad. de la citation : E. V.

base matérielle des dollars, des W.C. et des bibles, donc de l'argent, de la merde et du mot. Il en va de même du pouvoir des médias qui, également selon Pynchon, a historiquement remplacé le mot ou le livre : c'est à un pasteur que l'on doit le rouleau de pellicule. En réalité, il fallut d'abord inventer le celluloïd. Ce fut l'œuvre de trois Américains qui introduisirent la nitrocellulose pour baisser le prix des boules de billard jusqu'alors faites en ivoire, matériau plutôt rare et cher. Et il fallut finalement aussi, en amont, que la nitrocellulose ou la nommée poudre à canon remplaçât la vieille poudre noire monastique que j'ai essayée de mettre en rapport avec la perspective ; c'est ce que réalisèrent un chimiste suisse et un lieutenant feld-maréchal autrichien du nom de Franz von Uchatius dont il sera également question dans le prochain cours, puisqu'il est le précurseur direct de la technique filmique. Comme son nom le suggère, la poudre à canon servait de tout autres buts que filmiques ou pacifiques ; mais après qu'elle se fût métamorphosée en boules de billard modernes, le révérend Hannibal Goodwin, un photographe amateur enthousiaste qui détestait les plaques de verre lourdes et peu maniables, déposa son brevet sur la pellicule en bobine le 2 mai 1887. La reconnaissance étatique du brevet – assortie d'un dédommagement de plusieurs millions de dollars – n'intervint en fait que onze ans plus tard, car l'entreprise Eastman-Kodak était entretemps devenue riche à milliards en pillant le brevet de Goodwin.

Nous voilà enfin arrivés au grand capitalisme et prêts pour l'invention du film à laquelle la prochaine séance sera consacrée. En réalité, comme je ne souhaite pas passer le cours d'aujourd'hui à décortiquer les contextes techniques, je vais ouvrir une courte parenthèse sur un aspect plus ou moins délaissé de la photographie : avant que ne débute l'histoire du film en tant que telle, abordons donc l'impact du médium de stockage photographie sur la culture et l'esthétique du XIXe siècle.

3.1.3. Peinture et photographie : combat pour la pupille

De la même façon que, depuis 1836, deux options se présentaient à tout un chacun (et pas seulement aux états-majors napoléoniens), soit écrire des lettres ou des livres soit émettre des signaux télégraphiques, à partir de 1839, on put également soit peindre une image soit la photographier. Lorsqu'Arago, dans son discours d'éloges à Daguerre, souligna principalement les utilisations scientifiques possibles du premier médium de stockage des images et nia vigoureusement que ce médium exercerait également une pression concurrentielle esthétique sur les peintres et plus spécialement – depuis les portraits pris par Draper et Morse – sur les portraitistes, il proclama la litote du siècle. Comme chacun sait, l'énorme commerce de portraits peints d'autrefois est désormais presque passé entièrement aux mains de la photographie et, face à la concurrence technique, il ne resta plus aux peintres que les deux options d'une différenciation fondamentale (pour le dire avec les mots de Niklas Luhmann) : premièrement, ils pouvaient modifier leur style en ne tirant plus leurs images de l'observation visuelle ou d'une vieille *camera obscura*, mais de photos. Je laisse aux historiens d'art la longue histoire de ce réalisme photo qui va d'Ingres, qui basa, comme je l'a déjà mentionné, la *Source* sur la photo d'un nu, jusqu'à Gerhard Richter, et je ferai seulement remarquer que l'on voit parfaitement, chez Degas et ses petits rats d'Opéra par exemple, comment la photo, en devenant le modèle de la peinture a remplacé l'imaginaire, c'est-à-dire la fixation de la peinture traditionnelle sur la reconnaissance de formes, par le réel constitué de dispersions arbitraires absolument fugaces et de fragments d'images absolument asymétriques.

Vue de façon systématique, le défaut de cette première option est qu'elle n'est jamais possible qu'une fois, c'est-à-dire tant que d'autres peintres ne maîtrisent pas aussi parfaitement le mimétisme de certains effets photo que celui qui avait introduit le nouveau style. C'est pourquoi une autre option picturale, qui historiquement eut plus de succès, résida en une véritable différenciation entre le médium artistique et le médium technique, c'est-à-dire dans le fait de ne peindre plus que des images qui ne pourraient pas du tout être photographiées, par exemple, ou surtout, des images qui ne représentent pas des objets mais l'acte de peindre lui-même. Il n'est besoin ni de souligner que cette option domine complètement la soi-disant peinture moderne ni qu'elle n'eut pour ainsi dire aucun effet sur le quotidien historique.

Pour ce qui est du quotidien, il vaut mieux revenir à des médias aussi simples que la lithographie afin d'en dire davantage sur le thème central de ce cours : la politique de l'image. En 1800, le romantique Novalis avait exigé, sans référence encore aux médias opto-techniques, que la monarchie alors encore absolutiste, et surtout la monarchie prussienne ici à Berlin, gagnassent en efficacité par des réformes et suscitassent à cette fin chez leurs sujets « Croyance et Amour ». Ce qui sonna la fin des portraits de princes baroques les montrant dans leur éclat éblouissant, tout autant effrayant que fascinant, mais surtout le glas des portraits de prince qui le montraient dans l'isolement de son règne. À la place des images du vieux Fritz isolé, on vit rapidement apparaître en Prusse celles d'un roi qui posait en couple avec sa femme, la proverbiale reine Louise, en toute intimité ou familiarité. Et parce que les sujets s'étaient entretemps transformés eux aussi en familles heureuses, les images du gouvernant et des gouvernés coïncidèrent pour la première fois dans l'histoire.

Ironie de l'histoire mondiale des images : dans *L'Éducation sentimentale*, c'est-à-dire précisément dans un roman sur les peintres, les marchands d'images et la Révolution de 1848, Flaubert raconta, avec tout le cynisme dont il était capable, que l'exemple de la Prusse avait fait école. Selon Flaubert en effet, le roi bourgeois Louis Philippe, c'est-à-dire ce roi à qui

Daguerre était justement redevable d'une rente à vie et de l'ordre de la Légion d'honneur, fit circuler, dans toute la France, d'innombrables lithographies sur lesquelles on le voyait en toute modestie, membre d'une famille bourgeoise parmi des millions d'autres. Je cite Flaubert :

> [...] puis ils vinrent à s'entretenir du dîner chez Arnoux.
> – Le marchand de tableaux ? demanda Sénécal. Joli monsieur, vraiment !
> – Pourquoi donc ? dit Pellerin.
> Sénécal répliqua :
> – Un homme qui bat monnaie avec des turpitudes politiques !
> Et il se mit à parler d'une lithographie célèbre, représentant toute la famille royale livrée à des occupations édifiantes : Louis-Philippe tenait un code, la reine un paroissien, les princesses brodaient, le duc de Nemours ceignait un sabre ; M. de Joinville montrait une carte géographique à ses jeunes frères ; on apercevait, dans le fond, un lit à deux compartiments. Cette image, intitulée « Une bonne famille », avait fait les délices des bourgeois, mais l'affliction des patriotes.[1]

Voilà qui est limpide et ne requiert, me semble-t-il, aucune interprétation. Je me contenterai de noter : premièrement combien la politique des images fut efficace après le passage aux lithographies reproductibles et imprimables à l'infini et, deuxièmement, combien les médias eurent de répercussions sur ce qu'ils représentaient. Dans le médium de masse lithographie, la famille royale déposait tous les attributs de sa grandeur et se fondait dans la masse des familles bourgeoises françaises.

C'est précisément cette tendance que la photographie, cette lithographie automatisée, a renforcée. À Dessau, c'est-à-dire dans l'une des plus petites cours princières allemandes, la photo de portrait eut à elle seule pour conséquence que les nobles ne se présentaient plus au peintre en uniforme d'apparat, couverts de médailles, mais voulaient apparaître sur leurs photos dans le modeste costume noir des bourgeois[2]. Le style du réalisme bourgeois gagna ainsi, en tant que courant artistique, non seulement la littérature et la peinture, mais aussi le quotidien. On peut en conclure au besoin complémentaire de la noblesse en médias lui permettant d'éviter de perdre la face aux yeux de ses secrets admirateurs bourgeois : un premier exemple, encore anodin, sont les films comme *Sissi*. Un second exemple, que l'on doit à la perspicacité de McLuhan, est le monocle, qui devint à la mode autour de 1850. Un noble supportait certes de n'être plus portraituré en habit de cour et photographié dans le modeste costume noir du XIXe siècle, mais, par vengeance, il portait des sortes de lunettes qui, plus brutalement encore que la *camera obscura* artisanale dans la vision encadrée de Brockes, faisaient que, comparés au porteur de monocle, tous les autres se voyaient réduits à être sujets d'une technologie des médias optiques. Des acteurs tels qu'Erich

---

[1] Gustave Flaubert, *L'Éducation sentimentale* [1869], A. Thibaudet et R. Dumesnil (éd.), Paris, Gallimard, coll. Pléiade, 1952, p. 83.

[2] Heinz Buddemeier, *Panorama, Diorama, Photographie. Enstehung und Wirkung neuer Medien im 19. Jahrhundert*, Munich, W. Fink, 1970, p. 86.

von Stroheim n'eurent plus qu'à exporter à Hollywood ou à y prostituer cette astuce oculaire des officiers allemands nobles pour qu'un nouveau genre de film naquît[1] – le film nazi...

Le véritable embourgeoisement fut apporté par les bourgeois eux-mêmes. Un coup d'œil au réalisme littéraire permet de voir le rôle qu'y joua la photographie (à la différence de la verrue fictive de Diderot). Balzac, dont les romans ont le plus participé à la popularisation de ce nouveau réalisme bourgeois, écrivit dans la préface de *La Comédie humaine* que la totalité de son cycle romanesque se voulait un daguerréotype de la société française contemporaine[2]. La littérature, comme cela était courant au siècle des sciences, tirait ainsi tout d'abord sa garantie d'un médium technique, ce qu'elle pouvait faire d'autant plus facilement que, contrairement à la peinture, le médium n'y apparaissait que métaphoriquement et non comme concurrent réel.

Mais le modèle métaphorique de la photo semble également avoir eu des effets réels sur la façon d'écrire. Dans sa géniale et misérable *Madame Bovary*, Flaubert mentionne toujours de nouveau un « curé de plâtre »[3] : il trône tout d'abord en bon état dans le jardin des Bovary, à la façon des nains de jardin eux aussi reproduits en masse, puis reçoit quelques ébréchures lors d'un premier déménagement, et tombe finalement en morceaux lorsque le couple bourgeois éclate. Mais ce curé n'a pas la moindre fonction dans l'action, si ce n'est précisément de permettre au roman de prouver qu'il n'oublie jamais aucune donnée optique au sein de son univers fictif – un oubli, qu'à la différence du réaliste Flaubert, ses prédécesseurs, Goethe et d'autres écrivains classiques, commettaient pour ainsi dire par principe. Sous le signe de la photographie, la littérature ne produit donc plus seulement des images intérieures pour cette *camera obscura* en laquelle les lecteurs romantiques solitaires de Hoffmann se transformaient ; elle commence à construire des leitmotivs optiques objectifs et consistants, qui pourront ensuite être filmés sans problème.

Tout cela n'exclut pas que des écrivains réalistes aussi décrivissent la photographie comme une menace. Le même Balzac qui voulait confectionner tous ses personnages fictifs comme des daguerréotypes dit à son ami Nadar, le premier et le plus connu des photographes portraitistes de France, qu'il était lui-même épouvanté à l'idée d'être photographié. Balzac en effet, avec les penchants mystiques qui étaient les siens, ne pouvait s'expliquer la réalisation de daguerréotypes autrement que par le fait que chaque individu est constitué de nombreuses peaux optiques – du type de celles de

---

[1] M. McLuhan, *Pour comprendre les médias*, *op. cit.*, p. 220.

[2] Si la préface de *La Comédie humaine* ne mentionne pas explicitement le daguerréotype, l'intérêt de Balzac pour cette technique est avéré dans de nombreux passages de son œuvre. Cf. *Romantisme*, n° 105, « L'Imaginaire photographique », Daniel Grojnowski, Philippe Ortel (éd.), 1999. [N.d.T.]

[3] En français dans le texte.

l'oignon –, dont chaque photo capturerait et stockerait la plus extérieure, en l'ôtant donc à l'individu représenté. À chaque photo, la peau suivante serait prélevée et ainsi de suite – jusqu'à ce que le portraituré disparaisse ou qu'il devienne un fantôme sans corps[1]. Edgar Allan Poe, qui a également écrit sur le miracle mondial de la photographie, put généraliser ce fantasme et considérer que les images sont mortelles pour leur objet[2]. Le peintre de Poe portraiturait sa bien-aimée sans remarquer que sa peinture à l'huile gagnait en coloris et en couleur chair au fur et à mesure que sa bien-aimée pâlissait. La peinture, handicapée par l'altération des pigments dont j'ai traité en détail, utilise un effet photochimique comme si elle était devenue photographie, donc contre les hommes en tant que tels. Aussitôt que le tableau fictif de Poe est achevé, la bien-aimée du peintre tombe raide morte. Ce à propos de quoi l'analyse des médias ne peut que souligner une fois de plus à quel point les fantasmes historiques et les symboles collectifs (comme dirait Jürgen Link) reposent sur des technologies. Les craintes d'un Balzac ou d'un Poe ne font jamais que décrire le fait, clairement théorisé par Arnheim, que c'est avec la photographique qu'apparaît pour la première fois une technique de stockage qui restitue ce qui est reproduit dans sa matérialité impensable.

Ce faisant, le fantasme ne doit pas être évacué par une explication, mais réalisé précisément comme fait. Car les craintes fantasmagoriques du soi-disant homme qui, selon Foucault, n'a été inventé en tant que sujet de toute savoir possible qu'en 1800, avaient bel et bien des conséquences technologiques. D'abord, tous les fantômes créés depuis Schröpfer et Robertson par la lanterne magique et que Balzac identifia finalement à l'homme lui-même, passèrent au nouveau médium. L'une des occupations favorites de l'occultisme, apparu en 1850 comme imitation surtout de la télégraphie électrique, était de se mettre en chasse de photos de fantômes. L'obturateur était aussi maintenu ouvert lorsqu'il n'y avait rien à voir, dans l'obscurité par exemple, et ces non-images étaient développées dans l'espoir pour ainsi dire arnheimien qu'un esprit invisible à l'œil se fût matérialisé uniquement sur la pellicule photo. Ce procédé avait plus de succès que ce que l'on peut imaginer aujourd'hui et prouve la semi-vérité de la sentence d'Adorno selon laquelle les esprits se manifestent historiquement lorsque l'esprit, à savoir celui de l'idéalisme philosophique, a disparu devant les technologies des médias. Je parle d'une demi-vérité, car Adorno n'a pas honoré de la moindre syllabe les fantômes contre-réformistes issus de la lanterne magique de Kircher.

Ce qui arriva aux fantômes avec ladite ectophotographie pouvait deuxièmement – et c'est le point décisif – être aussi appliqué aux hommes.

---

[1] Cf. Félix Tournachon dit Nadar, *Quand j'étais photographe*, Paris, Flammarion, 1899.

[2] Edgar Allan Poe, « Le Portrait ovale » [1842], *Nouvelles histoires extraordinaires*. Pour la traduction française, voir notamment celle de Baudelaire en 1857 in : *Œuvres complètes de Charles Baudelaire. Traductions*, Jacques Crépet (éd.), Paris, Conard, 1917, p. 299-303.

Une puissance malveillante, qui n'était pas toujours aussi fictive que dans l'histoire du pauvre Schlemihl de Chamisso[1], leur achetait leur ombre. Au fur et à mesure que la photographie progressait vers la photographie instantanée, il devenait toujours plus facile de consigner les gens sans qu'ils le veuillent et même sans qu'ils le sachent. Les cauchemars de Balzac se réalisèrent au plus tard en 1880 lorsqu'Alphonse Bertillon – qui était d'ailleurs, cela vaut la peine de le remarquer, un frère de l'ancien chef des statistiques en France de l'époque – fut promu chef du service d'identification de la police parisienne. Bertillon s'était froidement demandé quelles caractéristiques visibles et mesurables d'une personne restaient constantes au long de sa vie malgré toutes les modifications dues à l'âge, mais également à la volonté de se grimer. Il identifia les caractéristiques suivantes : la longueur et la largeur de la tête, la longueur du majeur, des pieds, de l'avant-bras et du petit doigt. Les autorités policières n'avaient plus qu'à stocker dans leurs caisses de fiches l'ensemble de ces valeurs mesurées en centimètres ainsi qu'une description affectueuse de la race et d'éventuelles cicatrices, taches de naissance et tatouages, pour que la probabilité de confondre l'individu concerné avec d'autres avoisinât désormais zéro. En effet, ces onze mesures permettaient déjà à elles seules cent soixante-dix-sept mille cent quarante-sept combinaisons différentes.

En voilà assez pour la statistique, passons maintenant à la photographie. À l'ère du réalisme littéraire, il allait de soi que Bertillon remplaça autant que possible les descriptions nécessairement imprécises par des photographies. C'est seulement depuis ce moment-là qu'à chaque fois qu'un criminel ou un simple suspect est appréhendé, on réalise immédiatement deux portraits-photo de lui, l'un de face et l'autre de profil (opération durant laquelle le malfaiteur devait également tenir à l'origine une règle à côté de son visage[2]). Le criminel, une copie du mètre-étalon révolutionnaire en main, se mesurait ainsi lui-même. Tout à fait comme Arago l'avait annoncé, il se métamorphosait en objet de mesure de la nouvelle technique. Et même si cela ne se déroulait pas de façon particulièrement volontaire, c'était tout de même une innovation. D'après la définition géniale d'Arnheim, la photographie consistait en ceci que quelque chose de réel (peu importe ce que c'était, un malfaiteur ou non) laissât ses propres traces dans un médium de stockage. Le pouvoir, en d'autres mots, n'avait plus besoin de lui apposer de ces traces inévitables dans la condition esthétique. Bertillon ne commença pas dans un *no man's land* historique mais, en stockant photographiquement les criminels, il remplaça des procédures plus anciennes qui n'avaient pu opérer que par le marquage esthétique des malfaiteurs. Un criminel a été

---

[1] Voir Adelbert von Chamisso, *L'Étrange Histoire de Peter Schlemihl ou l'homme qui a vendu son ombre* [1813], trad. de l'allemand par Albert Lortholary (1934) révisée par Bernard Lortholary (1992), Paris, Gallimard, 1992. [N.d.T.]

[2] B. Busch, *Belichtete Welt*, *op. cit.*, p. 316.

pour la dernière fois marqué au fer rouge en Europe en 1831, soit seulement huit ans avant l'invention de Daguerre, alors que la recherche de nouvelles techniques de stockage avait déjà commencé. C'est précisément à cette recherche que Bertillon trouva la réponse : sa criminalistique remplaça l'arbitraire des inscriptions des anciennes puissances européennes par une scientificité avec laquelle les puissances modernes pouvaient lire de façon bien plus efficace. L'écriture au fer rouge, lorsqu'elle était lue quelques années plus tard, n'apportait au pouvoir que l'information tautologique selon laquelle elle avait elle-même étiqueté quelqu'un, tandis que la lecture de photos de malfaiteurs, en dépit de son apparence passive, livrait pour la première fois des informations non redondantes sur ses sujets. Plus réalistes encore que la verrue de Diderot qui n'aurait soi-disant pas du tout pu être simulée, les photos de criminels produisaient des identités.

Mais cela ne suffisait pas, et Bertillon parvint avec succès à une standardisation internationale de sa dénommée anthropométrie qu'il n'imposa pas uniquement aux malfaiteurs récidivistes mais également aux gens en général. Je cite Meyer :

> [Ce procédé] s'avéra également utile d'un point de vue social, juridique, pour la médecine légale, etc., dès qu'il s'agissait de lever un doute sur l'identité d'une personne qu'on aurait pu confondre avec une autre (sur les papiers à présenter au tribunal, sur les passeports, les signalements, les fiches de renseignements, [pour] la constatation d'un malade mental enfui, d'un accidenté, d'un cadavre repêché et de beaucoup d'autres choses encore).[1]

Le modèle du criminel devint en tous cas notre quotidien et Thomas Pynchon, qui refuse toute séance photo et toute interview, peut demander à ses lecteurs :

> « Est-ce que vous êtes cette vague tête de criminel sur votre carte d'identité dont l'âme aurait été arrachée par l'appareil photographique du gouvernement comme tombait le couteau de la guillotine. »[2]

Il faut toujours garder à l'esprit combien Manfred Frank a raison, vraisemblablement sans le vouloir, de fêter l'homme – libre selon Schleiermacher et Sartre – en tant que généralité individuelle. À l'ère du monopole de l'écriture, Goethe pouvait expliquer qu'il n'y a pas d'individus du tout mais seulement des genres, c'est-à-dire des espèces. Malgré toutes les tentatives visant à projeter, devant les yeux internes du lecteur, des héros de roman avec la lanterne magique, personne ne savait à quoi ils ressemblaient en fait. Parce que la langue, selon Hegel, appartient au général, les descriptions métamorphosent toujours les individus en généralités. L'exemple littéraire le plus éclairant de cette transsubstantiation est sans doute le signalement que Georg Büchner incorpora, d'après sa propre expérience amère avec la police de Hesse, dans sa comédie de 1835, *Léonce et Léna*.

---

[1] Joseph Meyer, *Meyers Großes Konversations-Lexikon*, Leipzig, Bibliographisches Institut, 1902-1908, 20 vols, voir vol. 2 (1905), p. 732-733. [N.d.T.]

[2] Th. Pynchon, *L'Arc-en-ciel de la gravité*, *op. cit.* p. 199.

> Policier 1 : Messieurs, nous recherchons quelqu'un, sujet, individu, personne, délictueux, perquisitionnable, un gaillard. *À l'autre policier.* Regarde une fois si y en a un qui devient tout rouge.
> Policier 2 : Y en a pas un qui est devenu rouge.
> Policier 1 : Faut qu'on essaye autre chose alors. – Où est le mandat d'arrêt, le signalement, la certification ? *Le deuxième policier sort un papier de sa poche et le lui tend.* Vise les sujets, je lis : un homme –
> Policier 2 : Ça ne marche pas, ils sont deux.
> Policier 1 : Crétin ! Qui va sur ses deux jambes, possède deux bras, de plus une bouche, un nez, deux yeux, deux oreilles. Signe particulier : hautement dangereux individu.
> Policier 2 : Ça marche pour tous les deux. Faut-il que j'arrête les deux ?[1]

Voilà le côté amusant de ces fiches de renseignements de l'ancienne Europe. Quant au côté triste, le voici : le signalement effectivement fait de Georg Büchner en fuite, publié par le grand-duché de Hesse dans le *Journal de Francfort* du 18 juin 1835, ne sut pas en dire beaucoup plus :

> Portrait. Le ci-après mentionné Georg Büchner, étudiant en médecine de Darmstadt, s'est soustrait à l'enquête judiciaire sur sa participation présumée à des activités de haute trahison envers l'État en quittant sa patrie. Les autorités officielles du pays et de l'étranger sont appelées à l'arrêter et à le livrer sous bonne escorte à l'endroit ci-après indiqué. Darmstadt, le 13 juin 1835. Le juge d'instruction, conseiller au tribunal du Grand Duché de Hesse de la province de Haute-Hesse, Georgi. Signalement. Âge : 21 ans. Taille : 6 pieds, 9 pouces selon le nouveau système de mesure de Hesse, cheveux : blonds, front : très bombé, sourcils : blonds, yeux : gris, nez : fort, bouche : petite, barbe : blonde, menton : rond, forme du visage : ovale, teint : frais, gabarit : robuste, élancé. Signe particulier : myope.[2]

Dans la simplification géniale de Büchner, le signalement littéraire inventé par la police très absolutiste identifiait un unique sujet, aussi au sens politique du terme, dans lequel tous les sujets factuels se fondaient pour ainsi dire. Dans la presse impériale de masse du type du *Journal de Francfort*, les choses n'étaient guère plus compliquées : la fiche signalétique de Büchner ne correspondait certes pas à tous les sujets du grand-duché de Hesse, mais tout de même à l'idéal d'un étudiant blond et sain dont le schéma littéraire correspondait au moins à quelques centaines d'étudiants réels. Le relevé d'empreintes moderne, baptisé ainsi par Carlo Ginzburg, ne travaille plus avec des arts mais avec des médias – c'est pourquoi son corrélat réside dans des éléments singularisés statistiquement pouvant encore être pêchés dans la masse (comme dans le célèbre récit de Poe *L'Homme des foules*).

---

[1] Georg Büchner, *Léonce et Léna* [1836], trad. de l'allemand par Bruno Bayen, Paris, L'Arche, 2007, p. 16.

[2] Bettina Bischoff, Thomas Michael Mayer (éd.), *Georg Büchner, Leben, Werk, Zeit, Ausstellung zum 150. Jahrestag des „Hessischen Landboten"*, cat. exp. Marbourg, Jonas, 1985. Trad. de la citation : E. V.

Passons maintenant à deux exemples photographiques sur le thème de l'anthropométrie moderne, d'abord un exemple fictif puis sa confirmation historique.

Je tire l'exemple littéraire et donc fictif d'un livre de Gerhard Plumpe. Ce livre, intitulé *Le regard mort*, montre d'une façon légèrement redondante comment, au XIXe siècle, la photographie a bouleversé juridiquement le droit sur les images qui venait d'être introduit – ce qui faisait autrefois évidemment référence aux images peintes à la main. Malgré cet intérêt pour les lois (et non pour les techniques des médias), *Le Regard mort* comporte quelques observations isolées fort utiles.

Plumpe y résume le synopsis d'une comédie écrite en 1865 par l'éminent juriste d'État et poète oublié, Apollonius de Maltitz, sous le titre de *Photographie et Vengeance*.

> L'arrivée d'un photographe itinérant dans une station balnéaire suscite une certaine émotion chez les hôtes photographiés qui trouvent leurs portraits tout à fait insupportables. « Je suis censé ressembler à cela ? », se plaint une jeune femme, « non seulement laide à faire peur mais l'air méchant d'une vieille recluse [...]. Voilà l'enfant préféré de mon pauvre père bienheureux ! Peux-tu aimer cette face hideuse, mon pitoyable Rodolphe ? – Tous ceux qui me voient ainsi doivent me prendre pour la fille d'un riche fabricant, qu'un noble n'aura épousée que pour son argent. » Et sa mère, également photographiée, est effarée : « Moi que l'on dit belle, que l'on a menée de la chambre d'enfant à l'autel, idolâtrée par les peintres, [...] sculptée dans le marbre par Thorwaldsen. Tout cela pour me retrouver dans les mains d'un charlatan. »
>
> Cela continue ainsi un certain temps et l'indignation déconcertée des curistes parvient à son comble lorsqu'un « connaisseur » atteste la réussite des portraits. « Vous trouvez une légère ressemblance ? », demande-t-on à l'expert, et il répond : « la ressemblance ne correspond pas à une vue de l'esprit, elle est parfaite. Il ne s'agit pas de ressemblance mais de parfaite similitude ! » L'effarement des hôtes prend alors de telles proportions que le médecin thermal doit interdire au photographe la pratique de son activité. L'histoire prend un tournant soudain lorsque le photographe parvient par hasard à prendre en photo un malfaiteur qui sévissait sur place et volait les hôtes. Le voleur peut être appréhendé à l'aide de la photographie « réaliste ». Le photographe est réhabilité et les curistes louent la maîtrise de son « art ».[1]

En voilà pour la comédie *Photographie et Vengeance*. Même des poètes médiocres peuvent être de bons juristes et de très bons théoriciens des médias. D'un côté, la technique des médias photographie détruit précisément l'« idéal » ou l'imaginaire que le sculpteur ou le peintre reproduisaient encore et toujours lorsqu'ils « divinisaient » consciencieusement leurs modèles. La photographie, en revanche, fait pour la première fois apparaître un réel qui, brusquement, donne à voir même la fille la plus noble comme une « bagnarde » – ou une tête guillotinée, comme dit Pynchon. (Raison

[1] Gerhard Plumpe, *Der tote Blick. Zum Diskurs der Photographie in der Zeit des Realismus*, Munich, W. Fink, 1990, p. 193. Trad. de la citation : E. V.

pour laquelle, soit dit en passant, il y avait dans l'Empire allemand depuis 1902 un projet de loi visant à reconnaître à tout homme et toute femme un « droit à l'image » face à un emploi photographique abusif.) Mais, d'un autre côté, la même photographie prouva ce faisant la capacité tout à fait nouvelle à reconnaître de tels bagnards et donc à les produire. Et le fait que, dans l'ancienne Europe, elle n'ait été célébrée en tant qu'« art » qu'à partir de ce succès criminalistique et justement après lui, prouve troisièmement – et je m'éloigne ici des thèses de Plumpe – que tout le bavardage sur la photographie en tant qu'art occulte ses fonctions stratégiques.

C'est pourquoi je n'ai plus qu'une remarque à faire pour clore cette digression sur les effets culturels du nouveau médium, à savoir que la vengeance juridique qu'est la photographie ne triompha pas seulement dans la fiction littéraire. Un procédé pour copier rapidement les photos des fiches signalétiques, procédé que Bertillon reprendra et standardisera, permit dès 1833 d'appréhender un « dangereux anarchiste (Stellmacher) » dans la grande ville de Vienne[1]. Comme vous vous en souvenez, avec de la nitrocellulose, on peut soit faire des bombes comme les anarchistes soit des pellicules de film comme la police viennoise. En tous les cas, l'homme en tant que généralité individuelle explose entre les tirs de barrage des anarchistes d'un côté et des photographes de l'autre.

3.2. FILM

3.2.1. Préludes

Nous en arrivons à présent sans cérémonie à la préhistoire du film. Pour stocker des images en mouvement, il ne suffit justement pas, comme Draper, d'ordonner à un assistant professoral tel que Morse de se tenir immobile pendant une demi-heure pour réaliser le premier portrait photographique, ou comme Bertillon, de ligoter un criminel pendant une séance d'anthropométrie. Il s'agit au contraire de fixer l'objet ou la cible également et précisément au moment de sa fuite et de pouvoir par la suite reproduire partout ce mouvement fixé. Ces deux raisons expliquent pourquoi j'ai choisi comme point de départ de ma préhistoire du cinéma un mousse américain du nom de Samuel Colt. Son histoire est certes un peu mythique et nécessite d'être rectifiée et précisée au plus tard lors d'une prochaine séance sur l'histoire technique des armes à feu, mais pour aujourd'hui elle nous en apprend assez. En 1828 donc, le jeune mousse se rendit en Asie orientale et, pendant la traversée, il eut une révélation technique, à savoir le revolver auquel il donna

[1] J. M. Eder, *Ausführliches Handbuch der Photographie*, *op. cit.*, vol. 1, t. I, p. 302.

son nom. Ce n'est pas un hasard si les westerns célèbrent tous les colts, dont les six tirs ne permettent plus simplement à un homme d'en viser un autre, mais à un Blanc de viser assez simultanément six Indiens ou six Mexicains. Ce qui explique pourquoi seule la guerre américano-mexicaine de 1847 permit à Colt, dont l'usine était sur le point de faire faillite, de devenir un riche fournisseur d'armes.

Mais le colt n'innovait pas seulement en permettant d'abattre le plus rapidement possible six cibles mobiles les unes après les autres, là où d'autres soldats contemporains avaient encore besoin d'une minute entière pour charger une nouvelle cartouche par la bouche du canon de leur fusil ; le colt ne fit rien de moins que de révolutionner le principe même du processus de fabrication industrielle. Comme le colonel Colt se plaisait sans cesse à en faire la démonstration, dans un but publicitaire, à ses visiteurs émerveillés, il était possible de poser sur une table six colts à six tirs chacun, de tous les démonter jusque dans leurs plus petits composants, puis de bien les mélanger et finalement – malgré cette introduction artificielle de statistiques et de bruit – de remonter six revolvers fonctionnels à partir de ce mélange de pièces détachées. Nul besoin de détailler les antécédents compliqués de ce tour d'adresse qui remontent à l'artillerie de Louis XVI et se poursuivent jusqu'à l'office américain de l'armement militaire, en passant par la guerre anglo-américaine de 1812 qui, quoique presque oubliée entre-temps, n'en reste pas moins significative. Il suffit de dire que Colt, bien qu'il n'ait pas inventé le principe industriel de production en série de pièces interchangeables, en a tout de même assuré une promotion couronnée de succès. La série de tirs dans le temps et la série de dispositifs dans l'espace étaient deux versants d'égale importance d'une seule innovation. À peu près à la même époque, les fournisseurs d'armes de la Grande Armée de Napoléon et, surtout en ce qui concerne les vis et autres éléments de mécanique de précision, le pionnier britannique de l'ordinateur Charles Babbage travaillaient à des standardisations similaires. Mais comme vous le savez, c'est le modèle de Colt qui s'est imposé, surtout aux États-Unis – ne serait-ce que pour une raison très simple, à savoir que toutes sortes d'émigrants exerçant toutes sortes de métiers non demandés ailleurs affluaient au pays de la sérialité illimitée et que seules deux catégories professionnelles n'émigrèrent pas d'Europe, où elles jouissaient de bien meilleures conditions de travail : les ouvriers qualifiés et les militaires. Et voyez-vous, le revolver de Colt remédia à l'un de ces vices par son procédé de fabrication et à l'autre par sa technique de tir.

Ces deux versants sont également devenus décisifs pour le film. En ce qui concerne d'abord la sérialité du procédé de fabrication, le film diffère bien de la photographie en ce que le produit fini de l'émetteur, le bien-nommé film dans la boîte, ne sert strictement à rien tant que le récepteur ne dispose pas de son côté d'un appareil de projection présentant des dimensions et des standards parfaitement identiques. Qui acquiert une photo n'a pas besoin à son tour d'un appareil photo, tandis qu'en revanche qui acquiert un film a parfaitement besoin d'une salle de projection et d'un projecteur.

Comme dit, si le concept de canal de Shannon est plutôt anachronique et déplacé dans le cas de la photographie, le cinéma s'en rapproche déjà beaucoup plus, et c'est exactement la raison pour laquelle il présuppose des conditions d'industrialisation avancées. Ce n'est pas un hasard si, dans les premiers temps, nombre de producteurs de cinéma ont commencé par exercer des métiers de mécanicien de précision[1].

À la sérialité du tir au revolver en revanche correspond évidemment le temps sériel du film, en lequel doivent être décomposés les mouvements de l'objet filmé. D'un point de vue purement mathématique, cela ne pose aucun problème depuis l'abandon à l'époque moderne de la doctrine aristotélicienne du mouvement. Comme je l'ai indiqué, au XIVe siècle, Nicole Oresme a eu recours au dessin sur papier pour décomposer la trajectoire d'un projectile en différentes phases mais surtout, autour de 1690, Leibniz a développé le calcul différentiel – d'ailleurs pour rendre calculable à son tour la balistique de boulets de canon. *dy* par rapport à *dt* signifie bien évaluer les résultats d'une fonction mathématique quelconque à des intervalles de temps *t* extrêmement rapprochés et faire tendre au final ces intervalles vers zéro, jusqu'à ce que le quotient différentiel indique pour tous les différents instants la tangente, c'est-à-dire la modification même de la fonction en question.

En revanche, ce passage à la limite est tout simplement impossible techniquement, car (d'après Shannon) une vitesse d'échantillonnage infinie n'existe pas. Le passage à la limite mathématique est pour cela remplacé par un problème autre, à savoir celui de déterminer de quelle taille les intervalles de temps doivent être pour donner au moins l'illusion d'un tel passage de la limite. À l'époque de Charles Babbage qui, lors de la construction de ses premiers proto-ordinateurs, fit des équations différentielles d'un Leibniz des suites récurrentes techniquement réalisables, le XIXe siècle développa ses techniques des médias sous forme de machines opérant précisément en-dessous de la plus petite différence encore perceptible physiologiquement. C'est ainsi que la question technique se transforma subitement en une question physiologique, et la construction de machines en la mesure des sens humains.

Pour caractériser cette nouvelle physiologie des sens, il suffit dans un premier temps de constater de manière générale qu'avant le XIXe siècle, son instauration scientifique était impensable. Dans son remarquable ouvrage sur les techniques de l'observateur, Jonathan Crary a même échafaudé la thèse, inspirée par l'historiographie foucaldienne, selon laquelle le passage de l'optique physicaliste naturelle, représentée par exemple par Lambert, à l'optique physiologique des corps est un véritable changement de paradigme scientifique. Le témoin principal en faveur de la thèse de Crary n'est pas des

[1] W. Faulstich, *Kritische Stichwörter zur Medienwissenschaft*, *op. cit.*, p. 159.

moindres, puisqu'il s'agit de Goethe dont la théorie des couleurs se référait pour l'essentiel au phénomène optique des images rémanentes. Un individu fixe pendant quelques minutes un objet de couleur rouge, ferme ensuite les yeux – et aussitôt la couleur complémentaire verte apparaît à ses yeux clos. Comme je l'ai déjà évoqué tout au début du cours, Goethe en tira la conclusion audacieuse que l'œil est solaire : pour toute couleur qui lui est donnée de façon passive, l'œil, selon lui, produit par sa propre activité créatrice le complément adéquat, de sorte qu'à la fin, le résultat de l'addition est toujours une totalité.

La thèse de Crary réduit brillamment à un même dénominateur de nombreuses avancées scientifiques qui ont conduit à la photographie et au film. Je voudrais cependant formuler deux objections, ne serait-ce que pour rendre hommage à son travail. La première concerne l'insistance excessive sur le corps, un phénomène de mode que l'on ne rencontre pas que chez Crary. Il semblerait qu'il existe de nos jours des branches entières de la science qui pensent n'avoir rien dit tant que le mot corps n'a pas été répété cent fois. Pas de doute, au XIXe siècle, le modèle géométrique de l'optique, tel qu'il régna de Brunelleschi à Lambert, a bien été remplacé par un modèle matérialiste ; mais de là à dire que les effets matériels de la lumière affectent toujours les yeux et le corps de l'homme... Il peut tout aussi bien s'agir, comme nous l'avons vu, de l'effet photochimique sur le chlorure d'argent de Schulze ou, mieux encore, de l'histoire de l'infrarouge et de l'ultraviolet de Herschel et de Ritter. La thèse de Crary serait donc plus précise s'il n'avait pas parlé de physiologie mais plutôt d'effets matériels en général qui affectent de la même façon les corps humains et les médias techniques de stockage.

Deuxièmement, je ne vois pas comment Crary peut mettre sur un même niveau les tendres expériences de Goethe, qui se flattait d'ailleurs lui-même de sa « tendre empirie » et n'aurait certainement jamais infligé de douleurs par amour de la théorie des couleurs, et les expérimentations et auto-expérimentations plus brutales de ses successeurs, que je considère personnellement comme les premières à être véritablement physiologiques. Ainsi, les frères Weber par exemple, auxquels les sciences du mouvement caractéristiques du XIXe siècle doivent de toute façon beaucoup, ont falsifié la prétendue force créatrice de l'œil selon Goethe en infligeant tout simplement un coup mécanique à leurs propres yeux : ce qui se produisit alors sur la rétine sous la forme d'images rémanentes ou d'éclairs n'était plus une totalité, mais la trace d'un choc[1].

Le scientifique leipzigois Gustav Theodor Fechner fit pire encore que les frères Weber, précisément parce qu'il tenta dans un premier temps de corroborer expérimentalement la théorie des images rémanentes si chère à Goethe. En tant que physicien, Fechner voulait également relever les

[1] Jonathan Crary, *L'Art de l'observateur : vision et modernité au XIXe siècle* [1992], trad. de l'anglais (États-Unis) par Frédéric Morin, Nîmes, J. Chambon, 1994.

quantités mesurables et les durées mesurables de cet effet d'images rémanentes et consacra trois années, premièrement, à lire tous les ouvrages se rapportant à ce sujet et, deuxièmement, à regarder fixement droit dans le soleil. À la fin de cette série de tentatives, qui avaient exposé ses yeux à deux extrêmes plutôt opposés, il termina aveugle et bon pour l'asile[1]. Vous voyez que la physiologie des sens du XIXe siècle ne sacrifiait pas seulement comme aujourd'hui des cobayes ou des rats de laboratoire, mais ruinait bien les pionniers de la recherche en personne. Les médias présupposent de toute façon des handicaps et les médias optiques présupposent par conséquent non seulement les défauts des pigments naturels, mais aussi la cécité de ceux qui les ont explorés. Certains philosophes des Lumières tels que Diderot ou Condorcet n'avaient développé de théorie que sur la cécité des autres, parce que les Lumières devaient elles-mêmes n'être que lumière pure. À peine Fechner au contraire eut-il amélioré son état de santé par la seule force de sa volonté qu'il put établir la formule mathématique générale de toute perception sensorielle, appelée loi fondamentale de la psychophysique. Il y parvint précisément parce qu'il en avait fini avec l'autosacrifice de son objet d'étude et de ses yeux. Cette loi stipule qu'à une augmentation linéaire du stimulus objectif ne correspond rien d'autre qu'une croissance exponentielle de la sensation subjective ; inversement, une augmentation exponentielle du stimulus est nécessaire pour obtenir une croissance linéaire de la sensation – dans le cas tragique de Fechner, le soleil doit donc briller quatre fois plus fort pour éblouir deux fois plus. Au vu d'hypothèses aussi optimistes que controversées sur la résistance des sens, on peut sans grandes difficultés s'imaginer à quelle énergie solaire Fechner exposa ses yeux.

Pour la physiologie du cinéma toutefois, Fechner et sa loi fondamentale de la psychophysique sont moins importants qu'un autre aveugle, dont nous parlerons dans un instant. Fechner ne sert qu'à illustrer une tendance de la recherche qui a initié les énoncés numériques sur les processus de perception et encore davantage sur les seuils d'irritation. Il est clair pourtant que les yeux ne peuvent croire à l'apparente continuité du mouvement filmique qu'à condition que les images projetées se succèdent suffisamment rapidement, et donc que l'enchaînement des images successives ne dépasse pas un seuil temporel précis. C'est alors en effet qu'entre en vigueur ce qu'on appelle le phénomène des images rémanentes positives qui, contrairement au phénomène des images rémanentes négatives célébré par Goethe, consiste simplement en ce que l'œil voit encore l'espace d'un instant et à l'endroit où il se trouvait un objet qu'il vient d'y voir mais qui a déjà disparu ou été déplacé – et ce, parce que l'excitation des fibres nerveuses ne diminue que lentement, dans la même couleur et non de la couleur complémentaire, comme c'était le cas pour le phénomène des images rémanentes négatives. À partir de 1750 environ, on savait (ou du moins on avait redécouvert, car il paraît que

[1] Cf. Kurd Laßwitz, *Gustav Theodor Fechner*, Stuttgart, Frommann, 1910.

l'optique de Ptolémée avait déjà connaissance du phénomène de rémanence des images), que la rémanence positive dure environ un huitième de seconde et que, par conséquent, l'œil n'est pas en mesure de distinguer les uns des autres des mouvements plus rapides. Mais il fallut attendre le XIXe siècle pour que des chercheurs se mettent à exploiter ce phénomène à des fins d'illusionnisme, à l'aide de petits dispositifs techniques et sous forme de jouets. En 1824 par exemple, Sir John Herschel (le fils de l'astronome qui découvrit l'infrarouge, évoqué auparavant) fit tourner si vite une pièce de monnaie que la face avant et la face arrière, pile et face, devinrent visibles simultanément et fusionnèrent selon toute apparence en une seule et même image[1].

Néanmoins, le phénomène de persistance des images à lui seul ne suffit pas à rendre possible le cinéma. Il ne soutient l'illusion cinématographique que sur un point, en ce qu'il estompe le papillotement lors du transport de l'image, y compris en le réprimant lorsque la fréquence de fusion est atteinte. Mais pour donner l'illusion que, pendant un intervalle de temps, un seul et même objet s'est déplacé de l'endroit qu'il occupait dans une prise de vue A à un autre endroit dans la prise de vue B, un autre phénomène optique doit nécessairement intervenir : l'effet stroboscopique. Espérons que de nos jours on n'ait plus besoin de s'étendre sur l'efficacité de cet effet, les lumières stroboscopiques assurant, dans chaque boîte de nuit qui se respecte, que les mouvements des danseurs, qu'il n'est même plus besoin de filmer, soient découpés en phases successives comme autant de plans d'un film. En d'autres termes, le XXe siècle est parvenu à réimporter un effet cinématographique dans le quotidien. Le XIXe siècle par contre dut commencer par découvrir l'effet stroboscopique, ne serait-ce que pour rendre possible le cinéma.

C'est une joie toute particulière pour moi de vous annoncer que parmi les découvreurs de cet effet se trouve le grand physicien Michael Faraday. Faraday, que nous rencontrerons encore par la suite en sa qualité de génie de l'éclairage théâtral, avait découvert l'induction électromagnétique en 1831, c'est-à-dire la possibilité de générer une tension, et finalement un courant alternatif, grâce aux mouvements circulaires d'un circuit électrique dans un champ magnétique. La découverte qu'il fit en optique n'est en fin de compte pas si éloignée de l'induction, préparant ainsi dès le début le terrain à la possibilité d'électrifier un jour les médias optiques tels que le cinéma et la télévision. Car, comme dans le cas de la rotative ou du revolver, ce sont des mouvements circulaires qui jouent une fois de plus le rôle décisif et qui aboutiront par la suite à la bobine de film que l'on peut faire défiler. Ce n'est d'ailleurs que grâce à sa découverte électromagnétique fondamentale que les mouvements circulaires attirèrent l'attention de Faraday qui soi-disant se fit montrer dans une mine deux roues dentées dont, en temps normal, on ne

[1] F. v. Zglinicki, *Der Weg des Films*, *op. cit.*, p. 109 *sq.*

pouvait plus percevoir le mouvement à cause de leur vitesse et donc du phénomène de rémanence de l'image.

> Si en revanche on plaçait son œil dans une perspective telle qu'une roue dentée recouvrait l'autre qui tournait dans le sens inverse, alors on obtenait la vague image d'une couronne dentée tournant régulièrement dans un seul sens.[1]

S'appuyant sur cette observation, Faraday construisit expérimentalement un couplage de roues dentées après l'autre, jusqu'à pouvoir établir une nouvelle loi de l'optique : le découpage périodique d'images tout aussi périodiques – par exemple lorsque la roue dentée avant laisse entrevoir chaque dent de la roue arrière puis les soustrait de nouveau au regard – conduit à une illusion des plus belles, où l'œil assimile par erreur la dent A de l'image 1 à une autre dent B de l'image 2, puis à une troisième dent C de l'image 3 et ainsi de suite. Il en naît un mouvement virtuel et même un arrêt virtuel lorsque l'on atteint certaines vitesses de rotation ou certaines fréquences justement. Les électrotechniciens et les théoriciens de l'information tels que Shannon parleraient d'un repliement du spectre produit conjointement par la fréquence d'échantillonnage et par la fréquence du signal échantillonné, ce qui est sans doute la traduction anglaise libre de l'effet de distanciation brechtien. La menace d'un tel repliement de spectre plane dès que la fréquence d'échantillonnage n'est pas au moins deux fois aussi grande que la fréquence du signal échantillonné. C'est pour cela par exemple que lors de la prise et de la restitution numériques [du son] de disques compacts, d'ingénieuses chaînes de filtres assurent le respect scrupuleux du théorème d'échantillonnage de Shannon. Qu'au cinéma, l'effet stroboscopique non seulement ne soit pas empêché, mais qu'il soit nécessaire, voilà qui il est vrai dit déjà tout (pour anticiper des déclarations qui vont suivre) de la différence entre le cinéma et l'électroacoustique, l'imaginaire et le réel. Il ne devient visible et par là gênant que lorsque des séquences de film remettent elles-mêmes en scène l'effet sur lequel elles reposent. Vous en avez tous fait l'expérience quand, lors de la projection d'un western à 24 images par seconde, les fameux chariots bâchés des pionniers américains ont précisément une fréquence telle que les rayons de leurs roues paraissent rester immobiles, ou même tourner à l'envers.

Voilà pour Faraday, qui semble toutefois s'être davantage intéressé à une théorie fondamentale de la fréquence qu'à ses applications média-techniques. De là à présenter son effet stroboscopique non seulement avec des roues dentées et des fentes, mais avec des images, il n'y avait qu'un pas, minuscule et pourtant décisif pour le cinéma, que le physicien manqua. Au même moment que Faraday mais indépendamment de lui, le Belge Joseph Plateau, professeur d'astronomie et de physique expérimentale à l'Université de Gand, étudiait lui aussi les illusions d'optique. En 1832 lui vint l'idée d'alimenter le stroboscope avec seize dessins d'un danseur qui étaient

[1] *Ibid.*, p. 114. Trad. de la citation : T. E.

toujours décalés les uns par rapport aux autres par une phase de mouvement et qui, au bout de seize phases, revenaient à la position initiale.

Seize fentes se trouvaient sur le bord extérieur du disque ainsi qu'entre chacune des phases de l'image. Lorsque le spectateur plaçait le disque en face d'un miroir et le faisait tourner tout en continuant à regarder le miroir à travers la même fente, le danseur lui aussi se mettait à effectuer des pirouettes sans fin ou des mouvements circulaires. Pour la première fois, la fréquence nulle, telle qu'elle caractérisait tous les arts mimétiques depuis l'âge de pierre, était transformée grâce à une astuce technique en haute fréquence quelconque. Ce qui a dû fasciner Plateau à tel point qu'il ne put plus se détacher de son expérience optique et qu'il devint aveugle – mais de façon irrémédiable, à la différence de son collègue Fechner.

L'ampleur du sacrifice que fit Plateau permet peut-être précisément de mesurer combien son phénakistiscope représentait un pas décisif. La comparaison avec le *smicroscopium parastaticum* d'Athanasius Kircher, capable déjà de représenter à la suite les quatorze stations de la Passion du Christ, permet de souligner toute la nouveauté de la représentation par phases du danseur dessiné. Les quatorze stations de la Passion correspondaient tout bonnement à quatorze images différentes, une sur le Mont des Oliviers, une avec Pilate, une sur le Golgotha et ainsi de suite, de la nuit précédant le Vendredi saint jusqu'à la fameuse sixième heure. Les seize dessins du danseur sont en revanche des prises de vue instantanées absolues ou à la seconde près du même objet – et ce, sept ans avant que Daguerre ne parvînt à réduire la durée d'une prise de vue photographique à deux ou trois minutes. Représentez-vous la scène, si le pieux jésuite Kircher avait projeté l'histoire de la Passion sous la forme d'une pirouette sans fin. Avec ses mouvements circulaires virtuels, Plateau est donc un digne contemporain de tous ces expérimentateurs acoustiques qui, entre 1830 et 1880, et de Weber à Edison, ont entrepris des tentatives tout à fait analogues pour arracher de force d'innombrables instantanés sonores d'une milliseconde, et par là les périodes de la voix, ce qui a finalement abouti au phonographe d'Edison en 1877.

Mais cela signifie aussi que, techniquement, le cinéma n'était pas encore réalisable du vivant de Plateau, tout simplement parce que la photographie instantanée était extrêmement en retard sur les vitesses de rotation atteignables avec le stroboscope. C'est pourquoi le phénakistiscope ne donna naissance dans un premier temps qu'à des dispositifs scientifiques et à des jouets. Le dispositif fut proposé par Doppler, qui découvrit l'effet acoustique auquel il donna son nom. Pour analyser des mouvements dont la vitesse empêchait toute perception optique, Doppler eut recours à une inversion systématique du phénakistiscope où ce n'étaient plus des images et des fentes qui entraient en mouvement périodique, mais la source de lumière elle-même – par exemple sous forme d'une suite à haute fréquence d'étincelles électriques[1]. C'est exactement cela qu'on passe maintenant dans les boîtes de nuit, sans doute pour préparer notre vitesse de perception – en dépit de toute loi physiologique – aux exigences extrêmes d'une guerre technique.

Un militarisme similaire caractérisa d'ailleurs également le devenir des jouets optiques. Vous vous souvenez de Leibniz qui avait développé son merveilleux calcul différentiel entre autres pour rendre prévisibles les trajectoires de projectiles. Eh bien en 1811, un certain Franz Uchatius vint au monde qui, à cette époque, comptait encore un Empire autrichien. En 1829, Uchatius entra de son plein gré dans le 2ème régiment d'artillerie de campagne, en tant que cadet sous-canonnier. En 1837, après avoir réussi un examen dans un établissement du corps des bombardiers, il fut nommé artificier et chargé à son tour d'enseigner la physique-chimie. En 1841, il entama des recherches sur la fonte des pièces d'artillerie qui furent pionnières – du moins pour l'artillerie autrichienne – et le menèrent finalement à l'invention du bronze d'acier et, par la même occasion, de la poudre explosive déjà évoquée, qui porte son nom, et qui est justement très proche chimiquement des anciennes pellicules cinématographiques. Pour le remercier, l'empereur François-Joseph l'éleva au grade de lieutenant feld-maréchal et, parce que cela aurait été impossible autrement, il le fit également baron. Sur le plan symbolique, sur lequel repose comme on sait toute monarchie, tout se passait donc à merveille, mais au réel technique, l'Autriche-Hongrie ne s'intéressait pas le moins du monde. Un certain Mitterhofer, originaire du Tyrol du Sud, fut certes autorisé, à l'issue d'une marche à pied de longue haleine, à présenter à ce même Empereur sa machine à écrire en bois, la toute première qu'on connaisse, empochant un don d'argent, il ne fut jamais question d'en faire une production en série. Le sort d'Uchatius fut tout à fait semblable, pour ne pas dire pire : lorsque l'introduction des pièces d'artillerie d'Uchatius dans l'armée impériale se heurta à des difficultés bureaucratiques, l'artilleur et lieutenant feld-maréchal devint sa propre cible. Le 4 juin 1881, Uchatius se tira une balle dans la tête[2].

Après ce requiem, place de nouveau à l'histoire du film. Avant que le lieutenant feld-maréchal Franz von Uchatius ne se visât lui-même, il avait dû tenir à apprendre le principe du tir d'artillerie à tous les cadets et aspirants. La redécouverte du phénakistiscope de Plateau s'y prêtait franchement. Comme plus tard le kinétoscope d'Edison, il avait cependant le grave désavantage de n'être pas un médium de masse et de n'admettre bien au contraire qu'un seul spectateur à la fois en face de la fente de visée. Uchatius sacrifia par conséquent son peu de temps libre à ses cours sur la technique des armes à feu et combina pour la première fois le stroboscope à l'archiconnue lanterne magique. Et ne voilà-t-il pas que dès lors, l'ensemble des cadets purent simultanément observer comment les projectiles dessinés

[1] *Ibid.*, p. 120.
[2] *Ibid.*, p. 130-135.

par Uchatius fendaient le ciel ou plutôt étaient projetés sur le mur de l'amphithéâtre ? La lanterne magique ne produisait donc plus un simple mouvement virtuel comme jadis sur les rideaux de fumée de Schröpfer ; à présent une manivelle – tout à fait comme plus tard dans le cinéma des premiers temps – faisait danser pour de vrai les phases d'une image devant une source de lumière fixe. Rien d'extraordinaire donc qu'un montreur de foire rachetât la construction d'Uchatius, transformant une arme en source de revenus dans ses tours de magie, comme jadis Schröpfer ou Robertson[1].

Ce retour en arrière n'est cependant pas d'un grand intérêt ici, contrairement à la lenteur avec laquelle les différents éléments techniques du cinéma – dispositif de prise de vues et de son, médium de stockage et appareil de projection – ont été combinés pas à pas les uns avec les autres. Les médias techniques ne sont jamais au grand jamais des inventions d'individus géniaux ; au contraire, il s'agit d'une chaîne de bricolages et de montages qui un beau jour finissent par fusionner ou (pour parler avec Stendhal) par cristalliser. Après la combinaison du phénakistiscope et de la lanterne magique opérée par Uchatius, il ne manquait plus que le troisième élément, la *camera obscura* que Talbot avait déjà automatisée. Son introduction dans le système de communication du film ne se heurta cependant pas qu'à des difficultés techniques telles que le temps d'exposition beaucoup trop long, mais aussi au traditionalisme de toute une époque de l'art. Certains dessinateurs tels Toepfer à Genève et Wilhelm Busch dans son village près de Göttingen furent certes des contemporains de ces expérimentations assez intelligents pour faire du dessin des phases une nouvelle forme d'art, c'est-à-dire tout bonnement pour inventer la bande dessinée qui en effet aboutira en son temps au dessin animé. Mais précisément parce qu'au XIXe siècle les yeux et les mains des peintres avaient appris à décomposer les mouvements en leurs différentes phases, ils ne voulaient pas abandonner de si tôt ce nouvel art et le remplacer par des médias techniques. Le 1er décembre 1888, un certain Émile Reynaud obtint en France le brevet n° 194 482 pour son praxinoscope à projection. Comme son nom l'indique, ce dispositif projetait des actions en mouvement sous la forme de dessins animés, dessinés par Reynaud sur une bande souple et perforée. Toutes ces installations, et avant tout l'action conjuguée des perforations et d'un mécanisme de préhension, garantissaient un synchronisme parfait ; une musique d'accompagnement jouée en même temps que la projection était déjà pratiquement préfigurée par le kinétoscope d'Edison – à ceci près qu'entêté, Reynaud refusa justement sa vie durant de remplacer ses dessins « artistiques » par des photographies[2]. Comme Hölderlin le formula si justement : ce qui gîte / Près du jaillissement originel ne quitte / Un tel lieu

[1] *Ibid.*, p. 133.
[2] *Ibid.*, p. 136.

qu'à grand-peine[1]. Et qu'est-ce qui, dans toute la tradition européenne, serait plus près de l'origine que l'art ?

3.2.2. Implémentation

Comme de coutume depuis le XIXe siècle, il revint donc à un Européen émigré aux États-Unis de franchir la dernière étape. Edward Muggeridge de Kingston-upon-Thames, qui dénatura d'un geste préhistorisant son nom en Eadweard Muybridge, par fierté anglo-saxonne ou désir américain de se faire de la pub, combina pour la première fois tous les éléments du film à venir : photographie instantanée, lanterne magique et phénakistiscope. Comme le prétendait son nom, le zoopraxiscope de 1879 montrait la vie[2].

Ce mot clef de « vie » nous force évidemment à négliger un instant la conception du monde physicaliste de ce cours pour effleurer la zoologie du XIXe siècle. Pour comprendre l'acte accompli par Muybridge, nous nous trouvons à vrai dire dans la même position heureuse que l'histoire du cinéma : nous n'avons plus qu'à combiner des éléments déjà présents ou racontés. Le revolver de Colt, la photographie de Daguerre, les expérimentations acoustiques de Weber : tous ces éléments réapparaissent une fois de plus.

La première impulsion fut donnée par l'acoustique. Bien avant Edison, on était parvenu à enregistrer les fréquences d'une voix humaine ; sauf qu'avant Edison, aucun chercheur n'eut l'idée de restituer cette voix également à d'autres endroits et moments. L'astuce consistait simplement à envoyer la voix dans un entonnoir amplificateur au bout duquel une membrane se mettait à vibrer. Sur l'autre face de cette membrane, une innocente soie de sanglier traçait finalement les fréquences captées sur un morceau de verre enduit de suie, pour peu que l'expérimentateur fît défiler suffisamment rapidement le morceau de verre sous la soie. C'est de cette façon très simple que fut par exemple immortalisée jusqu'à aujourd'hui la voix du fameux artiste de la prononciation qu'on rencontre chez Shaw et dans la comédie musicale *My Fair Lady* sous le nom de Professeur Higgins. Pour la première fois, la physiologie de l'être vivant humain était couplée à un médium de stockage et non plus simplement à une chaîne de symboles avec un répertoire de signes, comme c'est le cas de l'écriture.

---

[1] Voir « La Migration » de Friedrich Hölderlin, in : *Œuvres*, *op. cit.*, p. 847. [N.d.T.]

[2] F. v. Zglinicki, *Der Weg des Films*, *op. cit*, p. 175.

3.2.2.1. Marey et Muybridge

L'enregistrement phonographique, également appelé *Visible Speech* à cette époque, fit école auprès des physiologistes européens. Lorsque la France, à l'instigation du grand physiologiste Claude Bernard, auquel après tout nous devons tout le naturalisme de Zola, créa à son tour une chaire d'histoire naturelle au Collège de France à Paris, son titulaire, le professeur Étienne Jules Marey, se lança tête baissée dans moult constructions de machines. Certes, des médecins avaient déjà suivi l'exemple du Méphisto de Goethe en recommandant vivement de tâter avec tendresse le pouls, et particulièrement celui des femmes, mais c'est précisément à cause de ce type de plaisirs qu'avant Marey, il n'était venu à l'idée d'aucun médecin de remplacer sa propre main par un appareil. Au Collège de France apparurent successivement : le cardiographe, le sphygmographe et enfin un appareil qui pouvait être fixé aux quatre extrémités d'un animal pour enregistrer ses mouvements. Aucun de ces appareils n'avait cependant la moindre ressemblance avec des appareils photo, ils opéraient au contraire avec un stylet en contact avec un cylindre de papier défilant à vitesse constante, comme dans le cas du *Visible Speech.*

Le hasard faisant bien les choses, Marey fit la connaissance d'un capitaine de l'armée française passionné de chevaux, qui appliqua de nouveau à l'art traditionnel les résultats mesurés par le professeur. Par cette reconstruction graphique des mesures des quatre jambes des chevaux éclata au grand jour ce fait incroyable qu'à un instant du galop, seul l'un des sabots du cheval touche encore le sol. L'espace anglo-saxon surtout regorgeait bien d'aquarelles de cavaliers sur leurs montures, mais pas un seul de ces tableaux ne représentait la position des jambes alléguée par Marey.

Qu'on s'imagine une fraction de seconde ce que cela aurait donné si le cinéma avait été inventé en Inde et si la position des jambes n'avait pas été celle de chevaux, mais celle d'hommes et de femmes selon les règles du Kâmasûtra...

Au lieu de quoi notre histoire se poursuit dans l'Amérique puritaine où Leland Stanford senior venait de devenir millionnaire en construisant un chemin de fer vers le Pacifique et, en toute logique, aussi gouverneur de Californie, bien avant Ronald Reagan. Passionné de chevaux et propriétaire d'un haras de trotteurs, Stanford vit les mesures des jambes des chevaux, mais ne pouvait pas croire aux résultats des recherches de Marey.

Voilà qui laisse deviner combien les jambes des chevaux sur les aquarelles étaient profondément ancrées dans l'inconscient des gens qui n'avaient encore jamais vu de film. Mais en Amérique, l'argent et les expérimentations viennent pallier le défaut de croyance. Stanford eu la bonne idée de recourir à Muybridge, photographe de paysage, et de le charger de vérifier photographiquement le problème des jambes de chevaux.

Ainsi Muybridge quitta les contrées sauvages de la Californie pour la civilisation californienne, et l'intemporalité de Yosemite Valley, qu'il avait immortalisée par des photographies de paysages, pour le temps à la milliseconde de la télégraphie. Le haras de trotteurs de Stanford se trouvait dans son ranch à Palo Alto, à l'endroit exact où se situe aujourd'hui la Leland Stanford junior University, la plus électronique des hautes écoles du monde. Muybridge fit dresser un mur peint en blanc, devant celui-ci : une courte piste de course et devant celle-ci : une rangée de douze appareils photographiques instantanés, reliés électriquement les uns aux autres. Grâce à un système de relais qui, notons-le, avait été fourni par la Telegraph Supply Society de San Francisco, donc par une autre firme d'industrie des médias, Muybridge parvint à déclencher successivement chacun des douze appareils pour une durée d'une seule milliseconde à chaque fois, à des intervalles de seulement 40 millièmes de seconde. Il n'eut plus qu'à lancer un cheval au galop sur la piste de course – et le gouverneur Stanford eut la preuve noir photographique sur blanc photographique qu'il existe effectivement une certaine phase du mouvement du galop où seul l'un des sabots touche encore le sol.

Vous voyez : le protocole expérimental de Muybridge n'avait plus rien à voir avec les phénakistiscopes, mais relevait les mouvements aussi longtemps et avec autant de détails que le souhaitait l'expérimentateur et que le permettait la piste de course. Les médias de stockage cylindriques, qui, de Plateau à Marey, étaient limités à des répétitions et périodes, c'est-à-dire à des chorégraphies ou plutôt à de la poésie, furent remplacés par la prose scientifique et plus tard également par la prose du divertissement médiatique. Comme vous le savez, dans la poésie qui, autrefois, était bien identique à la danse, tout doit se répéter, comme avec le phénakistiscope ; dans les romans, au contraire, comme dans les séries de photographies instantanées de Muybridge, il existe toujours un avenir imprévisible et donc contingent qui, par conséquent, ne peut être arrêté que de façon contingente, à savoir par l'interruption. Ce qu'on appelle la vie moderne repose donc entièrement sur des techniques des médias du grand XIXe siècle.

La confirmation empirique de Marey par Muybridge eut lieu en 1878. Cinq ans plus tard, la même technique de photographie instantanée de Muybridge réalisa aussi tous les rêves de pédagogie de l'artillerie du lieutenant feld-maréchal Uchatius. Le physicien Ernst Mach enferma un fil métallique dans un tube de verre, relia électriquement le fil à l'obturateur d'un appareil photo instantané et fit tirer sur le tube de verre. Il en résulta un record de vitesse de photographie : une balle de fusil véritable, et non plus dessinée comme dans le phénakistiscope, fut mise en boîte avec toutes les ondes qu'elle avait provoquées dans l'air. Pas étonnant que le même Mach fut également le premier à propager le record opposé : le film en accéléré pour l'analyse de mouvements infiniment lents[1].

Si mes souvenirs optiques sont bons, Muybridge inventa encore une autre astuce. La bibliothèque de l'Université de Stanford, que le gouverneur vieillissant fonda à la place de son ancien haras de trotteurs, en mémoire de son fils décédé par la faute des médecins, des charlatans européens bien entendu, et pour prévenir à l'avenir de semblables deuils par la science ; cette bibliothèque contient des piles entières d'épais albums photos, dans lesquels Muybridge passa finalement des chevaux et des vaches aux gens. Et à chaque fois qu'un étudiant sportif ou sprinter de Stanford était photographié de dos, il était nu ; mais, lorsqu'il se plaçait face à la caméra, un maillot de bain apparaissait, sorti de nulle part – ou de la retouche. Bien avant Georges Méliès, Muybridge a pour ainsi dire inventé l'un des plus importants trucages du cinéma : l'arrêt de caméra. Autant que je sache, ce n'est que plus tard que Muybridge photographia des nus de face à l'Université de Pennsylvanie.

Ce que faisait le maillot de bain en Californie est clair ; seules les photos de nus nécessitent des explications. Une fois que Muybridge eut définitivement aboli la soi-disant main de l'artiste, qui paraissait encore tellement irremplaçable à son prédécesseur Reynaud, et qu'il eut établi ainsi un système multimédia pur, il voulut précisément réformer la peinture en sens inverse. Ses somptueux volumes intitulés *Animal locomotion* partirent à l'impression dans le but exprès que les peintres ne couchassent plus jamais sur papier ou sur toile des positions aussi fausses que dans le cas du galop et qu'ils disposassent bien au contraire de modèles scientifiques de tous les mouvements possibles et imaginables, grâce aux photographies instantanées de corps nus. Comme la perspective et la *camera obscura* à la Renaissance, la photographie instantanée devait discipliner un art. À ceci près qu'il ne s'agissait plus cette fois-ci d'abolir la suprématie du symbolique des images de saints médiévales par des proportions humaines en perspective ; à la fin du XIXe siècle, c'est aussi l'imaginaire qui dut en faire les frais. Que nous ne voyions jamais les trois jambes d'un cheval en l'air est lié en effet à ce que sur toutes les phases du mouvement d'un animal, l'œil projette une forme générale qui lui est familière.

C'est avec plaisir que l'on peut affirmer que la propagande de Muybridge fut tout au moins couronnée de succès dans un cas célèbre. Le tour d'Europe de Leland Stanford senior, mécène de Muybridge, le conduisit entre autres à Paris, où il rencontra – sans doute en compagnie de Muybridge – le peintre Meissonier. Jean-Louis Ernst Meissonier, que malheureusement plus personne n'estime hormis Salvador Dali et moi-même, avait, par admiration

[1] J. M. Eder, *Ausführliches Handbuch der Photographie*, *op. cit.*, 1906 (1ère éd., 1891), vol. 1, t. II, p. 730.

avouée pour « le grand organisateur » qu'était Napoléon[1], déjà peint presque toutes les jambes des chevaux de la Grande Armée napoléonienne sur des toiles atrocement onéreuses, mais, de son propre aveu, il n'avait compris que le pas et le trot de ces jambes, et non leur galop[2]. Stanford exigea que Meissonier fît son portrait, ce que le peintre aurait refusé si Stanford ne lui avait pas à cette occasion dévoilé le secret de la photographie instantanée de Muybridge, avec en prime les clichés des chevaux. Dès cet instant Meissonier fut converti, avança jusqu'au poste de vice-président de l'Académie des Beaux-Arts de Paris et ne peignit plus que le réel des jambes des chevaux en prenant des photographies pour modèles, et non plus leur imaginaire pictural. D'un côté, il utilisa des photos comme modèles, mais son biographe indique qu'il n'y eut recours « que pour le contrôle » ; de l'autre, il fit construire dans son parc privé de Poissy, donc relativement près de Versailles, une petite ligne de train, prit place en personne dans une locomotive aux allures de traîneau dont la vitesse pouvait être réglée à volonté et fit galoper les chevaux à étudier parallèlement à son propre œil de peintre ainsi mis en mouvement[3]. Vous voyez une fois de plus comment, dans l'histoire des médias, le chemin de fer a remplacé le cheval et en quoi le voyage en train célébré au XIXe siècle par Schivelbusch ne se limitait pas au transport d'un voyageur passif, mais était au contraire, dans le cas merveilleux de Meissonier, une technique d'autolocomotion active, qui préfigurait déjà littéralement l'automobile. On ignore cependant si cet immense investissement rendit les tableaux de batailles de Meissonier encore plus coûteux ou plus réalistes, et on peut se passer de le savoir, car l'heure de la mort de la peinture traditionnelle était de toute façon venue. Car dans le même salon parisien où Stanford et Meissonier s'étaient rencontrés, Muybridge fit la connaissance de Marey.

Pour la première fois dans cette histoire des inventions, nous nous trouvons face à un cas de rétroaction positive. Soixante ans auparavant, Niépce et Daguerre, bien qu'habitant la même France, s'étaient rencontrés par pure coïncidence et avaient été obligés de garantir leur collaboration par un contrat de droit privé. En 1882, les machines à écrire le mouvement que Marey conçut à Paris provoquent en Californie une invention-héritière de Muybridge, dont la chronophotographie provoque à son tour une invention-héritière auprès de l'élément déclencheur de la boucle entière. Car Muybridge, comme dit, en vint certes à associer ses séries de clichés photographiques (et non plus seulement de dessins) au phénakistiscope, et à pouvoir projeter grâce à lui des mouvements réels. Mais cela ne constituait toujours pas un film, non seulement parce que Muybridge aurait eu besoin de

---

[1] Octave Gréard, *Jean-Louis-Ernest Meissonier. Ses souvenirs – ses entretiens*, Paris, Hachette, 1897, p. 46.

[2] *Ibid.*, p. 194.

[3] *Ibid.*, p. 73.

270 prises de vues, au lieu des douze disponibles, pour représenter une minute du galop d'un cheval,[1] mais surtout parce que Muybridge avait lui aussi une déformation professionnelle ou un certain entêtement : en tant qu'ancien photographe paysagiste, il ne renonça jamais aux lourdes plaques de verre fixes introduites en 1847 dans la photographie par le cousin de Niépce. Rien que pour cela, c'est-à-dire parce que la vie d'un homme est bien trop courte pour faire face à une avalanche d'innovations techniques, le travail d'équipe et les boucles de rétroaction devinrent indispensables...

Muybridge et Marey, ces jumeaux ou Dioscures penchés sur le berceau du cinéma, sont nés la même année 1830 et morts la même année 1904. On peut donc sans problème passer de l'un à l'autre. Après la soirée chez Meissonier, Marey comprit que tous ses enregistreurs de battements du cœur, du pouls et des jambes de chevaux avaient été dépassés historiquement par la chronophotographie de Muybridge – à une exception près cependant. En restant fidèle au pouvoir uniformisant et linéarisant du papier, Marey n'avait toujours besoin que d'un seul appareil, là où Muybridge devait aligner douze appareils photos en position de tir. La tâche consistait donc à en économiser onze, en réalisant tout de même des chronophotographies. C'est justement à cette occasion que le bon vieux colt de Colt qui, comme on sait, avait économisé cinq des six pistolets, fut de nouveau à l'honneur. Dès 1874, un astronome français, Pierre Jules César Janssen, avait transformé le revolver des guerres contre les Indiens en revolver des étoiles, afin de fixer dix-huit positions différentes de la planète Vénus sur une seule plaque photographique, simplement parce que l'objectif photographique du revolver astronomique se fermait à l'aide d'une croix de Malte entre chacune des douze prises de vues instantanées[2]. Alors que Marey devait encore monter manuellement chacune des phases de l'image sur le phénakistiscope, le nouvel appareil fournissait de lui-même un phénakistiscope. Après ces travaux préliminaires, ce fut un jeu d'enfant pour Marey de perfectionner le revolver astronomique de Janssen. Il en résulta un engin d'une cinquantaine de centimètres, que Marey lui-même baptisa *fusil photographique*[3], parce qu'en effet le photographe devait le manier comme un fusil. Pour des raisons de stabilité, il fallait caler la crosse contre l'épaule, viser à travers le cran de mire et le guidon, presser la détente et déclencher ainsi une photographie instantanée. Ensuite, et comme pour le tir au revolver, le barillet, sur lequel onze négatifs supplémentaires non exposés attendaient leur tour, effectuait une rotation de 30° de façon à ce que le négatif suivant fût prêt pour la prochaine prise.

---

[1] Ronald William Clark, *Edison 1847-1931. L'Artisan de l'avenir* [1977], trad. de l'anglais par Édouard Guigonis, Paris, Belin, 1986. Clark indique que Muybridge aurait eu besoin de... 720 appareils photographiques. [N.d.T.]

[2] F. v. Zglinicki, *Der Weg des Films*, *op. cit.*, p. 170 *sq.*

[3] En français dans le texte.

S'il existe un cas où la métaphore du tirage de photos doit être prise au pied de la lettre, c'est bien celui de Marey, dont l'assistant Georges Demeney fut même paraît-il chargé en 1904 par l'état-major français de saisir chronophotographiquement le pas de marche standardisé des soldats et de l'optimiser chronophotographiquement.

À une époque où la France était justement en train de regretter une guerre perdue et les deux provinces perdues de l'Alsace-Lorraine, l'armement chronophotographique de Marey servit sans doute largement sa carrière. Le physiologiste, qui avait déjà obtenu son propre institut de physiologie, fut de surcroît promu président de la Société française de photographie. En cette qualité, il accomplit l'avant-dernier pas vers la technique cinématographique. Le barillet ou disque rigide, qui avait été conservé du phénakistiscope de Plateau jusqu'au fusil chronophotographique, céda la place à une bande souple défilant automatiquement le long de l'objectif de la caméra grâce à un mouvement d'horlogerie. Et même s'il ne s'agissait pas encore d'une bande de celluloïd, sur le principe, la prise de vue cinématographique était née. Marey n'aurait plus eu qu'à insérer ses bandes de papier photographique dans un appareil de projection également mu par un mouvement d'horlogerie. Il ne le fit pas et manqua la gloire de devenir Lumière ou la lumière technique incarnée. C'est pourquoi il nous reste encore la tâche urgente de reconstruire la commercialisation par Edison et les frères Lumière de la photographie instantanée, à mi-chemin entre le militaire et la science.

3.2.3. Film muet

À la différence de ce que j'ai fait lors des séances précédentes, il n'est plus besoin d'exposer l'histoire de cette industrialisation sous la forme d'une histoire détaillée d'inventions individuelles. Jusqu'à présent, la présentation de ces inventions individuelles avait pour but d'illustrer des problèmes fondamentaux de la technique des médias optiques à partir de leur tentative de résolution la plus simple, donc la plus ancienne. Dorénavant cela ne fonctionne plus, pour la simple raison qu'à partir de 1890, le nombre d'inventions et de brevets individuels commença à exploser dans le domaine du film : alors qu'entre 1875 et 1890 seuls environ 200 brevets en rapport avec le film furent accordés à travers le monde, entre 1890 et 1910 leur nombre s'élevait déjà à 500. Le film entre donc dans l'ère industrielle à force de travail d'équipe. C'est pourquoi je ne fais plus que des coupes grossières qui traitent du film muet, parlant et couleur comme de structures épochales. Pour ce faire, les deux Guerres mondiales peuvent nous servir de points de repère approximatifs.

Avant de montrer comment le film s'est développé dans les faits, j'aimerais encore évoquer brièvement les avancées théoriques qu'il faut reconnaître à Marey, bien qu'il manquât l'occasion de projeter ses séries de photos. Son assistant Georges Demeny, que nous avons évoqué auparavant, développa l'insolite *photographie de la parole*[1] en 1891. Exactement comme peu avant lui l'inventeur du téléphone, Alexander Graham Bell, Demeny voulait guérir un handicap physiologique, la surdi-mutité, par la technique des médias : il combina un fusil photographique à la Marey avec l'un des phonographes d'Edison, pointa comme il était alors de coutume l'appareillage expérimental vers lui-même et cria simultanément dans les deux engins deux phrases tout à fait révélatrices : premièrement « Vi-ve la Fran-ce ! » et deuxièmement « Je vous ai-me ». D'un point de vue historique, c'était la première des déclarations d'amour faites non plus aux femmes mais au médium film, déclarations qui par la suite deviendront tout bonnement légion, mais en même temps, c'était aussi une consigne visant à dresser les sourds-muets, dont les bouches ont, paraît-il, effectivement réussi à produire d'audibles déclarations d'amour sans destinataires, en imitant les différentes positions de bouche de Demeny.

Nous voyons bien à quel point le désir de coupler les techniques des médias optiques et acoustiques était pressant dès le début, bien avant l'introduction du film parlant. Davantage encore que celui de Demeny, c'était le désir de l'inventeur qui parvint ensuite à commercialiser le film : Thomas Alva Edison *himself*.

Alors qu'il était tout jeune télégraphiste pour la presse pendant la guerre de Sécession, il contracta une demi-surdité, mais aussi un savoir-faire technique et son premier salaire. Sur cette double base, son laboratoire, le premier véritable dans l'histoire de la technique, réalisa deux rêves de ce siècle : l'enregistrement mécanique du son appelé phonographe et la production d'une source de lumière parfaite appelée lampe à incandescence. Le phonographe en tant que *Visible Speech* qui, pour la première fois, était également capable de rediffusion, apparut en 1877 comme résidu de la tentative d'Edison d'accélérer la transmission du signal télégraphique ; il montrait déjà que la distinction entre médias discrets et analogiques commençait à devenir labile à l'époque d'Edison. La lampe à incandescence, qui à son tour aboutit au fameux tube sur lequel fut longtemps fondée toute l'électronique, résulta de la recherche d'une source de lumière qui remédiât à la fumée, c'est-à-dire au bruit des bougies ancestrales. Il fallait aussi pallier le caractère éphémère des lampes à arc ainsi que le danger plus ou moins mortel de l'éclairage au gaz, autrement dit les deux sources de lumière qui avaient précédé la lampe à incandescence électrique au XIXe siècle.

Il est décisif et mémorable que le kinétoscope d'Edison, précurseur immédiat du cinéma, fût directement couplé à ses deux inventions précé-

[1] En français dans le texte.

dentes. Cela vaut d'abord du point de vue de sa biographie. Phonographe et lampe à incandescence procurèrent à Edison la réputation absolument inédite de pouvoir inventer sur commande, pour ainsi dire. Bien avant ses collègues américains, le grand physicien berlinois Hermann Ludwig Ferdinand von Helmholtz, héros fondateur de la physiologie de l'œil et de l'oreille, fut le premier à s'incliner devant cette réputation. La même réputation valut à Edison de faire la connaissance de Muybridge en Amérique et, en 1881, lors d'un voyage en France où il essaya malheureusement en vain de rencontrer son romancier de science-fiction Villiers de L'Isle-Adam, d'entrer en contact non plus avec des poètes, mais des collègues chercheurs, comme Marey[1]. À l'issue de ces deux rencontres, rien ne parut plus naturel à Edison que de transformer son expérience scientifique en un médium de divertissement lucratif.

Après le phonographe et la lampe à incandescence, Edison donc développa le premier système cinématographique commercial. Et parce qu'il faut que les médias de divertissement puissent être vendus et distribués partout à travers le monde, le tour de génie d'Edison consista à standardiser la chronophotographie instantanée des scientifiques Muybridge et Marey, exactement comme le colonel Colt avait standardisé le revolver pour en faire une arme de meurtre en série. Après avoir fait la connaissance de Marey à Paris, Edison se procura les pellicules de celluloïd d'Eastman-Kodak, opta pour le format 35 mm toujours en vigueur de nos jours et pourvut les bobines de film d'une perforation standardisée, également en usage quasiment jusqu'à nos jours, qui mit terme d'un seul coup à tous les problèmes de synchronisme filmique rencontrés par Marey. Sur ce, il construisit un appareil partiel appelé kinétographe, capable d'enregistrer des images en marche, et un autre appareil partiel, assorti au précédent, ou, justement, standardisé : le kinétoscope, capable de restituer les pellicules développées.

Quelques années plus tard, enfin, Edison racheta à un autre Américain le brevet d'une invention, appelée disque à encoches, qui garantissait à chaque image du film une parfaite immobilité pendant le seizième de seconde que durait son enregistrement ou son visionnage, tandis que le passage d'une image à l'autre tombait exactement dans les pauses qui les séparaient. Au plus tard depuis cette solution essentielle, le film de fiction est un médium hybride, qui combine différentes images analogiques ou continues avec une séquence d'images discontinue ou discrète – je traiterai ce point plus en détail en rapport avec la télévision. En 1888, Edison plaça toute cette construction numérico-analogique dans une boîte qui correspondait tout

[1] Edison se rendit bien à Paris en 1881 pour l'Exposition internationale d'Électricité, mais la biographie d'Edison de R. W. Clark citée par Kittler indique que ce fut lors de son voyage en France de 1889 qu'Edison chercha à rencontrer L'Isle-Adam (Edison est l'un des personnages principaux de *L'Ève future*, parue en 1886). Il fit la connaissance de Marey à l'Exposition universelle de Paris. Voir aussi Giusy Pisano, *Une archéologie du cinéma sonore*, Paris, CNRS Éditions, 2004. [N.d.T.]

bonnement à une version électrifiée de la boîte d'optique telle qu'on la trouvait sur les foires du XVIIIe siècle. Moyennant une pièce de monnaie, le spectateur, en principe un à la fois, pouvait avoir l'illusion d'un mouvement continu en suivant le film en marche à travers une loupe derrière laquelle un moteur électrique faisait défiler la pellicule, rétroéclairée par une lampe à incandescence. Le succès commercial d'Edison fut si grand que partout en Amérique proliférèrent des *Nickelodeons*, comme on les appelait, précurseurs pour ainsi dire des tripots de machines à sous d'aujourd'hui, avec lesquels le futur inventeur de la *Fox' Tönende Wochenschau*[1], William Fox, entre autres, allait gagner sa vie[2].

Mais à côté de l'impact financier de la nouvelle illusion, il faut aussi attirer l'attention sur son fondement technique : une apparente continuité sur la base d'une discontinuité effective mais ayant cessé d'être contrôlable par l'homme, telle avait également été l'acoustique des signaux télégraphiques, qui avait donné à Edison l'idée de son phonographe. C'est la raison pour laquelle il pouvait écrire à juste titre :

> L'idée me vint qu'on pouvait concevoir un appareil qui ferait pour l'œil ce que le phonographe avait fait pour l'oreille, et qu'en combinant les deux, le mouvement et le son pourraient simultanément être enregistrés puis reproduits.[3]

En conséquence, le kinétoscope d'Edison était aussi appelé phonographe optique. Ces faits n'ont pas seulement une importance pour le kinétoscope pratique d'Edison, ils sont aussi décisifs d'un point de vue théorique : exactement comme chez Demeny, de premières expériences en direction du multimédia se profilent à la fin du XIXe siècle. Après avoir aussi bien mesuré physiologiquement que remplacé techniquement les différents champs sensoriels, on s'attaque à présent à la création systématique d'assemblages de médias, auxquels tous les médias ont désormais fini par aboutir. C'est la naissance de réalités virtuelles, comme on les appelle depuis peu, c'est-à-dire de simulations capables d'atteindre simultanément le plus grand nombre possible de champs sensoriels.

C'est précisément dans ce but qu'Edison fit construire le premier studio de cinéma de l'histoire des médias, sa dénommée *Black Maria*. Cette Maria noire consistait, comme en souvenir de la *camera obscura*, en une grande boîte. Afin de garantir l'exposition de la pellicule filmique, la boîte était à la fois orientable en direction du soleil et équipée d'ampoules électriques. Enfin, elle était dotée de parois intérieures noires, simplement afin que les acteurs éclairés et enregistrés, les premiers de l'histoire du cinéma à vraiment jouer de petites scènes de fiction, pussent agir devant un arrière-plan uniforme. À la différence des arts, les médias jouent toujours sur fond de bruit, qui dans le cas de l'optique d'Edison était justement la couleur noire

---

[1] Revue cinématographique d'actualités. [N.d.T.]

[2] F. v. Zglinicki, *Der Weg des Films*, *op. cit.*, p. 208.

[3] C. I., juin 1894, cité par R. W. Clark, *Edison 1847-1931*, *op. cit.*, p. 214.

du mur. L'acoustique posait plus de difficultés, car Edison voulait à la fois enregistrer et phonographier les scènes filmées. Mais sans microphone, il ne réussit que difficilement à combler la distance entre les bouches des acteurs et le pavillon du phonographe, et un dérangeant bruit acoustique se produisait. La synchronisation temporelle à l'aide du cylindre du phonographe posait également problème lors de la restitution des *movies*, comme Edison déjà les appelait. De toute évidence, il était encore historiquement trop tôt pour l'œuvre de médias audiovisuelle totale. Un fait que, après quelques essais du kinétoscope sur ses élèves, Edison accueillit avec une phrase annonçant que, bientôt, l'enseignement par les films et les apparences (et non par le gramophone) remplacerait l'enseignement par les livres.

En d'autres termes, et d'un point de vue technique du moins, le film commença sous la forme du muet, autrement dit par un renoncement à combiner les trois innovations d'Edison – la pellicule, la lampe à incandescence et la phonographie. C'est selon toute vraisemblance une règle historique des techniques des médias, qui, après tout, mettent fin à l'histoire des livres, que les différents champs sensoriels doivent être entièrement testés de fond en comble séparément, avant même qu'on puisse envisager de les coupler. Par conséquent, le seul assemblage de médias à s'établir fut celui du kinétoscope et de la lampe à incandescence – d'abord à Berlin, avec une projection de film, toutefois plutôt insignifiante, des frères Skladanowsky le 1er novembre 1895 et, peu de temps après, le 28 décembre 1895, au Salon indien du Grand Café, boulevard des Capucines à Paris, où les frères Auguste et Louis Lumière donnèrent leurs premières projections de films publiques et payantes, ce qui allait avoir des conséquences à l'échelle mondiale.

Les deux Lumière au nom de famille déjà mille fois commenté firent vraiment la lumière sur le film – et ce pour la simple raison qu'ils ajoutèrent un dernier petit détail à l'appareillage acheté à Edison ainsi qu'au standard filmique également à lui emprunté : ils montrèrent le film sur grand écran, ce qui signifie à une foule payante qui se rassemblait autour d'une seule et même vision, comme dans le théâtre de jadis. Mais surtout, avec ce qui depuis s'appelle cinématographe ou simplement cinéma, ils développèrent un dispositif capable à la fois de prendre, de copier et de restituer des images en mouvement. Le cinématographe réalisait les prises de vue des films lorsque, à l'instar d'une *camera obscura*, il travaillait avec un objectif, il copiait des films lorsque l'objectif était tout simplement remplacé par la lumière du soleil et, enfin, il projetait en positif sur un écran lorsqu'une ampoule venait remplacer la lumière du soleil à l'arrière de la pellicule. Chaque spectateur payait 1 franc et, pour ce prix, il voyait exactement ce que les autres spectateurs voyaient au même moment. Parce qu'il est impossible à l'homme de fermer ses oreilles, cette forme de distribution était plus ou moins naturelle dans le cas du phonographe, tandis qu'il fallut spécialement la construire dans le cas du cinéma. Pour y remédier, les frère Lumière eurent d'ordinaire recours à une projection par transmission de lumière, tout bonnement devenue la plus usuelle : une puissante lampe à incandescence éclairait le celluloïd par l'arrière. Un jour cependant, lors de l'Exposition universelle de Paris, ils s'y essayèrent avec le même succès avec à la fois une lumière transmise et une lumière diffusée. Dans une salle immense où des spectateurs étaient assis partout, chacun devait pouvoir suivre le film sans difficulté. C'est pourquoi, avant chaque projection, la toile de l'écran était d'abord trempée dans de l'eau et tendue au milieu de la salle – ce sur quoi, l'eau soit louée, la projection était servie par lumière diffusée à une moitié des spectateurs et en lumière transmise à l'autre.

Tant mieux si cette alternance entre lumière transmise et lumière diffusée vous rappelle quelqu'un, car alors la cohérence logique de l'histoire du cinéma devient claire. C'est exactement comme ça que le diorama de l'ex-peintre Daguerre alternait entre la vue du Vésuve de jour et de nuit et entre la face avant et arrière de la toile peinte. Cela indique déjà pourquoi ce n'est sans doute pas un hasard si le cinéma, en dépit d'Edison, ne vit pas le jour aux États-Unis. Le passage des arts du spectacle aux médias optiques eut lieu dans un pays qui avait vraiment connu les arts. C'est, pour le dire avec la chanson de Roland, de la *dulce* France dont je veux parler. Exactement comme Daguerre, le père des frères Lumière avait lui aussi commencé par être peintre avant de se reconvertir à la photographie. Mais précisément à cause de cette mécanisation de son ancien métier manuel, l'inquiétude le prit d'être lui-même éradiqué par la rationalisation technique en tant que photographe professionnel : si, tout simplement, les gens en venaient à se prendre en photo eux-mêmes. Lumière décida donc pour lui-même et en regard des projets professionnels de ses fils de passer de la photographie à la production de matériel photo...

Cette histoire de la naissance des médias se poursuivit en famille, avec ses fils, qui ne se contentèrent plus de prendre des photographies et alimentèrent bien au contraire leur père et le marché en général avec des négatifs photo de meilleure qualité (Télérama). Ils devinrent donc des scientifiques et des industriels auxquels on doit entre autres, outre le stockage projetable de gens en mouvement, c'est-à-dire en vie, une première technique permettant de rendre les cadavres impérissables et par-là stockables grâce au formaldéhyde. La connexion qui existait au XIXe siècle entre technique des médias et physiologie ne saurait être illustrée plus clairement.

Le contenu des films vus par les nombreux spectateurs du boulevard des Capucines résultait aussi du métier exercé par les frères Lumière. Le premier film projeté lors d'une projection privée (à ma connaissance, il a disparu) fut montré à l'assemblée générale annuelle de la Société française de photographie, lors de laquelle le président Marey ainsi que tous les autres scientifiques purent s'observer eux-mêmes en train de marcher[1]. En revanche, le premier film à être projeté publiquement montrait l'envers de

[1] F. v. Zglinicki, *Der Weg des Films*, *op. cit.*, p. 171.

cette science, représenté du point de vue des salariés : on pouvait voir la foule des ouvriers et employés Lumière sortir par les grilles de l'usine lyonnaise à la fin de leur service. Pour ce qui est de la différence entre les médias et les arts, il est révélateur que l'action projetée, bien que prévue en amont et composée comme chez Edison, ne fût pas puérile ou comique, à l'américaine, mais correspondît au pur hasard quotidien et historique. Les frères Lumière n'avaient pas de *Black Maria* pour donner naissance à des fictions ; bien au contraire, ils ne tournèrent à leurs débuts que des prises de vue en extérieur et c'est justement ainsi qu'ils devinrent les fondateurs du cinéma documentaire.

Les trente-cinq spectateurs de la première projection publique au Grand Café connurent une toute autre confrontation, plus adaptée à sa salle indienne – bien préparée donc aux miracles exotiques. Parmi les documentaires des Lumière figurait *L'Arrivée d'un train à La Ciotat*, devenue célèbre dès ce moment-là, qui montrait l'entrée en gare d'un train dans une ville méditerranéenne française. Le jouet préféré du XIXe siècle fit donc son entrée, la bonne vieille perspective de la Renaissance fut comme d'habitude sollicitée : la locomotive à l'écran grandit et grossit, jusqu'à ce que, craignant pour leur vie, les spectateurs du film quittassent, paraît-il, le café parisien en courant. Sans l'avoir prévu, les Lumière avaient transformé les spectateurs de leur film, non certes en *targets* de leur caméra encore fixe, mais tout de même (comme le formula Virilio) en *targets* de la locomotive imaginaire. Lorsque par la suite le réalisateur américain Griffith en vint à mettre en mouvement apparent la caméra elle-même et à l'approcher directement des acteurs, cet effet de choc s'amplifia encore : il paraît que la seule explication que les spectateurs purent trouver aux gros-plans de visages humains qui emplissaient l'écran entier fut que Griffith avait littéralement dû décapiter les acteurs.

À l'insu des producteurs de films muets, qui n'avaient pas du tout eu ce genre de chocs et de meurtres derrière la tête, le cinéma devint d'emblée un médium de l'illusion sous les yeux abusés des spectateurs. À la différence des expériences scientifiques d'un Muybridge, qui devaient remplacer par du réel tout qu'il y avait d'imaginaire ou de figuré dans les yeux des hommes, à la différence aussi du phonographe qui, ne serait-ce que par manque de possibilités d'intervention ou de montage, ne pouvait reproduire que ce que les bruits avaient de réel, un nouvel imaginaire se constitua – non plus littéraire comme au temps du romantisme, mais technogène. La théorie de Tzvetan Todorov, selon laquelle le fantastique littéraire serait mort de son élucidation par Freud et la psychanalyse, est fausse pour moitié : le fantastique connut une résurrection triomphale dans les films.

Rien n'en atteste mieux que le fait que, parmi les nombreux acquéreurs de cinématographes des Lumière, se trouvait l'ancien directeur du théâtre Robert-Houdin, un certain Georges Méliès. Robert-Houdin, qu'Enzensberger a évoqué à juste titre dans l'un des poèmes de son *Mausolée*, n'était ni dramaturge ni réalisateur, mais un escapologiste et prestidigitateur célèbre du XIXe siècle. En toute logique, son neveu transforma les tours de magie en tourisme moderne et inventa la spécialité française appelée « son et lumière »[1], autrement dit un show bengali de sons et d'images pour vieux châteaux et places de pouvoir qui fait du tourisme le digne héritier des effets d'éblouissements absolutistes. Héritier de Houdin, Méliès n'a pas moins logiquement transformé le documentaire en fantastique moderne. Parmi les innombrables trucages cinématographiques inventés par Méliès, retenons-en deux élémentaires : la projection inversée et l'arrêt de caméra.

C'est sans doute dans *La Charcuterie mécanique*[2] de Méliès que la projection inversée triompha. Quelques séquences furent filmées dans une charcuterie porcine ; elles se succédaient dans un ordre allant de l'abattage du porc jusqu'à la production d'une saucisse prête pour la consommation, en passant par le dépeçage de l'animal. Lors de la projection, les mêmes séquences défilaient, sauf qu'au sein d'une séquence, la dernière prise de vue devenait la première et la première la dernière. Aux yeux des spectateurs ensorcelés, la conséquence en était qu'une saucisse prête à la consommation se transformait de nouveau en carcasse de porc et la carcasse en cochon vivant. Pour la première fois dans l'histoire mondiale, la résurrection de la chair eut bel et bien lieu dans la réalité, comme dans la prophétie vieille de deux mille ans. La capacité du film à générer une apparente continuité optique ne pouvait être démontrée plus triomphalement qu'en exposant ouvertement et en rendant réversible dans l'imaginaire son principe de travail : le découpage de mouvements vivants en une succession d'images fixes dans la boucherie mécanique. Le cinéma, précisément parce qu'à l'inverse des arts il travaille avec le temps physique, est donc en état de le manipuler ; et d'après un merveilleux dicton du physicien Eddington, on ne reconnaît l'irréversibilité du temps physique – qui n'est elle-même, en tant qu'accroissement entropique continuel, qu'une conséquence du deuxième théorème de la thermodynamique – qu'à l'impossibilité de films qui, comme *La Charcuterie mécanique*, inversent l'axe du temps.

Quoi qu'il en fût, le trucage de l'inversion du temps aurait pu se faire en remplaçant le film par un son enregistré sur cylindre ou disque, puisqu'Edison déjà expérimentait avec des bruits ou des voix défilant en marche arrière. Pour le deuxième trucage introduit par Méliès en revanche, aucun support de stockage de son n'aurait pu tenir le rythme avant la bande magnétique. C'est par hasard que Méliès aurait découvert ce qu'on appelle l'arrêt de caméra. Avec un trépied de caméra qui, comme toujours chez le prestidigitateur Méliès, épousait la position invariable du spectateur (qui pouvait donc être illusionné), il filma une scène de rue parisienne avec un corbillard. Mais au milieu de la scène, il arriva au bout de la pellicule de

[1] En français dans le texte.

[2] *La Charcuterie mécanique* est en réalité un film des frères Lumière de 1895. [N.d.T.]

celluloïd, parce qu'avant le tournant du siècle, ces pellicules étaient loin d'avoir la longueur nécessaire pour les films. Sans bouger la caméra de son trépied, une nouvelle pellicule fut introduite et le tournage poursuivi. Mais lors de la projection du produit fini, Méliès vit, à sa propre surprise, que le spectateur ne remarquait pas le moins du monde l'interruption temporelle (ce qui serait tout à fait impensable dans le cas de l'arrêt abrupt du son d'un disque). Seuls les passants et les automobiles de la rue filmée avaient disparu comme par magie pour être remplacés par d'autres passants, à d'autres endroits de la rue. Sur quoi Méliès fit de ce hasard fraîchement découvert le principe programmé, ou le tour de magie, de son film suivant : *L'escamotage d'une dame*. Le faire-disparaître d'une dame montrait que, dans la condition média-technique, un Robert-Houdin n'était même plus nécessaire pour faire comme par magie disparaître de la scène les humains et plus particulièrement les dames. Et si l'on traduit dame, comme cela va de soi dans la littérature classique-romantique, par mère nature, les trucages cinématographiques ne veulent purement et simplement rien dire d'autre que le sacrifice d'une dame qui depuis a liquidé la nature toute entière. Car avec l'arrêt de caméra, le cinéma a également fait de son propre principe de travail, l'introduction de coupes dans l'ordre chronologique, une intrigue de film. Il ne restait plus qu'à déclarer la découverte de Méliès digne de faire l'objet d'un métier, et le métier de monteur[1] était né.

Voilà pour la situation de départ du film muet qui, du réalisme contingent au théâtre de l'illusion, du film documentaire à la fiction, a mesuré dès le début et en une fois toute la gamme des possibilités. Le seul élément qui manquait encore pour sonder l'intégralité des perspectives de jeu était une caméra mobile. Il revient avant tout à des réalisateurs américains tels que Porter et Griffith d'y avoir remédié. La caméra mobile qui permet le travelling avant allant jusqu'au gros plan et l'accompagnement mobile d'autres objets en mouvement a, d'après une remarque pour une fois pertinente de Zglinicki[2], avant tout suscité le genre cinématographique primitif du western. Des séquences de western classiques telles que le regard jeté depuis un wagon en marche sur des ennemis, surtout des Indiens, qui, de leur côté, prennent la fuite sur leurs chevaux, mettent fin à la perspective fixe du spectateur de théâtre d'un Méliès ; elles sacrifient la fixité du regard du spectateur (qui ne pouvait être trompé par le trucage de l'arrêt de caméra que dans ces conditions-là) à une illusion différente et mobile, qu'Einstein n'a pas par hasard décrite exactement au même moment, en 1905, dans sa théorie de la relativité restreinte. L'indécision quant au virtuel ou au réel de deux mouvements relatifs l'un à l'autre, lors du croisement de deux trains par exemple, est bien le point de départ de la théorie d'Einstein.

---

[1] Le terme *cutter*, usité en allemand, contient l'idée de coupes qui se perd dans le français « monteur » qui insiste sur les possibilités combinatoires. [N.d.T.]

[2] F. v. Zglinicki, *Der Weg des Films*, *op. cit.*, p. 492.

L'illusion mobile appelée film a donc changé notre façon de penser et de ressentir. Stéphane Mallarmé, qui a de nouveau reconduit la littérature à ses vingt-quatre lettres brutes, sans la moindre illusion sonore ou optique, fut un jour questionné pour une enquête sur ce qu'il pensait des livres illustrés. La réponse : il n'en faisait aucun cas – justement parce que les lecteurs de Mallarmé n'étaient plus censés halluciner comme les lecteurs de Hoffmann, mais tout simplement lire – ; mais celui qui a besoin d'illustrations ferait bien, selon lui, de mettre de côté tous ses livres et d'aller droit au cinématographe[1]. À une autre enquête sur ce que l'art pouvait apporter à la technique, le même Mallarmé répondit en proposant que dans les voitures automobiles, qui venaient d'être inventées, on déplaçât vers l'arrière le siège du conducteur, derrière donc les propriétaires d'automobiles grands-bourgeois de l'époque, et de rendre la vitre avant aussi grande que possible. Car alors, sans même qu'ils réalisassent leur propre mouvement et sans qu'ils eussent la vue bloquée par un obstacle tel que le chauffeur, les propriétaires d'autos auraient ainsi l'illusion qu'en roulant, les rues et les paysages s'ouvrent devant eux et s'agrandissent d'eux-mêmes[2]. Mallarmé a composé un poème en prose sur ce thème, immortalisant cette auto sous le déguisement poétique, ou bien trop poétique, d'une yole dont lui-même serait le rameur. Ladite yole glisse sur la rivière au bord de laquelle se trouvait la propre maison de campagne de Mallarmé, près de Valvin ; elle glisse entre les nénuphars blancs du titre et poursuit au départ l'objectif pratique de conduire le rameur Mallarmé vers l'amie d'une amie. Mais le spectacle visuel d'une perspective glissante ravit à tel point le poète qu'il renonce à sa visite pour célébrer sa dame comme l'« absente », la catégorie poétologique la plus solennelle de Mallarmé[3]. Le poème de Mallarmé accomplit donc précisément ce que Meissonier, probablement son voisin, fabriquait dans son parc avec son traîneau ferroviaire, et prouve ainsi que quinze ans avant de voir le jour, les premiers travellings étaient déjà rêvés. Les images mobiles du cinéma sont solidaires de la nouvelle automobilité et du voyage en train à peine plus âgé. Je vais en donner dès aujourd'hui d'autres preuves, qui impliquent le tireur de photographie instantanée Ernst Mach et le père de la psychanalyse Sigmund Freud.

Tout d'abord, c'est le caractère systématique de la mise en mouvement optique qui importe. Seul le passage de la caméra fixe à la caméra mobile a conduit à éliminer du médium film toute ressemblance avec l'art très ancien du théâtre. De la caverne de Platon au théâtre à l'italienne, les spectateurs étaient et sont cloués à leurs fauteuils – et ce non en vertu d'un ancien sadisme européen, mais parce qu'avant l'invention de l'ordinateur, le

---

[1] Stéphane Mallarmé, *Œuvres complètes*, Bertrand Marchal (éd.), Paris, Gallimard, coll. Pléiade, 2003, vol. II, p. 668.

[2] *Ibid.*, p. 664-665.

[3] *Ibid.*, p. 98-101.

calcul des mouvements du regard aurait dépassé toute capacité de calcul. Certes, le film ne modifie en rien la fixité du corps des gens au niveau macroscopique, mais au niveau microscopique, en revanche, un appareil qui remplace leurs propres yeux est amené à effectuer toutes sortes de coupes et de mouvements dont les spectateurs ne peuvent se distancier, parce que dans l'obscurité de la salle de cinéma, ils n'ont aucune autre possibilité de contrôle optique. C'est pour cela que le spectateur de cinéma réagit devant l'écran, d'après une formulation brillante d'Edgar Morin, « comme devant une rétine extérieure télé-reliée à son cerveau [...] »[1].

Avant d'aborder la véritable histoire du film, je vais finir de développer une autre idée. Le cinéma, tel que les frères Lumière l'installèrent sur le boulevard parisien des Capucines, ne consistait pas qu'en un simple appareillage composé d'un cinématographe et d'une surface de projection : il était un attrapeur d'enfants digne de celui de Hamelin. Reste à savoir ce qui éleva cet attrapeur de rats qu'est le cinéma au-dessus des anciennes envies du théâtre. La cause réside dans les techniques d'éclairage.

Le théâtre à l'italienne, traduction baroque de la lanterne magique, était éclairé, chauffé, enfumé et surtout limité dans la durée même de ses pièces par des bougies de cire. Le désir d'une source de lumière plus claire et plus propre se fit jour dès que les chimistes eurent produit des gaz combustibles et que Robertson, fait mémorable, eut découvert l'éclairage à la lampe à arc pour les effets spéciaux. L'introduction de l'éclairage au gaz dans les théâtres du XIXe siècle n'eut pas seulement pour effet de faire grimper à un chiffre historiquement exorbitant le nombre de théâtres incendiés et de morts au théâtre, ravages que l'introduction d'un rideau de fer protecteur eut pour mission de prévenir ; l'éclairage au gaz souleva également un problème d'ordre théorique.

Il n'était plus nécessaire de lésiner sur la lumière, la scène pouvait être éclairée à souhait, et la question se posa par conséquent de savoir s'il fallait conserver dans la salle, comme c'était la coutume depuis des siècles, des sources de lumière du type des célèbres lustres de théâtre – qui n'étaient plus indispensables à la perception visuelle du drame ou de l'opéra. La réponse que donna le célèbre architecte Garnier lors de la construction du nouveau Grand Opéra de Paris est parlante : selon Garnier, un obscurcissement de la salle tel qu'il était déjà de mise dans certains opéras italiens était possible, mais non opportun. Premièrement, les spectateurs d'opéra devaient continuer à être en mesure de suivre le texte du libretto de l'opéra pendant qu'il était chanté avec une inintelligibilité éclatante afin de comprendre le gros de l'intrigue. Deuxièmement, toujours selon lui, voir, mais aussi être vu, faisaient tout simplement partie de cet événement social qu'est le théâtre. (Les princes dans leurs loges surtout étaient éclairés par principe, parce qu'ils ne

[1] Edgar Morin, *Le Cinéma ou l'homme imaginaire. Essai d'anthropologie*, Paris, Éditions de Minuit, 1956, p. 139.

tenaient pas du tout à l'illusion bourgeoise, mais absolument à la représentation ou à l'éblouissement en usage à la cour). Troisièmement, prétendait Garnier, il serait décisif pour le comédien ainsi que pour la qualité artistique de son jeu qu'il pût voir son public et toutes ses réactions, c'est-à-dire qu'il jouât dans une boucle de rétro-couplage optique. Quatrièmement, enfin, faire l'obscurité dans une salle aurait le désavantage qu'elle ne serait plus contrôlable jusque dans ses moindres recoins. Des spectateurs d'opéra qui ne feuillettent plus le livret pendant une aria d'amour pourraient s'adonner à bien d'autres pensées ou actes.

Voilà pour ce qui est de la moralité du théâtre éclairé au gaz, qu'il faut sans plus attendre confronter aux nouvelles conventions ou inconvenances des salles de cinéma. Tandis que, dans un premier temps, les nouvelles sources de lumière techniques n'eurent pas le droit de changer quoi que ce fût à la salle, de nouveaux effets de scène furent toutefois expérimentés. Je veux en donner deux exemples particulièrement somptueux, afin d'attester de la formation d'un regard cinématographique.

Au XIXe siècle, l'Angleterre avait un mathématicien doué d'un fort sens pratique : en 1830, Charles Babbage fabriqua un premier précurseur de l'ordinateur, dont il n'acheva certes pas la construction, mais qu'il mit tout de même en œuvre afin d'élever également la mécanique de précision britannique aux standards industriels d'un colonel Colt. En 1846, Babbage prit place au German Opera House de Londres aux côtés d'une dame coiffée d'un chapeau. L'éclairage au gaz au-dessus de la scène et de la salle s'alluma, le chapeau et le programme de cette dame changèrent légèrement de couleur, adoptant une pointe de rose. Ce hasard technogène conduisit Babbage à une idée révolutionnaire qui fit de lui un éclairagiste de théâtre révolutionnaire. Il s'associa à nul autre que Michael Faraday, l'inventeur de l'effet stroboscopique qui avait rendu possible le film, afin de créer ensemble un ballet carrément nouveau. Babbage et Faraday éclairèrent la scène à l'aide d'éblouissantes lampes à lumière oxhydrique, qu'un lieutenant anglais avait inventées à des fins de signalisation militaire, et ajoutèrent, devant chacune des lampes, un filtre pivotant en verre d'une couleur différente. Puis Babbage composa un ballet sur la recherche en sciences naturelles et sur les arcs-en-ciel, vêtit les ballerines de justaucorps blancs qu'elles gardèrent toute la durée de la pièce, plongea la salle dans l'obscurité et fit éclairer ces justaucorps blancs de couleurs qui changeaient en fonction des phases de l'intrigue du ballet. Nous pouvons et nous devons nous imaginer le résultat : les justaucorps des ballerines resplendissaient successivement de toutes les couleurs de l'arc-en-ciel sans qu'elles eussent besoin de se changer. Bien avant la *Black Maria* d'Edison, le fameux studio éclairé de lampes à incandescence, une première pièce de théâtre fut développée sur la base de projecteurs. Et malheureusement, nous sommes obligés de nous contenter d'imaginer la pièce de Babbage, parce que la direction de l'opéra la supprima du programme peu de temps avant la première, par crainte des pompiers et d'un public en flammes.

C'est ainsi que l'histoire des effets de projecteur, qui introduisirent au théâtre un mouvement virtuel et par là protofilmique, se poursuivit en Allemagne. Là vivait un dramaturge et compositeur d'opéra que l'idée d'un théâtre et de son public en flammes séduisait plus que tout, ne serait-ce qu'en raison d'un goût pour l'anarchie. Je veux parler de Richard Wagner, mais malheureusement je dois faire l'économie d'innombrables détails. Pour faire court, l'institution nouvelle fondée par Wagner à Bayreuth a véritablement accompli la transition de l'art traditionnel à la technologie des médias. Je me contenterai de renvoyer aux nombreuses didascalies de *L'Anneau* qui prévoient des transitions aussi douces que des fondus enchaînés et, pour citer très librement Babbage, la destruction complète de la forteresse théâtrale des dieux Valhalla par le feu, à la fin de la tétralogie. Babbage n'est pas loin non plus lorsqu'à la fin de *L'Or du Rhin*, les dieux wagnériens dessinent d'un coup de baguette magique un arc-en-ciel sur la voûte céleste de la scène, après avoir été plongés par un brouillard métaphysique dans une grisaille des plus terribles et des plus mortelles. *Le Crépuscule des dieux* ne veut rien dire d'autre. Outre la coloration des scènes par des projecteurs, Bayreuth disposait, dès la première en 1876, d'une automobilité virtuelle : les neuf valkyries ne chevauchaient de bons vieux coursiers proto-germaniques que sur le papier ; en positivité technique en revanche, une lanterne magique mobile projetait des fantômes de valkyries automobiles sur le décor du fond. La même chose se produisait à la fin de l'acte II de *La Valkyrie*, où Wotan et Brünnhilde apparaissaient sous forme d'ombres à l'horizon arrondi de la scène, au-dessus des deux guerriers Siegmund et Hunding[1] (une image de cette scène est conservée dans le *Illustrirte Zeitung* de 1876.) C'est ainsi que dans les scènes d'hallucination, la contrôlabilité de l'éclairage de théâtre, rendue possible grâce à l'usage du gaz, se paracheva dans celle des effets de lanterne magique[2].

Et comme Wagner poussa de la même façon les effets sonores et optiques du théâtre à l'extrême, le palais des festivals, qu'il se fit construire telle une entreprise d'art et d'artisanat sur une colline verte surplombant Bayreuth, constitua le pas décisif pour dépasser le XIXe siècle en général et le Grand Opéra Garnier en particulier. Pour parler comme un contemporain et témoin oculaire (ou plutôt non-oculaire) de la première de *L'Anneau* :

> À Bayreuth, on aspirait à la salle obscure. Il s'agissait là aussi d'un procédé stylistique tout à fait surprenant pour l'époque. La nuit noire tombait sur le théâtre, de sorte qu'on ne pouvait plus distinguer son voisin, […] et le merveilleux orchestre se mettait à jouer depuis les profondeurs.[3]

---

[1] W. Ranke, « *Magia naturalis, physique amusante* und aufgeklärte Wissenschaft », *op. cit.*, p. 47.

[2] *Ibid.*, p. 42.

[3] Georg Wieszner, *Richard Wagner, der Theaterreformer. Vom Werden des deutschen*

Si, dans un premier temps, la technologie des médias doit considérer séparément les différents champs sensoriels et les mesurer de fond en comble avant de les interconnecter en assemblages systématisés de médias, dans un second temps, le Bayreuth de Wagner fut historiquement la première application de ce principe. Afin de donner le goût de l'absolu à la musique du prélude de *L'Or du Rhin*, il n'y avait tout d'abord rien ni personne à voir, ni sur scène ni dans la salle. Sans parler du fait que les musiciens de l'opéra de Bayreuth n'étaient à aucun moment visibles, car Wagner les avaient plongés dans une fosse d'orchestre invisible, sans doute d'après le modèle unique du théâtre de Besançon bâti par Claude-Nicolas Ledoux autour de 1770. Et même lorsque le rideau se levait sur la scène géante éclairée au gaz, la lumière dans la salle restait bien éteinte, comme c'est encore le cas aujourd'hui. Cela ne choque guère les spectateurs de cinéma actuels, qui n'achètent qu'exceptionnellement des cartes pour Bayreuth ; mais en 1876 cela fit scandale, d'autant plus qu'un empereur allemand fraîchement couronné se trouvait parmi les spectateurs de la première. Guillaume I fut sans doute le premier prince que l'anarchisme de Wagner empêcha de donner une représentation absolutiste de soi dans sa loge. L'ère de la démocratie, ou plutôt de l'analphabétisme au pouvoir, avait commencé. Avant la première, Wagner dut distribuer une note invitant les spectateurs qui, tout à fait comme l'avait dit Garnier, souhaitaient toujours connaître le texte de l'opéra, à le lire avant, car pendant la représentation, il ferait trop sombre et ce serait trop tard. *L'Anneau du Nibelung* passa donc comme film total, pas même entrecoupé par des intertitres, comme dans un vieux film muet. Rien d'étonnant donc à ce que le tristement célèbre gendre de Wagner, Houston Steward Chamberlain, proposât de jouer également des symphonies dans l'obscurité totale de Bayreuth, autrement dit d'abandonner les interprètes qui n'avaient pas encore été rendus complètement invisibles dans les drames musicaux de Wagner et de les remplacer tout simplement par des effets de lanterne magique en grand format, comme on l'avait fait pour les Valkyries. Par une telle suppression de tous les corps humains empiriques, un spectacle multimédia aurait pu voir le jour.

Espérons que cet aperçu des améliorations que Babbage et Wagner apportèrent à l'ancien théâtre à l'italienne a permis de faire la lumière sur la lampe à incandescence d'Edison et la projection cinématographique des Lumière. Il est clair que la lumière électrique généralisa la contrôlabilité de la différence entre obscurité et clarté, et qu'elle était donc aussi capable de la rendre absolue, comme dans notre cas ; il est clair également qu'elle minimisa le risque d'incendies dans les théâtres et plus tard dans les cinémas. Dès lors, et si l'on fait abstraction de la fin de *L'Arc-en-ciel de la gravité*, les explosions et catastrophes se limitèrent aux cas où, sous l'effet

---

Nationaltheaters im Geiste des Jahres 1848, Emsdetten, Lechte Verlag, 1951, p. 115. Trad. de la citation : T. E.

de la chaleur dégagée par les ampoules des projecteurs, la pellicule de celluloïd s'enflammait, elle dont la chimie n'est pas pour rien apparentée aux explosifs. Mais l'essentiel semble être la projection de lumière électrique à travers une pièce par ailleurs plongée dans l'obscurité. Non seulement elle a fondé l'esthétique et la sociopathologie du cinéma, mais elle a aussi créé un nouveau *Merkwelt* militariste. Les studios de cinéma ne purent faire leurs adieux au tournage en extérieur, suivant le modèle de la *Black Maria* d'Edison, qu'avec l'invention de la lampe Jupiter. Le théâtre dut attendre le développement du cinéma pour voir à son tour son éclairage passer aux effets virtuels et aux lampes Jupiter, comme le fit avant tout Max Reinhardt à Berlin. Que de nos jours les comédiens se trouvent toujours sous le feu d'un projecteur est donc une imitation du cinéma. Enfin, la projection lumineuse put également moderniser la guerre. Lors du conflit russo-japonais, pour rendre imprenable Port-Arthur, sa dernière forteresse en Sibérie orientale, l'armée du tsar eut pour la première fois recours à des projecteurs, lesquels, la nuit tombée, transformaient les champs de bataille en studios de cinéma létaux pour les assaillants japonais[1]. Si, comme je l'ai déjà indiqué, l'éblouissement était, durant l'absolutisme, un privilège permettant aux princes et aux puissants d'humilier leurs sujets, il est devenu depuis 1904 un œil activement armé, qui ne se contente plus simplement, comme le télescope ou le microscope, d'optimiser sa propre perception, mais bien de réduire à zéro la perception de ses ennemis.

Il nous faudra revenir plus tard sur le nexus entre guerre et cinéma. Concernant le moment historique du cinéma muet, il suffit d'étudier l'esthétique de cet œil activement armé et la sociologie de ses sujets. En raison du peu de temps dont nous disposons, je vais passer sous silence bien des opinions sur le cinéma muet, défendues de Georg Lukács à Béla Balázs ; je vais me limiter à l'une des premières théories du cinéma muet, celle développée par Hugo Münsterberg dans son mince volume *The Photoplay*, qui fut publié à New York en 1916 et qui se rattache avec une extrême élégance à mes propos sur le cinéma, le théâtre et l'éclairage. En effet, notre dernière séance s'est terminée sur l'aphorisme d'Edgar Morin selon lequel ce que le spectateur aperçoit sur la surface de projection n'est autre que sa propre rétine démesurément agrandie. C'est exactement ce que Münsterberg a prouvé dès 1916.

Hugo Münsterberg, pour le présenter en quelques mots, était privat-docent de psychologie expérimentale à Fribourg-en-Brisgau et donc un collègue de tous ces Fechner, Helmholtz et autres Marey, témoins de la naissance du film. William James, professeur et frère du romancier Henry James, fit la connaissance du jeune professeur lors d'un congrès de psychologues à Leipzig qui, à cette époque, était encore à la pointe de la science grâce à Wundt. Enthousiaste, il lui proposa de diriger le laboratoire

[1] P. Virilio, *Guerre et Cinéma I, op. cit.*, p. 20.

de psychologie expérimentale qui venait d'être fondé à Harvard. En d'autres termes, les universités du tournant du siècle suivaient l'exemple isolé du *self-made-man* Edison. Dans son laboratoire par exemple, Münsterberg avait déjà appris expérimentalement à la jeune étudiante Gertrude Stein ce qu'était l'écriture automatique ou surréaliste, vingt ans avant qu'elle n'atteignît à la gloire littéraire. Mais l'écriture n'était qu'une technique culturelle parmi d'innombrables autres qu'il mesurait selon des paramètres psychologiques et physiologiques – et ce dans le but d'optimiser ergonomiquement l'ensemble des techniques culturelles. Le travail à la chaîne, que Henry Ford allait bientôt introduire, durant la Première Guerre mondiale, présupposait un déroulement optimal de chaque mouvement corporel, aussi insignifiant soit-il, comme l'écriture. J'ajouterais cependant une remarque, à savoir que Gilbreth, un collègue américain de Münsterberg, pratiquait ce genre de mesures ergonomiques à l'aide de films en ralenti. L'ancien habitant de Fribourg n'avait pas le sens si pratique ; il se contentait de se rendre dans des studios de cinéma qui, à l'époque, se trouvaient à New York plutôt que sous le soleil hollywoodien et qui exceptionnellement ouvraient grand leurs portes à sa gloire américaine. Ces visites et le livre *The Photoplay* furent cependant les derniers succès de Münsterberg, car, un an plus tard, l'Empire allemand déclara la Guerre mondiale aux États-Unis, ce que Münsterberg avait en vain cherché à éviter à travers ses causeries au coin du feu avec le président Wilson. En 1918, il mourut d'un arrêt cardiaque en plein cours, le cœur lourd du chagrin de n'être plus salué par aucun président ni professeur ni même par aucun Américain.

En ce qui concerne son ouvrage de cinéma, il s'agit de psychotechnique appliquée, nom dont Münsterberg baptisa sa nouvelle science. Pour éclairer une technique des médias moderne, Münsterberg invoque intelligemment un contre-exemple ancien : le théâtre à l'italienne. Cette comparaison esthétique démontre que s'il est vrai que le théâtre peut donner bien des illusions au spectateur, il ne peut en revanche lui en donner de physiologiques. La scène ne remet en question ni le lieu physique ni le temps physique des événements, qu'elle est bien plutôt contrainte d'accepter. (C'est pourquoi les trois unités sont devenues un problème théorique pour le théâtre). Le *photoplay* en revanche, comme on disait avant que l'allemand n'inventât le mot de *Spielfilm*, est une véritable psychotechnique qui attaque et modifie les états d'âme inconscients des spectateurs à l'aide de moyens purement techniques.

Les exemples illustrant cette thèse sont tirés des trucages de cinéma et des procédés de montage déjà acquis à cette époque. Comme pour prouver le lien objectif et pas seulement étymologique entre le montage du film et la chaîne de montage, la première théorie du cinéma traite de l'effet exercé sur le spectateur par le gros plan, le flashback, le flashforward et le contrechamp. À chacun de ces effets correspond un acte psychologique lors du visionnage passif et donc incontrôlable. L'exemple le plus convaincant que donne Münsterberg est celui du gros plan : un héros de cinéma veut en abattre un autre et s'empare du revolver du colonel Colt. Mais au cinéma, la caméra, la véritable descendante historique de ce même revolver, ne se contente pas de continuer à fixer ce héros, ce qui, selon Münsterberg, serait inévitable au théâtre. Œil armé activement, elle s'approche bien plutôt du héros, jusqu'à ce que la main tenant le revolver emplisse seule l'image dans l'objectif. D'après Münsterberg, toute forme d'attention involontaire fonctionne ainsi, filtrant sans même s'en rendre compte toutes les parties insignifiantes de l'action. D'une façon similaire, le flashback réalise ou implémente le souvenir involontaire que Proust explorait exactement au même moment en littérature, le flashforward en fait autant des fabulations au sujet du futur, et le montage de séquences séparées dans l'espace ou dans le temps accomplit le fonctionnement des associations involontaires en général. Tous les effets de choc irrésistibles et incontrôlables, tels que les déclenchèrent les frères Lumière, Méliès et Griffith, s'expliquent ainsi par la psychotechnique.

La théorie de Münsterberg boucle ainsi, du moins pour nous, une boucle de l'histoire des sciences. Comme je n'ai cessé de le souligner, la naissance des technologies des médias au XIXe siècle résulte des recherches sur la psychologie et la physiologie d'un homme très empirique et non plus transcendantal. En 1916 en revanche, lorsque Münsterberg prend la plume, ces technologies des médias ont atteint une perfection leur permettant à leur tour de fournir des modèles à la psychologie ainsi qu'à la physiologie. Si l'attention involontaire n'est qu'un simple trucage cinématographique, alors l'homme peut être construit et optimisé au lieu de continuer à être idolâtré. Le susmentionné réalisateur de Pynchon se trompait tout à fait lorsqu'il déclarait pour nous réconforter que nous ne vivons pas encore entièrement à l'heure du cinéma. Dans l'effectivité technique, c'est avant tout le film expérimental à caractère scientifique qui a modifié les réalités mêmes de la vie. Les mouvements des hommes au travail à la chaîne de montage leur ont été enseignés par un film.

Mais l'admirable théorie de Münsterberg boucle aussi une boucle de l'histoire de la littérature. Souvenons-nous que la littérature romantique exigeait du « bon lecteur » – une citation littérale de Novalis – qu'un monde effectif visible et même audible se déployât en son for intérieur d'après les mots lus. Novalis lui-même, dans son insolite roman *Henri d'Ofterdingen*, illustre ce processus à l'aide d'une fleur bleue insolite, dont quelqu'un parle au héros mais que, dans tout le roman, il n'aura l'occasion de voir nulle part. Une lecture silencieuse permettait qu'au terme du récit, le héros fît un rêve qui présentait la fleur bleue à un œil intérieur et hallucinatoire et qu'en outre, une fois le rêve terminé, les pétales de la fleur se transformassent en col de vêtement et le cœur de la fleur en visage de femme. Sur quoi le héros ne pouvait faire autrement que de rester fidèle à cette fameuse bien-aimée hallucinatoire, même au-delà de sa mort, pour la durée de vie d'un romantique ou du moins de la lecture du roman.

Ce à quoi Münsterberg ajouta un commentaire scientifique, c'est-à-dire anéantissant :

> De riches effets artistiques ont été obtenus et si, sur scène, les féeries sont maladroites et inaptes à faire illusion, nous voyons réellement à l'écran l'homme se transformer en bête et la fleur en fille. [...] Le rêve devient réalité [...].[1]

Si, comme le dit clairement Münsterberg, le cinéma surpasse tout bonnement la littérature et le théâtre, alors cette nouvelle esthétique des médias a des conséquences que d'autres que moi qualifieraient de sociologiques. Le fait qu'avec la naissance du cinéma, le théâtre et l'édition de romans aient traversé une crise de popularité et de rentabilité n'est rien comparé à un autre danger. Si dans le réel, et donc plus uniquement dans l'imaginaire du lecteur, les trucages cinématographiques peuvent transformer les jeunes filles en fleurs, alors l'idéal de la bien-aimée de tous les lecteurs et auteurs romantiques s'éteint. La Mathilde de Novalis et l'Aurélie de Hoffmann, qui ne pouvaient être séduites qu'en tant que lectrices, disparaissent, tout simplement parce qu'elles n'existaient que dans le flou nécessaire des descriptions et ne formaient ainsi qu'une seule et indistinguable figure idéale. Pour le dire aussi simplement que dramatiquement, elles furent remplacées par des femmes empiriques-statistiques.

Au premier rang des femmes empiriques figure bien sûr la star de cinéma, qui, comme le révéla Georg Lukács dès 1913, n'a certes plus d'âme, voire peut s'en passer, mais dispose en revanche d'une anatomie caractéristique. La *kinogirl*, comme la principale revue cinématographique allemande appelait encore les starlettes en 1911, « représente le pendant moralement réjouissant des actrices de théâtre qui végétaient en Europe depuis 1650 sans obtenir de funérailles chrétiennes durant les premiers siècles de leur existence ». À quoi la revue *Kinematograph* objecta :

> Comprendre comment une jeune fille se retrouve à faire du théâtre est clair pour quiconque s'intéresse au théâtre ou à cette jeune fille. Savoir comment elle s'impose sur les planches, voilà qui ne cause généralement de tracas à personne. Mais le public doit savoir combien de tristes drames de la vie le cinématographe permet d'éviter, en montrant des drames tirés de la vie du public. Alors cesserait le vieux reproche fait au cinéma, à savoir qu'il coupe le fil de la vie à la scène, puisqu'il offre une corde de secours à ceux qui sombrent sur la scène.[2]

Cet argument grandiose passe implicitement du corps féminin aux représentations du corps féminin. Les stars de cinéma sont tout aussi érotiques que les actrices de théâtre, mais elles n'ont plus besoin de prostituer leurs corps et peuvent se contenter d'en prostituer l'image. Ne serait-ce que pour des raisons média-techniques, une chasteté ou sainteté leur

---

[1] Hugo Münsterberg, *Le Cinéma : Une étude psychologique et autres essais* [1916], trad. de l'anglais par Martin Richet, Genève, Éditions Héros-Limite et Association Cinématographies, 2010, p. 44.

[2] Cité par Heide Schlüpmann, *Unheimlichkeit des Blicks. Das Drama des frühen deutschen Kinos*, Bâle/Francfort-sur-le-Main, Stroemfeld/Roter Stern, 1990, p. 19 *sq.* Trad. de la citation : T. E.

est inhérente qui, dans les *Élixirs* de Hoffmann, ne revenait qu'à Rosalie, la femme peinte, à la différence d'Aurélie, son double de chair et d'os. En d'autres termes, la palpabilité glisse sur la pin-up de la même manière que la technologie 3D glisse sur un espace en 2D. Mais c'est justement pour cela qu'il n'y a plus de limites à la palpabilité. La fameuse histoire de Howard Hughes, ce milliardaire et constructeur d'avions de combat qui fit faire à des fins cinématographiques un soutien-gorge spécial pour Jane Russell et son anatomie caractéristique, vous est sans doute familière.

Bien moins familier mais plus important est le fait que les spectatrices de cinéma étaient aussi des femmes empiriques-statistiques. Au moment exact où, en Allemagne, les femmes obtenaient pour la première fois le droit d'aller à l'université, marginalisant sur le plan historique l'idéal faustien de l'amour, Gretchen, les premiers films muets étaient programmés pour être un divertissement féminin. Le travail d'habilitation de Heide Schlüpmann l'a démontré avec insistance en ce qui concerne aussi bien les statistiques des spectateurs que les contenus des films pour l'Allemagne d'avant 1913. J'ajouterais que d'après plusieurs témoignages historiques, il semblerait que se fussent avant tout les secrétaires qui allèrent au cinéma. L'émancipation des femmes avait inventé le nouveau métier d'étudiante, mais aussi celui de dactylographe, autrement dit d'un être à qui, après l'effondrement média-technique de toute illusion littéraire, revint la tâche aride et généralement trop triviale pour un écrivain masculin de travailler dix heures par jour à manier des caractères d'imprimerie bruts et sans signification. Comme elles l'ont elles-mêmes attesté dans les sondages de journaux des années 1920, ces secrétaires échappaient à leur quotidien fait de bureau et de caractères d'imprimerie tout simplement en rendant tous les soirs visite à un ami et/ou à un film muet qui, mis à part dans les intertitres, ne les menaçait à coup sûr d'aucun caractère d'imprimerie.

Si vous souhaitez des preuves supplémentaires et imprimées du primat historique des spectatrices de cinéma, je vous conseille de lire *Les Mots*, l'autobiographie de Jean-Paul Sartre. Le philosophe vieillissant s'y remémore l'enfant et homme de lettres imposteur qu'il était en 1916, alors qu'il était le petit-fils d'un grand-père écrivain tout-puissant. Comme tous ses amis bourgeois, son grand-père fréquentait bien entendu aussi souvent que possible les théâtres parisiens, pour en sortir, comme Sartre le formule si joliment, « préparé perfidement à une carrière de fonctionnaire ». Sartre n'aurait donc guère pu devenir un révolutionnaire, toutefois légèrement stalinien, si sa mère ne lui avait pas communiqué sa propre passion pour le cinéma. Chez les Sartre, et pas seulement chez eux, les femmes, les enfants et les cas sociaux allaient au cinéma, jusqu'à ce qu'à partir de 1910 environ, les hommes prissent à tel point peur de cette désertion littéraire qu'ils introduisirent une censure cinématographique ou bien, ce qui revenait au même, qu'ils inventèrent le film d'auteur ou d'écrivain masculin.

La censure cinématographique, exigée par diverses associations pour la morale, fut finalement érigée en loi dans un empire dirigé par un maniaque de technique qui était évidemment aussi un fan de cinéma. Cette censure cinématographique avait bien entendu une double cause : le contenu des films et le lieu de sociabilité qu'est en soi le cinéma. Le lieu de sociabilité cinéma concrétisa en effet toutes les craintes de Garnier et par-là tous les espoirs de Wagner. Un cinéma de Mannheim, auquel l'une des premières étudiantes de 1913 eut le droit de consacrer sa thèse, dirigée par nul autre que Max Weber, fit de la publicité sous le slogan : « Entrez, entrez, notre cinéma est le plus sombre de toute la ville ! ». Mais comme il n'est pas de mon devoir de vous lire une histoire sociale du pelotage, je vous renverrai simplement à l'enthousiasme suscité par cette obscurité auprès de Gottfried Benn (dans l'une de ses premières nouvelles, *Le Voyage*[1]) et je formulerai en même temps une mise en garde : le cinéma des premiers temps peut sûrement être schématisé sous la forme d'une boucle de rétro-couplage entre contenus de films érotiques et pratiques érotiques des spectateurs, à l'instar de la littérature qui fut une boucle de rétro-couplage similaire ; mais pour rester fidèles à Pynchon, demandons-nous toujours quelle autorité a programmé ces boucles. Le film naturiste le plus célèbre, réalisé par la UFA[2] après la Première Guerre mondiale, était censé – comme Friedrich von Zglinicki veut l'avoir entendu de la bouche d'une personne directement concernée – n'avoir qu'un effet érotisant indirect ; son objectif principal était bien plutôt de montrer directement après la défaite de la guerre des esprits sains dans des corps sains et ainsi, je cite, de contribuer à l'« entraînement des défenses »[3]. La Reichswehr[4] avait participé au tournage.

Voilà toutefois que j'empiète sur les rapports entre le film muet et l'histoire de la guerre. Afin de comprendre comment il put y avoir une UFA, il faut revenir sur les différentes phases au cours desquelles le film est revenu sous la domination de l'État.

Comme dit, la première phase fut le film d'auteur, qui n'émergea qu'en 1913 dans une Allemagne alors plutôt dépendante de l'importation de films, alors qu'en France, par exemple, la Comédie française s'en était emparé bien avant cette date. Après quelques années de polémiques sauvages, reproduites par Anton Kaes dans son recueil de documents *Kinodebatte*, les gens de théâtre et les écrivains prirent, à la veille de la Première Guerre mondiale, la décision de faire la paix avec le nouveau médium concurrent. En 1912, la plus grande société cinématographique allemande de l'époque et la Société des auteurs et compositeurs dramatiques signèrent un accord sur les

---

[1] Gottfried Benn, *Le Voyage* [1916], trad. de l'allemand par Robert Rovin, Paris, Gallimard, 1965. [N.d.T.]

[2] Universum Film AG. [N.d.T.]

[3] F. v. Zglinicki, *Der Weg des Films*, *op. cit.*, p. 576.

[4] La Reichswehr était l'armée de la République de Weimar, active de 1919 à 1935. [N.d.T.]

tantièmes et le copyright[1]. Un an plus tard, en 1913, le célèbre comédien Albert Bassermann, qui, par peur pour ainsi dire balzacienne de la caméra, avait auparavant systématiquement refusé de se laisser tirer le portrait, se laissa convaincre de participer au premier film d'auteur allemand, *L'Autre* de Paul Lindau[2], et d'y interpréter son propre double ou « autre ». Inversement, cette culturalisation du film devait éradiquer tout ce que leurs contenus avaient hérité de la foire et des tours de magie ainsi qu'une partie de ce que le lieu de sociabilité cinéma avait hérité de Bayreuth et de la *chambre séparée*[3]. Premièrement, suivant le modèle de New York, Paris et Londres, apparurent à Berlin des palais du cinéma, architecture hybride entre le cinéma et le théâtre. Deuxièmement, ces palais du cinéma, où la bourgeoisie cultivée et la scène culturelle se rendaient aussi, devaient être alimentés en contenus appropriés ; les écrivains durent eux-mêmes s'attaquer à l'écriture de scénarios et les comédiens à la tâche d'être filmés. Les deux cas les plus célèbres furent ceux du romancier Hanns Heinz Ewers et du comédien Paul Wegener, qui sortirent *L'Étudiant de Prague*, le deuxième film d'auteur allemand, en 1913.

Le travail sur le scénario consista d'abord à réécrire les hallucinations littéraires pour en faire des positivités cinématographiques. Ewers y parvint brillamment dans son scénario tapé à la machine, c'est-à-dire dans un texte qui se réduisait à des suites de caractères d'imprimerie brutes, comme celui des secrétaires fraîchement inventées, alors qu'on dit que Gerhard Hauptmann échoua face à la même tâche. Ensuite, il s'agissait bien sûr de remplacer toutes les demoiselles déchues ou servantes du jeune film pour femmes par un homme et, plus précisément, par un homme lettré. Les sciences, qui avaient historiquement rendu possible le film, y faisaient ainsi de nouveau leur entrée. Par exemple, l'étudiant chez Ewers souffre d'halluciner un double, ce qui, comme la psychanalyse naissante l'a tout de suite révélé, ne peut s'expliquer que grâce à la psychanalyse. Dans d'autres films d'auteur comme *L'Autre* ou *Caligari* interviennent des sciences comme la criminalistique, qui, depuis Bertillon, travaillait en effet à l'anthropométrie photographique, ou la psychiatrie, qui, dès l'époque de Marey, avait réalisé des séries de photographies instantanées de ses patients. Münsterberg aurait sans problème pu voir ses propres prémisses en psychologie expérimentale réalisées ou justement implémentées dans *L'Étudiant de Prague*.

Mais au-delà de l'harmonisation entre littérature, science et cinéma, le film d'auteur devait aussi réparer la déchirure entre cinéma et théâtre. Ainsi, le célèbre comédien Paul Wegener appela joliment *L'Homme séduit* sa première expérimentation devant la caméra. Son caméraman Seeber, fils d'un photographe de Chemnitz, expérimentait systématiquement avec le trucage

[1] H. Schlüpmann, *Unheimlichkeit des Blicks*, *op. cit.*, p. 247.
[2] Paul Lindau est le scénariste du film. Le réalisateur est Max Mack. [N.d.T.]
[3] En français dans le texte.

de l'arrêt de caméra de Méliès et toutes les doubles expositions possibles et imaginables afin de créer ce qu'il baptisa lui-même le « film absolu » :

> Bien entendu [écrivit Seeber à l'unisson de Münsterberg en 1925] un film ne sera jamais absolu dans son entier, mais certaines séquences d'un grand film, qui décrivent par exemple un processus intérieur, un événement légendaire, merveilleux ou fantastique, peuvent s'exprimer par la voie du film absolu. Un tel film [...] requiert une reconversion totale du poète scénariste – pour une fois on peut vraiment parler de poète – à savoir un poète qui sache appliquer son imagination à la technique. Car il doit contribuer à imaginer les différentes subdivisions de l'image filmique absolue. Il ne doit pas seulement indiquer objectivement les processus ; il doit aussi les fixer temporellement. Le scénariste du futur – et je suis persuadé que le film absolu a un avenir – va devoir composer sa partition comme un musicien. Et de même que le musicien orchestre sa création sonore, le scénariste va devoir écrire une sorte de partition technique qui permette au photographe de suivre le cours de son imagination.[1]

Dans *L'Étudiant de Prague*, le film absolu de Seeber équivalait de façon absolument logique à présenter le film comme film. Car tous les arrêts de caméra et doubles expositions, que Seeber avait étudiés auprès de Méliès mais qu'il avait pu améliorer d'un cran grâce à sa passion pour les lampes Jupiter américaines, avaient pour unique but de confronter le comédien Wegener à lui-même en tant qu'autre ou double. Cet autre lui ressemblait comme deux gouttes d'eau, à ceci près qu'il lui manquait toute intériorité ou expressivité et qu'il faisait l'effet du négatif idiot et ainsi filmique de la star de cinéma positive. En d'autres termes, le trucage du double adaptait l'adaptation cinématographique même. Un acteur célèbre mourait, simplement parce qu'il existait un double de lui à l'écran. Souvenez-vous pourquoi Garnier avait refusé tout obscurcissement de l'auditorium : selon lui, les comédiens ne peuvent pas échanger de signes optiques et gestuels d'approbation et de compréhension avec des spectateurs invisibles. Mais c'est précisément cette coupure de toutes les boucles de rétro-couplage entre un corps et ses doubles, que ce soit dans le miroir, dans l'image intérieure que nous avons sauvegardée de notre propre corps ou dans le regard approbateur des autres, qui définit les médias techniques. Nous ne reconnaissons pas notre propre voix enregistrée sur bande magnétique, parce qu'il n'en reste que l'acoustique dans l'espace extérieur, et que la boucle de rétro-couplage entre le larynx, la trompe d'Eustache et l'oreille interne n'est pas perçue par le microphone. En conséquence, dans les premiers temps, les témoignages effrayés de gens qui ne reconnaissaient pas leur propre double en mouvement abondèrent. En effet, la comédie *Photographie et Vengeance* de Maltitz a déjà montré par quels visages de criminels la caméra remplaçait les portraits magnifiés par la peinture ; le mouvement cinématographique ne fait qu'accentuer encore davantage cet effet de distanciation. Les héros des

[1] Guido Seeber, *Die Filmtechnik. Zeitschrift für alle technischen und künstlerischen Fragen des gesamten Filmwesens*, Halle, 1925, n° 1, p. 95. Trad. de la citation : T. E.

romans de Vladimir Nabokov ou d'Arnolt Bronnen, qui étaient devenus des figurants ou même des stars, eurent le choc de se voir portés à l'écran ; d'autres hommes, qui, comme Freud, ne se rendaient ni très souvent au cinéma ni ne le laissaient entrer dans leurs livres, firent la même expérience dans un wagon-lit. Lorsque la porte à miroir d'un W.C. de première classe, à l'époque encore réservé à la grande bourgeoisie, s'ouvrit soudain, selon sa propre confession, le professeur Sigmund Freud aperçut un vieil homme, déchu et inquiétant, qu'il n'identifia que difficilement et après coup comme son reflet dans le miroir[1].

Au-delà de toutes ces anecdotes, aussi significatives pour l'histoire des sciences soient-elles, la frayeur du double fonctionne comme principe social de sélection darwiniste. Pour commencer, les comédiens qui la surmontèrent devinrent des acteurs de cinéma, tandis que les autres se réduisirent avec leur médium entier à l'élite subventionnée d'aujourd'hui. Deuxièmement, la nouvelle de Stevenson sur le double, *Dr Jekyll and Mr Hyde*, devint véritablement l'un des films les plus souvent portés à l'écran. Troisièmement, enfin, les principes média-techniques de sélection ne se limitent ô grand jamais aux entreprises d'art. L'acquisition de nouveaux *Merkwelten* technogènes ne concerne en effet pas uniquement les producteurs, mais aussi les consommateurs. Michael Herr, le correspondant de guerre drogué, rapporte que durant la guerre du Vietnam, des compagnies entières d'une unité d'élite, les *marines*, n'auraient été prêtes à aller au combat et donc à mourir sur le champ de riz qu'à condition que l'une des innombrables équipes de télévision d'ABN, NBC ou CBS débarquées par avion les attendît sur le champ de bataille, prête à filmer.

Cette belle mort d'un double, que les informations du soir célébraient ensuite devant les yeux de parents ébahis, la Première Guerre mondiale, cette deuxième phase d'apprivoisement du cinéma, l'a déjà inventée. Je ne peux renvoyer qu'en passant les spécialistes de littérature au fait qu'à chaque fois que, dans ses journaux et romans de guerre, le lieutenant Ernst Jünger rencontre l'ennemi, ce qui est devenu extrêmement rare dans les tranchées, il l'appelle son propre double. La raison historique de ce genre d'hallucinations est encore plus importante : Jünger n'était qu'un soldat des tranchées parmi des millions d'autres dont la Première Guerre mondiale avait fait le premier public de masse du cinéma (et le premier véritable public de masse d'émissions de radio). Ainsi, la phase du film pour femmes était révolue. À l'arrière, dans cette zone de liberté et de régénération située immédiatement derrière les trois systèmes de tranchées, toutes les armées de la Première Guerre mondiale regardaient des films de divertissement, qui eurent entre autres pour effet que des stars de cinéma telles que Henny Porten fissent leur

[1] Sigmund Freud, *L'Inquiétante Étrangeté et autres essais* [1906-1923], trad. de l'allemand (Autriche) par Bertrand Feron, Paris, Gallimard, 1985, p. 257.

entrée comme pin-up dans les cantonnements[1]. Sans la diffusion de films, la carence sensorielle de soldats qui quatre ans durant, à supposer qu'ils survécussent aussi longtemps, ne pouvaient apercevoir qu'une minuscule portion du ciel au-dessus de leur tranchée, aurait conduit à de nombreuses psychoses très cinématographiques. Seuls le stockage artificiel et l'alimentation en images en mouvement permirent d'approvisionner en combativité des armées innombrables, stockées ou en réserve.

Derrière le nouvel érotisme (les fantasmes masculins, pour parler avec Klaus Theweleit) se trouvait donc une nouvelle technologie militaire. Tout d'abord, tous les États impliqués dans le conflit comprirent bien vite que les guerres mondiales ne pouvaient plus être remportées sans l'opinion du public ou, du moins, sans l'opinion publiée. Cette dimension de publicité de la stratégie pendant la Guerre mondiale favorisa les Alliés, car la Grande-Bretagne et la France, puis l'Italie à partir de 1916 et les États-Unis à partir de 1917, étaient des puissances cinématographiques de premier plan qui comptaient parmi les adversaires des empires centraux, comme on les appelait alors. L'opinion mondiale filmée et exportée dans tous les pays neutres montrait donc quotidiennement l'Empereur Guillaume II en train de détruire le monde et de violer des pucelles. Si cela ne dérangeait pas les Prussiens bien comme il faut des premiers *Obersten Heeresleitungen*[2], il en allait autrement du nouveau couple Hindenburg/Ludendorff, attentif pour sa part à la technique, et qui, en 1916, reçut l'ordre de renverser la situation de guerre sans issue. En sa qualité de tête stratégique de la troisième OHL, Ludendorff reprit avec gratitude les suggestions d'un industriel leipzigois qui réclamait depuis des années une propagande cinématographique mondiale pour l'empereur et l'Empire, afin de favoriser les intérêts, premièrement, de l'article de marque *made in Germany* et, deuxièmement, de son propre *Illustrirte Zeitung*[3]. On ne sait malheureusement pas de façon claire si Ludendorff écouta aussi Ewers, l'écrivain à succès et scénariste. Ewers, parti aux États-Unis pendant la Première Guerre mondiale, puis finalement interné, avait taxé de pure idiotie la propagande extérieure de l'Allemagne dans un tapuscrit longuet, toujours inédit. En 1917 cependant, un soudain changement s'opéra : au sein de l'*Oberste Heeresleitung*, c'est-à-dire dans le sanctuaire de la tradition militaire prussienne remontant à Scharnhorst et à Geisenau, fut créé un service de l'image et du cinéma qui, dans la fureur des abréviations devenue usuelle partout dans le monde depuis la Première Guerre mondiale et uniquement depuis elle, obtint le nom de BUFA[4]. Tous les films, projecteurs et équipes de projectionnistes qui, à l'arrière, en

[1] P. Virilio, *Guerre et Cinéma I*, *op. cit.*, p. 28-29.
[2] OHL, commandements suprêmes de l'armée de l'Empire. [N.d.T.]
[3] F. v. Zglinicki, *Der Weg des Films*, *op. cit.*, p. 389.
[4] Bild-und Filmamt, c'est-à-dire l'Office de l'image et du cinéma. [N.d.T.]

Belgique, avaient fait le bonheur du lieutenant Jünger, furent réquisitionnés par le BUFA et ses tout de même 900 cinémas du front.

Ludendorff, en sa qualité de quartier-maître-général, ne s'en contenta pas et, par un courrier officiel en date du 4 juillet 1917, fit en sorte que le BUFA, par omission d'une seule lettre devenue en effet superflue avec le cinéma, devint la UFA. Dans son souci de clarté digne de l'État-major, Ludendorff adressa le mémoire suivant « au Ministère de guerre impérial de Berlin » :

> La guerre a démontré le pouvoir de premier ordre de l'image et du film comme moyens d'informer et d'influencer. Malheureusement, nos ennemis ont si bien su exploiter leur avance sur ce terrain que nous en avons subi de graves dommages. Tant que durera la guerre, le film restera un moyen d'influence politique et militaire considérable. C'est précisément pour cette raison qu'il est absolument nécessaire, pour que la guerre finisse bien, que le film agisse avec insistance partout où l'Allemagne le peut encore. [...]
>
> Quels moyens faut-il employer ? Comme en réalité la majorité absolue suffit à influencer la société, il n'est pas toujours nécessaire d'acheter la totalité des parts d'une entreprise. Mais il faut garder secret que c'est l'État qui devient actionnaire. L'ensemble de la transaction financière doit être accomplie par un particulier (une banque) expert, influent, fiable et absolument dévoué au gouvernement. Les négociateurs ne doivent en aucun cas savoir qui est le véritable donneur d'ordre du mandataire.[1]

Comme chacun sait, Ludendorff ne parvint pas à réaliser son objectif stratégique, donner une fin heureuse à la guerre, quand bien même les romans sur la Guerre mondiale de Jünger la souhaitaient dans leur délire. L'objectif tactique de l'OHL en revanche fut atteint. Sans qu'on remarquât d'emblée que c'était l'État qui tirait les ficelles, deux institutions en apparence privées – premièrement la Deutsche Bank et deuxièmement la Grammophonfirma Lindström[2], où même l'éternelle fiancée de Kafka, Felice Bauer, avait accompli tout le chemin de la dactylo à la fondée de pouvoir – créèrent un groupe baptisé Universum Film AG, en bref et en abrégé, la UFA, à partir de l'ensemble des firmes de cinéma privées allemandes et danoises. Le complexe militaro-industriel réussit ainsi sa propre métamorphose : un service de l'état-major du nom de BUFA devint la UFA, c'est-à-dire une société de production relevant sur le papier de la grande industrie privée, tout en demeurant à moitié publique, et qui fut autorisée à poursuivre sa propagande de guerre et de paix à Babelsberg, au Sud de Berlin, jusqu'en mai 1945. Ensuite arriva, comme chacun sait, la dernière offensive de Marschall Schukow, qui avait d'ailleurs commencé à l'aube sur le front de l'Oder par l'utilisation détournée de lampes à arc qui éblouirent les derniers défenseurs allemands (comme en souvenir de la guerre russo-japonaise). Mais même après l'invasion de Babelsberg par l'Armée rouge, la

---

[1] F. v. Zglinicki, *Der Weg des Films*, *op. cit.*, p. 394 *sq.* Trad. de la citation : T. E.

[2] Lindström est une société de production de gramophones. [N.d.T.]

UFA n'eut qu'à changer deux lettres pour démarrer en tant que DEFA[1] le cinéma de propagande de la République démocratique allemande. Voilà pour ce qui est de la longévité ou de l'originalité des pouvoirs de l'État...

Voilà pour la propagande ou l'étendue d'une guerre qui en effet ne s'est terminée qu'en novembre 1989. Cependant, le vrai problème de la guerre et du cinéma n'est pas encore couvert par la propagande telle que nous l'avons retracée, d'une institution pontificale de 1662 à un service de l'armée en 1917. La nécessité même de divertir les soldats dans leurs abris et, d'autre part, d'influencer des pays neutres dans leurs hésitations, n'est qu'une description négative et donc faible du fait que les guerres modernes ne peuvent même plus être reproduites. Au même moment historique où le cinéma permit de reproduire des mouvements rapides tels que celui d'une balle de fusil en plein vol, les technologies qui permirent l'existence même du film disparurent dans l'invisibilité stratégique. Nous savons que durant la Première Guerre mondiale, ce fut la mitrailleuse, cette généralisation du revolver de Colt, qui arracha cette invisibilité. La mort sérielle, à l'origine développée et mise en œuvre uniquement envers les Peaux Rouges, les Noirs et les Jaunes, se retourna contre ses créateurs blancs – avec pour effet non seulement que, face au danger immédiat de recevoir une balle dans la tête, les soldats des tranchées, pris entre les fronts, ne voyaient plus rien hormis leur portion de ciel et d'éventuelles hallucinations comme une madone ou la silhouette d'une pin-up, mais aussi qu'eux-mêmes devaient disparaître dans d'invisibles camouflages, abris et tranchées. L'époque du film muet ne fut pas seulement composée de millions de spectateurs, mais aussi de millions d'invisibles. Cette guerre qui, en tant que guerre mondiale, réclamait franchement, à cor et à cri, une propagande pour le monde entier, donc analphabète, donc faite de films muets, n'avait même pas de matériau propagandiste à proposer à cette propagande. Pour filmer ses batailles d'artillerie, on aurait tout aussi bien pu filmer du bruit blanc.

Ce fait provoqua l'échec du réalisateur américain le plus connu de son époque. Griffith atterrit en Europe, planifia l'un de ses films de propagande à scènes de foule, se rendit au front, aux tranchées – et ne vit rien ni personne sur les champs de bataille[2]. Sur quoi, dans sa détresse, Griffith fit construire un gigantesque studio doté de tranchées gigantesques mais qui pouvaient parfaitement êtres filmées, et simula une guerre mondiale, comme si les guerres nationales ou civiles avaient encore été au goût du jour. Les scènes de bataille fictives, que Griffith filma depuis la perspective panoramique obsolète d'un général en chef, accomplissaient d'emblée la prédiction formulée dès 1909 par Schlieffen, alors chef d'état-major général des forces armées de l'Empire allemand, à savoir qu'il n'y a plus rien à voir dans les guerres contemporaines : selon lui, premièrement, le front serait devenu

---

[1] Deutsche Film AG : Société allemande du cinéma. [N.d.T.]

[2] P. Virilio, *Guerre et Cinéma I*, *op. cit.*, p. 16-19.

infini et insaisissable et, deuxièmement, les généraux feraient mieux d'échanger leur colline contre un bunker, ne serait-ce que pour des raisons de sécurité.

Du côté allemand, il en alla de même pour un « maître incontesté de la technologie du cinéma », selon la formulation si incontestablement maîtresse de Zglinicki : l'entrepreneur berlinois et réalisateur Oskar Messter. Fils d'un opticien et mécanicien de précision qui (ce qui va tout à fait dans notre sens) avait construit des installations de projecteurs pour les parades et le théâtre militaires, Messter en vint au cinéma. Messter, lui, commença au-delà de l'ultraviolet, par la fabrication de l'appareil de radiographie pour lumière invisible fraîchement inventé. Après s'être familiarisé avec l'appareil des Lumière, Messter entreprit de mettre sur pied une industrie allemande du film et de studios à lumière artificielle, acquit ce faisant 70 brevets et fonda diverses sociétés prêtes pour la fabrication en série, qui ensuite se fondirent toutes dans la UFA en 1918. Et tandis qu'à l'ère du muet on avait coutume de tourner les films à des fréquences terriblement lentes, pour ensuite les projeter à 60 ou 70 images par seconde afin d'économiser sur la durée des séances, Messter se battit pour une fréquence standardisée de 24 Hz aussi bien au tournage qu'à la restitution, fréquence que le cinéma parlant allait par la suite imposer[1].

L'heure de gloire de l'Oskar-Messter Film GmbH ne vint cependant qu'avec le déclenchement de la Première Guerre mondiale, lorsque les sociétés de Messter devinrent des subdivisions du BUFA. La mission assez monopolistique dont elles furent chargées par le gouvernement était de tourner des actualités de guerre au front et de les projeter à l'arrière afin de renforcer également l'esprit combatif des ouvrières de guerre ou des blessés de guerre. Cette mission conduisit néanmoins à des apories similaires à celles de Griffith. Même s'il n'y avait rien du tout à voir ni à filmer dans les tranchées, les militaires empêchèrent tout tournage sur les lieux véridiques, simplement pour éviter de fournir gratuitement des indications aux espions ennemis. À l'instar du film de Griffith, les actualités de Messter se réduisirent donc à des scènes de combats simulées depuis l'arrière, auxquelles manquait malheureusement cruellement l'effet de propagande souhaité. Car comme le directeur d'un hôpital militaire l'écrivit à Ludendorff, il fallait

> considérer les actualités de guerre allemandes comme un remède important pour les blessés. Mes hommes me rapportent qu'ils n'ont jamais entendu autant de rires tonitruants que lors des projections des images cinématographiques des tranchées et, entre guillemets, « du front » – mais le rire est un remède important ».[2]

Du désastre de ses films de propagande, Messter, à l'inverse de Griffith, tira des leçons concernant le film expérimental. Si les tranchées du front ne

---

[1] F. v. Zglinicki, *Der Weg des Films, op. cit.*, p. 256-266.

[2] *Ibid.*, p. 390. Trad. de la citation : T. E.

pouvaient tout bonnement pas être perçues optiquement et qu'en plus elles ne devaient surtout pas être perçues militairement, il ne restait plus que la voie verticale au film. Dès août 1914, lors de l'échec du plan Schlieffen durant la bataille de la Marne, le maréchal français Joffre avait mené avec succès sa contre-attaque en se basant sur des prises de vue photographiques réalisées par des avions de reconnaissance. Après cette bataille, lorsque les forces ennemies disparurent dans leurs tranchées, la reconnaissance aérienne se fit d'autant plus urgente. Seules les prises de vue photographiques et cinématographiques en plongée pouvaient trahir des soldats invisibles, des positions d'artillerie camouflées et des connexions dissimulées à l'arrière au regard de l'ennemi. C'est pour cela que les pilotes éclaireurs de la Première Guerre mondiale, bien avant les bombardiers et les chasseurs, furent à l'origine de toutes les armées de l'air.

C'est justement pour ces pilotes, bien que du camp adverse, que Messter construisit son « engin d'exercice ciblé pour détection de déviations par prises de vue photographiques » breveté en 1916 (office des brevets de l'Empire allemand, fascicule de brevet n° 309 108, classe 72f, groupe 7, 18.7.1916). Selon le fascicule du brevet, cet engin occupait l'emplacement exact de la mitrailleuse dans les avions de combat – et ce dans le but de pouvoir contrôler en temps réel, à chaque rafale, la précision de tir du mitrailleur à bord. Comme Messter le formula si bien, il se servait pour ce faire d'un « appareil d'enregistrement cinématographique dont le mécanisme est actionné par un mécanisme d'horloge et dont le champ visuel comporte un réticule, cependant qu'un dispositif de viseur du type mitrailleuse doit être arrangé parallèlement à l'axe optique ». On voit bien qu'au plus tard lors de la Première Guerre mondiale, la correspondance structurelle entre la perspective et la balistique devint une réalité technico-militaire. À l'invention géniale de Messter, qui captura tout de même 7,2 millions de kilomètres carrés de surface terrestre en proie à la guerre sur des millions de kilomètres de bande de film[1], une seule amélioration put être apportée, à savoir la fusion, en un seul acte, du tir et du filmage, de la mort sérielle et de la chronophotographie. Un éclaireur français y parvint en transférant dans l'axe de l'hélice à la fois l'axe optique, ou plutôt balistique, de la mitrailleuse de bord et celui de la caméra de bord[2].

Mais ce couplage eut également lieu du côté allemand. Nul autre que Guido Seeber, qui avait fait construire les studios de Babelsberg en 1911 et y avait tourné *L'Étudiant de Prague* en 1913, se vit incorporé deux ans plus tard, en 1915, au laboratoire d'essai d'avions de patrouille maritime de Warnemünde (pour ne pas dire Peenemünde). Il y fonda tout de suite un centre de documentation photographique et cinématographique. Sa première réussite scientifique dans le domaine du cinéma consista à prouver à l'aide

[1] *Ibid.*, p. 273.
[2] P. Virilio, *Guerre et Cinéma I*, *op. cit.*, p. 23-24.

de radiographies que d'innombrables crashs aériens étaient dus à des balles de plomb incorporées dans les hélices en bois pour l'équilibrage et qui, lors d'un nombre de tours élevé, en étaient éjectées fendant alors l'avion comme autant de balles.

Dans une inversion pour ainsi dire positive d'un résultat d'essai négatif, Seeber s'attela à son tour à la fabrication d'un système de ciblage pour mitrailleuses d'avions de combat afin d'optimiser le taux de réussite des tirs de mitrailleuses. Et tout comme le fameux Français, Seeber fit à Warnemünde la synthèse entre le dispositif de ciblage des mitrailleuses et une petite caméra qui prenait une image à chaque fois que la mitrailleuse ouvrait le feu.

Du point de vue stratégique, filmer et voler coïncident donc. Dans *Pour comprendre les médias*, McLuhan a cette formulation concise : « C'est la photographie qui a percé le secret du vol des oiseaux et permis à l'homme de prendre le sien. »[1] Ce ne fut pas sans raison que Marey avait entre autres et justement étudié les ailes des oiseaux pour mesurer les mouvements, ni que des photographes tel Nadar avaient pris des photographies depuis des montgolfières et s'étaient battus avec passion contre les zeppelins, pour des constructions aéronautiques du type oiseau, c'est-à-dire « plus lourdes que l'air », comme on disait alors. Gabriele d'Annunzio, le pilote de chasse et écrivain décadent, démontra dès 1909 à une dame assise à côté de lui sur la place du passager que les cathédrales et les châteaux d'Italie pouvaient être agrandis ou réduits à loisir lors d'une approche depuis les airs, et donc aussi détruits optiquement. C'est de ce résultat, que d'Annunzio quant à lui n'utilisa que dans l'un de ses romans, que naquirent, peu avant le déclenchement des hostilités, les travellings déchaînés du premier film d'époque à connaître une notoriété mondiale, *Cabiria*, auquel d'Annunzio participa en tant que conseiller et paraît-il aussi en tant que scénariste, jusqu'à ce que, durant la Guerre mondiale, il menât des attaques aériennes contre Vienne avec son escadron d'avions, *La Serenissima*, partant de Venise et survolant les Alpes, une entreprise risquée à cette époque. Ces attaques ne se faisaient cependant pas à la bombe, contrairement à ce que d'Annunzio expliquait aux Viennois dans les tracts propagandistes qu'il lançait, et il fut donc permis aux Autrichiens de rester en vie, afin qu'ils pussent d'autant plus efficacement renverser leur empereur.

L'ironie de l'histoire veut que ce scénario vénitio-viennois de guerre aérienne ait déjà été mis à l'épreuve un demi-siècle avant d'Annunzio, par simple inversion. Souvenons-nous comment le lieutenant feld-maréchal et baron Uchatius initia la projection d'images du phénakistiscope en 1841 et la poudre explosive d'Uchatius un peu plus tard. Eh bien, en 1849, après une révolution bourgeoise qui promettait également aux sujets italiens (et en particulier vénitiens) de l'Autriche-Hongrie liberté ou air matinal, une armée

[1] M. McLuhan, *Pour comprendre les médias*, *op. cit.*, p. 216.

autrichienne assiégea depuis Mestre la Sérénissime insurgée. Au grand dam du général en chef, Venise, protégée par sa lagune, ne semblait pouvoir être ni prise ni même importunée par l'artillerie. Jusqu'à ce qu'Uchatius et son frère, deux lieutenants d'artillerie arrivés de Vienne, fissent la proposition mondialement historique d'une guerre aérienne : les bombes devaient être

> portées au-dessus de la ville par des ballons d'air chaud que l'on laissait s'élever par vent favorable. Avant d'être relâchée du ballon, la bombe de 30 livres devait être réglée [c'est-à-dire programmée à l'aide d'un détonateur à retardement] en fonction de la force du vent dominant à cet instant précis. Si tout se passait comme prévu, l'impact des explosifs devait se produire à l'endroit attendu [justement parce que la « portée » des bombes] dépassait de loin celle des pièces d'artillerie de l'époque.[1]

Le vent ne s'y pliait que rarement, mais certaines des 110 bombes fabriquées à Vienne par Uchatius explosèrent effectivement entre juin et juillet 1849 au-dessus de Vénitiens ébahis. Il fallait bien que le lieutenant feld-maréchal qui inventa la projection cinématographique inventât aussi la projection ou le lancer de projectiles.

Il ne restait alors plus qu'à pourvoir ces bombes ou, plus tard, ces avions, d'un équipage – et voilà qu'était née la perspective appelée plongée au cinéma. C'est ainsi que la Première Guerre mondiale ne vit pas uniquement apparaître les métiers d'éclaireur ou de bombardier, mais aussi une nouvelle catégorie de réalisateurs de cinéma qui avaient tous auparavant été pilotes de chasse et qui révolutionnèrent également le médium de divertissement film sur la base des modifications de leur perception optique par la technique. Jean Renoir, le réalisateur de *La Grande Illusion*, fut pilote de chasse durant la Guerre mondiale, tout comme Howard Hawks, qui porta à l'écran ses souvenirs de guerre en 1930 dans *La Patrouille de l'aube*. Mais c'est chez Dziga Vertov, le réalisateur soviétique, théoricien du cinéma et surtout agent propagandiste de Lénine, que le nexus entre guerre aérienne et cinéma est le plus net. Les « règles » de Vertov pour les réalisateurs de cinéma expérimental qui s'étaient refusé à tout amour bourgeois de l'image, commençaient tout d'abord par un « avis général pour toutes les prises de vue » : « La caméra est invisible ». Il était suivi de huit points. Le n° 1 est : « Instantané – vieille règle de guerre : coup d'œil, vitesse, déclenchement ». Le n° 6 : « Prise de vue à distance », le n° 7 : « Prise de vue du mouvement », et enfin le n° **8** : « Prise de vue en plongée »[2].

Voilà pour les instructions de combat de Vertov, officier de l'état-major – et, maintenant, en citant très librement Ernst Jünger, voici le combat

---

[1] Erich Kurzel-Runtscheiner, *Franz Freiherr von Uchatius*, Vienne, Springer, Österreichisches Forschungsinstitut für Geschichte der Technik, 1937, p. 48. Trad. de la citation : T. E.

[2] Dziga Vertov, « Aus dem Reglement der Kinoki » [1922], Appendice à « Kinoglaz », in : Franz-Josef Albersmeier (éd.), *Texte zur Theorie des Films*, Stuttgart, Reclam, 2001, p. 53. Trad. de la citation : T. E.

cinématographique aérien vécu comme expérience intérieure par un Vertov rétrogradé au statut de simple soldat du front :

> Je suis l'œil de la caméra. [...] À compter d'aujourd'hui je me libère à jamais de l'immobilité humaine. *Je suis en perpétuel mouvement.* [...] je cours devant des soldats qui courent – je me jette sur le dos – je m'élève avec les aéroplanes – je tombe et je vole à l'unisson avec des corps qui tombent ou s'élèvent dans l'air...[1]

En d'autres termes, les films expérimentaux et de divertissement réalisés par une caméra qui n'était plus simplement mobile comme chez Griffith, mais véritablement déchaînée grâce aux travellings, transformèrent tout bonnement le *Merkwelt* de la Première Guerre mondiale en divertissement de masse. La même chose se passa d'ailleurs aussi dans le nouvel art de médias appelé pièce radiophonique que la radio civile européenne développait depuis 1924. Et parce qu'ainsi les victimes de la guerre revenaient sous la forme acoustique de feux roulants dans les pièces radiophoniques de l'après-guerre ou sous la forme visuelle de combats aériens dans les films de l'après-guerre, les grands palais du cinéma, de Hollywood à Berlin, furent bâtis comme de gigantesques mausolées. Après la chute des monarchies européennes qui mit fin au vieux complot entre propagande d'État et d'Église, les palais du cinéma devinrent les nouvelles églises d'une propagande d'État qui ne glorifiait plus un monarque de droit divin, mais (en citant très librement Lénine) la technique militaire et l'électrification[2].

Néanmoins il semblerait qu'il existe une loi de l'histoire des médias (du moins berlinoise) selon laquelle les nouvelles applications sont secondaires par rapport aux nouvelles techniques de connexion. Les leçons que les réalisateurs de cinéma tirèrent de la Guerre mondiale s'estompent devant les leçons tirées par les ingénieurs électriciens.

Cette leçon énonce que le film pouvait cesser d'être muet. Les technologies de la Première Guerre mondiale ont conduit au film parlant et ont ainsi ouvert une nouvelle page de ce cours.

3.2.4. Film parlant

L'histoire du parlant doit nécessairement s'ouvrir par la proposition selon laquelle le film muet ne fut jamais muet. Edison déjà prévoyait un couplage entre kinétoscope et phonographe qu'il tenta aussi de construire tant bien que mal, malgré des problèmes lors de la prise de son à distance et de la synchronisation. Avant la Première Guerre mondiale, de nombreux bricoleurs suivirent Edison sur la voie de ce couplage entre une optique mi-mécanique, mi-électrique et une acoustique purement mécanique, sans

[1] P. Virilio, *Guerre et Cinéma I, op. cit.*, p. 26.
[2] *Ibid.*, p. 37.

obtenir toutefois de résultats notables. Du point de vue de la théorie, les expériences qui voulaient coupler le film muet à un enregistrement électromagnétique du son, en l'occurrence grâce au télégraphone de Poulsen, furent plus riches de conséquences ; elles n'eurent certes aucun résultat concret, mais elles préparèrent le terrain au principe de la bande-son magnétique, qui fut prête pour la fabrication en série pendant la Seconde Guerre mondiale. En effet, ce n'est qu'avec la bande-son (magnétique) ou la cassette que l'enregistrement du son a acquis le même format matériel que le film : celui d'une bobine qui, à la différence du phonographe et du gramophone, permet de manipuler le temps à volonté. Ce n'est qu'à partir de là qu'en plus des renversements temporels d'un Edison, les trucages d'arrêt de caméra, les coupes et le montage d'un Méliès devinrent également possibles. Comme chacun sait, l'acoustique manipulable par excellence de la bande-son (magnétique) mena à la musique rock qui, de son côté, put ensuite être couplée à des bandes vidéo manipulables à volonté, pour enfin donner naissance au clip vidéo.

Mais voilà qui n'était pas pour tout de suite. Dans le quotidien non-expérimental d'avant 1929, la proposition selon laquelle le muet ne fut jamais muet signifiait simplement que les projections de films étaient toujours accompagnées de bruits de coulisse. Les bruits de coulisse les moins chers étaient fournis par des bonisseurs, souvent recrutés parmi le prolétariat académique (comme nous l'apprennent les petites annonces de l'époque), qui expliquaient aux spectateurs l'intrigue du film pendant sa projection. Aux spectateurs de cinéma, qui avaient depuis toujours été des lecteurs et auditeurs, il fallut d'abord apprendre une nouvelle sémiotique, essentiellement composée de coupes et de montages, donc de blancs. Dans le *Kinobuch*, « le livre de cinéma », que l'expressionniste Kurt Pinthus publia en 1913 avec de nombreuses propositions de scénarios conçus par ses amis écrivains, nous pouvons lire quelle avancée représenta pour la pensée l'encouragement de films muets adaptés aux médias – des intrigues de films que seule la succession des images rendait claires, sans intertitres ni bonisseurs. Cet *art pour l'art*[1] du cinéma muet ne s'est cependant pas imposé commercialement. Une première raison en est le coût des bruits d'accompagnement, à savoir la musique, produite soit par un disque soit par des musiciens en chair et en os, à qui revenait souvent aussi l'honneur de produire sur leur piano, outre les sons, le tonnerre théâtral qui avait lieu à l'écran. Synthétisant deux éléments contradictoires, l'ambiance grecque et le bruit média-technique, Richard Wagner surtout triompha au cinéma, d'autant plus qu'il n'avait pas uniquement inventé l'obscurcissement, mais aussi une musique qui elle-même était du bruit. Des extraits de partitions imprimées pour piano de Wagner, avant tout des airs tels que *Liebestod* et la chevauchée des Valkyries, accompagnèrent le film bien avant *Apocalypse*

[1] En français dans le texte.

Now de Coppola, où la chevauchée des Valkyries n'était plus un effet de lanterne magique comme à Bayreuth en 1876, mais au contraire une attaque d'hélicoptères pendant la guerre du Vietnam.

Ce qui nous ramènerait une fois de plus à la guerre et à ses innovations. En un mot, la Première Guerre mondiale avait fait de la simple ampoule électrique d'Edison le tube électronique et, partant, mis précisément au chômage les musiciens qui accompagnaient les films muets. Si j'aborde la genèse de ce miracle technique, c'est notamment parce que le tube, en plus de permettre la synchronisation de la bande-son et de l'image du film, rendit également possible la télévision sous la forme qu'elle garda jusqu'à aujourd'hui et qui n'est que depuis peu relayée par les écrans LCD et autres techniques semi-conductrices.

Comme dit, le tube électronique fut le fruit de la simple ampoule à incandescence d'Edison. Ce qui me donne l'occasion de conclure l'histoire de l'éclairage. Edison avait systématiquement recherché une lumière bon marché et sans danger, tellement systématiquement même qu'il avait amassé dans son laboratoire toutes les essences de bois tropicaux possibles et imaginables susceptibles de servir de filament à son ampoule. Le hasard combinatoire, qui suffisait encore à Daguerre, était donc systématiquement éliminé. Après quelques années de recherches, Edison aurait pu électrifier toute l'Amérique si une concurrence bien plus puissante du nom de Westinghouse n'avait pas remplacé son système de courant continu par un système de courant alternatif. C'est en revanche de manière incidente qu'Edison découvrit que les ampoules à incandescence fonctionnent en même temps comme tubes électroniques, c'est-à-dire qu'elles émettent des ions quand elles sont soumises à une tension électrique. Il ne savait que faire de l'effet dit d'Edison, mis à part de lui inspirer son nom, pour la simple raison que ses connaissances en physique théorique étaient quasi nulles.

Voilà pourquoi c'est Ferdinand Braun, professeur de physique à la nouvelle et très moderne Université du Reich à Strasbourg qui, en 1897, fut le premier à découvrir une possible application de l'effet Edison : à l'intérieur du tube, il fit dévier le faisceau électronique par des électro-aimants, dépendants de leur côté de la tension alternative générale du réseau électrique strasbourgeois, et l'envoya sur un écran phosphorescent. Sur quoi le faisceau dévié – la dernière et la plus précise variante de l'œil armé activement – traça sur l'écran la courbe sinusoïdale d'un réseau électrique alternatif, visible graphiquement : Braun avait inventé l'oscilloscope. Lorsque par la suite ses assistants lui proposèrent de projeter de belles images avec le faisceau électronique, au lieu de fonctions mathématiques, Braun rejeta cette idée qui préfigurait le tube récepteur de télévision. Voilà combien il avait été « personnellement surpris » que le réseau électrique alternatif de Westinghouse ne produisît ni d'horribles dents de scie ni même des rectangles, mais une « courbe sinusoïdale idéale »[1]. Oscillographe signifie « qui écrit des oscillations », il est donc la variante électroniquement perfectionnée de tous les instruments pour écrire le mouvement qui, de Scott à Marey, se trouvaient au commencement de l'écriture du son et de l'image. Vous voyez qu'à ses premiers débuts, chez Ferdinand Braun, la télévision restituait des équations et non des personnages de films. À la fin, il en sera peut-être de nouveau de même.

Ce ne fut toutefois pas le tube de Braun qui joua un rôle décisif pour la technique du film et de la radio, mais une autre variante de tube appelée triode. Lee de Forest à Palo Alto et Robert von Lieben à Vienne eurent au même moment l'idée de monter des tubes avec deux circuits électriques, un circuit de commande et un circuit commandé. Ce qui nécessitait justement deux entrées avec une masse commune, donc, dans l'artificiel langage grec de la technique, une triode, trois branches. En 1906, cette séparation du circuit électrique de commande et du circuit électrique de sortie résolut – selon la remarque brillante de Pynchon – un problème fondamental du XXe siècle : celui du contrôle. Car le tube de la triode était certes plus massif, plus sensible à la chaleur et nécessitait plus de tension que les transistors qu'il remplaçait depuis 1947, mais il était en revanche d'une économie imbattable. En d'autres termes, un courant de commande ou de contrôle aussi faible fût-il, qui prenait le relais des électroaimants de Braun, pouvait allumer ou éteindre, amplifier ou affaiblir des courants de sortie, aussi forts fussent-ils. Ainsi, ce n'est qu'avec le tube électronique que la notion de pouvoir fut découplée de celle de l'effort physique. Mais, en vertu de la thèse de Foucault selon laquelle le pouvoir ne se laisse jamais ni nulle part réduire à ses effets négatifs, il est insuffisant de décrire le tube du point de vue économique. Juste avant que n'éclatât la Première Guerre mondiale en effet, de Forest découvrit pour les Alliés, et Alexander Meißner pour les puissances de l'Europe centrale, que non seulement les tubes amplifient, mais qu'ils permettent également un nouveau type de pouvoir, appelé rétro-couplage. Lorsque la sortie d'une triode est pilotée en opposition de phase par une grille de commande, c'est-à-dire quand à une augmentation de la tension dans le second circuit correspond une diminution de la tension dans le premier, il n'est plus besoin que de reconduire au circuit le signal de sortie qui, pour des raisons physiques, est toujours différé de quelques fractions de microsecondes – et un rétro-couplage négatif est enclenché ! L'ensemble du système de rétro-couplage se met à vibrer entre le minimum et le maximum de la tension. En d'autres termes, nous avons un émetteur à haute fréquence qu'il suffit ensuite de coupler à un tube amplificateur à basse fréquence afin d'émettre la radio ou la télévision. Par l'amplification de basse fréquence, les signaux utiles acoustiques ou optiques, après avoir été transformés en

[1] Friedrich Kurylo, *Ferdinand Braun. Leben und Wirken des Erfinders der Braunschen Röhre, Nobelpreisträger 1909*, Munich, Heinz Moos Verlag, 1965, p. 137.

signaux électriques par un convertisseur, sont amplifiés à volonté lors d'une première étape, puis, lors d'une deuxième étape, peuvent être transmis sans fil à n'importe quelle distance par une onde porteuse haute fréquence après modulation du signal modulant.

C'était déjà clair en 1913 pour le schéma de principe des microphones et des stations émettrices de radio. Mais c'est la Première Guerre mondiale qui offrit des domaines d'application à cette nouvelle technologie et engendra une production en masse. Les tranchées mirent fin au traditionnel commandement des soldats à distance, avec des signaux optiques ou acoustiques depuis l'état-major. Et c'est précisément pour cela que le besoin d'un rétro-couplage électronique entre des fronts invisibles et des centres de contrôle tout aussi invisibles commença à se faire sentir. Les premières stations émettrices ne servirent donc qu'exceptionnellement à divertir musicalement les opérateurs radio sur le front, usage qui d'ailleurs finit par être officiellement interdit au titre d'« abus d'engins militaires ». Elles établirent plutôt des boucles de rétro-couplage, par exemple entre le personnel au sol et les avions de reconnaissance qui apprenaient par radio quels objets ennemis invisibles depuis le sol restaient à photographier ou à filmer.

À partir de cette technique militaire à haute fréquence, qui provoqua l'essor mondial des entreprises d'électronique, se formèrent cinq ans plus tard, de nouveau par abus d'engins militaires, les stations de radio nationales d'Europe et commerciales des États-Unis et, encore une décennie plus tard, les premiers émetteurs de télévision.

Mais la technique militaire à basse fréquence eut également des conséquences sur l'électronique du divertissement. La marche triomphale du tube amplificateur permit aux entreprises d'électronique de révolutionner la technique dépassée d'enregistrement du son mécanique mise au point par Edison et Berliner. AT&T[1] aux États-Unis et Siemens & Halske en Allemagne branchèrent le disque à une tête de lecture ou pick-up à l'entrée et à des haut-parleurs commandés électriquement à la sortie. Cela résolut du même coup le problème qui avait empêché Edison d'enregistrer le son dans les studios *Black Maria* : en effet, le pavillon de prise de son du phonographe n'opérait que lorsqu'on le tenait directement devant la bouche des acteurs et était donc visible dans le film que l'on était en train de tourner, ce qui était fort gênant. Ce ne fut qu'avec les tubes amplificateurs que l'acoustique des médias devint un sens à distance capable d'être au niveau du sens à distance appelé caméra.

Le parlant fut développé parallèlement en Allemagne et aux États-Unis dans l'immédiat après Première Guerre mondiale. Mais c'est tout à fait en vain que l'on tenterait de nommer encore des inventeurs individuellement, du moins du côté américain. Il suffit de savoir que face à la concurrence, les frères Warner rencontraient de fâcheux problèmes financiers et que c'est

[1] American Telephone and Telegraph Company. [N.d.T.]

pour cela qu'ils eurent recours au parlant comme dernière planche de secours. Les Bell Labs de l'AT&T, le laboratoire d'électronique leader, donnèrent néanmoins un sérieux coup de main à Sam Warner qui n'y connaissait rien à la technique. Une fois le disque électrifié, l'AT&T put proposer un produit spécial à la Warner Brothers : un disque gigantesque, synchronisé avec le film muet grâce à des dispositifs complexes, qui était transmis dans la salle de cinéma par des amplificateurs et haut-parleurs. Le système Vitaphone était et resta un brevet de la Western Electric.

C'est pourquoi il n'est plus guère pertinent de vouloir interpréter des films parlants. Parce que le contenu d'un médium est toujours un autre médium, les films parlants ne font rien d'autre que de proclamer la gloire des groupes d'électronique qui les ont rendus possibles. Ce ne fut pas un hasard si, en 1927, le premier film parlant s'intitulait *Le Chanteur de jazz*. Un ancien enfant de cœur juif qui, petit, avait chanté des airs pieux dans les synagogues de New York, passe, après la puberté, à des médias plus américains et devient chanteur de jazz (ou du moins de ce que les Blancs appelaient ainsi en 1927). Ce qui manque presque de briser le cœur à son père très croyant, que le melting-pot new-yorkais n'a pas encore détourné de la foi mosaïque. Mais lorsque le chanteur de jazz apprend au beau milieu d'un concert que son père est mourant – disons en raison d'une défaillance cardiaque –, il entonne une vieille chanson juive, qui émeut aux larmes l'ensemble des spectateurs du concert. Mettons que les trusts du disque tout juste électrifiés qui, ne l'oublions pas, sont insidieusement à l'affût parmi les spectateurs de concert, aient trouvé un nouveau tube pour vendre leurs disques. *Le Chanteur de jazz* signifie donc qu'avec l'introduction du film parlant, Hollywood est devenu une filiale des grands groupes électroniques qui, à l'instar de Western Electric ou de General Electric, possédaient à la fois des maisons de disques et des stations émettrices de radio qui, à leur tour, n'étaient rien d'autre que des filiales de banques de la taille de Rockefeller ou Morgan[1].

En Allemagne, l'évolution du film parlant fut moins liée à la grande industrie, mais fut en revanche plus systématique. Après la défaite de la Guerre mondiale, l'argent manquait certes cruellement, mais, en 1919, les appareils radio inutilisés de l'armée traînaient un peu partout. En l'espace de quatre ans seulement, l'effectif de la troupe de renseignements avait en effet grimpé de 3 000 à presque 300 000 hommes. Les appareils militaires détournés de leur fonction première suffirent à développer le premier procédé de film parlant, même sans l'aide de supports sonores de type disque – peu importent les différends ultérieurs au sujet du brevet.

Cette œuvre insolite fut baptisée Tri-Ergon par ses inventeurs, ce qui rappelle certes la triode à tube, mais ce nom devait en fait simplement rassembler les noms des trois développeurs Hans Vogt, Joseph Masolle et le

[1] W. Faulstich, *Kritische Stichwörte*, *op. cit.*, p. 160 *sq.*

Dr Joseph Engl en une seule et anonyme « œuvre des trois ». Heureusement que Vogt, le meneur, a légué des souvenirs au Deutsches Museum de Munich. Son « premier contact avec le film muet » se fit en 1905, lorsque ce fils de paysans alors âgé de quinze ans vit au cinématographe des documentaires sur la guerre russo-japonaise qui se déroulait alors. « Huit ans plus tard », alors qu'il servait déjà dans le centre d'essai de radiotélégraphie de la marine impériale à Kiel, le film d'auteur allemand avait remplacé les documentaires du cinématographe. Vogt se délecta du « bel et particulièrement dramatique » *Étudiant de Prague* qu'Ewers et Seeber venaient juste de tourner. Deux choses dérangèrent cependant le jeune radio-technicien Vogt, familier des tubes AEG les plus récents : que « dans les gros plans les acteurs bougent leurs lèvres comme des fantômes » et que « les explications du bonisseur gâchent l'ambiance »[1]. Comme si souvent chez les autobiographes, Vogt aurait donc tout de suite inventé un nouveau système de médias si la Première Guerre mondiale n'avait pas éclaté à ce moment précis. Pendant quatre ans, Vogt participa au combat de la guerre des ondes, tantôt au front, tantôt dans le laboratoire de haute fréquence berlinois d'un certain Dr Seibt :

> J'intervenais tantôt au front, sur les eaux, dans les airs ou sur terre, tantôt dans le laboratoire berlinois. Il fallait créer et tester des moyens d'information pour communiquer avec les tranchées ensevelies. Des sondeurs et des radiogoniomètres pour les zeppelins, sensibles aux changements climatiques. La triste fin de la guerre arriva.[2]

Au chômage dans le Berlin de l'après-guerre, Vogt surmonta sa peine en revenant de nouveau à ses idées de cinéphile. Grâce à la technologie et au savoir-faire de la Guerre mondiale, il devait être possible de souder ensemble les deux médias de l'avant-guerre, l'image animée sans son et le bruit continu sans image, pour former le système de médias du film parlant. C'est pourquoi la première chose qu'entreprit l'équipe de Tri-Ergon fut d'établir un cahier des charges d'une clarté systématique. Je cite :

> Nous fondons nos travaux sur les idées directrices suivantes :
> 1. Une même bande de pellicule doit servir de support au son et à l'image.
> 2. La prise de son doit être faite photographiquement et copiée grâce à des procédés photographiques.
> 3. Aucune des installations nécessaires à la prise, à l'amplification, à la transmission, à la fixation, à la copie et à la restitution du son ne doit déformer l'impression sonore originale.[3]

Bien entendu, l'amplification représentait la difficulté principale de ce projet. Les signaux sonores sont en effet par eux-mêmes si faibles qu'ils peuvent au mieux faire vibrer une soie de porc, comme depuis le

---

[1] Hans Vogt, *Die Erfindung des Lichttonfilms*, Munich, Oldenbourg, 1964, p. 7. Trad. des citations de H. Vogt : T. E.

[2] *Loc. cit.*

[3] *Ibid.*, p. 11.

phonautographe de Scott. En conséquence, l'équipe de Tri-Ergon dut tout d'abord mettre au point un amplificateur de tube qui réagît « avec une transconductance reproductible d'environ 6 milliampères de variation de courant anodique pour 1 volt de variation de tension de grille »[1]. Il s'avéra certes que le grand Dr Schottky, auquel la technique du transistor actuelle doit toutes les diodes Schottky, avait déjà développé un amplificateur de tube très similaire chez Siemens et qu'il n'y avait donc plus de brevet à déposer ; il n'en reste pas moins que l'équipe de Tri-Ergon avait résolu son problème de fond.

Mais voilà, Tri-Ergon avait été un projet systématique, comme seule peut-être auparavant l'avait été l'électrification des théâtres, des rues et des habitations par Edison, et il ne pouvait plus du tout être surmonté grâce à des inventions individuelles, mais seulement par une réaction en chaîne d'innovations. Même après la résolution du problème d'amplificateur, la tâche consistait, pour l'émetteur comme pour le récepteur, à transformer un signal d'origine acoustique en un signal optique, c'est-à-dire compatible avec la pellicule. La manière dont Vogt, Massolle et Engl la résolurent laisse augurer de la fusion des techniques du film et de la télévision : parce que l'électricité est devenue le médium de tous les médias ou champs sensoriels possibles, le signal sonore put dans un premier temps être changé en courant électrique, grâce à un nouveau microphone ultrasensible et sans inertie dont, à la différence de l'ancien microphone à charbon, le bruit avait était minimisé. Ce courant, encore amplifié par le nouveau tube, commandait ensuite une lampe au néon électrique dont les oscillations étaient visibles, et donc filmables, même lorsqu'elles se situaient dans la plage de haute fréquence allant jusqu'à 100 kHz[2]. En dépit de leur nom, les bandes-son des films parlants ne sont aucunement des sons mais les reproductions plus ou moins claires et plus ou moins larges des vibrations que sont les sons ou les bruits en physique. Elles sont en cela très proches du tube de Braun.

Et parce que dans un système de médias, selon la théorie de l'information de Shannon, le récepteur implémente si possible la fonction mathématique inverse de l'émetteur, les trois développeurs de Tri-Ergon construisirent pour leurs projecteurs de film une cellule de sélénium qui allait également jouer un rôle décisif pour la télévision. En effet, les cellules de sélénium – et telle est la raison historique pour laquelle on compta quelques ingénieurs de la jeune télévision tels Mihaly ou Karolus parmi les ingénieurs du film parlant – transforment de nouveau la lumière en électricité qui à son tour n'eut plus que besoin d'être transformée en sonorisation de salle de cinéma. C'est cette dernière partie de leur cahier des charges technique que Vogt, Massolle et Engl réglèrent le plus élégamment : ils construisirent en effet le premier haut-parleur électrostatique, capable de sonoriser des salles de cinéma

[1] *Ibid.*, p. 16.
[2] *Ibid.*, p. 20.

entières, et qui est toujours encore une référence pour les casques et les chaînes stéréo. Avec le haut-parleur électrostatique, toute la mécanique de stockage du son d'Edison fit place à un pilotage électronique.

Jusque-là, tout va bien. Tri-Ergon avait accompli sa tâche et assemblé toute une chaîne d'innovations en un système de médias. Le 22 février 1920, on entendit pour la première fois sur une pellicule en train de défiler les notes d'un harmonica et le terme remarquable de « milliampère »[1]. Un an plus tard, peu après minuit, le mot indigne mais merveilleux d'un technicien prononcé par un technicien fut remplacé par une speakerine « en gros-plan », qui récita « le poème *Un garçon vit une rose de loin* » « de Johann Wolfgang von Goethe »[2]. Voilà qui aurait pu être salué par Münsterberg, lui qui pensait que le film liquide techniquement toutes les voluptés de substitution classico-romantiques, comme par exemple la réalité virtuelle de la fameuse petite rose qui, comme chacun sait, désigne une pucelle sur le point d'être déflorée.

Mais un tel succès ne fit pas encore de ce nouvel assemblage systématique de médias un succès commercial. Lorsque l'équipe de Tri-Ergon présenta son œuvre d'art technique totale au directeur d'une grande firme d'électronique qui, à mon avis, ne pouvait être autre que Siemens, elle avança l'argument parfaitement correct selon lequel la chaîne systématiquement développée d'amplificateurs de tubes, de microphones et de haut-parleurs pourrait supporter aussi bien que le film parlant une téléphonie civile sans fil ou, comme on dirait aujourd'hui, une radio de divertissement. Mais on lui opposa le contre-argument qu'aucun auditeur ne serait prêt à consacrer « des espèces sonnantes et trébuchantes à quelque chose qui s'introduit aussi librement que l'air et la lumière dans sa maison », autrement dit à gratifier l'entreprise Siemens d'une redevance radiophonique[3].

Les industries du film muet réagirent tout à fait dans ce sens lors de la première projection d'un film parlant en septembre 1922. Le *Berliner Börsenzeitung*, fort de sa compétence financière, écrivit ces lignes concises :

> Reste à voir jusqu'à quel point l'avenir est vraiment au film parlant. N'oublions pas que le film parlant perd son internationalité, il va sans cesse devoir se limiter à de petites œuvres, puisqu'il n'y a que sur le marché mondial que les grosses productions peuvent être amorties.[4]

Lorsque Hans Vogt exposa ce contre-argument à son épouse, elle eut une idée qui allait conduire à l'unique brevet lucratif de l'équipe de Tri-Ergon : le brevet Gisela. En effet, Gisela Vogt « proposa de surmonter les difficultés liées à la langue en réalisant dorénavant dans les studio, des prises de vue de

[1] *Ibid.*, p. 37.
[2] *Ibid.*, p. 38.
[3] *Ibid.*, p. 47.
[4] *Ibid.*, p. 44.

chaque scène de film parlant dans d'autres idiomes, dans les principales langues civilisées »[1].

Ce n'est qu'avec cette idée, donnée par une femme, du principe nouveau de synchronisation que le système de médias atteignit la perfection. Il aurait de plein droit dû balayer l'ensemble de l'appareil de cinéma déjà établi. Mais les trois amateurs n'étaient pas en mesure de financer aussi cette substitution de plusieurs milliards. On se rendit compte que le passage du muet au parlant était la première d'une longue série de reconversions au cours desquelles un système de médias en fonction dans l'ensemble du monde est complètement renversé techniquement sans que son exploitabilité et sa rentabilité en soient interrompues en quoi que ce soit – tout comme cela s'est fait dans un passé proche ou se fera à l'avenir dans le cas des systèmes de télévision ou, de façon plus générale, des guerres techniques.

Dans le cas du film parlant, on peut prédire facilement les conséquences de l'immense besoin en capital : à l'instar du film américain, le film allemand tomba aux mains de boîtes d'électronique comme Siemens et AEG, qui s'embarquèrent dans des procès de plusieurs années avec les titulaires américains des brevets, jusqu'à ce que comme à l'accoutumée on en vint au partage mondial des marchés et au rachat de la UFA par la Deutsche Bank et par Hugenberg. Et un beau jour, alors que les brevets Tri-Ergon, restés sans conséquences, avaient depuis longtemps été vendus en Suisse, un géant du film américain se mit en tête de supplanter commercialement les Warner Brothers et leurs gigantesques disques sonores. William Fox, qui, comme dit, avait gagné son premier argent avec les automates d'Edison, les kinétoscopes, acheta tous les brevets Tri-Ergon et les transforma en une forme de films promotionnels complètement autoréférentiels : les *Movietone News* de Fox, soit le premier film documentaire parlant.

Toutes ces interconnexions internationales entre les entreprises et les banques, entre Zurich et Hollywood, ne purent cependant aider le film parlant – contrairement au film muet – à être un médium international. Le brevet Gisela ne fut jamais qu'une solution de secours. Tant que les gens continuent par exemple à parler américain ou allemand, c'est-à-dire tant qu'ils ne sont pas passés à un langage informatique hautement standardisé à l'échelle mondiale tel que Algol, C ou Ada, le film parlant relève de la propagande nationale dans les soi-disant langues nationales. De nos jours, à l'ère de l'ordinateur, c'est-à-dire depuis que le film, ayant atteint sa vocation ultime, appartient au passé et que seuls comptent encore les langages informatiques, cela ne tire pas vraiment à conséquences. Mais parce qu'à cette époque les Anglais eux-mêmes refusèrent de reconnaître que le dialecte de Hollywood et de la Californie était de l'anglais[2], le film parlant eut pour effet très franc de bâtir des nations, tout comme la radio qui lui était

---

[1] *Loc. cit.*
[2] F. v. Zglinicki, *Der Weg des Films*, *op. cit.*, p. 612.

contemporaine. Ce faisant, il préparait les multinationales de l'entre-deux-guerres aux frontières de langues nationales et donc aussi à la possibilité d'une Deuxième Guerre mondiale. Et notre histoire du film doit désormais mettre le cap sur cette Guerre mondiale

Avant de l'aborder, il ne reste plus qu'à souligner que les difficultés à synchroniser le film parlant ont également un aspect technico-esthétique immanent. Les nombreuses transformations entre son, image et électricité nécessaires au procédé du son optique prouvent d'emblée que les signaux optiques et acoustiques sont par nature peu compatibles. C'est justement la raison pour laquelle, bien avant la télévision, le film parlant fournit pour la première fois un parfait exemple de système de médias, si l'on entend par là un système qui établit des liens non plus naturels ou physiologiques, mais techniques. Le film parlant eut donc à surmonter deux différences fondamentales entre l'optique et l'acoustique, qu'il convient d'expliquer brièvement en se référant à Shannon.

Dans un premier temps, si l'on fait comme toujours abstraction des effets du son stéréophonique, les signaux acoustiques ne dépendent que d'une seule variable indépendante : le temps. Chaque signal musical correspond à l'amplitude momentanée d'une vibration certes complexe, mais unique dans le temps. En tant qu'images en mouvement, le film et la télévision en revanche dépendent certes du temps, mais aussi de deux autres coordonnées spatiales : la hauteur et la largeur de chaque point de l'image (mises à part les expérimentations en 3D, la troisième coordonnée spatiale, la profondeur, peut tout autant être négligée que le son stéréophonique lors de l'enregistrement du son). Tandis qu'une vibration ou ligne unidimensionnelle suffit donc à l'enregistrement du son, les médias optiques nécessitent en principe un traitement bidimensionnel des signaux. Mais si l'on fait le calcul d'après les critères techniques et économiques des ingénieurs, cela signifie que la masse de données à traiter est élevée au carré. C'est pourquoi, dans le cas du film parlant, l'image recouvre presque entièrement le celluloïd, tandis que la piste sonore optique se contente d'une petite bande au bord de l'image, qui pourrait même en principe être implémentée sous la forme d'une simple ligne.

Mais voilà que l'acoustique compense dans un second temps cette sobriété en ayant depuis l'époque d'Edison toujours travaillé à la façon d'un médium analogique. À chaque instant donné, le signal technique stocké correspond exactement à l'amplitude du signal sonore à enregistrer. Avant l'introduction de la bande-son, cette reproduction continue de vibrations continues rendait comme dit tout aussi inconcevable qu'irréalisable l'idée de découper les signaux sonores et de recoller à loisir leurs morceaux dans l'ordre désiré, comme il est monnaie courante pour le montage d'un film. Lorsque les premiers réalisateurs de pièces radiophoniques furent chargés par leurs boîtes de l'étrange mission d'inventer une nouvelle forme d'art, ils choisirent dans leur détresse certes expressément le film comme modèle, ainsi que le formula le pionnier de la pièce radiophonique, Friedrich Bischoff de Wroclaw en personne. Mais leurs trucages radiophoniques quasi-filmiques ne furent qu'une simple transposition au nouvel art sonore des lentes ouvertures et fermetures en fondu du film. La pièce radiophonique naissante ne fit en revanche aucune place aux coupes et montages abrupts, autrement dit à ce qu'André Malraux appelait justement le principe de travail du film.

À l'inverse, le film et la télévision n'opèrent discrètement, c'est-à-dire avec une multitude d'images ou même de pixels singuliers, que parce qu'un stockage optique relève aujourd'hui encore de l'impossible. Même les circuits électroniques fonctionnent beaucoup trop lentement pour pouvoir stocker et traiter la lumière sous sa forme physique de mélange de fréquences. Comme chacun sait, le son est audible entre environ 25 et 16 Hz – c'est la raison pour laquelle la technique à basse fréquence se l'appropria si facilement. La lumière visible est dix billions de fois plus rapide et va de 700 à 380 THz. Ce sont des chiffres à 14 zéros, qui se situent environ 8 zéros au-dessus du temps caractéristique du fonctionnement de l'électronique standard actuelle et dont aucun médium ne peut ne serait-ce que s'approcher. C'est pourquoi le film et la télévision ne stockent pas la lumière elle-même, mais seulement ses effets photochimiques (que nous avons discutés en détail) qui, tous les vingt-cinquièmes de seconde, c'est-à-dire dans une gamme de fréquences basses, sont échantillonnés, stockés et peuvent être reproduits. Un disque compact qui n'échantillonnerait pas les événements sonores à la vitesse habituelle de 40 000 fois par seconde, mais à celle, autrement plus lente, du film ou de la télévision, serait un désastre sans nom pour les oreilles.

Ce n'est qu'à partir des bases physiques de la technique des médias que l'on peut comprendre les problèmes de la télévision et aussi déjà ceux du film parlant. Le procédé Tri-Ergon devait parvenir, d'une part, à faire avancer les images de film par à-coups ou, justement, de façon discrète, et, d'autre part, à lire jusqu'au bout la piste sonore optique de façon continue ou analogique.

Afin d'amortir littéralement la collision entre le numérique et l'analogique, l'équipe de Tri-Ergon développa un nouveau système d'avancée de la bande de film. Avant et après la projection optique d'une image, le celluloïd était entraîné dans une boucle d'attente qui compensait l'arrêt de l'image pendant la durée de la projection. Derrière la deuxième boucle d'attente, la bobine de film défilait donc tout le temps, sans aucune interruption, ce qui permettait également de lire la piste sonore en continu, sans coupures.

Voilà pour ce qui est de la solution mécanique du problème, qui avait cependant aussi un côté systémique. En couplant, à la milliseconde près, le son et l'image, le film parlant avait le premier réalisé les propositions de standardisation de Messter, ce qui signifie forcé la fixation absolue du tempo de prise de vues et de projection des images de film. Les stars de cinéma à voix de soprano auraient autrement pu sonner comme des basses et les stars de cinéma à voix de basse comme des eunuques. Vous avez tous fait l'expérience de ce genre de manipulations du son avec des magnétophones qui marchent trop vite ou trop lentement.

Rappelons-nous cependant que lorsqu'un film était restitué au temps du cinéma muet, les ralentis et les accélérés étaient loin d'être des exceptions techniques expérimentales et qu'ils étaient au contraire pratiqués toutes les nuits afin de vendre le plus de mètres de celluloïd possibles à un public payant. Dans cette mesure, le film parlant a pour la première fois introduit une différence absolue entre les films expérimentaux d'un côté et les longs-métrages de l'autre. Seules l'oreille et l'acoustique ont rendu le traitement du temps réel vérifiable pour de bon, également et justement par le plaisir des yeux. C'est pourquoi le parlant fut une révolution esthétique pour le film.

Premièrement, un chômage spécifique à la profession éclata au beau milieu de la crise économique mondiale. En 1929 circula dans les cinématographes, joli nom encore de coutume à cette époque, un tract aux gros titres, imprimés en caractères gras (je laisse de côté les petits caractères) :

> Avis au public !
> Attention ! Dangers du film parlant !
> Le film parlant est kitsch !
> Le film parlant est monotone !
> Le film parlant est un meurtre économique et intellectuel !
> Le film parlant est du théâtre mal conservé à des prix plus élevés !
> C'est pourquoi :
> Exigez de bons films muets !
> Exigez un accompagnement orchestral par des musiciens !
> Exigez des spectacles de scène avec des artistes !
> Refusez le film parlant ![1]

Bien entendu, ce pamphlet socio-révolutionnaire dans le style du KDP et du NSDAP[2] était signé par a) la loge internationale des artistes, association déclarée, et b) par l'association des musiciens d'Allemagne. Ces associations menacées de chômage n'avaient pas tort, car l'époque des adaptations cinématographiques faciles et donc sans intérêt de pièces de théâtres et de romans touchait à sa fin. Mais ils ne comprenaient rien à une technique qui se passe complètement d'approbations et de rejets, de besoins et de peurs. Sur ce point, les artistes de cirque et les musiciens de divertissement étaient à peu près aussi intelligents que bien des théoriciens, de Münsterberg à Béla Balázs, qui avaient célébré le film muet comme une forme d'art close, et sévèrement qualifié d'absurde la possibilité d'une sonorisation. Reste que les

---

[1] Cité par Ludwig Greve (éd.), *Hätte ich das Kino! Der Schriftsteller und der Stummfilm*, Munich, Kösel, 1976, p. 287. Trad. de la citation : T. E.

[2] KDP : Kommunistische Partei Deutschland, le Parti communiste allemand, fondé en 1918 ; NSDAP : Nationalsozialistische Deutsche Arbeiterpartei, le Parti national-socialiste des travailleurs allemands, fondé en 1920. [N.d.T.]

théoriciens se retrouvaient moins souvent au chômage, du moins à cette époque.

Deuxièmement, souvenons-nous d'une facétie historiquement attestée que le film parlant fit subir à une célèbre star du muet. Onze années durant, John Gilbert avait enchanté les écrans et les femmes d'Amérique, sans toutefois être contraint de leur révéler le secret de sa voix. Le premier film parlant de Gilbert, tourné en 1929, réalisa littéralement ou physiologiquement ce que je vous avais présenté comme une simple possibilité : celle de jouer avec la technique du son. Même sans manipuler les axes du temps et sans accélérer le son, la voix de Gilbert sonnait comme celle de Mickey Mouse ou d'un eunuque. Dès la fin de la première de ce film, la star avait été enterrée de son vivant, et seule Greta Garbo déplora sa perte en allant fleurir sa tombe de quelques roses[1].

Le relevé total d'empreintes par lequel les dispositifs des médias saisissent les gens se répercute donc sur les corps eux-mêmes. Le film parlant a modifié le standard des voix et encore plus ostensiblement celui des mouvements. Vous n'êtes pas sans savoir que la gestuelle expressionniste, par laquelle les acteurs de films muets avaient pendant trente ans pallié l'absence de parole et tenté tant bien que mal de simuler l'insertion d'intertitres, disparut toute entière ; en ce qui concerne la mimique et la gestuelle, le film parlant imposa une banalité vérifiable *a posteriori.* Le temps des grossières petites gens, en d'autres termes du cinéma hollywoodien, était venu. Pour des raisons plus techniques que démocratiques, il devint difficile voire impossible d'interrompre ou de couper au milieu d'un mot inaudible les gens qui par hasard étaient justement en train de parler. Contrairement au bon vieux temps du film muet, nous devons aujourd'hui, face aux grands comme aux petits écrans, faire preuve de patience et écouter et regarder jusqu'à ce que tout le monde dans les studios soit à court d'idées. La gestuelle expressionniste, qui avait été développée comme dernière défense contre les coupes, les doubles de cinéma et les chocs des dessins animés, fut balayée par un style de mouvement qui imposa aussi aux événements optiques l'impossibilité de couper les événements acoustiques.

Le plus drôle, c'est que cette reconversion engendra un film, l'un des derniers muets, réalisé encore au temps du parlant. Il reproduit la différence entre deux médias au niveau de l'intrigue, sous la forme d'une différence entre deux générations. *La Femme sur la lune* de Fritz Lang, de 1929, représentait le vieux professeur appauvri, dont les rêves de fusées lunaires devaient rester purement théoriques, par le recours à la gestuelle expressionniste des films muets, alors que les tout jeunes ingénieurs, qui firent de la théorie une technique de la guerre éclair à peu près au même moment que le bien réel Wernher von Braun, étaient représentés par

---

[1] F. v. Zglinicki, *Der Weg des Films*, *op. cit.*, p. 607.

l'économie des gestes caractéristique du film parlant, de la Nouvelle Objectivité et ainsi de la Wehrmacht.

Les contenus de films parlants n'étant d'après la loi de McLuhan jamais autre chose que d'autres médias, nous pouvons à présent les livrer à eux-mêmes et mener à bout l'histoire du film. « Encore un effort ! », comme dit Sade dans un autre contexte. Des mots-clés tels que « techniques aérospatiales » et Wehrmacht ouvrent un troisième sous-chapitre, dont l'intitulé sera une variation sur un titre de Foucault : de la naissance des technologies des médias à la couleur de la Guerre mondiale.

3.2.5. Film couleur

En un mot, la Seconde Guerre mondiale fut colorée. Car le Dr Joseph Goebbels, ministre du Reich à l'Éducation du peuple et à la Propagande et donc en même temps patron de l'industrie allemande du film, avait déclaré la guerre au film en noir et blanc. D'une façon générale, la Seconde Guerre mondiale signifia aplanir, au nom de la guerre totale ou de la simulation totale, les dernières différences entre fiction et réalité, donc tout ce qui depuis des temps immémoriaux permettait de distinguer les soi-disant œuvres d'art de la soi-disant empirie. Parce que sous la pression de la supériorité aérienne des Alliés, il était devenu parfaitement impossible d'opérer de jour, les équipages de tanks allemands furent par exemple dotés dès 1944 d'appareils de vision nocturne, qui non seulement mettaient en pratique la découverte de l'infrarouge par Herschel, mais qui réalisaient aussi divers rêves des mille et une nuits. Inversement, Sir Watson-Watt gratifia l'armée de l'air anglaise du premier système de radars opérationnel au monde, ce qui perfectionna la découverte de l'ultraviolet invisible par Ritter dans la direction de fréquences de lumière encore plus élevées. Si donc il devenait possible de voir des couleurs au-delà du spectre de couleurs visibles, autrement dit de voir l'infrarouge ou les ondes des radars, alors les couleurs visibles ne pouvaient pas être en reste. La fin du film muet, conséquence de la Première Guerre mondiale, fut suivie du développement du film en couleurs, préparation à la Seconde. *La Rougeur du rouge du Technicolor*, comme s'intitulait joliment un livre des années 1960, était aussi le ciel rougeoyant au-dessus de Londres, Dresde et Hiroshima.

Au début de la guerre, Goebbels fit interdire un premier essai de film en couleurs Agfacolor fait maison, le long-métrage *La Belle Diplomate*, tout simplement parce qu'à ses yeux ces couleurs étaient « une honte ». La Wehrmacht, et plus précisément la marine de guerre, avait en effet trouvé, parmi d'autres découvertes, des longs-métrages en Technicolor américain sur les navires alliés arraisonnés. Dans ce butin de guerre dont elle s'était emparée pour l'envoyer au ministère de la Propagande figurait bien sûr avant tout l'autopublicité par excellence pour le film en couleurs – *Autant en emporte le vent*, le film couleur sur la guerre civile américaine et les incendies merveilleusement colorés qui voient le jour lorsqu'on met le feu aux palais de bois d'esclavagistes vieillots des États du Sud.

Le film allemand en Agfacolor suivit ce brillant exemple et fut emporté par le vent. Après que le commandement du Reich eut comme de coutume contacté IG Farben, firme aux produits chimiques et substances toxiques de grande importance pour la guerre, un Agfacolor optimisé s'éleva enfin au niveau des critères de fidélité des couleurs imposés par le Technicolor. Toute l'histoire des médias optiques, de 1939 à la télévision couleur de 1965, fut encore déterminée par cette guerre pour l'obtention de couleurs fidèles. Mais dès 1942, Veit Harlan put combler tout le bastion européen, de Cherbourg à Kiev, avec sa *Ville dorée* en couleurs, dont le titre était purement et simplement une publicité des médias pour les médias. La stratégie du ministre de la Propagande, d'après laquelle seul un divertissement réalisé à la perfection était en mesure de remonter le moral par temps de guerre, avait une fois de plus été accomplie.

Voilà pour l'analyse par Virilio[1] du film en couleurs comme butin de Guerre mondiale, pas seulement d'ailleurs pour Veit Harlan, mais aussi pour Eisenstein, dont l'*Ivan le Terrible* dut néanmoins se contenter des films allemands en Agfacolor sur lesquels on avait fait main basse. La répartition technologique en deux phases, tout d'abord de l'Amérique vers l'Europe, puis de l'Europe vers l'Asie orientale, devenue classique depuis, prit forme bien avant Gorbatchev.

À ces remarques historiques, il convient cependant d'ajouter quelques observations techniques et systématiques à propos du film en couleurs ; ce faisant, je m'efforce une fois de plus de formuler les choses de façon suffisamment générale pour qu'elles comptent aussi pour la télévision couleur. C'est d'autant plus simple que d'un point de vue technique, la télévision en noir et blanc présentait déjà des éléments de la télévision en couleurs à la veille de la Seconde Guerre mondiale.

Je suis incapable de concurrencer Goethe et de proposer une théorie des couleurs historique. Mais les étapes principales qui ont conduit à la photographie couleur, au film couleur et à la télévision couleur doivent être nommées. Nous avons déjà évoqué que les peintres maniaient depuis toujours les couleurs et que la photographie a résulté d'une utilisation positive des effets de la dégradation des couleurs due au temps. La peinture, elle, ignorait l'économie des couleurs telle qu'elle devint nécessaire à l'impression couleur et à la photographie couleur. Autrement dit, le nombre de couleurs mélangées par un peintre sur sa palette pour obtenir un mélange coloré dépendait de son appréciation personnelle. En 1611, donc un siècle entier avant l'analyse du spectre de la lumière par Newton, le Vénitien

[1] P. Virilio, *Guerre et Cinéma I*, *op. cit.*, p. 10-11.

Marco Antonio de Dominis énonça la loi décisive d'après laquelle l'ensemble des couleurs peut être obtenu à partir du rouge, du vert et du bleu, donc d'un mélange de trois couleurs primaires seulement. Grâce à cette synthèse additive, il fut possible d'imprimer les gravures sur cuivre, non plus seulement côte à côte – comme le faisaient déjà Gutenberg et son collaborateur Schöffler –, mais aussi en superposition. Les quelques couleurs bien distinctes (par exemple sur les tracts) furent remplacées par des valeurs de couleur infiniment dégradées et aux transitions parfaites que le XIXe siècle finissant avait qui plus est standardisées (après la découverte des couleurs à l'aniline chimiques et artificielles, la base donc d'IG Farben). Et au plus tard avec la lithographie de Senefelder, la trichromie fut en mesure de coucher sur papier toutes les nuances de couleur souhaitées. Car même la quadrichromie, devenue depuis un standard technique, ne travaille qu'avec trois couleurs ; la quatrième plaque d'impression n'est pas une couleur, mais du noir ou du gris, et a pour fonction de distinguer non plus des couleurs, mais des valeurs de luminosité (par exemple un rouge pastel et un rouge foncé d'une même tonalité de couleur).

Cette économie des matériaux, qui ne définit justement pas les arts, mais uniquement les médias techniques, eut des conséquences essentielles pour l'optique physiologique. Pendant les années que Goethe passa à rêver d'une théorie des couleurs poétique ou esthétique, l'Anglais Thomas Young développa, premièrement, sa théorie de l'interférence de la lumière et, deuxièmement, l'hypothèse selon laquelle l'œil fonctionne comme la trichromie. Son argument est simple : il est parfaitement invraisemblable qu'il y ait suffisamment de place dans l'œil pour les récepteurs d'un nombre infini de couleurs différentes ; il faut donc postuler des capteurs, d'abord pour le rouge, ensuite pour le vert, et enfin pour le bleu. Autant que je sache, cela n'a, pour des raisons évidentes, toujours pas été prouvé sur l'œil humain vivant, mais le prix Nobel de physiologie de 1967 fut remis à trois médecins qui prouvèrent la restriction au RGB[1] (comme disent les techniciens) sur les cônes de vertébrés proches de l'homme, tandis que les bâtonnets ne peuvent effectivement distinguer que le clair ou le foncé. Physiologiquement, chaque signal de couleur est un mélange aux proportions différentes de trois teintes de couleur auquel s'ajoute à chaque fois un facteur de luminosité ou de saturation. Du point de vue technologique, la télévision couleur – en tant que quadrichromie électrifiée – en déduira la distinction entre chrominance (ou valeur d'une couleur) et luminance (ou valeur de luminosité).

Le premier à transposer de nouveau la nouvelle physiologie des couleurs à une technologie ne fut nul autre que James Clark Maxwell, auquel on doit, premièrement, la théorie générale des champs magnétiques et électriques, et donc aussi le principe de toutes les connexions radiophoniques sans fil, et, deuxièmement, la clarification d'après laquelle la lumière visible ne se

[1] Red, Green, Blue. [N.d.T.]

compose pas de vibrations élastiques quelconques, mais n'est précisément qu'un cas particulier de ce spectre électromagnétique. En 1861, Maxwell fit des photographies en noir et blanc d'un même objet, les colora dans les trois couleurs primaires et projeta avec succès une superposition de ces images partielles. Ce schéma de principe du film couleur et de la télévision couleur ne fut pas sans conséquences pour les peintres et les techniciens.

Commençons, comme il se doit, par les techniciens : en 1868, le (d'après Bruch) « génial [photographe] Ducos du Hauron »[1] combina la physiologie de Young (et de Helmholtz) avec la technique des médias de Maxwell. Il proposa littéralement l'opération suivante :

> Des petits points et traits des trois couleurs primaires rouge, vert et bleu sont disposés si près les uns des autres sur une plaque, qu'ils se confondent en un mélange de couleur blanc. Si les éléments des trois couleurs ont tous la même valeur de luminosité, ils recouvrent des parties égales de la surface ; si l'une des couleurs est moins lumineuse, alors on en prendra plus d'éléments, et ceux-ci seront plus grands.[2]

Des *blueprints* aussi géniaux se sont rarement annoncés aussi silencieusement, comme portés sur des pattes de colombes. Tout d'abord, Ducos du Hauron inversa de la sorte complètement le principe de travail de la peinture : la synthèse soustractive des couleurs sur la palette d'un peintre, où il est connu que le mélange de l'ensemble des couleurs donne du noir, fut remplacée par la synthèse additive, comme chez Newton et Maxwell, où la somme de l'ensemble des couleurs donne du blanc. Pour anticiper ici ce qui va suivre : la nature ne connaissant pas de substances luminescentes blanches, ce qui apparaît blanc sur les écrans en noir et blanc depuis 1930 correspond dans le réel technologique à un mélange à l'équilibre compliqué de couleurs complémentaires, dont l'addition donne du blanc. – Ensuite, et sans doute plus fondamentalement, Ducos du Hauron entamait ainsi la numérisation d'images en couleurs. Tout comme la télégraphie tout juste inventée, il construisit en effet des surfaces colorées à partir de « points et de traits » qui ne se fondaient que dans l'œil pour donner l'illusion d'une surface constamment colorée. Le modèle de Young, qui découpe l'œil en une multitude de bâtonnets et de cônes discrets pour les couleurs primaires, était ainsi transposé du côté opposé, sur l'image ou le médium, qui pouvait ensuite, en citant librement Marx, jouer sa propre mélodie à l'œil humain et précisément ainsi le tromper.

Les peintres, par l'intermédiaire d'un certain Chevreuil, n'eurent plus qu'à transposer ce modèle technique de la vision à leurs toiles – et le dernier courant artistique figuratif vit le jour en Europe. Les dénommés pointillistes, c'est-à-dire Seurat, Signac, Pissaro, etc. composaient en effet leurs paysages

---

[1] Walter Bruch, *Kleine Geschichte des deutschen Fernsehens*, Berlin, Haude und Spener, 1967, p. 35.

[2] *Loc. cit.*

à partir d'une multitude de *points*[1] de couleurs primaires, qui ne se fondaient que dans l'œil en couleurs mélangées et, chose sensationnelle, par synthèse additive. Après cette dernière entreprise des beaux-arts pour concurrencer les médias optiques, il ne restait plus que l'abstraction peinte.

Un seul artiste de cette époque, qui était à la fois poète, peintre, bohémien et bricoleur, tira des couleurs numérisées des conséquences plus qu'esthétiques, autrement dit techniques. Charles Cros qui, juste avant Edison, avait déjà livré une description parfaitement correcte du phonographe, indiqua également le premier procédé de photographie en couleurs. Pour parvenir, après Young et Ducos du Hauron, au stockage des couleurs, il ne restait plus qu'à développer des émulsions qui, à l'instar de l'œil, contenaient des récepteurs pour chacune des trois couleurs primaires, répartis avec une finesse statistique. C'est exactement ce que proposa Cros, mais, comme Edison le dit de lui, « il était distrait, cherchait quelquefois à atteindre l'immortalité d'un poète, aspirait d'autres fois aux lauriers d'un peintre. Toute concentration et tout recueillement intérieur le quittaient alors, sans lesquels rien de grand ni de durable ne peut être créé »[2]. Pour le dire plus simplement : d'autres que lui monnayèrent la photographie couleur.

Ne serait-ce que pour en venir enfin à la télévision, je ne souhaite pas retracer ici l'histoire ennuyeuse qui mena à l'Agfacolor prêt à être produit en série en 1941. Pour faire bref, elle se résuma simplement à la commercialisation des théories et expérimentations décrites à l'instant. Lors de sa première phase, la règle énoncée au sujet du film muet s'appliqua de nouveau : le film muet en noir et blanc n'était ni muet ni noir et blanc. S'appuyant sur les expérimentations de Maxwell, ce fut d'abord le procédé dénommé teintage qui fleurit : on teintait tout bonnement les films noir et blanc, en monochrome certes, mais de façon à ce que le rose correspondît aux scènes d'amour, le bleu à la nostalgie de la nature, etc. Ensuite, les tentatives de colorier chacun des milliers de photogrammes d'un film à la main – à la manière des peintres impressionnistes qui peignirent la cathédrale de Chartes avec toutes les nuances de couleurs changeantes au fil de la journée – représentaient un travail de longue haleine, coûteux et rare. Puis, en 1897, le Berlinois Hermann Isensee déposa un brevet sur la cinématographie en couleurs qui, dans l'esprit des pointillistes, montrait successivement trois parties d'image de couleurs différentes, dont la fréquence de fusion de 120 Hz était cependant difficile à atteindre[3]. Enfin, retenons que si les films en noir et blanc n'étaient pas parfaits, c'était aussi parce qu'avant la mise au point des films panchromatiques, l'émulsion réagissait avec une intensité différente à chacune des couleurs primaires, ce

---

[1] En français dans le texte.

[2] J. M. Eder, *Ausführliches Handbuch der Photographie*, *op. cit.*, vol. 1, t. II, p. 943. Trad. de la citation : T. E.

[3] W. Bruch, *PAL – Das Farbfernsehen*, Berlin, Deutsches Rundfunk-Museum, 1987, p. 19.

qui ne pouvait être compensé que par le recours à des lampes à arc coûteuses ou par la lumière du soleil[1].

Vous voyez en tout cas combien après l'introduction du film parlant il fut long de gommer la dernière différence entre simulation et réalité. Comme dit, la Deuxième Guerre mondiale fut la première à être colorée. À la fin de la guerre, le premier matériel cinématographique en couleurs (Barkhausen) fut obtenu par les agences de propagande systématiquement créées dans toutes les armées. Contrairement à la Première Guerre mondiale, il leur fut ordonné de participer au combat armé et par conséquent interdit de se contenter de reconstituer les scènes de combat, comme le firent encore Griffith ou Messter. À la différence de leurs collègues du reportage de guerre sonore, qui ne furent équipés que d'émetteurs radio, et à la grande différence de leurs collègues du reportage de guerre écrit, qui ne furent équipés que de simples machines à écrire (Wedel), les reporters de guerre filmée purent livrer un show multimédia de couleurs et de sons, de mots et de bruits.

C'est pourquoi il n'y eut plus qu'un petit pas d'après-guerre à faire pour que le film couleur introduisît le son stéréo et l'écran large, afin de se jouer de la portée des yeux et des oreilles. Durant la Première Guerre mondiale, divers professeurs, physiciens et musicologues avaient œuvré à rendre malgré tout localisable en perspective l'artillerie ennemie, devenue invisible, en accroissant artificiellement les distances visuelles et auditives. L'un d'entre eux, le physicien français Henri Chrétien, transposa son procédé de localisation militaire en un trucage civil consistant à comprimer horizontalement les images du film lors de la prise de vue, afin d'imposer au format standard d'Edison un angle de vue nettement plus large et de corriger néanmoins cette distorsion lors de la restitution de l'image[2]. Ainsi naquit le film au format écran large, dernier rempart du cinéma contre la concurrence sans merci de la télévision : chacun sait que sur le petit écran, l'angle de vue horizontal reste jusqu'à présent au-dessous de tout. Mais même l'écran large, le cinémascope et le son stéréo n'ont pu empêcher que le film, après avoir atteint sa vocation ultime, appartienne maintenant pour nous au passé et, dans le respect le plus total de la loi de McLuhan, s'abaisse à n'être plus que le contenu d'un autre médium qui vient remplir nos soirées : la télévision.

---

[1] James Monaco, *Film verstehen. Kunst, Technik, Sprache. Geschichte und Theorie des Films* [1981], trad. de l'anglais par Hans-Michael Bock, Brigitte Westermeier, Robert Wohlleben, Reinbek, Rowohlt Taschenbuch Verlag, 1989, p. 110.

[2] P. Virilio, *Guerre et Cinéma I*, *op. cit.*, p. 122 ; J. Monaco, *Film verstehen, op. cit.*, p. 100.

3.3. TÉLÉVISION

Tandis que le film traîne la complexité de l'image comme un fardeau, la télévision la transforme en technologie de pointe. Nous pouvons et devons ici nous référer aux nombreuses explications techniques données préalablement ; en revanche, nous ne pouvons pas du tout nous appuyer sur la littérature ou les produits de l'imagination. Avant qu'elle ne soit mise au point, la télévision, contrairement au film, ne pouvait même pas être rêvée. Lorsque Punch, le journal humoristique de l'Empire britannique, édita en 1880 une caricature sur laquelle on pouvait voir l'homme du futur regarder la télévision, son principe technique était déjà au point. Et lorsque Liesegang publia en 1899 sa Contribution sur la question de la télévision électrique, donnant un nom au nouveau médium, son principe avait déjà pris la forme d'un schéma de principe. La télévision n'était et n'est pas le souhait du soi-disant homme, mais un effet civil secondaire d'une électronique en grande partie militaire. Il fallait le dire clairement.

Il est tout aussi clair que ce n'est qu'avec le développement de la télévision que toutes les fonctions dégagées par Shannon dans sa théorie de l'information furent réalisées électroniquement les unes après les autres. Trois choses étaient nécessaires : d'abord un convertisseur entièrement électronique d'images en courant, c'est-à-dire une source de signal de télévision, ensuite une chaîne entièrement électronique de transmission, soit un canal de télévision et, enfin, un convertisseur entièrement électronique du courant en images, c'est-à-dire un récepteur de télévision. Ce pourquoi intervint aussi, mais bien plus tard, un stockeur d'images électronique. Le cahier des charges technique était particulièrement lourd car le traitement numérique de signaux optiques est bidimensionnel ; il doit être à même de supporter le carré de la quantité de données traitée par les disques ou les émetteurs radio.

Mais le seul canal d'information électrique alors disponible, le télégraphe inventé en 1840 et standardisé par Morse, était tout aussi linéaire que l'alphabet et l'imprimerie, les médias qu'il avait remplacés. Tout comme les lettres défilent lors de la lecture, les points et traits du code Morse se déplacent les uns après les autres, en l'occurrence par des fils de cuivre isolés. Durant la guerre de 1809, la tentative de Sömmerring pour transmettre les 26 lettres de l'alphabet et les 10 chiffres par 36 lignes parallèles s'était avérée bien trop coûteuse et fragile. On prête à Napoléon le chef de guerre d'avoir qualifié le télégraphe de Sömmerring d'« idée germanique »[1]. Le problème de la télévision, à la différence du film, était donc dès le départ de passer d'une image bidimensionnelle à un canal à une seule dimension, de surfaces changeantes à une unique variable de temps.

[1] En français dans le texte.

Ce n'est pas un hasard si la principale solution fut trouvée par le philosophe et imprimeur écossais Alexander Bain. Parce que, du point de vue de l'imprimeur, l'impression de textes consiste à traiter linéairement un flux de données, et l'impression d'images à résoudre des surface en points, Bain put proposer de considérer les images principalement en tant que trame rectangulaire et de transmettre les éléments de la trame point par point. Ce faisant, les images étaient en principe transformées en quantités de données discrètes du type du télégramme. En totale opposition avec la photographie, dont l'analogie avec la nature faisait la fierté, et en semi-opposition avec le film, qui forme une séquence discontinue ou discrète de nombreuses photographies analogues, l'origine de la télévision est le découpage radical : les rapports ou figures sont décomposés en points, non seulement dans le temps mais aussi en hauteur et en largeur. Là où l'imaginaire régnait autrefois dans la perception, et par conséquent dans la peinture, triomphe désormais le symbolique. Et que ces points s'appellent aujourd'hui « pixels », c'est-à-dire éléments derniers, évoque déjà la proximité de la télévision avec la théorie des éléments de la couleur d'un Young ou d'un Ducos du Hauron. Il ne restait alors plus qu'à la réaliser.

Ce fut le cas en 1883, avant même le développement du film de fiction. Un étudiant en physique âgé de vingt-trois ans fit du principe de Bain un schéma de principe de la télévision utilisable et brevetable. Paul Nipkow étudiait ici, à Berlin, auprès de Helmholtz dont les expérimentations décisives sur les sons, les voix et les couleurs posèrent les fondements du téléphone et du gramophone. Mais alors que Helmoltz s'était vu offrir par Werner von Siemens, l'industriel de la télégraphie, un établissement impérial de physique et de technique[1], son étudiant Nipkow était d'une pauvreté courante dans le Mecklembourg d'alors. C'est ainsi qu'il passa le réveillon de Noël 1883 dans sa chambre d'étudiant avec pour toute compagnie un petit sapin aux bougies incandescentes, une lampe à pétrole bon marché et un téléphone de la poste impériale qu'un de ses rares amis avait détourné pour lui en faire cadeau. À l'occasion de ce qu'on peut considérer comme le dernier Noël de l'histoire mondiale, cet abus d'appareils impériaux fut en quelque sorte à l'origine non d'un médium de distraction, comme on serait aujourd'hui faussement amené à le croire, mais d'un canal au sens de Claude Shannon – « L'appareil décrit ici », écrivait Nipkow dans son fascicule de brevet, « a pour but de rendre un objet dans un lieu A visible dans n'importe quel lieu B »[2].

L'idée de transmettre des images vint à Nipkow soit de l'observation des bougies du sapin de Noël qui papillotaient soit de celle du téléphone qu'Alexander Graham Bell venait tout juste d'inventer : si une voix humaine

[1] La Physikalisch-Technische Reichsanstalt (PTR) fondée en 1887. [N.d.T.]

[2] Werner Rings, *Die 5. Wand. Das Fernsehen*, Vienne/Düsseldorf, Econ, 1962, p. 37. Trad. de la citation : E. V.

peut être transmise, ne peut-on pas aussi réussir à transmettre le visage correspondant ? Si l'on applique strictement l'idée de Bain, l'image doit être découpée en points qui parviendraient par un câble téléphonique au récepteur, d'où ils seraient ensuite rassemblés en une image papillonnante ; mais en bon disciple de Helmholtz, Nipkow connaissait l'inertie de l'œil et sa capacité inconsciente à filtrer la vibration de l'image, soit physiologiquement, par l'effet de rémanence de l'image dont se servait déjà le film, soit plus généralement ou mathématiquement par intégration de chacun des points de l'image.

Selon ses propres dires, l'émetteur d'un tel système se tenait « automatiquement » devant ce qu'on pourrait appeler l'œil spirituel de Nipkow (si le terme poétique d'œil spirituel n'était pas tombé en désuétude dans la condition télévisée). C'était ledit disque de Nipkow, un disque en métal qui pouvait tourner sur son axe, qui fut placé entre la source de l'image et le canal émetteur, et qui avait pour seule fonction d'être perforé de trous. Lors de la rotation du disque, les trous disposés en spirale produisaient un axe optique entre les points changeants sur l'image et la cellule de sélénium immobile qui a, comme cela a été souligné pour le film parlant, la propriété de réagir aux oscillations de lumière par des oscillations de courant. Pour reprendre les termes de Klaus Simmering, le nombre de trous du disque de Nipkow correspondait au nombre désiré de lignes de l'image télévisée.

> Lors de la rotation du disque, un point de l'image après l'autre se déplace selon une ligne à peu près droite sur la fenêtre de projection et décrit ainsi une ligne d'image. Dès qu'un point disparaît au bord gauche de la fenêtre de projection celui qui lui succède sur la spirale, et qui est décalé d'une interligne par rapport au centre du disque, atteint le bord droit de la fenêtre de projection et commence immédiatement à décrire la ligne suivante. La distance angulaire des trous correspond ainsi à la largeur de la fenêtre de projection, la distance du premier et du dernier trou au centre du disque définit la hauteur de la fenêtre de projection qui prend inévitablement plus ou moins la forme d'un trapèze.[1]

Dit de manière plus simple : le succès décisif de Nipkow fut d'imposer aux images la forme discrète des lignes d'un livre ou d'un télégramme.

L'inventeur eut moins de succès du côté du récepteur. Il manquait tout d'abord une technique permettant de transformer de nouveau le courant à basse tension généré par la cellule photoélectrique en une lumière visible qui aurait ensuite été découpée par le disque de Nipkow et projetée comme image bidimensionnelle. Surtout Nipkow ne se demanda pas le moins du monde comment garantir que le courant ininterrompu de points de l'image électriques comportât exactement autant de lignes du côté du récepteur que du côté de l'émetteur. Considérons une télévision comportant vingt lignes où la ligne 1 serait restituée par la ligne 19, la ligne 2 par la ligne 20, mais la

[1] Klaus Simmering, *HDTV – High Definition Television. Technische, ökonomische und programmliche Aspekte einer neuen Fernsehtechnik*, Bochum, Universitätsverlag Brockmeyer, 1989, p. 13. Trad. de la citation : E. V.

ligne 3 par la ligne 1, l'imaginaire de la reconnaissance de formes sur lequel repose tout le visiophone de Nipkow subirait alors de sérieux dommages. En d'autres termes, le brevet délivré par l'office impérial berlinois le 6 janvier 1884 ne prévoyait pas de solution au problème de synchronisation qui survenait entre émetteur et récepteur et qui était encore plus dramatique que celui entre image et son dans le film parlant.

Le troisième handicap de Nipkow était la mécanique du balayage de l'image et de sa reconstruction. Le canal électrique présentait en effet la caractéristique géniale de posséder une vitesse égale à celle des données optiques, soit une vitesse absolue ; la cellule de sélénium faisait jeu égal, même si elle était moins rapide que la cellule de Kerr ultérieure[1] ; mais la rotation des disques aux deux extrémités du système demeurait désespérément lente et obsolète.

C'est pourquoi Nipkow ne pensa plus jamais à son idée du réveillon de Noël avant que la radio impériale allemande ne le propulsât à un âge avancé sous les feux de la rampe et en fît un pionnier de la technique allemande lors du Salon berlinois de la radiodiffusion. Un an après le dépôt de son brevet, il fut recruté comme constructeur au sein d'une fabrique berlinoise de signalisations ferroviaires, où il fabriqua des dispositifs de sécurité et de signalisation durant 30 ans, remplaçant donc les signaux électriques à haute fréquence encore techniquement irréalisables de la télévision par les signaux mécaniques du train, et cette longue régression lui fit oublier qu'il avait jadis déposé un brevet pour la télévision[2].

Le sort des autres inventeurs ne fut pas meilleur que celui du détenteur du brevet. Les disques de Nipkow n'ont pour ainsi dire permis aucun traitement en temps réel des images en mouvement ; ils ne furent par la suite utilisés avec succès que là où le temps réel ne joue aucun rôle. C'est ainsi que dès 1928, c'est-à-dire bien avant le quadrillage informatique systématique du BKA, l'Office fédéral de police criminelle[3], la police judiciaire impériale échantillonnait lentement les signalements et empreintes digitales des criminels, les radiodiffusait à la vitesse électrique puis les convertissait de nouveau lentement en images dans des postes de polices éloignés. La télévision en Allemagne ne commença justement pas avec des programmes de divertissement ; aux débuts étaient les États qui apprirent à développer l'anthropométrie judiciaire à travers tout le pays, ce qui a d'ailleurs de nouveau mené il y a peu à des arrestations remarquables.

Mais revenons au brevet de Nipkow. Vous vous doutez bien que seul le développement du tube put remédier à ces trois faiblesses. Le tube permit tout d'abord d'amplifier à volonté le courant basse tension et basse fréquence tel qu'il est fourni par la cellule de sélénium après échantillonnage

---

[1] *Ibid.*, p. 15.
[2] W. Rings, *Die 5. Wand. Das Fernsehen*, *op. cit.*, p. 37.
[3] BKA : Bundeskriminalamt. [N.d.T.]

de l'image. Le tube permit ensuite, au moins en principe, de passer du visiophone filaire de Nipkow à une télévision qui, à l'instar de la radio, fonctionne aussi comme émetteur à haute fréquence sans fil. Prenez les oscillations de lumière à basse fréquence des points de l'image qui, en tant que telles, ne sont diffusées par aucune antenne, modulez-les avec un porteur à haute fréquence et vous obtiendrez un émetteur de télévision. Enfin, il faut rappeler que le tube, avant même de remplir les fonctions auparavant évoquées d'amplification et de rétro-couplage des oscillations, était apparu en tant que tube cathodique de Braun.

L'oscilloscope de Braun n'était pas seulement en mesure de convertir immédiatement le courant en lumière, c'est-à-dire sans recourir aux ampoules dont Nipkow avait encore besoin, il pouvait diriger grâce à des aimants magnétiques le faisceau lumineux électronique à un endroit quelconque de l'écran, c'est-à-dire construire de véritables images numériques à partir de nombreux points lumineux.

En 1897, Braun avait rendu le courant alternatif visible grâce à son oscilloscope mais, comme dit, il n'avait rien voulu savoir de la transmission d'images. En 1908 en revanche, Campbell-Swinton proposa un système de télévision révolutionnaire avec un tube de Braun aussi bien du côté de l'émetteur que du récepteur. L'image à prendre devait être projetée sur l'écran d'un tube de Braun recouvert d'une mosaïque de cellules photoélectriques sans inertie. Le faisceau électronique du tube devait trier les charges électriques causées par l'incidence de la lumière, c'est-à-dire les convertir en oscillations de courant, qu'un [autre] tube de Braun convertissait finalement, par un procédé inverse, de nouveau en images visibles[1]. Et c'est exactement ainsi que cela se produisit.

Mais il fallut beaucoup de temps pour éliminer tous les points faibles mécaniques de la chaîne de transmission de Nipkow. Parce que la qualité de tout système d'information ne dépasse jamais celle de son élément le plus faible, le développement de la télévision fut particulièrement ralenti par la largeur de bande de la radio en ondes moyennes issue de la Première Guerre mondiale. À la différence de la FM ou de la VHF d'aujourd'hui, les émetteurs à ondes moyennes proposaient certes une largeur de bande suffisante pour transmettre des signaux acoustiques, c'est-à-dire unidimensionnels ; en revanche, la quantité de données au carré du tube cathodique de Braun, pour lequel selon Morgenstern les émetteurs n'étaient pas du tout conçus, dépassait leur capacité de canal. C'est pourquoi, dans les années 1920, on en resta aux disques de Nipkow mécaniques dont la fréquence d'images ne dépassait pas les misérables 12,5 Hz, une fréquence inférieure même à celle du film, et dont l'image de 4 x 4 cm atteignait à peine 30 lignes. Des expérimentations furent menées avec ce standard par la poste du Reich, tout particulièrement par les professeurs et ingénieurs Mihaly et Karolus qui

[1] K. Simmering, *HDTV – High Definition Television*, *op. cit.*, p. 25.

travaillaient aussi au son optique, et par la British Broadcasting Corporation (BBC[1]), notamment par l'Écossais passionné et dilettante John Logie Baird. Le public en revanche ne s'intéressait pas à ces images dont la trame avait l'imprécision d'une photo de journal grossie 20 fois ; seuls de rares amateurs, qui devaient synchroniser par une pression du doigt leur propre disque de Nipkow avec celui de l'émetteur[2], s'amusèrent avec ce nouveau jouet de techniciens.

Les années 30 furent ainsi placées sous le signe d'une double optimisation : tout d'abord, les experts de la propagande durent inventer des images en mouvement qui attacheraient les populations à la télévision, ce qui leur réussit parfaitement avec les spectaculaires Jeux olympiques de Berlin en 1936 et les scènes de foules aux congrès de la NSDAP à Nuremberg. Ensuite, après l'électrification du canal télévisé par la radiodiffusion, les techniciens durent également remplacer les disques de Nipkow par des tubes. Manfred von Ardenne, qui a joué un rôle de premier plan dans l'histoire du national-socialisme et de la RDA, y parvint pour la restitution et Vladimir Zvorykine, officier du Tsar émigré aux États-Unis, pour la prise [d'images].

En 1931, et curieusement de nouveau à Noël, von Ardenne présenta à des journalistes admiratifs le *shadow mask* de son tube avec une résolution de 10 000 pixels et une fréquence d'image de 16 Hz. Il atteignit ainsi une qualité d'image très supérieure à celle des disques mécaniques de Nipkow, et supérieure même à celle des fréquences radio de l'époque. Avec la radio VHF développée par la Wehrmacht, seule armée du Blitzkrieg à télécommander en 1939 ses divisions blindées par radio VHF, les images télévisées d'Ardenne ne dépassèrent plus non plus la capacité de canal. Comme un correspondant de la BBC l'écrivit, « le vendredi 22 mars 1935, Monsieur Eugen Hadamovsky, directeur général de la „radio de la Grande Allemagne“, inaugurait le premier service régulier de télévision en haute définition au monde »[3].

Mais le premier service régulier de télévision haute définition de la poste du Reich n'était pas seulement dans l'incapacité de tenir la comparaison avec l'actuelle TV haute définition de Sony, il n'avait pas même de tubes d'émission adaptés. La conséquence en fut que seul un autre médium entra en considération comme contenu de la télévision : le film parlant qui venait d'être développé et qui fut séparé en image et en son. Mais pendant que la radio transmettait le son sans aucun problème, le disque de Nipkow échantillonnait l'image très laborieusement et pas même en temps réel au départ. Voilà à quel point la loi de McLuhan est pertinente. La télévision ne put être découplée de l'offre du film de fiction et proposer des émissions en direct que lorsque la pellicule sans fin fut mise au point. Immédiatement

---

[1] Corporation audiovisuelle britannique. [N.d.T.]

[2] K. Simmering, *HDTV – High Definition Television*, *op. cit.*, p. 17.

[3] *Ibid.*, p. 12. Trad. de la citation : E. V.

échantillonnée par la télévision après son développement, elle était ensuite immergée dans une émulsion, de nouveau exposée et échantillonnée, etc., etc. Cette technique permit l'émission en temps réel et n'était en cela pas dissemblable des appareils avec lesquels la radio produisait à grand coût ses propres stocks de prises de son avant que la bande son fût développée.

Dans un troisième temps, enfin, vit le jour la dénommée « cabine de sauna » : un studio de prises de vues qui était propre à la télévision et n'intégrait donc pas la technique du film. Les disques de Nipkow ne pouvant (malgré des améliorations) échantillonner que des objets éclairés par une source de lumière externe et non des objets éclairant par eux-mêmes comme des bougies ou des ampoules à incandescence, les premiers acteurs de la télévision durent se mouvoir dans une boîte absolument noire sur laquelle tombait la lumière des lampes les plus fortes de l'époque, et donc aussi une chaleur extrême. – Comme pour le standard téléphonique depuis 1900, il s'agissait bien entendu de présentatrices et non de présentateurs. Après la *Black Maria* d'Edison, ce fut la dernière implémentation historique de la *camera obscura.*

C'est seulement lors des Jeux olympiques de 1936, ce spectacle sportif de guerre mondiale mis en scène par les nationaux-socialistes, que les problèmes furent résolus du côté de l'émetteur. Un tout jeune ingénieur du nom de Walter Bruch eut la permission de braquer sa caméra électronique sur les sportifs depuis des tranchées télévisées invisibles spécialement creusées à cet effet dans l'Olympiastadion, le stade olympique berlinois. Selon les termes mêmes de son inventeur Zvorykine, il était en principe possible d'installer l'iconoscope sur la tête de missiles à des fins militaires de reconnaissance à distance[1]. Mais la RCA, la corporation de radiophonie américaine[2] que dirigeait Zvorykine, en fit le pendant du tube de restitution de von Ardenne : un tube de prise de vue dépourvu de masse et d'inertie, exactement comme Campbell-Swinton l'avait rêvé. Le remplacement de l'unique cellule de sélénium de Nipkow par un écran entièrement composé d'éléments photosensibles permit à l'iconoscope un rendement lumineux 40 000 fois supérieur et libéra ce faisant les premières stars de la télé de leur cabine de sauna.

Avec l'utilisation de la radio VHF comme canal de transmission, de l'iconoscope comme tube de prise de vue et d'un écran doté d'un *shadow mask* comme tube de restitution [de l'image], la mise au point par une technologie de pointe du système d'information « télévision » fut enfin achevée, puisque l'ensemble de ses fonctions (au sens de Shannon) étaient passées de la mécanique à l'électronique. La conséquence fut la même que pour le film parlant : seuls des États et des multinationales, également lancés dans une guerre technique, pouvaient encore financer la chaîne entièrement

---

[1] P. Virilio, *Guerre et Cinéma I, op. cit.*, p. 130.
[2] RCA : Radio Corporation of America [N.d.T.]

électronique du système de télévision. C'est ainsi par exemple que la poste du Reich céda aux États-Unis d'Amérique ses brevets sur les produits chimiques phosphorescents, qui étaient nécessaires pour le noir et blanc apparent du tube de réception, et qu'en échange, la poste du Reich reçut l'iconoscope breveté par la RCA.

Les effets politiques du nouveau médium image-son étaient exactement identiques à ceux du film parlant. Deux raison firent que la télévision devint un médium de politique nationale et intérieure : elle émettait dans les langues nationales et (avant le développement de satellites et de la télévision par câble) ses fréquences d'émission extrêmement hautes n'avaient qu'une portée quasi optique de 60 à 70 kilomètres. On ne s'étonnera pas que l'émetteur de télévision « Paul Nipkow », appelé ainsi en l'honneur et du vivant de l'inventeur, acquit tout de suite des fonctions politiques. Hitler et Goebbels avaient en effet déclaré explicitement que les écrivains pouvaient bien en rester aux médias absolument inefficaces de l'imprimerie tant que l'État et lui seul posséderait le monopole sur tous les sons et images. Mais parce qu'en dépit de toutes ses allégations et de celles de ses ennemis, l'État national-socialiste n'était pas monolithique et totalitaire, mais une entropie de sous-systèmes de pouvoir, la télévision fit son entrée en guerre avant même le début de la Guerre mondiale. En décembre 1935, à l'issue d'un long combat entre sous-systèmes de pouvoir dont le IIIe Reich émergea tel un polype, le verdict tomba : la poste du Reich obtint le droit de procéder à des développements techniques dans le domaine civil, le Ministère de la propagande celui sur « les formes de la représentation artistiques dans le but de l'éducation du peuple et de la propagande », tandis que le Ministère de l'aviation, « eu égard à la signification particulière de la télévision pour la sécurité aérienne et la sécurité aérienne nationale », conserva le droit sur les autorisations de production et sur la mise en circulation de toutes les technologie de télévision[1]. Cette division tripartite en technique civile, contenus des programmes et armement prouve déjà que la télévision d'avant-guerre n'était pas un médium de masse et encore moins un médium qui, comme c'est le cas aujourd'hui, tire paradoxalement son efficacité sur les masses de l'intimité du format de l'image, du programme et des conditions de réception.

Les choses se passèrent au contraire comme pour la radio : les dictateurs, de Berlin à Moscou, ne misèrent justement pas sur l'intimité du microphone de prise de son et des haut-parleurs d'intérieur et s'essayèrent plutôt à l'effet que pouvaient avoir sur les masses les énormes haut-parleurs des installations du congrès de Nuremberg ou de la place Rouge. Sur le modèle de la Volkswagen, la fameuse voiture du peuple, et du Volksempfänger, le récepteur radio populaire, l'industrie électronique développa le récepteur télé populaire et tout premier tube rectangulaire au monde: le Deutscher

[1] W. Bruch, *Kleine Geschichte des deutschen Fernsehens*, *op. cit.*, p. 53 *sq.*

Einheits-Fernseh-Empfänger E1, au prix de 500 Reichsmarks[1]. Installé dans les bureaux de poste et autres administrations berlinoises, son écran apparaissait sur une toile visible par plusieurs spectateurs à la fois. Les visiteurs de ces « salons de télévision grand format » ne payaient certes pas d'entrée mais ils devaient comme au cinéma présenter des billets pour réguler l'affluence. L'entrée en guerre en 1939 interrompit brièvement les transmissions qui se poursuivirent ensuite jusqu'à ce que presque tous les émetteurs allemands eussent été bombardés : les quelques récepteurs TV encore fabriqués (50 au lieu des 10 000 prévus) se trouvaient dans les hôpitaux militaires à Berlin et dans Paris occupé, où, en 1944, la télévision de l'État français put immédiatement se raccorder à la Wehrmacht.

Et nous voilà arrivés à la Seconde Guerre mondiale. Il est temps de ralentir. Depuis la Renaissance, il était clair que le médium optique de la perspective entretenait des relations avec les armes de tir et leur balistique ; le médium photographie, lui, était employé en criminalistique et en cryptographie, quant au médium optique film, il permit même des couplages avec les mitrailleuses sur les avions de reconnaissance de la Première Guerre mondiale et put finalement devenir parlant sur la base de technologies de guerre. Parmi les médias optiques, la télévision est pourtant le seul médium technologique de pointe qui fonctionne par principe comme une arme. Raison pour laquelle la télévision ne serait pas devenue une grande puissance sans la Seconde Guerre mondiale.

Commençons notre panorama des technologies télévisées de la Guerre mondiale par la France, qui a promu une télévision couleur du nom de SECAM après la guerre, en se basant sur la télévision de la Wehrmacht. Le développeur du système SECAM était Henri de France (1911-1986). Depuis 1930, son entreprise recevait ses commandes « en majeure partie du Ministère de la guerre, de la marine et de l'aviation, et travaillait dans le domaine de la radiogoniométrie. En 1934, Henri de France déposa son premier brevet sur un procédé de radiolocalisation. Pour le compte de la marine de guerre française, il développa un système de télédiffusion pour les cuirassés de la Deuxième escadre de l'Atlantique. Il reposait sur un tube cathodique et avait une résolution d'image de 240 lignes. En 1936, il parvint à établir une liaison télédiffusée entre des bateaux de guerre en haute mer et le port de Brest »[2].

La télévision française d'après-guerre est donc issue de la radiogoniométrie, en d'autres termes, d'une variante électroniquement perfectionnée des premières techniques de localisation de la Première Guerre mondiale qui procédaient encore avec des médias sensoriels analogues ou naturels telles la vue et l'ouïe. La Grande-Bretagne, qui, à la différence de la Wehrmacht, devait préparer une guerre défensive et non une offensive avec

[1] *Ibid.*, p. 71.

[2] Nécrologie de Winfried Bernhard Lerg in : W. Bruch, *PAL – Das Farbfernsehen*, *op. cit.*, p. 63. Trad. de la citation : E. V.

des chars radioguidés, procéda de manière tout à fait similaire bien que plus systématique encore. Dès le 18 mai 1904, le physicien allemand Christian Hülsmeyer parvint à réceptionner le premier écho électronique. Il émit une impulsion radio qui parcourut l'espace à la vitesse de la lumière, fut réfléchie par les surfaces adéquates, et put de nouveau être reçue à l'endroit de l'émission. Il suffisait de diviser par deux le retard de signal, puis de le multiplier par la vitesse de la lumière, pour obtenir la distance entre l'émetteur et l'objet réfléchissant. Comme le dit brillamment Virilio, le radar est ainsi « l'arme invisible qui rend visible »[1], car il transforme des objets ou des ennemis qui ne veulent absolument pas être vus ou mesurés en émetteurs tout aussi involontaires que forcés (si l'on veut bien excepter le Stealth-Bomber, l'avion bombardier flambant neuf de l'US Air Force). Dans la Grande-Bretagne d'avant-guerre, le plus grand mérite militaire de Sir Watson-Watt fut de développer une chaîne de radar fonctionnelle à partir du schéma de principe de Hülsmeyer. Dans tout le Sud de l'Angleterre, des stations radar reliées par radio pouvaient signaler les attaques des Messerschmitt ou des Heinkel de la Luftwaffe[2] avant même qu'ils fussent visibles. C'est exactement pour cela que le jour où la guerre commença, la BBC interrompit son service de télévision civil fondé en 1936 : les tubes à hautes fréquences qui opéraient dans les émetteurs de télévision furent utilisés par les stations radar, les écrans qui opéraient dans les récepteurs de télévision servirent à rendre visible l'ennemi invisible sur les écrans radar. La transformation d'un médium de divertissement en technique de guerre se fit sans engendrer la moindre déperdition d'énergie. Et parce que Watson-Watt comprit que la qualité stratégiquement décisive de l'image radar était inversement proportionnelle à la longueur d'onde du signal émis, la Grande-Bretagne développa des tubes aux fréquences toujours plus élevées qui avaient en même temps l'avantage de devenir toujours plus petits, au point que toute l'installation radar finît par pouvoir être emmenée à bord des avions. C'est à partir de ces fréquences UHF et VHF, recherchées et rendues opérationnelles à des fins strictement militaires, que la télévision civile d'après-guerre put devenir une puissance mondiale. Mais au début, elles offrirent aux chasseurs de la Royal Air Force un deuxième usage, électronique cette fois : le radar de bord rendit visible l'ennemi aveugle qu'était la Luftwaffe puis, à partir de 1943, les fleuves, rues et villes d'un Reich qui s'effondrait sous un tapis de bombardiers long-courriers soutenus par des avions de chasse.

Au début, la Luftwaffe n'avait à opposer à cette terrifiante vague de bombes que des radars associés à des projecteurs anti-aériens Flak : la Ligne Kammhuber ainsi nommée d'après un général de la Luftwaffe et futur héros

[1] P. Virilio, *Guerre et Cinéma I*, *op. cit.*, p. 125.

[2] Forces aériennes du IIIe Reich. [N.d.T.]

de la Bundeswehr[1]. Ces projecteurs du front russo-japonais constituèrent la dernière apparition de l'œil activement armé. Ils donnèrent lieu aux projecteurs qui illuminaient les *Movietone News* de Fox et furent abusivement détournés par Albert Speer en première architecture véritablement immatérielle pour le Congrès de Nuremberg de 1935. Lorsqu'en 1943, le même Speer exprima dans un Berlin en feu sa fascination devant « le spectacle grandiose » des bombardiers britanniques, des projecteurs anti-aériens allemands et des machines ennemies en flamme s'écrasant au sol, il oublia de préciser qu'il avait été annoncé par sa cathédrale lumineuse du Congrès. Le système de défense de la Wehrmacht rétro-couplait le phare anti-aérien, arme visible qui rend visible, avec un radar de guidage, arme invisible qui rend visible, et qui dirigeait vers leurs cibles aussi bien les projecteurs anti-aériens que les avisons de la Luftwaffe. Dans notre terminologie, le radar signifie donc un œil activement armé certes, mais de manière électronique.

Les armes de rétro-couplage plus efficaces restèrent en revanche au stade du développement. Le même Walter Bruch qui avait fait usage de l'iconoscope lors des Jeux olympiques de Berlin et avait ensuite développé le système de télévision couleur du nom de PAL, passa la guerre en partie à Peenemünde et en partie au Müggelsee. À Peenemünde, ses deux caméras de télévision filmèrent les débuts des premiers missiles autoguidés et transmirent immédiatement ces images par câble à un bunker en béton d'où les ingénieurs des missiles V2 pouvaient télécommander le départ des engins sans risquer d'exploser en même temps qu'eux si un lancement venait à rater. La télévision assuma donc d'abord un exercice élémentaire de simulation mathématique, à savoir une isolation du réel par des boucles de rétro-couplage.

Au Müggelsee, l'ingénieur de l'AEG parvint à mettre au point un rétro-couplage plus prometteur encore : tandis qu'un bateau de plaisance, qui, selon Bruch, était « bien évidemment sans passagers », voguait sur le lac, il fut prit pour cible par un bombardier. Mais ce n'est pas le pilote du bombardier qui prit en charge cet exercice balistique : Bruch avait installé dans la bombe même une caméra de télévision qui devait pouvoir détecter l'ennemi de façon tout à fait autonome, le poursuivre malgré ses mouvements de fuite et le chasser en vol. C'est ainsi que la Deuxième Guerre mondiale a instauré des systèmes d'armement rétro-couplés ou autoguidés qui ont depuis rendu l'homme ou le sujet de toutes les philosophies modernes tout simplement superflus.

Après guerre, la fin du sujet permit l'émergence d'un public de télévision, et le triomphe du radar celle d'une technique de télévision couleur. Les États-Unis, seul pays en guerre à n'avoir pas eu à craindre d'attaques aériennes, ne développèrent donc pas leur télévision au profit du radar. En

[1] La Bundeswehr est l'armée de la République fédérale d'Allemagne depuis 1955. [N.d.T.]

même temps, la théorie du radar constituée pendant la guerre inspira de façon décisive la théorie du traitement des signaux numériques en général. Des physiciens et mathématiciens américains tels que Shannon furent les premiers à en venir à la conclusion que la technique de transmission d'informations ne devait plus se baser sur les oscillations continues ou les ondes, mais tout bonnement sur les impulsions radar discrètes. Car il est clair que les échos radar sont d'autant plus précis que le signal émis est court. L'impulsion rectangulaire découverte grâce au radar fut fondamentale pour le réseau téléphonique moderne, les circuits d'ordinateur, ainsi que les normes télévisées. Il n'est donc pas surprenant qu'à la sortie de la guerre, les États-Unis soient devenus le pouvoir télévisé techniquement dominant. Et il n'est pas davantage surprenant que la guerre ait perduré par des moyens techniques et économiques : une guerre des standards du médium de masse mondial « télévision », qui n'est toujours pas finie. À la question de savoir si la télévision est un art, Klaus Simmering répond : « La télévision est une façon de voir internationalement standardisée, fixée dans le rapport du CCIR 407-1 »[1].

Je n'aurai malheureusement plus le temps aujourd'hui de vous relater la guerre des standards de télévision et son cortège de victoires et de défaites. Je me contenterai de vous rappeler, d'une part, la distinction théorique entre styles et standards introduite lors du premier cours et, d'autre part, ce fait économique que toute tentative pour modifier les normes d'un médium relevant de la technique de pointe met toujours des milliards de dollars en jeu. Je conclurai par une brève histoire : à partir de 1941, les États-Unis disposaient d'une norme pour le noir et blanc qui dominait à l'époque et vaut encore aujourd'hui : 525 lignes d'une demi-image, non pas 25 fois par seconde comme plus tard en Europe, mais 30 fois par seconde. Pourquoi ce standard est-il apparu ? Tout simplement parce que la fréquence du secteur américain est de 60 et non de 50 Hz et qu'il est décisif de synchroniser le réseau électrique général et la fréquence des images télévisées pour éviter tout bruit optique. Ce standard parvint en très peu de temps, premièrement, à faire mourir le film et, deuxièmement, à rabaisser la radio au second rang des médias populaires. Tandis que pendant la Guerre mondiale le président Roosevelt régnait encore grâce aux causeries de cheminées radiophoniques, John F. Kennedy battit le guerrier de la Guerre Froide, Richard Nixon, aux élections présidentielles, grâce à un seul et unique débat télévisé au cours duquel il s'avéra bien plus télégénique, comme on sait.

En revanche, si elle voulait pouvoir tenir tête au cinéma, la télévision devait encore faire sienne l'innovation de la Guerre mondiale qu'est la couleur. Une première tentative en ce sens fut menée par les Américains de CBS, une fois seulement bien entendu que le marché mondial eut été inondé

---

[1] K. Simmering, *HDTV – High Definition Television*, *op. cit.*, p. 3. Trad. de la citation : E. V. Le CCIR désigne le Consultative Committee on International Radio. [N.d.T.]

de télés en noir et blanc. Mais aussi douloureux cela soit-il pour certains, le Columbia Broadcasting System n'avait rien appris du tout d'une guerre mondiale high tech : la télévision en couleurs qu'il proposa était encore plus primitive et mécanique que le disque de Nipkow. Devant l'écran tournait un diaphragme doté de trois secteurs permettant au regard de voir successivement des trames rouges, vertes et bleues. Même en regard des modestes standards de la population et des comités des normes américains, c'était trop ou trop peu. Le gouvernement mais aussi (comme le discours d'adieux du président Eisenhower sur le « complexe militaro-industriel » l'avait prophétisé) les industries d'armement intervinrent non seulement pour produire une meilleure télévision en couleurs mais surtout la compatibilité entre noir et blanc et couleurs. Il fallait une télévision couleur à même, d'un côté, d'être reçue aussi (sans couleurs justement) sur des écrans en noir et blanc et capable, d'un autre côté, de reproduire à peu près correctement des émissions en noir et blanc sur des écrans couleur[1]. Avec ces deux objectifs en vue, les ingénieurs de 30 entreprises d'électronique fondèrent le NTSC ou National Television Systems Committee, dont à partir de 1954 les résultats de construction furent érigés en standard et en commerce lucratif par la Federal Communications Commission, une agence centrale du gouvernement qui contrôle aussi, n'est-ce pas, la mesure de la nudité et de la violence au cinéma et à la télévision. Mais ce standard était davantage motivé par le profit économique que par la faisabilité technique.

Pour émettre des couleurs parfaites, le canal radio aurait dû en toute logique envoyer trois fois plus de données qu'en noir et blanc : les trames rouge, verte et bleue. Mais dans toute une zone d'émission, il n'y aurait plus eu de place sur les ondes que pour un seul programme télévisé. Voilà pourquoi le NTSC dut réduire ou comprimer les couleurs.

Cela fut possible et aussi correct parce que l'œil humain contient moins de récepteurs de couleurs que de mouvements. Le NTSC ne transmettait donc que des informations de couleurs assez imprécises, ou en bande de fréquence étroite, et l'espace libre ainsi créé était utilisé pour la compatibilité avec les émissions en noir et blanc. Après décomposition du signal couleur en luminance et chrominance, luminosité et tons de couleurs, les récepteurs noir et blanc purent s'en tenir à la pure luminance tandis que les récepteurs couleur décodaient aussi la chrominance. Avec une largeur de bande de 5 MHz pour la luminance, 1 MHz seulement pour la chrominance, et une largeur de bande comparativement infime pour le son, les techniciens du NTSC parvinrent *in extremis* à compresser un programme de télévision complet dans un canal VHF ou UHF[2]. À la différence des signaux radio, les signaux de télévision ne sont à l'origine pas les pendants ou analogons d'oscillations analogiques, mais des composantes extrêmement complexes

[1] W. Bruch, *Kleine Geschichte des deutschen Fernsehens*, *op. cit.*, p. 91.
[2] VHF : Very High Frequencies ; UHF : Ultra High Frequency. [N.d.T.]

qui, à l'instar d'une proposition alphabétique, possèdent de véritables règles syntaxiques et des éléments divers, y compris même des signes de ponctuation – à cette différence que le signe de ponctuation électronique consiste naturellement en un signal de synchronisation.

Mais cette syntaxe complexe du signal du NTSC ne parvint pas du tout aux récepteurs. Des déphasages sur la voie de transmission firent que dans le langage populaire, NTSC voulut dire « Never [Twice] The Same Color »[1]. Parce qu'ils n'intégraient aucun étalon, les tons de couleur reçus devaient toujours être de nouveau corrigés manuellement. Pour pallier ce défaut, deux ingénieurs européens actifs pendant la Guerre mondiale intervinrent : Henri de France en France et Walter Bruch en République fédérale d'Allemagne. Tous deux garantirent la stabilité des couleurs par une astuce qui, depuis Shannon, est devenue un classique de toute technique de transmission d'informations : au lieu d'émettre immédiatement le signal reçu, ils commençaient par capter et stocker toute la ligne de l'image télévisée dans une mémoire-tampon. Après réception de la ligne suivante, un 25e de seconde plus tard, le signal stocké et le signal non stocké pouvaient se corriger mathématiquement de façon à ce que les valeurs de couleurs fussent enfin stables. Ce qui toutefois échappa à la stabilisation, ce fut le marché mondial. Aujourd'hui encore, 3 standards se partagent le marché mondial de la télévision couleur (qui existe seulement depuis que la technique moderne de transmission d'informations s'est développée) : NTSC en Amérique du Nord et au Japon, SECAM en France et dans feu le bloc de l'Est, PAL enfin dans le riant « reste du monde télévisé »[2].

Une même concurrence s'engagea autour de la stockabilité des images de télévision. Pendant trente ans, il n'y eu pas la moindre possibilité de conserver quelque part et de quelque manière les images de télévision en dehors du film démodé d'Edison. Il fallut attendre que l'AEG et BASF[3] développassent une bande son magnétique extrêmement fidèle, car à haute fréquence, pendant la Seconde Guerre mondiale, pour que la voie menant au stockage optique analogique fut tracée. Cette bande imposa de nouvelles normes de qualité à la Großdeutscher Rundfunk[4], à l'espionnage radio et, plus tard, aussi au domaine de l'ordinateur. Une bande vidéo professionnelle AMPEX[5] sortit aux États-Unis en 1953 – peu avant celle de la BASF – et permit à quelques rares établissements de s'écarter en partie du standard de

---

[1] « Jamais deux fois la même couleur. » [N.d.T.]

[2] W. Faulstisch, *Kritische Stichwörter zur Medienwissenschaft*, *op. cit.*, p. 93.

[3] AEG : Allgemeine Elektrizitäts-Gesellschaft, soit « Entreprise d'Électricité Générale » ; BASF : Badische Anilin und Soda Fabrik, soit « Fabrique Badoise d'Aniline et de Soude ». [N.d.T.]

[4] Radio de la Grande Allemagne, c'est-à-dire le programme unifié de radiodiffusion du IIIe Reich. [N.d.T]

[5] AMPEX, contraction d'Alexander M. Poniatoff EXcellence : entreprise d'électronique américaine fondée en 1944. [N.d.T.]

production film. Mais parce que la largeur de bande vidéo dépasse si dramatiquement ou quadratiquement la largeur de bande audio, c'est seulement l'accession du Japon au rang de pouvoir électronique dominant qui rendit les appareils vidéo véritablement mobiles. Certes, les premiers magnétoscopes de Sony n'étaient pas conçus pour l'usage domestique mais pour la surveillance de grands magasins, de prisons et autres centres de pouvoir. Néanmoins, par un abus d'engins militaires, les consommateurs finaux réussirent aussi à muter en reporters de télévision et monteurs d'eux-mêmes. Depuis, la télévision est un système fermé qui, à l'instar du film ou de l'électronique musicale, peut traiter, stocker et transmettre simultanément ses données et permet donc tous les trucages et manipulations possibles. Le moindre clip vidéo prouve combien grâce à leurs trucages la musique et l'optique ont dépassé le rythme du long-métrage. Le plaisir qu'on y prend ne doit pas faire oublier deux choses : que la télévision continue à exercer aussi une surveillance mondiale par des satellites espions et que, justement en tant que système d'information désormais fermé, elle prépare une attaque globale sur les autres médias optiques.

Avant d'aborder cette attaque globale, juste une remarque sur le soi-disant art vidéo qui se caractérise la plupart du temps comme une télévision expressément non commerciale à la qualité d'image expressément mauvaise (bien que cette mauvaise qualité d'image s'accorde presque aussi bien au standard de télévision actuel). À la question de savoir pourquoi cet art vidéo présente des images encore plus mauvaises que la télévision, Norbert Bolz a récemment apporté la seule réponse possible. Nam June Paik, l'installateur vidéo à la renommée internationale, pour ne pas dire l'artiste, a eu pour maître un certain Karl Otto Götz. Pendant la Seconde Guerre mondiale, ce dernier était stationné en Norvège, alors occupée par la Wehrmacht, et avait plus précisément reçu pour mission de ses officiers d'examiner les images parasites sur des écrans radar. Götz plaça à cette fin sur le médium écran radar, qui de toute façon produisait pas mal de bruit, le médium prise de vue qui n'en produisait pas moins, et découvrit dans ces bruits multipliés quelque chose comme des métamorphoses de formes ou des structures évolutives. L'art vidéo de Nam June Paik, cette esthétique de l'image parasite volontairement inférieure au standard de télévision, peut donc lui aussi être désigné comme abus d'engin militaire[1].

Un système électronique fermé comme l'actuelle télévision couleur peut difficilement tolérer la coexistence de systèmes électriques-mécaniques fermés tel le film, surtout lorsque la qualité de l'image du film et donc aussi la fascination pour lui sont de plusieurs décennies plus anciennes que les siennes propres. Marshall McLuhan décrivit comme on sait cette différence en termes de médium chaud et froid. Le film, médium chaud, retirerait au

[1] Norbert Bolz, *Am Ende der Gutenberg-Galaxis. Die neuen Kommunikationsverhältnisse*, Munich, W. Fink, 1993, p. 164.

spectateur toute activité propre par l'illusion du grand écran, tandis que la télévision, médium froid, livrerait seulement un moiré de pixels que le public devrait activement, et presque tactilement, rétro-traduire en formes. L'analyse par McLuhan d'une situation historique touche naturellement comme toujours juste, mais il considère à tort que cette différence distingue essentiellement les deux médias. Même les théoriciens des médias ne se pénètrent, semble-t-il, pas suffisamment du fait que les propriétés perceptibles, et en ce sens esthétiques, ne sont jamais que des variables dépendant de faisabilités techniques, qui sont donc balayées par de nouvelles faisabilités. On sait que depuis 1949, le minuscule transistor a remplacé les tubes pour disparaître à son tour à partir de 1965 au profit des circuits intégrés. Cette technologie du silicium, qui économise l'espace mieux que toutes les autres et qui, à l'origine, a été développée pour les fusées intercontinentales américaines, a depuis révolutionné l'ensemble de l'électronique et donc aussi ce domaine particulier qu'est l'électronique de divertissement. Dans une logique d'escalade une fois de plus, la télévision peut par conséquent lancer son offensive sur tous les standards de pellicule 35 mm.

Malheureusement, ou évidemment, cela ne commença ni aux États-Unis ni en Europe où des sociétés comme AT&T, Philips ou Siemens se reposaient jusqu'à récemment sur leurs vieux lauriers télévisés. Au Japon en revanche, la coopération entre Sony, le fabricant du baladeur et du magnétoscope, et le fameux MITI[1], le ministère de la technologie et de l'industrie, a établi il y a plus d'une décennie déjà le nouveau standard de télévision : High Definition Television, bref : la HDTV ou TVHD en français. Ce développement, qui est déjà émis par la télévision d'État japonaise, avait pour but déclaré de liquider le célèbre médium froid de McLuhan et de le remplacer par la dénommée téléprésence. La téléprésence signifie d'abord l'élargissement du format de l'image jusqu'alors presque carré pour qu'à l'instar du film grand écran, il remplisse les deux yeux ou du moins qu'il les occupe, et perde ainsi son caractère de boîte d'optique. Deuxièmement, la téléprésence signifie que la quantité de points de l'image augmente encore davantage que la taille de l'image, et donc que la nécessaire distance entre le fauteuil à oreilles et le petit écran diminue essentiellement. Dit autrement, les deux yeux ainsi occupés peuvent s'approcher bien davantage de l'écran sans être importunés par les effets de moiré et le non-respect, tout bonnement habituel jusque-là, du théorème d'échantillonnage. Ce qui s'imprime sur leur rétine remplit par là même un angle visuel bien plus grand. La téléprésence est donc l'invasion ou la conquête de la rétine par un paradis artificiel.

Le paradis artificiel a des conséquences esthétiques mais surtout techniques. Simmering émet l'hypothèse que comparée au standard de télévision actuel, la TVHD a surtout pour fonction d'empêcher que seuls des

[1] Ministry of Economy, Trade and Industry. [N.d.T.]

membres de la famille et des visages de politiciens en gros plan remplissent l'écran. À la place d'une intimité simulée, simple effet de handicaps techniques, des totalités peuvent apparaître, exactement comme dans le long-métrage. La conséquence esthétique serait une révolution des programmes, la conséquence technique une concurrence pour égaler la pellicule 35 mm qui demeure le standard de production en vigueur aussi bien pour les films que pour les téléfilms professionnels. Si ce n'est qu'une telle mise à niveau signifierait aussi la fin des bobines de celluloïd, tout simplement parce que le traitement électronique de l'image, qu'il me reste à évoquer, est infiniment plus efficace et infiniment moins cher que les coupes et les montages de film. Le film deviendrait une projection sur grand écran de bandes TVHD, la télévision une vue de près de ces bandes. Ce serait une uniformisation radicale et une réduction des coûts de fabrication, qui ne s'élèvent à des milliards de dollars, dont profitent donc l'industrie électronique japonaise, que parce que tous les systèmes de télévision et de film de cette planète doivent être remplacés. Aucun des standards des médias optiques en usage jusqu'ici ne satisfait aux exigences de la TVHD. C'est précisément la raison pour laquelle ce système s'imposera en dépit de toutes les résistances européennes et américaines ; et c'est précisément pour cela que j'ai d'emblée déconseillé aux théoriciens du film et de la télévision parmi vous de chercher leur salut professionnel auprès du celluloïd.

L'esthétique de la TVHD est donc claire ; sa technique en revanche pose de multiples problèmes. Un émetteur TVHD de 1125 lignes, avec une fréquence de changement des images de 60 Hz, un signal de luminance de 20 MHz, un signal de chrominance de 7 MHz et enfin un son stéréo de qualité CD dévore, l'addition est facile à faire, une capacité de canal de 30 MHz. En d'autres termes, même dans la condition des ultra hautes fréquences (UHF) et des très hautes fréquences (VHF), un tel émetteur saturerait tout le spectre de fréquences de sa zone de réception. Mais parce que les consortiums japonais comme Sony ne bénéficiaient pas directement de la sphère de coprospérité de la Grande Asie Orientale que l'Empire du Japon avait édifiée pendant la Seconde Guerre mondiale, ils firent preuve de miséricorde démocratique. Ils comprimèrent, avant son envoi, le signal TVHD par un procédé mathématique, justement appelé MUSE. Mais je vous prie de ne plus songer à propos de ces muses aux muses grecques de la poésie, de la musique, de l'histoire et des arts traditionnels en général, mais au théorème d'échantillonnage des deux ingénieurs d'AT&T : Nyquist et Shannon. L'acronyme MUSE signifie Multiple Sub-Nyquist Encoding[1] et fait passer, par des astuces mathématiques, la largeur de canal de la télévision de 30 MHz à un acceptable 7 MHz. La muse de Sony permet donc à des émetteurs radio conventionnels de continuer à diffuser des programmes en TVHD, évitant que dans chaque région, plus qu'un seul émetteur ne soit

[1] K. Simmering, *HDTV – High Definition Television, op. cit.*, p. 76.

valable. Si cette muse de la technologie de pointe n'existait pas, la seule solution possible serait d'abandonner la transmission sans fil et d'en revenir au câble défini par la télégraphie, si ce n'est qu'entre-temps il a évolué en fibre optique, essentiellement à haute fréquence. La fibre optique opère comme on sait sur la base de la lumière laser qui est réfléchie, de la source du signal au collecteur de signal, dans un tube incroyablement fin à une fréquence toute aussi incroyable. Elle inaugure donc un dépassement lourd de conséquences de l'électricité, dont la vitesse est considérablement ralentie dans les conducteurs. En d'autres termes, la fibre optique supporte l'énorme fréquence de bande TVHD précisément parce que, pour la première fois dans l'histoire des médias, elle transmet les signaux optiques comme signaux optiques et non plus électriques. Cette tautologie sensationnelle où la lumière devient le médium de transmission de la lumière n'exclut pas, mais inclut au contraire le fait que la vitesse de la lumière profite aussi à tous les autres signaux. Outre les signaux de télévision, la fibre de verre peut donc aussi transporter de l'acoustique, des textes et des données informatiques converties électroniquement, et s'élever ainsi au rang de médium universel ainsi que Hegel célébrait déjà la lumière.

4. ORDINATEUR

De tels projets, depuis longtemps en cours de développement sous l'acronyme ISDN (pour Integrated Services Digital Network[1]), transforment la transmission mais aussi le traitement des systèmes actuels de médias. Par l'introduction de standards TVHD et ISDN, la télévision ne coïncide pas seulement avec le bon vieux film, mais aussi et surtout avec le médium de tous les médias, c'est-à-dire l'ordinateur. Il est évident que des techniques de compression de données comme MUSE n'ont absolument plus rien à voir avec les procédés proprement optiques, c'est-à-dire avec le dessin, le maniement des couleurs et la gravure (pour formuler les choses dans la terminologie surannée des peintres). MUSE désigne au contraire l'application à des signaux optiques de règles de calcul et d'algorithmes que l'on pourrait aussi bien employer dans le domaine de l'acoustique ou de la cryptographie, parce qu'ils sont, premièrement, parfaitement indifférents aux contenus des médias ou aux champs sensoriels et parce que, deuxièmement, ils fonctionnent sans exception dans cette machine universelle discrète qu'Alan Mathison Turing comprit avoir été son invention en 1936 : l'ordinateur. Depuis 1943, cet ordinateur a tout d'abord eu la tâche, véritablement décisive pour l'issue de la guerre, de déchiffrer l'ensemble des communications radio à haute fréquence de la Wehrmacht. Depuis, soit après que la *Pax Americana* est devenue la base mondiale de toutes les technologies de pointe, il travaille à découpler le savoir de cette planète de ses habitants, c'est-à-dire à rendre le savoir transmissible à l'échelle interstellaire. À la fin de ce cours sur les médias optiques, l'optique visible doit donc disparaître dans le trou noir des circuits électriques.

En premier lieu, la technologie des ordinateurs signifie de prendre réellement au sérieux le principe numérique. Dans le traitement numérique de signaux, la coupe entre deux images de film ou, dans le cas de la télévision, les trous du disque de Nipkow ou le *shadow mask* de l'écran, s'avèrent être la seule et unique donnée. En ceci, toute tentative pour distinguer les différences entre médias ou champs sensoriels tombe à plat : que des ordinateurs numériques envoient des sons ou des images vers l'extérieur, c'est-à-dire qu'ils émettent ou non vers la soi-disant interface homme-machine, ils ne travaillent en interne jamais qu'avec des suites

[1] En français, RNIS : Réseau Numérique à Intégration de Services. [N.d.T.]

infinies de bits représentées par des tensions électriques. Chaque son ou chaque point de l'image doit certes être construit à partir d'éléments innombrables, mais dès que la vitesse du traitement de ces bits est suffisante, tout ce qui est commutable est réalisable – ainsi que le comprit le mathématicien John von Neumann eu égard à sa première bombe atomique. De nos jours le standard oscille entre dix et soixante-dix millions d'opérations de bits à la seconde ; avec les circuits optiques qui s'annoncent, on pourrait bien l'augmenter selon un facteur de quelques millions. *La Charcuterie mécanique* de Méliès avec ses coupes d'images à la seconde et ses tranches de saucisse de porc à la minute n'a plus qu'à fermer boutique. Car un ordinateur traitant et distribuant des données audiovisuelles fonctionne comme une coupeuse qui (à la différence de tous les médias analogiques) subjugue non seulement notre vitesse de perception mais encore la vitesse de notre soi-disant pensée. C'est précisément la raison pour laquelle toutes les manipulations de données possibles s'offrent à l'ordinateur.

Au contraire du film, la télévision n'était déjà plus de l'optique. Il est possible de tenir un rouleau de pellicule devant le soleil et de voir ce que chaque image montre. Or si on peut bien intercepter des signaux de télévision, on ne peut plus les visionner, parce qu'ils n'existent que sous la forme de signaux électroniques. Les yeux peuvent se repaître uniquement à l'entrée et à la sortie de la chaîne de transmission, dans le studio et sur l'écran. En somme, le traitement numérique de l'image s'entend à liquider les derniers restes d'imaginaire.

La raison en est simple : les ordinateurs, tels qu'ils existent depuis la Deuxième Guerre mondiale, n'ont pas du tout été conçus pour traiter l'image. Comme l'indique Vilém Flusser, l'histoire de leur développement se laisse bien plutôt comprendre comme la suppression de toutes les dimensions. Dans le modèle de Flusser, le premier acte symbolique, initié par l'homme à un moment quelconque de la préhistoire, fut d'extraire du continuum en quatre dimensions du temps et de l'espace un signe tridimensionnel qui, certes, représente le continuum, mais qui est surtout manipulable précisément en raison de la réduction de dimensions. Que l'on pense aux obélisques, tombeaux, pyramides. Le deuxième pas consista logiquement à désigner ce signe tridimensionnel lui-même par un signe bidimensionnel, donc la tombe par une pietà peinte par exemple, ce qui augmente encore une fois les possibilités de manipulation. Le troisième pas consista à remplacer ou désigner le bidimensionnel par la prétendue unidimensionnalité de textes ou d'imprimés, remplacement que postule également la théorie des médias de McLuhan, malgré le fait que, depuis le XIe siècle, les pages de nos livres sont divisées en surfaces – mais cela mériterait un cours entier.

Le point commun de toutes ces réductions demeure le fait que la dimension n - 1 occultait, cachait et déformait dans le même temps le désigné, donc la dimension n. De là les polémiques des philosophes grecs contre les dieux de chair et de sang, de là les guerres des iconoclastes ou des réformateurs contre les images religieuses et, finalement, depuis la Renaissance, la guerre de la technique et des sciences de la nature contre un concept textuel de la réalité. Dans cette dernière guerre, poursuit Flusser, les textes unidimensionnels sont remplacés par la dimension zéro des chiffres ou des bits – avec ce renversement que la dimension 0 ne présente plus le moindre danger d'occultation.

Dans cette perspective, les ordinateurs sont la réduction accomplie de toutes les dimensions à zéro. C'est pourquoi à partir de 1943 et pendant dix ans, leur input et output étaient constitués de colonnes de chiffres nues. Ce sont des systèmes d'exploitation comme UNIX qui ont en premier introduit dans les années soixante les lignes de commande unidimensionnelles qu'Apple Macintosh le premier remplaça dans les années soixante-dix par une interface utilisateur graphique ou bidimensionnelle. La raison de cette augmentation des dimensions n'était cependant pas la quête du réalisme visuel, mais la volonté de rendre accessible aux utilisateurs une partie au moins de la programmabilité totale des machines de Turing, ce qui en raison du nombre inconcevable de possibilité de programmation exige autant de dimensions que possible.

Le passage à la tridimensionnalité voire, si l'on fait du temps un paramètre, à la quadridimensionnalité de l'interface utilisateur – tel qu'il opère aujourd'hui sous le mot-clé de réalité virtuelle – peut évidemment aussi être compris comme extension des possibilités d'utilisations. Du point de vue historique en revanche, les réalités virtuelles – dans lesquelles on peut littéralement s'immerger avec au moins deux sens à distance (la vue et l'ouïe) et un jour ou l'autre également avec tous les cinq sens – ne sont pas nées du tout de l'immanence du développement de l'ordinateur, mais du film et de la télévision.

Dès les années 1930 en effet, un Américain du nom de Fred Waller constatait que les formats usuels de films ne remplissaient pas du tout le champ de vision des deux yeux. Waller développa pour les simulateurs de vol, c'est-à-dire dans des buts militaires, son cinérama qui combine trois voire même cinq caméras, ou plus précisément trois à cinq projecteurs placés les uns à côté des autres pour immerger le spectateur dans une image cinématographique en demi-cercle englobant son champ de vision. Partant du cinérama, Morton L. Heilig remplaça ensuite dans les années 1950 les projecteurs de cinéma de Waller par de petites caméras de télévision placées directement devant les deux yeux, transformant ainsi le consommateur de masse de la salle de cinéma en un cybernaute parfaitement solitaire. La réalité virtuelle comme bombardement des sens, et surtout des sens entraînés des pilotes de bombardiers, était ainsi née[1].

---

[1] Wulf R. Halbach, « Reality Engines », in : Norbert Bolz, Friedrich Kittler, Christoph Tholen (éd.), *Computer als Medium*, Munich, W. Fink, 1994, p. 231-244.

La recherche effrénée du réalisme visuel ne doit pas nous abuser sur les fondements de l'infographie. La différence fondamentale entre Heilig et les réalités virtuelles actuelles est que le cinérama ne faisait encore que filmer les spectacles new-yorkais de Broadway par exemple, tandis que les ordinateurs, justement parce qu'ils sont par définition sans dimension et donc sans images, doivent calculer toutes les données optiques ou acoustiques par leurs propres moyens. C'est la raison pour laquelle les images des écrans d'ordinateur, désormais aussi répandus que les téléviseurs, ne reproduisent pas du tout des choses, surfaces ou espaces existants, mais résultent de l'application de systèmes d'équations mathématiques sur la surface qu'est l'écran. À la différence de l'image de télévision qui, depuis le disque de Nipkow, est constituée de lignes à peu près continues mais de colonnes discrètes, cette surface est d'entrée constituée par une matrice carrée de points singuliers, les fameux pixels, qui sont donc également commandés à l'horizontale de manière entièrement discrète. Dans le cas du SVGA[1], le standard d'écran aujourd'hui dominant, la coupeuse fulgurante nommée ordinateur a donc la possibilité de commuter et régir 640 x 480 pixels en 256 couleurs différentes, au bon vouloir des algorithmes de traitement d'image. Que l'écran doive représenter ici l'ensemble des nombres réels ou celui des nombres complexes n'est mathématiquement parlant qu'une question de convention. Quoi qu'il en soit l'ordinateur ne fait pas simplement office de machine à écrire perfectionnée pour des secrétaires pouvant remiser leurs vieilles machines à écrire au placard, mais d'interface générale entre des systèmes d'équation et la perception sensorielle, pour ne pas dire la nature. En 1980, le mathématicien Benoît Mandelbrot essaya de tracer point par point sur l'écran d'ordinateur une équation très élémentaire comportant une variable complexe. L'équation elle-même était connue depuis 1917, mais même des mathématiciens armés de papier et de crayons auraient dans le meilleur des cas mis des millions de journées de travail à la calculer. Ce n'est pas pour rien que les motifs en couleur sur l'ordinateur, et possibles sur lui seul, reçurent les noms depuis devenus si fameux de bonhomme, poussière de Cantor ou vallée des hippocampes. Car ils produisent une nature dans laquelle aucun œil humain n'avait jusque-là reconnu le moindre ordre : l'ordre des nuages et des vagues, des éponges et des lignes côtières. Précisément parce qu'au contraire des arts traditionnels, il ne prétend pas reproduire quoi que ce soit, le traitement numérique d'images coïncide avec le réel. Et dans les puces de silicium, qui sont au demeurant constituées du même élément que le gravier le long du chemin, ce qui se calcule et se reproduit, ce sont des structures symboliques comme chiffrement du réel.

[1] SVGA : Super Video Graphics Array ; c'est un standard d'affichage dont la définition est supérieure à celle du VGA lancé en 1987. [N.d.T.]

Le système actuel est constitué de puces de silicium pour le traitement et le stockage, et de fils d'or et de pistes de cuivre pour la transmission. Le passage à des systèmes optiques de câbles à fibres optiques et à des circuits optiques n'aura donc pas pour seule conséquence d'augmenter la vitesse de calcul des images numériques, mais également d'élever à une puissance encore supérieure la structure mathématique autosimilaire découverte par Mandelbrot. Lorsque le verre, par exemple, dévie la lumière incidente en vertu des effets de franges de moiré et de figures d'interférence connus depuis Fresnel, il constitue déjà par essence ou par nature une analyse mathématique, qui ne pourrait être menée qu'au prix de fastidieux efforts sur les ordinateurs sériels de von Neumann. Mais pourquoi donc se donner la peine de traduire cette lumière en informations électriques qu'il faut ensuite s'épuiser à traiter sériellement ou successivement alors que cette même lumière peut déjà calculer par elle-même et surtout simultanément ? À la fin des médias optiques et du cours consacré à eux, on peut pronostiquer un système qui ne se contente pas de transmettre la lumière en tant que lumière, mais qui la stocke et la traite en tant que lumière. Ultime péripétie dramatique de son agir et pâtir, la lumière cessera ce faisant d'être une onde électromagnétique continue. On peut dire, en interprétant librement Newton, qu'elle fonctionnera de nouveau selon son autre nature, celle de particule, devenant aussi universelle, aussi discrète, c'est-à-dire aussi manipulable qu'un ordinateur électronique d'aujourd'hui. Cette manipulabilité optimale dans le vide presque complet de l'espace interstellaire constitue déjà un acquis mathématique inébranlable. Avec cet optimum, chaque bit d'information correspond à un pixel lumineux, qui n'est plus composé d'innombrables molécules phosphorescentes comme sur un écran de télévision ou d'ordinateur, mais d'un seul quantum lumineux, c'est-à-dire d'un photon. En suite de quoi le débit d'informations maximal, c'est-à-dire indépassable physiquement, n'obéit qu'à une seule et simple équation : $C = 3,7007 x \sqrt{(P/h)}$. En toutes lettres : le débit maximal de transmission de lumière comme information – et d'information comme lumière – égale la racine du quotient d'énergie photonique et de constante de Planck, multipliée par un coefficient empirique.

Les équations sont là pour être irreprésentables, soit pour contourner purement et simplement les médias optiques et les cours sur ces derniers. Permettez-moi pour cette raison de terminer par une illustration. Imaginez-vous un photon dans le vide comme la première et unique étoile du ciel nocturne, vide et sans limites. Pensez l'apparition de cette unique étoile en une fraction de seconde comme la seule information qui compte. Et écoutez ce que, dans le grand roman sur la Deuxième Guerre mondiale de Pynchon, le vieil officier des systèmes aéronautiques de Pennemünde dit au jeune homme qu'il vient juste d'envoyer pour un aller simple dans une fusée spatiale :

> « La courbe du soir… cette longue ligne incurvée de gens qui font un souhait en voyant surgir la première étoile… Souviens-toi toujours de ces hommes et de ces femmes le long de ces milliers de kilomètres de terre et d'eau. Le vrai moment de l'ombre c'est quand on voit le point de lumière dans le ciel. Rien qu'un point, et l'Ombre qui vient juste de t'envelopper de son aile… »
> Souviens-t'en toujours.[1]

En voici assez pour les algorithmes de données quelconques, c'est-à-dire numériques, dans le domaine des images. Je vous ai parlé d'algorithmes, mais uniquement de ceux dont l'Agence Nationale de Sécurité américaine, la NSA, a depuis autorisé la publication. Si cela se trouve, il existe depuis longtemps des algorithmes plus performants, mais qui sont encore classés top secret par les états-majors et les services secrets. Que l'on ne s'imagine pas qu'après le 9 novembre 1989 toute guerre ait pris fin. L'Est a certainement été battu – les consommateurs par la propagande télévisée, les producteurs par l'interdiction d'exporter des ordinateurs ; mais au sud de cette planète reste un problème, vieux d'au moins deux-cent ans : celui de l'échange d'information contre de l'énergie, d'algorithmes contre des matières premières.

Et derrière cette guerre mondiale entre algorithmes et matières premières, la guerre doublement millénaire entre algorithmes et alphabets, chiffres et lettres, sombre presque dans l'oubli. C'est pourquoi, j'aimerais en conclusion lui consacrer un mot : j'ai maintenant combattu quatorze fois, au long de quatorze cours sur les médias optiques, toute tentation d'écrire des programmes infographiques propres (je laisse en suspens ce que « propre » peut bien signifier dans le cas d'algorithmes). À leur place, ce sont des notes de cours toutes simples et ennuyeuses qui sont nées sous le diktat d'un programme de traitement de texte du nom de WORD 5.0. Aussi longtemps que les universités européennes n'auront pas installé la transmission de données à haut débit dans tous les auditoriums et dans toutes les chambres d'étudiants, il n'y aura pas d'autre choix. Sous les auspices de la technologie de pointe en revanche, le cours entier est une perte de temps. Je me console avec l'espoir que votre génération posera des câbles optiques à haut débit et déchiffrera les algorithmes secrets de la Guerre mondiale. Il ne me reste qu'à remercier vos bonnes vieilles et ouvertes oreilles et à conclure avec une chanson qui a elle aussi bien vieilli depuis vingt-cinq ans, mais qui est entrée dans les oreilles de ma génération – que comme chacun sait rien ni personne ne peut fermer.

> Leonard Cohen, *A Bunch Of Lonesome Heroes*
> *I sing this for the army,*
> *I sing this for your children*
> *And for all who do not need me.*

[1] Th. Pynchon, *L'Arc-en-ciel de la gravité*, *op. cit.*, p. 1104.

BIBLIOGRAPHIE

Abramson, Albert, « 10 Jahre Fernsehen, Visionen vom Fernsehen », in : Edith Decker et Peter Weibel (éd.), *Vom Verschwinden der Ferne, Telekommunikation und Kunst*, Cologne, Dumont, 1990, p. 146-208.

Alberti, Leon Battista, *Della Pittura – Über die Malkunst* [1436], éd. et trad. de l'italien par Oskar Bätschmann et Sandra Gianfreda, Darmstadt, Wissenschaftliche Buchgesellschaft, 2002 ; trad. française par Jean-Louis Schefer : *De la peinture*, Paris, Macula, 1992.

Alewyn, Richard, *Das große Welttheater. Die Epoche der höfischen Feste*, Munich, C. H. Beck, 1985.

Amelunxen, Hubertus von, *Die aufgehobene Zeit. Die Erfindung der Photographie durch William Henry Fox Talbot*, Berlin, Nishen, 1989.

–, Ujica, Andrei (éd.), *Television/Revolution. Das Ultimatum des Bildes*, Marbourg, Jonas, 1990.

Ardenne, Manfred von, *Ein glückliches Leben für Technik und Forschung. Autobiographie*, Zurich/Munich, Verlag der Nation, 1972.

Aristote, *Problèmes*, trad. du grec par Jules Barthélémy de Saint-Hilaire, Paris, Hachette, 1895 ; nouvelle traduction par Pierre Louis : *Problèmes. Sections I-X*, Paris, Belles Lettres, 1991. *

Arnheim, Rudolf, *Kritiken und Aufsätze zum Film*, Helmut H. Diederichs (éd.), Munich/Vienne, Hauser, 1977.

Bachmann, Ingeborg, « Anrufung des Großen Bären », « An die Sonne » [1956], in : *Sämtliche Gedichte*, Munich/Zurich, R. Piper & Co, 1978, p. 144-167.

Barthes, Roland, *Sur Racine*, Paris, Seuil, 1963.

Baumann, Carl-Friedrich, *Licht im Theater. Von der Argand-Lampe bis zum Glühlampe-Scheinwerfer*, Stuttgart, Steiner Franz Verlag, 1988.

–, « Von der Macht des Lichtes im Theater », in : *Licht*, Matthias Götz et Bruno Haldner (éd.), cat. exp., Bâle, Museum für Gestaltung, 1991, p. 29-33.

Baxandall, Michael, *Löcher im Licht. Der Schatten und die Aufklärung*, trad. de l'anglais (États-Unis) par Heinz Jatho, Munich, W. Fink, 1998 ; paru initialement sous le titre : *Shadows and Enlightenment*, Yale, Yale University Press, 1995 ; trad. française par Pierre-Emmanuel Dauzat : *Ombres et Lumières*, Paris, Gallimard, 1999.

Belting, Hans, *Bild und Kult. Eine Geschichte des Bildes vor dem Zeitalter der Kunst*, Munich, C. H. Beck, 1990 ; trad. française par Frank

Muller : *Image et culte. Une histoire de l'image avant l'époque de l'art*, Paris, Cerf, 1998.

–, *Bildanthropologie. Entwürfe für eine Bildwissenschaft*, Munich, W. Fink, 2001; trad. française par Jean Torrent : *Pour une anthropologie des images*, Paris, Gallimard, 2004.

Benjamin, Walter, « Das Kunstwerk im Zeitalter seiner technischen Reproduzierbarkeit » [1939], in : *Gesammelte Schriften*, Rolf Tiedemann et Hermann Schweppenhaüser (éd.), Francfort-sur-le-Main, Suhrkamp, 1974, vol. 1, p. 431 *sq.* ; trad. française par Frédéric Joly : *L'Œuvre d'art à l'ère de sa reproductibilité technique*, Paris, Payot, 2013.

Benn, Gottfried, *Gehirne*, Leipzig, Kurt Wolff Verlag, 1916 ; trad. française par Alain Bosquet : *Cerveaux*, Paris, Éditions de la différence, 2006. *

–, *Die Reise*, Leipzig, Kurt Wolff Verlag, 1916 ; trad. française par Robert Rovini : *Le Voyage*, Paris, Gallimard, 1965. *

Bergk, Johann Adam, *Die Kunst, Bücher zu lesen. Nebst Bemerkungen über Schriften und Schriftsteller*, Iéna, In der hempelschen Buchhandlung, 1799.

Bexte, Peter, *Blinde Seher. Die Wahrnehmung von Wahrnehmung in der Kunst des 17. Jahrhunderts*, Dresde, Verlag der Kunst, 1999.

Bidermann, Jakob, *Cenodoxus* [1602], Stuttgart, Reclam, 1965.

Bischoff, Bettina, Mayer, Thomas Michael (éd.), *Georg Büchner, Leben, Werk, Zeit, Ausstellung zum 150. Jahrestag des „Hessischen Landboten"*, cat. exp., Marbourg, Jonas, 1985.

Blumenberg, Hans, *Die Legitimität der Neuzeit*, Francfort-sur-le-Main, Surhkamp, 1966 ; trad. française par Marc Sagnol, Jean-Louis Schlegel et Denis Trierweiler : *La Légitimité des temps modernes*, Paris, Gallimard, 1999.

–, *Die Genesis der kopernikanischen Welt*, Francfort-sur-le-Main, Suhrkamp, 1975. *

Boltzmann, Ludwig, *Populäre Schriften* [1905], Engelbert Broda (éd.), Braunschweig/Wiesbaden, Vieweg & Sohn, 1979.

Bolz, Norbert, *Eine kurze Geschichte des Scheins*, Munich, W. Fink, 1991.

–, *Am Ende der Gutenberg-Galaxis. Die neuen Kommunikations-verhältnisse*, Munich, W. Fink, 1993.

Born, Max, Wolf, Emil, *Principles of optics. Electromagnetic theory of propagation, interference and diffraction of light*, Oxford, Macmillan Publishing, 1964.

Bosse, Heinrich, *Autorschaft ist Werkherrschaft. Über die Entstehung des Urheberrechts aus dem Geist der Goethezeit*, Paderborn/ Munich/ Vienne/ Zurich, W. Fink, 1981.

Braunmühl, Anton von, *Vorlesungen über Geschichte der Trigonometrie*, Leipzig, Teubner, 1900, vol. 1 : *Von den ältesten Zeiten bis zur Erfindung der Logarithmen.*

Brockes, Barthold Heinrich, *Irdisches Vergnügen in Gott, bestehend in Physicalisch- und Moralischen Gedichten*, Hambourg, Schramm, 1721-1748, t. VII.

Bronnen, Arnolt, *Film und Leben. Barbara La Marr* [1928], Claudia Wagner (éd.), Berlin AvivA, 2003. *

Bruch, Walter, *Kleine Geschichte des deutschen Fernsehens*, Berlin, Haude und Spener, 1967.

–, *PAL – Das Farbfernsehen*, Berlin, Deutsches Rundfunk-Museum, 1987.

Brunelleschi, Filippo, *Das Gesamtwerk*, Eugenio Battisti (éd.), Stuttgart, Belser, 1979.

Brusatin, Manlio, *A History of colors*, trad. de l'italien par Robert H. Hopcka et Paul Schwartz, Boston/Londres, Shambhala, 1991 ; paru initialement sous le titre : *Storia dei colori*, Turin, Einaudi, 1983 ; traduction française par Claude Lauriol : *Histoire des couleurs*, Paris, Flammarion, 1991.

Büchner, Georg, « Leonce und Lena » [1836], in : *Sämtliche Werke und Briefe*, Werner R. Lehmann (éd.), Hambourg, Wegner, 1967, vol. 1, p. 103 *sq.* ; trad. française par Bruno Bayen : *Léonce et Léna*, Paris, L'Arche, 2007.

Buddemeier, Heinz, *Panorama, Diorama, Photographie. Entstehung und Wirkung neuer Medien im 19. Jahrhundert*, Munich, W. Fink, 1970.

Busch, Bernd, *Belichtete Welt. Eine Wahrnehmungsgeschichte der Fotographie*, Munich, Fischer Taschenbuch, 1995.

Chamisso, Adelbert von, *Peter Schlemihls wundersame Geschichte* [1813], Mannheim, Kunstanstifter Verlag, 2011 ; trad. française par Albert Lortholary (1934) révisée par Bernard Lortholary (1992) : *L'Étrange Histoire de Peter Schlemihl ou l'homme qui a vendu son ombre*, Paris, Gallimard, 1992. *

Clark, Ronald William, *Edison. Der Erfinder, der die Welt veränderte*, trad. de l'anglais par L. Nürenberger, Francfort-sur-le-Main, Societäts-Verlag, 1981; paru initialement sous le titre : *Edison: The Man who made the Future*, Londres, Macdonald and Jane's, 1977 ; trad. française par Édouard Guigonis : *Edison 1847-1931. L'Artisan de l'avenir*, Paris, Belin, 1986.

Coy, Wolfgang, « Aus der Vorgeschichte des Mediums Computer », in : Norbert Bolz, Friedrich Kittler, Christoph Tholen (éd.), *Computer als Medium*, Munich, W. Fink, 1993, p. 19-38.

Crary, Jonathan, *Techniques of the observer. On vision and modernity in the nineteenth century*, Cambridge Mass./Londres, MIT Press, 1990 ; trad.

française par Frédéric Morin : *L'Art de l'observateur : vision et modernité au XIXe siècle*, Nîmes, J. Chambon, 1994.

Decker, Edith, Weibel, Peter (éd.), *Vom Verschwinden der Ferne. Telekommunikation und Kunst*, Cologne, Dumont, 1990.

Dürer, Albrecht, *Schriften und Briefe*, Ernst Ullmann (éd.), Leipzig, Reclam, 1989.

Eder, Joseph Maria, *Ausführliches Handbuch der Photographie*, Halle, Wilhelm Knapp, 1905-1932 (1ère éd., 1890-1906), 4 vols., voir 1905, vol. 1, t. I, et 1906, vol. 1, t. II.

Edgerton, Samuel Y., *The Renaissance rediscovery of linear perspective*, New York, Basic Books, 1975.

–, *The Heritage of Giotto's geometry. Art and science on the eve of the scientific revolution*, Ithaca/Londres, Cornell University Press, 1991.

Eisenstein, Elisabeth L., *The printing revolution in early modern Europe*, Cambridge, Cambridge University Press, 1983 ; trad. française par Marc Duchamp et Maud Sissung : *La Révolution de l'imprimé dans l'Europe des premiers temps modernes*, Paris, La Découverte, 1991. *

Eisner, Lotte, *Die dämonische Leinwand*, Hilmar Hoffmann et Walter Schobert (éd.), Francfort-sur-le-Main, Fischer, 1975.

Enzensberger, Hans Magnus, *Mausoleum. Siebenunddreißig Balladen aus der Geschichte des Fortschritts*, Francfort-sur-le-Main, Suhrkamp, 1975 ; trad. française par Maurice Regnaut : *Mausolée. Trente-sept ballades tirées de l'histoire du progrès*, Aix-en-Provence, Alinea, 1987.

Eytelwein, Johann Albert, *Handbuch der Perspektive*, Berlin, Realschulbuchhandlung, 1810.

Faulstich, Werner (éd.), *Kritische Stichwörtern zur Medienwissenschaft*, Munich, W. Fink, 1979.

Flaubert, Gustave, *L'Éducation sentimentale* [1869], in : *Œuvres*, René Dumesnil et Albert Thibaudet (éd.), Paris, Gallimard, coll. Pléiade, 1952, t. II.

Foley, James D., Dam, Andries van, Feiner, Steven K., Hughes, John F., *Computer graphics. Principles and practice*, Reading, Mass., Addison-Wesley Professional, 1990.

Foucault, Michel, *L'Ordre du discours*, Paris, Gallimard, 1971.

–, « La Peinture de Manet », *Les Cahiers de Tunisie*, n° 149-150, numéro spécial : « Foucault en Tunisie », Kmar Ben Dana-Mechri (éd.), 3e et 4e trimestres 1989, p. 61-89.

Frese, Frank, Hotschewar, Maryan V., *Filmtricks und Trickfilme*, Düsseldorf, Wilhelm Knapp, 1965.

Freud, Sigmund, « Die Traumdeutung » [1900], in : *Gesammelte Werke, chronologisch geordnet*, Anna Freud *et al.* (éd.), Londres, Imago Publishing Co, 1942, t. II-III ; trad. française par Jean-Pierre Lefebvre : *L'Interprétation du rêve*, Paris, Seuil, 2010.

–, « Das Unheimliche » [1919], in : *Gesammelte Werke*, *op. cit.*, 1947, t. XII, p. 229-268 ; trad. française par Bertrand Feron : *L'Inquiétante Étrangeté et autres essais* [1906-1923], Paris, Gallimard, 1985.

–, « Das Unbehagen in der Kultur » [1930], in : *Gesammelte Werke*, *op. cit.*, t. XIV, p. 419-513 ; traduction française par Pierre Cotet, René Lainé et Johanna Sute-Cadio : *Le Malaise dans la culture*, Paris, P.U.F., 1995.

Giesecke, Michael, *Der Buchdruck in der frühen Neuzeit. Eine historische Fallstudie über die Durchsetzung neuere Informations- und Kommunikationstechnologien*, Francfort-sur-le-Main, Suhrkamp, 1991.

Glassner, Andrew S. (éd.), *An introduction to Ray Tracing*, Londres, Academic Press Ltd., 1989.

–, *Principles of digital image synthesis*, San Francisco, Morgan Kaufmann, 1995.

Goethe, Johann Wolfgang von, « Kunst und Handwerk » [1797], in : *Goethes Werke*, Weimarer Ausgabe, Weimar/Munich, 1896-1987, t. I., vol. 47, p. 55-59 ; trad. française par Jean-Marie Schaeffer : « Art et Artisanat », in : *Écrits sur l'art*, Paris, GF Flammarion, 1996 (1ère éd., Paris, Klincksieck, 1983).

–, *Farbenlehre*, Tübingen, Cotta, 1810 ; trad. française par Henriette Bideau : *Traité des couleurs*, Paris, Triades, 2000 (1ère éd., 1980).

Gréard, Octave, *Jean-Louis-Ernest Meissonier. Ses souvenirs – ses entretiens*, Paris, Hachette, 1897.

Greve, Ludwig (éd.), *Hätte ich das Kino! Der Schriftsteller und der Stummfilm*, Munich, Kösel, 1976.

Halbach, Wulf R., « Reality Engines », in : Norbert Bolz, Friedrich Kittler, Christoph Tholen (éd.), *Computer als Medium*, Munich, W. Fink, 1993, p. 231-244.

Hammond, John H., *The camera obscura. A chronicle*, Bristol, CRC Press, 1981.

Hanstein, Adelbert von, *Wie entstand Schillers Geisterseher ?*, Berlin, A. Duncker, 1903.

Hegel, Georg Wilhelm Friedrich, *Die Phänomenologie des Geistes* [1807], Wolfgang Bonsiepen et Reinhard Heede (éd.), Hambourg, Félix Meiner, 1980, vol. 7 ; trad. française par Gwendoline Jarczyk et Jean-Pierre Labarrière : *Phénoménologie de l'esprit*, Paris, Gallimard, 1993. *

Heidegger, Martin, *Einführung in die Metaphysik* [1935], Tübingen, Max Niemeyer, 1998 (1ère éd., 1953) ; trad. française par Gilbert Kahn : *Introduction à la métaphysique*, Paris, Gallimard, 1967. *

–, « Zeitalter des Weltbildes » [1938], in : *Holzwege*, Francfort-sur-le-Main, Klostermann, 1950, p. 69 *sq.* ; trad. française par Wolfgang Brokmeier : « L'époque des „conceptions du monde“ », in : *Chemins qui ne mènent nulle part*, Paris, Gallimard, 1980 (1ère éd., 1962), p. 99-146.

Heidenreich, Stefan, *Was verspricht die Kunst?*, Berlin, Berlin Verlag, 1998.

Herr, Michael, *Dispatches*, Londres, Picador, 1978.

Hoffmann, Ernst Theodor Amadeus, *Die Elixire des Teufels* [1815-1816], Walter Müller-Seidel (éd.), Munich, Winkler, 1961 ; trad. française par Alzir Hella et Olivier Bournac : *Les Élixirs du diable*, Paris, Stock, 2002.

–, *Fantasie- und Nachtstücke* [1816-1817], Walter Müller-Seidel (éd.), Munich, Winkler, 1976 ; trad. française par Adolphe Loève-Veimars : *Contes nocturnes*, Paris, Gallimard, 2012.

–, *Die Serapionsbrüder* [1819-1921], Walter Müller-Seidel (éd.), Munich, Winkler, 1963 ; trad. française par La Bédollière : *Contes des frères Sérapion*, Paris, George Barba, 1871.

Hölderlin, Friedrich, « Die Wanderung » & « Patmos », in : *Sämtliche Werke und Briefe*, Michael Knaupp (éd.), Darmstadt, Wissenschaftliche Buchgesellschaft, 1998, vol. 1, p. 336-339 et p. 447-458 (1ère éd., Munich/Vienne, Hanser Verlag) ; trad. française par Michel Deguy, André Du Bouchet, François Fédier, Philippe Jaccottet, Denise Naville, Gustave Roud, Robert Rovini et Jean Tardieu : « La Migration » & « Patmos », in : *Œuvres*, Philippe Jaccottet (éd.), Paris, Gallimard, coll. Pléiade, 1967. *

Holmes, Oliver Wendell, « The Age of Photography », *The Atlantic*, vol. 3, n° 20, juin 1859, p. 738-748, réimpr. dans : Alan Trachtenberg (éd.), *Classic Essays on Photography*, New Haven/Stony Creek, Leete's Island Books, 1980.

Horkheimer, Max, Adorno, Theodor W., *Dialektik der Aufklärung* [1947], Amsterdam, Querido, 1955 ; trad. française par Éliane Kaufholz : *Dialectique de la raison*, Paris, Gallimard, 1983.

Innis, Harold Adams, *Empire and Communications*, Oxford, Clarendon Press, 1950.

Jauß, Hans Robert, « Nachahmungsprinzip und Wirklichkeitsbegriff in der Theorie des Romans von Diderot bis Stendhal », in : *Nachahmung und Illusion*, Munich, Eidos Verlag, 1969, p. 174-178.

Jay, Paul, *Lumières et images, la photographie. Pour une visite du Musée Niépce. Histoire sommaire des techniques photographiques au XIXe siècle*, Chalon-sur-Saône, Musée Nicéphore Niépce, 1981.

Kaes, Anton (éd.), *Kino-Debatte. Texte zum Verhältnis von Literatur und Film 1909-1929*, Munich/Tubingen, Niemeyer Max Verlag, 1978.

Kant, Immanuel, *Kritik der Urteilskraft und Schriften zur Naturphilosophie. Werke in sechs Bänden*, Wilhelm Weischedel (éd.), Darmstadt, Wissenschaftliche Buchgeselleschaft, 1957, vol. 5 ; trad. française par Alain Renaut : *Critique de la faculté de juger* [1790], Paris, GF Flammarion, 1995.

Kemp, Martin, *The Science of art. Optical themes in Western art from Brunelleschi to Seurat*, New Haven, Conn./Londres, Yale University Press, 1990.

Kittler, Friedrich, *Grammophon Film Typewriter*, Berlin, Brinkman & Bose, 1986.

Kroker, Arthur, *Technology and the Canadian Mind: Innis, McLuhan, Grant*, Montréal, New World Perspectives, 1984.

Kurylo, Friedrich, *Ferdinand Braun. Leben und Wirken des Erfinders der Braunschen Röhre, Nobelpreisträger 1909*, Munich, Heinz Moos Verlag, 1965.

Kurzel-Runtscheiner, Erich, *Franz Freiherr von Uchatius*, Vienne, Springer, Österreichisches Forschungsinstitut für Geschichte der Technik, 1937.

Lacan, Jacques, *Le Séminaire II. Le Moi dans la théorie de Freud et dans la technique de la psychanalyse* [1954-1955], Paris, Seuil, 1978.

–, *Le Séminaire VIII. Le Transfert* [1960-1961], Paris, Seuil, 1991. *

–, *Le Séminaire XI. Les Quatre Concepts fondamentaux de la psychanalyse*, Paris, Seuil, 1973.

–, *Écrits I*, Paris, Seuil, 1999.

Lambert, Johann Heinrich, *Neues Organon oder Gedanken über die Erfoschung und Bezeichnung des Wahren und dessen Unterscheidung vom Irrthum und Schein* [1764], Günter Schenk (éd.), Berlin, Akademie Verlag, 1943 ; traduction en français par Gilbert Fanfalone de la partie « Phénoménologie » : *Nouvel organon. Phénoménologie*, Paris, Vrin, 2002.

–, *Schriften zur Perspektive* [1759, 1774], Max Steck (éd.), Berlin, Akademie Verlag, 1943 ; traduction partielle en français par Jeanne Peiffer de la seconde édition augmentée : « Notes et additions à la perspective affranchie de l'embarras du plan géométral de Jean-Henri Lambert », in : *La place de J.-H. Lambert (1728-1777) dans l'histoire de la perspective*, Roger Laurent (éd.), Paris, CEDIC/Nathan, 1987.

Langen, August, *Anschauungsformen in der deutschen Dichtung des 18. Jahrhunderts*, Iéna, Diederich, 1934.

Laßwitz, Kurd, *Gustav Theodor Fechner*, Stuttgart, Frommann, 1910.

Leclerc, Hélène, « Au théâtre de Besançon (1775-1784). Claude-Nicolas Ledoux, réformateur des mœurs et précurseur de Richard Wagner », *Revue d'histoire du théâtre*, n° 11, 1958, p. 11-25.

Léonard de Vinci, *Codex Atlanticus. A Catalogue of Its Newly Restored Sheets* [1478-1519], Carlo Pedretti (éd.), New York, Johnson Reprint Corp., 1978, vol. 1, f. 300 recto-*b*. *

Lessing, Gotthold Ephraim, « Laokoon oder über die Grenzen der Malerei und Poesie » [1766], in : *Antiquarische Schriften, Gesammelte Werke*, Paul Rilla (éd.), Berlin, Aufbau-Verlag, 1968, vol. 5 ; trad. française d'A. Courtin (1866) revue et corrigée : *Laocoon*, Paris, Hermann, 1990.

Lindberg, David C., *Theories of vision from Al-Kindi to Kepler*, Chicago/Londres, University of Chicago Press, 1976.

Loiperdinger, Martin (éd.), *Oskar Messter – Filmpionier der Kaiserzeit*, cat. exp., Filmmuseum Potsdam et Deutsches Museum Berlin, Bâle/Francfort-sur-le-Main, Stroemfeld/Roter Stern, 1994.

Lorenz, Thorsten, *Wissen ist Medium. Die Philosophie des Kinos*, Munich, W. Fink, 1988.

Loyola, Ignace de, *Die Exerzitien und Aus dem Tagebuch*, Munich, Matthes und Seitz, 1991 (1ère éd., 1978) ; trad. française du latin par Jean-Claude Guy : *Exercices spirituels* [1544], Paris, Seuil, 1982.

Luhmann, Niklas, *Die Realität der Massenmedien*, Opladen, Westdeutscher Verlag, 1996 ; trad. française par Flavien Le Bouter : *La Réalité des médias de masse*, Bienne/Paris, Diaphanes, 2013.

Mallarmé, Stéphane, *Œuvres complètes*, Bertrand Marchal (éd.), Paris, Gallimard, coll. Pléiade, 2003, t. II.

Manetti, Antonio, « Vie de Brunelleschi » [ca. 1480], trad. de l'italien par Fosca Mariani Zini, in : Philippe Hamou, *La Vision perspective (1435-1740)*, Paris, Payot & Rivages, 2007 (1ère éd., 1995). *

Marey, Étienne-Jules, *La Machine animale. Locomotion terrestre et aérienne*, Paris, G. Baillie, 1873.

–, *Le Mouvement*, Paris, G. Masson, 1894.

Mayr, Otto, Post, Robert C., *Yankee Enterprise. The rise of the American system of manufactures*, colloque organisé par la Chambre américaine de commerce, Dibner Rare Book Librairy, National Museum of American History, Smithsonian Institution, Washington D.C., Smithsonian, 1981.

McLuhan, Marshall, *Die magischen Kanäle*, trad. de l'anglais (Canada) par Meinrad Amann, Düsseldorf/Vienne, Econ Verlag, 1968 ; paru initialement sous le titre : *Understanding medias: the extensions of man*, New York, McGraw-Hill, 1964 ; trad. française par Jean Paré : *Pour comprendre les médias. Les prolongements technologiques de l'homme*, Tours/Paris, Mame/Seuil, 1968.

–, Quention Fiore, *The medium is the massage: an inventory of effects*, Jerome Agel (éd.), New York, Bantham Books, 1967 ; trad. française par Jerome Agel et Thérèse Lauriol : *Message et Massage, un inventaire des effets*, Paris, Jean-Jacques Pauvert, 1968. *

Meyer, Joseph, *Meyers Großes Konversations-Lexikon*, Leipzig, Bibliographisches Institut, 1902-1908 (1ère éd., 1839-1852), 20 vols., voir 1905, vol. 2 *

Mitry, Jean (éd.), *Cinéma d'aujourd'hui* (Nouvelle Série), n° 9, « Le cinéma des origines. Les précurseurs, les inventeurs, les pionniers », automne 1976.

Monaco, James, *Film verstehen. Kunst, Technik, Sprache. Geschichte und Theorie des Films*, trad. de l'anglais par Hans-Michael Bock, Brigitte Westermeier, Robert Wohlleben, Reinbek, Rowohlt Taschenbuch Verlag, 1989 ; paru initialement sous le titre : *How to read a film. The Art, Technology, Language, History and Theory of Film and Media*, Oxford, Oxford University Press, 1981.

Morin, Edgar, *Le Cinéma ou l'homme imaginaire. Essai d'anthropologie*, Paris, Éditions de Minuit, 1956.

Münsterberg, Hugo, *The Photoplay. A psychological study*, New York, D. Appleton & Co, 1916 ; trad. française par Martin Richet : *Le Cinéma : Une étude psychologique et autres essais*, Genève, Éditions Héros-Limite et Association Cinématographies, 2010.

Nabokov, Vladimir, *Lolita*, Paris, The Olympia Press, 1955 ; trad. française par Éric Kahane : *Lolita*, Paris, Gallimard, 1990. *

Nadar, Félix Tournachon (dit), *Quand j'étais photographe*, Paris, Flammarion, 1899.

Nietzsche, Friedrich, « Über die Zukunft unserer Bildungs-Anstalten » [1872], in : *Werke in drei Bänden*, Karl Schlechta (éd.), Munich, Carl Hanser, 1962, vol. 3, p. 175- 263 ; trad. française par Jean-Louis Backès, Michel Haar et Marc B. de Launay : « Sur l'avenir de nos établissements de formation », in : *Écrits posthumes 1870-1873*, Giorgio Colli et Mazzino Montinari (éd.), Paris, Gallimard, coll. Œuvres philosophiques complètes, 1975, t. I, vol. 2.

–, *Die Geburt der Tragödie* [1872], in : *Kritische Studienausgabe*, Giorgio Colli et Mazzino Montinari (éd.), Berlin/New York, De Gruyter, 1967, 15 vols., vol. 1 ; trad. française par Philippe Lacoue-Labarthe : *La Naissance de la tragédie*, Giorgio Colli et Mazzino Montinari (éd.), Paris, Gallimard, coll. Œuvres philosophiques complètes, 1977, t. I, vol. 1. *

–, *Jenseits von Gut und Böse* [1886], in : *Kritische Studienausgabe*, *op. cit.*, vol. 5 ; trad. française par Jean Gratien, Cornelius Heim et Isabelle Hildenbrand : « Par-delà bien et mal », in : *Par delà bien et mal – La Généalogie de la morale*, Giorgio Colli et Mazzino Montinari (éd.), Paris, Gallimard, coll. Œuvres philosophiques complètes, 1971, t. VII. *

Novalis, *Heinrich von Ofterdingen* [1802, posth.], Joseph Kiermeier-Debre (éd.), Munich, Deutscher Taschenbuch Verlag, 1997 ; trad. française par Armel Guerne : *Henri d'Ofterdingen*, Paris, Gallimard, 2011. *

Ong, Walter J., *Oralität und Literalität. Die Technologisierung des Wortes*, Opladen, Westdeutscher Verlag, 1987.

Peucker, Brigitte, *Incorporating images. Film and the rival arts*, Princeton, N. J., Princeton University Press, 1995.

Pinthus, Kurt (éd.), *Kinobuch* [1914], Zurich, Arche, 1963.

Plotin, *Ennéades* [254-270], trad. du grec par Émile Bréhier, Paris, Les Belles Lettres, 1924-1938, 7 vols., voir vol. 1, VI, 9, p. 106. *

Plumpe, Gerhard, *Der tote Blick. Zum Diskurs der Photographie in der Zeit des Realismus*, Munich, W. Fink, 1990.

Poe, Edgar Allan, « The Oval Portrait » [1842], in : *Edgar Allan Poe's tales of mystery and imagination*, Pádraic Colum (éd.), Londres/New York, J. M. Dent & Sons/E. P. Dutton & Co, 1908 ; trad. française par Charles Baudelaire : « Le Portrait ovale » [1842], in : *Œuvres complètes de Charles Baudelaire. Traductions*, Jacques Crépet (éd.), Paris, Conard, 1933.

–, « X-ing a Paragrab » [1849], in : *Edgar Allan Poe: Poetry and Tales*, Patrick F. Quinn (éd.), New York, Library of America, 1984, p. 917-923 ;

trad. française par Jean-Marie Maguin et Claude Richard : « Le Paragrave aux X » in : *Contes – Essais – Poèmes*, Paris, Robert Laffont, 1989, p. 942-947. *

Pöpsel, Josef, Claussen, Ute, Klein, Rolf-Dieter, Plate, Jürgen, *Computergrafik. Algorithmen und Implementierung*, Berlin/Heidelberg/New York, Springer, 1994.

Pynchon, Thomas, *Die Enden der Parabel*, trad. de l'anglais (États-Unis) par Ilfriede Jelinke et Thomas Piltz, Reinbeck, Rowohlt, 1981 ; paru initialement sous le titre : *Gravity Rainbow*, New York, Vinking Press, 1973 ; trad. française par Michel Doury : *L'Arc-en-ciel de la gravité*, Paris, Seuil, 1988.

–, *V.*, Philadelphie, J. B. Lippincott, 1963 ; trad. française par Minnie Danzas : *V.*, Paris, Seuil, 2001. *

Rabiner, Lawrence R., Gold, Bernhard, *Theory and application of digital signal processing*, Englewood Cliffs, New Jersey, Prentice Hall, 1975.

Racine, *Phèdre* [1677], in : *Œuvres complètes*, Raymond Picard (éd.), Paris, Gallimard, coll. Pléiade, 1950, t. I.

Ranke, Winfried, « *Magia naturalis, physique amusante* und aufgeklärte Wissenschaft », in : Detlev Hoffmann, Almut Junker (éd.), *Laterna magica. Lichtbilder aus Menschenwelt und Götterwelt*, Berlin, Frölich & Kaufmann, 1982, p. 11-53.

Rings, Werner, *Die 5. Wand. Das Fernsehen*, Vienne/Düsseldorf, Econ, 1962.

Ritter, Johann Wilhelm, *Entdeckungen zur Elektrochemie, Bioelektrochemie und Photochemie*, Hermann Berg et Klaus Richter (éd.), Leipzig, Geest & Portig, 1986.

Rotman, Brian, *Signifying nothing. The semiotics of zero*, Basingstoke, Palgrave Macmillan, 1987.

Sartre, Jean-Paul, *Les Mots*, Paris, Gallimard, 1964.

Schiller, Friedrich, *Sämtliche Werke. Säkular-Ausgabe*, Eduard von der Hellen (éd.), Stuttgart/Berlin, J. G. Cotta'sche Buchhandlung, 1904-1905, vol. 2 ; nouvelle trad. française par Ad. Regnier : *Œuvres*, Paris, Hachette, 1859-1862, t. II, III et VII.

Schmitt, Carl, *La Notion de politique. Théorie du partisan* [1932], trad. française par Marie-Louise Steinhauser, Paris, Champs classiques, 2009. *

Schivelbusch, Wolfgang, *Lichtblicke. Zur Geschichte der künstlichen Helligkeit im 19. Jahrhundert*, Munich/Vienne, Hanser, 1983.

Schlüpmann, Heide, *Unheimlichkeit des Blicks. Das Drama des frühen deutschen Kinos*, Bâle/Francfort-sur-le-Main, Stroemfeld/Roter Stern, 1990.

Schmiederer, Ernst, « Alle Macht geht vom Bild aus », in : Christine Schöpf (éd.), *Information. Macht. Krieg. Ars Electronica 98*, Vienne/New York, Gerfireid stocker, 1998, p. 230-239.

Schmitz, Emil-Heinz, *Handbuch zur Geschichte der Optik*, Bonn, Wayenborgh, 1981-1995.

Schnelle-Schneyder, Marlene, *Photographie und Wahrnehmung am Beispiel der Bewegungsdarstellung im 19. Jahrhundert*, Marbourg, Jonas, 1990.

Seeber, Guido, Wolter, Konrad (éd.), *Die Filmtechnik. Zeitschrift für alle technischen und künstlerischen Fragen des gesamten Filmwesens*, n° 1, 1925.

Segeberg, Harro (éd.), *Die Mobilisierung des Sehens. Zur Vor-und Frühgeschichte des Films in Literatur und Kunst*, Munich, W. Fink, 1996.

Sellenriek, Jörg (éd.), *Zirkel und Lineal. Kulturgeschichte des konstruktiven Zeichnens*, Munich, Callwey Verlag, 1987.

Shannon, Claude E., Weaver, Warren, *Mathematische Grundlagen der Informationstheorie*, trad. de l'anglais (États-Unis) par Helmut Dreßler, Munich, R. Oldenbourg, 1976 ; paru initialement sous le titre : *The mathematical theory of communication*, Urbana, University of Illinois Press, 1949 ; trad. française par Jacques Cosnier, Geneviève Dahan et Nicholas S. Economides : *Théorie mathématique de la communication*, Paris, Retz-C.E.P.L., 1975.

Siegert, Bernhard, *Relais. Geschicke der Literatur als Epoche der Post (1751-1913*), Berlin, Brinkmann u. Bose, 1993.

Simmering, Klaus, *HDTV – High Definition Television. Technische, ökonomische und programmliche Aspekte einer neuen Fernsehtechnik*, Bochum, Universitätsverlag Brockmeyer, 1989.

Simon, Gérard, *Le Regard, l'être et l'apparence dans l'Optique de l'Antiquité*, Paris, Seuil, 1988.

Spengler, Oswald, *Der Mensch und die Technik. Beitrag zu einer Philosophie des Lebens*, Munich, C. H. Beck, 1931 ; trad. française par Anatole A. Petrowsky : *L'Homme et la technique*, Paris, Gallimard, 1969.

Starobinski, Jean, *1789. Les Emblèmes de la raison*, Paris, Flammarion, 1973.

Stiftung Deutsche Kinemathek (éd.), *Das wandernde Bild. Der Filmpionier Guido Seeber*, Berlin, Elefanten Press, 1979.

Suétone, *Leben der Caesaren* [119-122], trad. du latin et éd. par André Lambert, Munich, Deutscher Taschenbuch Verlag, 1972 ; trad. française par Pierre Klossowski : *Vies des douze Césars*, Paris, Bartillat, 2010.

Swift, Jonathan, *Gulliver's Travels* [1721, 1726, 1735], Oxford/Londres, Clarendon Press, 1980 ; trad. française par Guillaume Villeneuve : *Les Voyages de Gulliver*, Paris, GF Flammarion, 2014.

Todorov, Tzvetan, *Introduction à la littérature fantastique*, Paris, Seuil, *1970.*

Tsuji, Shigeru, « Brunelleschi and the *Camera Obscura*. The discovery of pictorial perspective », *Art History*, vol. 13, n° 3, septembre 1990, p. 276-292.

Vasari, Giorgio, *Leben den ausgezeichnetsten Maler, Bildhauer und Baumeister von Cimabue bis zum Jahre 1567* [1568], Julian Kliemann (éd.), trad. de l'italien par Ludwig Schorn et Ernst Förster, Worms, Werner, 1983, vol. 2, t. I ; trad. française et édition par André Chastel : *Les Vies des meilleurs peintres, sculpteurs et architectes*, Paris, Berger Levrault, 1981-1989.

Vertov, Dziga, « Aus dem Reglement der Kinoki » [1922], in : Franz-Josef Albersmeier (éd.), *Texte zur Theorie des Films*, Stuttgart, Reclam, 2001, p. 53.

Virilio, Paul, *Guerre et Cinéma I. Logistique de la perception*, Paris, Cahiers du cinéma, 1991 (1ère éd., 1984).

Vogt, Hans, *Die Erfindung des Lichttonfilms*, Munich, Oldenbourg, 1964.

Wagner, Richard, *Die Musikdramen*, Joachim Kaiser (éd.), Munich, Deutscher Taschenbuch Verlag, 1978.

–, *Parsifal* [1882], trad. française par Alfred Ernst reprise dans le livret d'opéra de *Parsifal*, Deutsche Grammophone, 2006.

Wasserman, Gerald S., *Color vision. An historical introduction*, New York, Wiley, 1978.

Watt, Alan, *Fundamentals of three-dimensional computer graphics*, Wokingham, Addison Wesley, 1989.

Wenzel, Horst, *Hören und Sehen, Schrift und Bild. Kultur und Gedächtnis im Mittelalter*, Munich, C. H. Beck, 1995.

Wieszner, Georg, *Richard Wagner, der Theaterreformer. Vom Werden des deutschen Nationaltheaters im Geiste des Jahres 1848*, Emsdetten, Lechte Verlag, 1951.

Zglinicki, Friedrich von, *Der Weg des Films. Die Geschichte der Kinematographie und ihrer Vorläufer*, Hildesheim/New York, Olms, 1979 (1ère éd., 1956).

Zielinski, Siegfried, *Archäologie der Medien. Zur Tiefenzeit des technischen Sehens und Hörens*, Reinbek, Rowohlt Taschenbuch Verlag, 2002.

Les ouvrages mentionnés par F. Kittler mais non repris dans la bibliographie de l'édition Merve sont suivis d'un astérisque (*).

TABLE DES MATIÈRES

L'HARMATTAN ITALIA
Via Degli Artisti 15; 10124 Torino

L'HARMATTAN HONGRIE
Könyvesbolt ; Kossuth L. u. 14-16
1053 Budapest

L'HARMATTAN KINSHASA
185, avenue Nyangwe
Commune de Lingwala
Kinshasa, R.D. Congo
(00243) 998697603 ou (00243) 999229662

L'HARMATTAN CONGO
67, av. E. P. Lumumba
Bât. – Congo Pharmacie (Bib. Nat.)
BP2874 Brazzaville
harmattan.congo@yahoo.fr

L'HARMATTAN GUINÉE
Almamya Rue KA 028, en face
du restaurant Le Cèdre
OKB agency BP 3470 Conakry
(00224) 657 20 85 08 / 664 28 91 96
harmattanguinee@yahoo.fr

L'HARMATTAN MALI
Rue 73, Porte 536, Niamakoro,
Cité Unicef, Bamako
Tél. 00 (223) 20205724 / +(223) 76378082
poudiougopaul@yahoo.fr
pp.harmattan@gmail.com

L'HARMATTAN CAMEROUN
BP 11486
Face à la SNI, immeuble Don Bosco
Yaoundé
(00237) 99 76 61 66
harmattancam@yahoo.fr

L'HARMATTAN CÔTE D'IVOIRE
Résidence Karl / cité des arts
Abidjan-Cocody 03 BP 1588 Abidjan 03
(00225) 05 77 87 31
etien_nda@yahoo.fr

L'HARMATTAN BURKINA
Penou Achille Some
Ouagadougou
(+226) 70 26 88 27

L'HARMATTAN SÉNÉGAL
10 VDN en face Mermoz, après le pont de Fann
BP 45034 Dakar Fann
33 825 98 58 / 33 860 9858
senharmattan@gmail.com / senlibraire@gmail.com
www.harmattansenegal.com

L'HARMATTAN BÉNIN
ISOR-BENIN
01 BP 359 COTONOU-RP
Quartier Gbèdjromèdé,
Rue Agbélenco, Lot 1247 I
Tél : 00 229 21 32 53 79
christian_dablaka123@yahoo.fr

656919 - Mai 2016
Achevé d'imprimer par

1livre.com
du rêve à la réalité !